A Grande
Mortandade

A GRANDE MORTANDADE

*Uma história íntima
da Peste Negra, a pandemia
mais devastadora de todos os tempos*

JOHN KELLY

Tradução
Caetano Waldrigues Galindo

2ª edição

Rio de Janeiro | 2021

Copyright © 2005 by John Kelly
Publicado mediante contrato com HaperCollins Publishers.

Título original: *The Great Mortality*

Capa: Rodrigo Rodrigues
Imagem de capa: Annette Fournet/Corbis/Latinstock

Editoração: DFL

Texto revisado segundo o novo
Acordo Ortográfico da Língua Portuguesa

2021
Impresso no Brasil
Printed in Brazil

CIP-BRASIL. CATALOGAÇÃO NA PUBLICAÇÃO
SINDICATO NACIONAL DOS EDITORES DE LIVROS, RJ

R39g Kelly, John, 1945-
2ª ed.   A grande mortandade: uma história íntima de peste negra, a pandemia mais devastadora de todos os tempos/John Kelly; tradução Caetano Waldrigues Galindo. - 2ª ed. - Rio de Janeiro : Bertrand Brasil, 2021.
418 p.

Tradução de: The great mortality
ISBN 978-85-286-1476-3

1. Peste negra - Epidemiologia - História. 2. Epidemias - História. I. Título.

10-6675

CDD: 614.5732
CDU: 616.98

Todos os direitos reservados. Não é permitida a reprodução total ou parcial desta obra, por quaisquer meios, sem a prévia autorização por escrito da Editora.

Direitos exclusivos de publicação em língua portuguesa somente para o Brasil adquiridos pela:
EDITORA BERTRAND BRASIL LTDA.
Rua Argentina, 171 – 3º andar – São Cristóvão
20921-380 – Rio de Janeiro – RJ
Tel.: (21) 2585-2000

Atendimento e venda direta ao leitor:
sac@record.com.br

PARA SUZANNE, JONATHAN E SOFIYA —
POR UM FUTURO SEM PANDEMIAS

SUMÁRIO

INTRODUÇÃO		11
PRIMEIRO CAPÍTULO	*Oimmeddam*	19
SEGUNDO CAPÍTULO	"Eles São Monstros, Não Homens"	49
TERCEIRO CAPÍTULO	A Véspera do Dia de Finados	75
QUARTO CAPÍTULO	Outono Siciliano	103
QUINTO CAPÍTULO	A Última Frase de Villani	127
SEXTO CAPÍTULO	A Maldição do Grão-Mestre	155
SÉTIMO CAPÍTULO	O Neogalenismo	193
OITAVO CAPÍTULO	"Dias de Morte sem Lamentação"	215
NONO CAPÍTULO	Cabeças para o Oeste, Pés para o Leste	243
DÉCIMO CAPÍTULO	O Primeiro Amor de Deus	267
DÉCIMO PRIMEIRO CAPÍTULO	"Ó Vós, Homens de Pouca Fé"	297
DÉCIMO SEGUNDO CAPÍTULO	"Apenas o Fim do Começo"	311
POSFÁCIO	Os Negadores da Peste	337
NOTAS		347
AGRADECIMENTOS		395
ÍNDICE		397

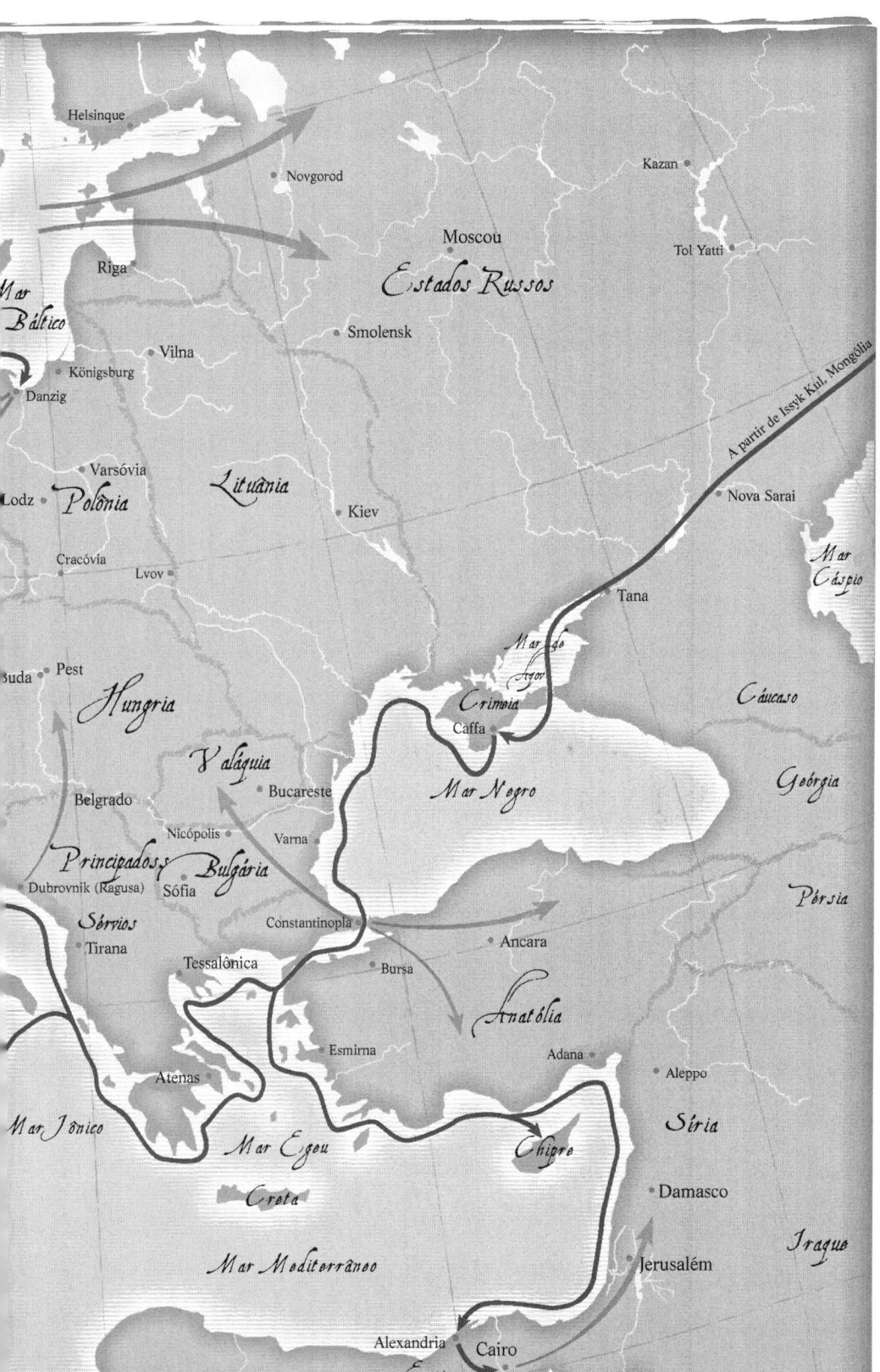

INTRODUÇÃO

Este livro começou como um exame do futuro e terminou como uma investigação do passado.

Há cerca de cinco anos, quando comecei a pensar em escrever um livro sobre a peste, eu tinha em mente o sentido genérico de um grande surto de uma doença epidêmica e estava olhando para a frente, para o século XXI, e não para trás, para o século XIV. Graças a um livro anterior sobre medicina experimental, *Three on the Edge: The Story of Ordinary Families in Search of a Medical Miracle*, eu tive um vislumbre do poder de uma pandemia descontrolada. Uma das pessoas sobre quem escrevi era um paciente com AIDS. Durante os dois anos em que o acompanhei, no começo dos anos 1990 — tempo em que eram raros os tratamentos eficazes contra —, o homem perdeu um antigo amor, três amigos e um colega de trabalho. Uma das principais características de uma doença pandêmica é sua capacidade de destruir mundos, e não apenas indivíduos; mas saber disso era bem diferente de ter testemunhado esse fato.

Em 1995, o ano em que terminei o livro, Jonathan Mann, professor da Escola de Saúde Pública da Universidade de Harvard, advertiu que a AIDS seria o começo de uma era nova e assustadora. "A história de nosso tempo será marcada por sucessivos surgimentos de doenças recém-descobertas", previa ele. Dois anos depois, em 1997, o *New England Journal of Medicine* lançou um aviso semelhante, quando uma virulenta cepa nova da peste bubônica foi identificada. "A descoberta de [uma cepa da peste] resistente a múltiplas drogas reforça a preocupação [...] de que a ameaça das doenças infecciosas emergentes não deve ser tratada com leviandade", declarava o *Journal*. Quase vinte anos depois da erradicação da varíola, em 1979, um feito amplamente descrito na mídia como o triunfo máximo da humanidade sobre as doenças contagiosas, parecíamos estar passando novamente para o mundo de nossos ancestrais, um mundo de surtos súbitos, velozes e incontroláveis de doenças epidêmicas. O livro em que eu pensava exploraria a natureza dessa ameaça e, particularmente, o perigo que representavam as novas doenças que surgiam, como o ebola, a doença de Marburg, a síndrome pulmonar causada pelo hantavírus, a SARS e a gripe aviária.

O livro que acabei escrevendo é bem diferente, apesar de, indiretamente, abordar muitos daqueles mesmos temas. Ele trata de um surto de uma doença contagiosa em um momento e um local específicos. Setecentos anos depois do fato, o que chamamos de Peste Negra — e os europeus medievais chamavam de Grande Mortandade, e os muçulmanos medievais, de Ano da Aniquilação — continua sendo o maior desastre natural da história humana.

De dimensões apocalípticas, a Peste Negra afetou todas as partes da Eurásia, dos fervilhantes portos ao longo do mar da China até os apáticos vilarejos pesqueiros da costa de Portugal, e produziu sofrimento e morte em uma escala que, mesmo depois de duas guerras mundiais e 27 milhões de mortes por causa da AIDS no mundo todo, continua impressionante.

Na Europa, onde dispomos das cifras mais completas, em muitos lugares a peste levou um terço da população; em outros, metade dela e, em algumas regiões, 60%. A agonia não se limitou aos humanos. Por um breve momento, na metade do século XIV, as palavras do Gênesis, 7:21 — "E toda carne pereceu, que se movia sobre a terra" — pareceram prestes a se realizar. Há relatos de cães, gatos, aves, camelos e até de leões afetados pelo "furúnculo", o característico bubão da peste bubônica. Quando a peste terminou, amplas extensões do mundo habitado haviam se tornado silenciosas, a não ser pelo som do vento sussurrando através de campos vazios e abandonados.

O que me levou do livro que planejava ao livro que de fato escrevi foi um encontro com a literatura sobre a Peste Negra. Antes de mergulhar em um livro sobre o futuro das epidemias, queria me familiarizar com seu passado, e a peste medieval, como o exemplo mais famoso do fenômeno, parecia o ponto certo para começar. Assim, no outono de 2000, comecei a me dividir entre o salão de leitura da Biblioteca Pública de Nova York e a Biblioteca Butler, na Universidade de Columbia. Li diversas obras acadêmicas excelentes, mas foram as fontes originais, a literatura da Grande Mortandade — as crônicas, cartas e reminiscências escritas pelos contemporâneos —, que desviaram meu olhar do futuro para o passado. Eu me aproximara desse material com algum receio. Se, como um escritor inglês certa vez observou, o passado é um país estrangeiro, parte alguma do passado parece mais estrangeira, mais "exótica" para uma sensibilidade moderna que a Idade Média.

Meus temores se provaram infundados. Muita coisa mudou desde os anos 1340 — a década em que a Peste Negra chegou à Europa, mas não a natureza humana. A geração da peste escreveu sobre suas experiências de uma maneira direta e urgente que, setecentos anos depois da ocorrência do fato, não perde o poder de comover, espantar e assombrar. Depois de observar matilhas de cães selvagens escavando as covas recém-cavadas dos mortos da peste, um habitante de Siena, cobrador de impostos em meio expediente, escreveu: "Isso é o fim do mundo." Seus contemporâneos forneceram descrições vívidas da aparência do fim do mundo em torno de 1348 e 1349. Eram corpos empilhados como "lasanha" em valas municipais para as vítimas, carroças de coleta serpenteando pelas ruas ao amanhecer para apanhar os mortos do dia anterior, maridos abandonando esposas moribundas, pais abandonando filhos moribundos — por medo do contágio — e grupos de pessoas acocoradas em torno de latrinas e esgotos, inalando os vapores tóxicos na esperança de se imunizar contra a peste. Eram estradas empoeiradas entupidas de fugitivos em pânico, navios-fantasmas abarrotados de cadáveres e uma criança selvagem fora de controle em um vilarejo montanhês abandonado. Por um momento, na metade do século XIV, milhões de pessoas por toda a Eurásia começaram a contemplar o fim da civilização e, com ele, talvez, o fim da raça humana.

A peste medieval foi um dos acontecimentos seminais do último milênio. Projetou uma enorme sombra sobre os séculos que se seguiram e permanece como parte da memória coletiva do Ocidente. Em discussões sobre a AIDS e outras doenças contagiosas emergentes, a Peste Negra é constantemente evocada como um alerta do passado, algo que a humanidade deve evitar a qualquer preço. No entanto, como um evento histórico, a peste medieval continua pouco conhecida. Ela surgiu na Ásia Central, em algum lugar da região, ainda hoje remota, entre a Mongólia e o Quirguistão, e poderia muito bem ter permanecido lá, não fosse o fato de os mongóis terem unificado grande parte da Eurásia no século XIII, facilitando assim o crescimento de três atividades que continuam a ter um papel importante na disseminação das doenças infecciosas: o comércio, as viagens e as comunicações mais amplas e mais eficientes. No caso dos mongóis, a melhoria nas comunicações era o Yam, a versão tártara do *pony express**. Saindo da Ásia Central, um braço da peste se alastrou em direção ao leste, entrando na China, e outro foi para o oeste, atravessando as estepes, entrando na Rússia. Em algum momento da metade dos anos 1340, o flanco ocidental alcançou postos comerciais italianos avançados na Crimeia: de lá, marujos em fuga levaram a doença para a Europa e o Oriente Médio.

---

* Serviço postal expresso norte-americano que empregava pôneis no transporte da correspondência. (N.T.)

Apesar da enormidade da Eurásia e da lentidão das viagens medievais — em 1345, levava-se de oito a 12 meses para se viajar da Crimeia à China, por terra —, a peste se espalhou por quase todo canto do continente em questão de décadas. Ela parece ter surgido na Ásia Central em algum momento do primeiro quartel do século XIV e no outono* de 1347 estava na Europa. No final de setembro, a Sicília foi contaminada por uma frota de galeras genovesas. Um cronista relatou que os genoveses caíam dos navios infectados com "a doença presa aos seus próprios ossos". Da Sicília, a peste se moveu velozmente para o norte, em direção à Europa continental. Em março de 1348, grande parte do centro e do norte da Itália estava ou logo estaria contaminada, incluindo Gênova, Florença e Veneza, onde gôndolas deslizavam pelos frios canais para recolher os mortos; na primavera, a peste estava na Espanha, no sul da França e nos Bálcãs, onde um contemporâneo relata que matilhas de lobos desceram das colinas para atacar os vivos e se alimentar dos mortos. No verão, a doença atingira o norte da França, a Inglaterra e a Irlanda, onde fez muitos mortos entre os ingleses em cidades portuárias como Dublin, mas deixou os irlandeses nativos relativamente incólumes nas colinas. No final do outono de 1348, a peste estava na Áustria e ameaçava a Alemanha, e, em 1349 e 1350, havia contaminado as regiões periféricas da Europa: Escócia, Escandinávia, Polônia e Portugal. Em um século em que nada se movia mais rápido do que o mais veloz dos cavalos, a Peste Negra dera a volta em torno da Europa em pouco menos de quatro anos.

Para muitos europeus, a peste parecia ser o castigo do Criador, furioso. Em setembro de 1349, enquanto a doença corria em direção a Londres, uma cidade angustiada, o rei inglês Eduardo III declarou que "Deus, justo, visita agora os filhos dos homens e flagela o mundo". Para muitos outros, a única explicação crível para a morte numa escala tão vasta era a perversidade humana. Malfeitores estavam empregando venenos para espalhar a peste,

---

* Aqui, e em todo o livro, as referências às estações levam em consideração o fato de o autor estar se referindo sempre ao hemisfério norte. Ou seja, ele se refere ao que para nós seria a primavera de 1347. (N. T.)

alertou Alfonso de Córdoba. Para muitos dos contemporâneos de Alfonso, isso só podia significar uma coisa: a Grande Mortandade ocasionou a mais violenta explosão de antissemitismo da Idade Média, um período já marcado por violentos surtos antissemitas.

Poucos acontecimentos na História evocaram tantos extremos do comportamento humano quanto a peste medieval. Havia a horrenda brutalidade dos Flagelantes, que caminhavam com dificuldade pelas estradas da Europa, fustigando seus corpos seminus e assassinando judeus, e havia o encantador altruísmo das irmãs de caridade do Hôtel-Dieu, que sacrificavam a própria vida para cuidar das vítimas parisienses da peste. Havia o temor do papa Clemente VI, que poucos meses após a chegada da peste fugiu de Avignon, sede da Igreja na época, e o destemor de Guy de Chauliac, médico-chefe, que permaneceu na cidade contaminada até o amargo fim, de modo a "evitar a infâmia". A Grande Mortandade produziu muitos exemplos de grande astúcia e compaixão, caridade e ganância, e, em um testemunho da teimosia (da irredimível maldade, diriam alguns) do caráter dos homens, ela também propiciou o pano de fundo tanto para o mais famoso julgamento por assassinato de um nobre quanto para a maior ópera cômica da Idade Média; aquele trazendo como ré a bela rainha Joana de Nápoles, e, este, o tribuno romano Cola di Rienzo, possivelmente o maior tolo da Europa. Durante os piores meses da peste, em algum ponto da Europa, houve sempre homens em guerra uns contra os outros.

A Grande Mortandade tenta reviver o mundo descrito nas cartas, crônicas e reminiscências dos contemporâneos da peste. É o relato de um momento definitivo da história humana, narrado pelas vozes, personalidades e experiências de homens e mulheres que o vivenciaram. Contudo, como é impossível compreender a peste sem entender seu contexto histórico, este é também um livro sobre um tempo, além de um acontecimento. Como observou o historiador britânico Bruce Campbell, as décadas que precederam a peste foram "excepcionalmente perigosas e insalubres tanto para os homens quanto para os animais domésticos". Em quase toda a Europa havia guerra, superpopulação (em relação aos recursos disponíveis), estagnação e declínio econômicos, imundície, aglomeração, doenças epidêmicas (além da peste) e fome, bem como instabilidade climática e ecológica.

Olhando para trás, os contemporâneos da peste interpretaram os tempos sombrios como um augúrio da chegada, do Apocalipse, e, sob certo sentido, tinham razão. As condições econômico-sociais do começo do século XIV e a instabilidade ambiental do período faziam da Europa um lugar insalubre para se viver.

A Grande Mortandade examina também novas teorias sobre a natureza da peste medieval. Durante bem mais de um século considerou-se certo que a peste teria sido um surto catastrófico da peste bubônica e de uma variante, chamada peste pneumônica, que ataca os pulmões. Contudo, já que nos tempos modernos nenhuma das formas da peste se parece ou age de forma muito similar com a doença descrita sobre a literatura da Peste Negra, diversos historiadores e cientistas recentemente começaram a propor que a mortandade tenha sido causada por uma outra doença contagiosa, talvez o antrax, talvez uma doença semelhante ao ebola.

Enquanto a história jamais deva se repetir, "o homem", como certa vez observou Voltaire, "sempre se repete". Os fatores que permitiram que a Peste Negra escapasse da longinquidade da Ásia Central e flagelasse as cidades medievais da Europa, da China e do Oriente Médio ainda estão em ação. A não ser pelo fato, é claro, de que atualmente agem em escala muito mais ampla. O comércio e a expansão humana, hinos gêmeos da globalização moderna, devassaram regiões cada vez mais remotas do globo, enquanto os transportes ampliaram incalculavelmente a mobilidade tanto dos homens quanto dos micróbios. Um trajeto que o bacilo da peste levou décadas para completar no século XIV hoje leva praticamente um dia. E, apesar de todos os triunfos da ciência moderna, as doenças contagiosas mantêm o poder de nos tornar tão impotentes quanto nossos ancestrais medievais.

Na primavera de 2001, a jornalista inglesa Felicity Spector lembrou-se disso quando uma epidemia de febre aftosa que escapara ao controle, o governo britânico, incapaz de conter o surto, forçara a recorrer a métodos que fizeram a Grã-Bretanha parecer "súbita e assustadoramente medieval".

"Pensávamos", Spector escreveu no *New York Times*, "que a Medicina moderna havia nos levado para longe dos dias em que a única solução para uma doença contagiosa era queimar rebanhos inteiros de gado, bloquear o acesso a vastos trechos de terra, molhar trapos e espalhá-los pelas estradas [...]. [P]arece que a modernidade é uma coisa muito frágil."

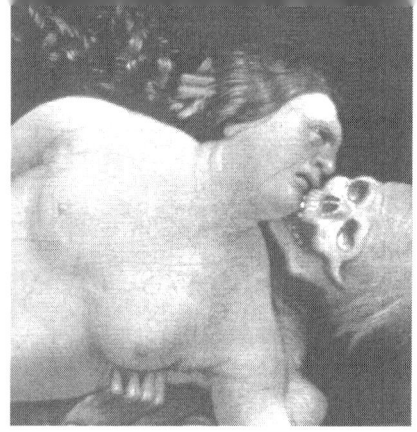

PRIMEIRO CAPÍTULO

Oimmeddam

TEODÓSIA FICA NA COSTA LESTE DA CRIMEIA, UMA RESTINGA retangular onde a estepe da Eurásia se detém para mergulhar a ponta do pé no Mar Negro. Hoje, a cidade é um cinzento deserto da decadência pós-soviética. Mas na Idade Média, quando Teodósia se chamava Caffa e um procônsul genovês se instalava em um palácio branco diante do porto, a cidade era um dos portos que cresciam mais rápido no mundo medieval. Em 1266, quando os genoveses chegaram pela primeira vez ao sul da Rússia, Caffa era um primitivo vilarejo pesqueiro escondido dos olhos de Deus e dos homens num canto escuro da Crimeia — um agrupamento de tendas fustigadas pelo vento, entre um mar vazio e um círculo de colinas baixas. Oitenta anos depois, entre 70 mil e 80 mil pessoas caminhavam pelas ruas estreitas de Caffa, e uma dúzia de línguas diferentes ecoava por seus mercados ruidosos. Pontiagudas torres e agulhas de igrejas preenchiam o intenso horizonte da cidade, enquanto do outro lado dela corriam sedas Merdacaxi da Ásia Central, esturjões do Don, escravos da Ucrânia e lenha e peles das grandes florestas russas ao norte. Avaliando Caffa em 1340, um visitante muçulmano declarou que era uma cidade distinta, de "belos mercados, com um precioso porto em que vi duzentos navios, grandes e pequenos".[1]

Seria exagerado dizer que os genoveses tiveram a intenção de construir Caffa, mas não seria grande exagero. Cidade alguma passou pela era das cidades-estado com um senso mais operístico de destino do que Gênova — nenhuma delas tinha um desejo mais ardoroso de fazer *bella figura* no mundo. As galeras da cidade podiam ser vistas em qualquer porto entre Londres e o Mar Negro, e seus mercadores, em qualquer centro de comércio entre Aleppo (na Síria) e Pequim. A coragem invencível e a extraordinária habilidade dos marujos genoveses eram lendárias. Muito antes de Cristóvão Colombo, houve os irmãos Vivaldi,[2] Ugolino e Vadino, que despencaram do fim dos mares, rindo da morte, à procura de uma rota marítima para a Índia. Veneza, a grande rival de Gênova, podia resmungar que ela era "uma cidade de um mar sem peixes, [...] homens sem fé e mulheres sem pudor",[3] mas a grandeza de Gênova era imune a tais insultos. Em Caffa, Gênova ergueu um monumento a si própria. As praças ensolaradas do porto e suas belas casas de pedra, as belas mulheres que caminhavam pelos cais com brocados da Pérsia nas costas e perfumes da Arábia enfeitando a pele eram monumentos à riqueza, à virtude, à religiosidade e à glória imperial de Gênova.

Como anotou um poeta italiano da época,

E tantos são os genoveses,
E tão espalhados [...] pelo mundo,
Que aonde quer que um deles vá e se instale
Outra Gênova ali faz.[4]

A meteórica ascensão de Caffa à proeminência internacional também se devia, de certo modo, à geografia e à economia. Entre 1250 e 1350, o mundo medieval vivenciou uma primeira onda de globalização, e Caffa, localizada na margem sudeste da Rússia europeia, estava na melhor posição para explorar a nova economia global. Ao norte, do outro lado de um cinturão de uma densa floresta, ficava a mais magnífica rota terrestre do mundo medieval, a estepe da Eurásia, uma enorme faixa verde de amplas pradarias, grama alta oscilando ao vento e um extenso céu, capaz de levar um viajante da Crimeia à China dentro de oito a 12 meses.[5] A oeste ficava o movimentado porto de Constantinopla, a cidade mais rica da cristandade, e, além de Constantinopla, os mercados de escravos do Levante, onde ucranianos louros e vigorosos alcançavam um belo preço nos leilões. Mais a oeste ficava a Europa, onde as fortes especiarias do Ceilão (Sri Lanka) e de Java, e os cintilantes diamantes de Golconda tinham muita saída. E entre esses dois polos do mundo medieval ficava Caffa, com seu "precioso porto" e um grupo de grandes rios russos: o Volga e o Don imediatamente a leste, e o Dnieper, a oeste. Nas primeiras oito décadas de domínio genovês, o antigo vilarejo de pescadores dobrou, triplicou e quadruplicou de tamanho. E então a população quadruplicou pela segunda, pela terceira e pela quarta vez; novos bairros e igrejas surgiram; seis mil novas casas ergueram-se na cidade e depois mais 11 mil nas terras alagadiças fora das muralhas. Todo ano chegavam mais navios, e mais peixe, escravos e madeira passavam pelas docas de Caffa.[6] Em um belo anoitecer de primavera, em 1340, pode-se imaginar o procônsul genovês em sua sacada, vistoriando os navios de mastros altos que balançavam na maré do crepúsculo no porto, e pensando que Caffa cresceria para sempre, que nada mudaria, a não ser o fato de que a cidade ficaria cada vez maior e mais rica. Aquele sonho, é claro, era um fantástico conto de fadas, tanto no século XIV quanto hoje. O crescimento explosivo — e a soberba do homem — sempre paga o seu preço.

Antes da chegada dos genoveses, a vulnerabilidade de Caffa ao desastre ecológico não se estendia além dos poucos milhares de metros do Mar Negro, onde seus pescadores pescavam e da meia-lua de colinas sombrias, varridas pelo vento, por trás da cidade. Em 1340, rotas comerciais ligavam o porto a lugares que ficavam do outro lado do mundo — lugares sobre os quais nem mesmo os genoveses sabiam muito —, e em alguns desses lugares coisas estranhas e terríveis estavam acontecendo. Nos anos de 1330, houve relatos de uma horrenda catástrofe ambiental na China.[7] Comentava-se que Cantão e Houkouang haviam sido fustigadas por ciclos de chuvas torrenciais e secas violentas, e, em Honan, dizia-se que nuvens de gafanhotos com cerca de 1.600 metros de extensão haviam encoberto o sol. Também reza a lenda que, nesse período, a terra sob a China se abriu, e vilarejos inteiros desapareceram dentro das fissuras e rachaduras. Conta-se que em um terremoto a terra engoliu parte de uma cidade, Kinsai, e depois uma montanha, Tsincheou, e que, nas montanhas de Ki-ming-chan, ele abriu uma cratera com tamanho suficiente para criar um novo "lago de cem léguas de comprimento". Em Tche, dizia-se que cinco milhões de pessoas haviam morrido nas catástrofes. Nos litorais do Mar da China Meridional, o agourento troar do "trovão subterrâneo" foi ouvido. À medida que as notícias do desastre se espalhavam, os chineses começaram a insinuar que o imperador havia perdido o Mandato do Céu.[8]

No Ocidente, a notícia das catástrofes provocou terror e temor.[9] Gabriel de Mussis, um notário de Placência, escreveu que "no Oriente, em Cathay, onde fica a cabeça do mundo [...], sinais terríveis e augúrios surgiram". Um músico chamado Louis Heyligen, que morava em Avignon, contou uma história ainda mais assustadora a seus amigos em Flandres.[10] "Junto à Índia Maior, em certa província, horrores e tempestades inauditos assolaram a província inteira no espaço de três dias", escreveu Heyligen. "No primeiro dia, houve uma chuva de sapos, serpentes, lagartos, escorpiões e muitas bestas venenosas dessa espécie. No segundo, ouviu-se o trovão, e relâmpagos e camadas de fogo caíram sobre a terra, misturando-se a pedras de granizo de dimensões fantásticas [...]. No terceiro dia, caíram do céu fogo e uma fumaça malcheirosa que matou tudo que restara de bestas e homens, e queimou todas as cidades e vilas daquelas regiões."

Os genoveses, que estavam muito mais perto da Ásia do que de Mussis e Heyligen, ouviram, indubitavelmente, rumores sobre os desastres, mas, na década de 1330 e no começo da década de 1340, eles enfrentaram tantos perigos imediatos em Caffa que não poderiam ter tido muito tempo para se preocupar com acontecimentos distantes da Índia ou da China. Eles cuidavam do porto de Caffa com uma concessão dos mongóis, governantes do maior império do mundo medieval — na verdade, no século XIV, governantes do maior império que o mundo já havia visto. Para os tártaros, Caffa era apenas uma pequena parte de um vasto domínio que se estendia do rio Amarelo ao Danúbio, da Sibéria ao Golfo Pérsico, mas, como uma pedra no sapato, era uma parte incômoda — ou, em vez disso, seu poder colonial é que era incômodo. Para os mongóis, os genoveses pareciam jactanciosos, arrogantes e profundamente traiçoeiros, o tipo de gente capaz de dar a seus filhos nomes em sua homenagem — como os Dória de Gênova[11] haviam batizado três filhos em homenagem a três mongóis notáveis: Huegu, Abaka e Ghazan — enquanto roubavam seu dinheiro. Quando o fundador do Império Mongol, Gêngis Khan, ralhava contra "comedores de alimentos doces e gordurosos [que usam] roupas de ouro [...] [e] têm em seus braços as mais belas mulheres",[12] podia estar pensando nos genoveses. Em 1343, décadas de tensão econômica e religiosa entre as duas potências finalmente explodiram em um grande confronto em Tana, um entreposto comercial na foz do Don, famosa como ponto de partida da rota terrestre para a China. "A estrada que você segue, de Tana a Pequim",[13] assim se inicia *La Practica della Mercatura*, o guia de viagens do século XIV, de Francesco Balducci di Pegolotti, para os mercadores em direção ao Oriente.

Segundo o notário De Mussis,* a discórdia começou com um confronto entre mercadores italianos e muçulmanos locais em uma rua de Tana. Aparentemente houve troca de insultos, sinais de ameaça, troca de socos. Barracas do mercado foram derrubadas, porcos guincharam, uma faca reluziu e um muçulmano caiu no chão, morto. Pouco depois, um khan mongol

---

* Durante séculos, acreditou-se que De Mussis teria sido uma testemunha ocular dos eventos que descreve. Mas, no século XIX, um editor curioso descobriu que o notário estava em Piacenza durante o cerco de Caffa. A fonte das informações de De Mussis não é conhecida, mas seu relato provavelmente se baseia em conversas com mercadores e/ou marujos recém-chegados da Crimeia.

chamado Janibeg, um autoproclamado defensor do Islã, apareceu do lado de fora de Tana, trazendo consigo um enorme contingente tártaro. A cidade sitiada recebeu um ultimato[14] e, segundo um historiador russo chamado A. A. Vasiliev, uma resposta, insolente mesmo para os padrões genoveses, foi mandada de volta. Enfurecido, Janibeg lançou seus mongóis contra Tana. Entre penachos de fumaça negra e os gritos tonitruantes de cavaleiros tártaros brandindo suas espadas, os italianos, menos numerosos, mas destemidos, fizeram uma retirada combatendo para o porto; de lá, começou uma corrida para o oeste, em direção a Caffa, com os italianos, perseguidos, indo por mar, e os mongóis, perseguidores, a cavalo.

"Ah, Deus",[15] escreve De Mussis a respeito da chegada dos mongóis às colinas acima de Caffa. "Veja como corre o pagão tártaro, surgindo de todas as partes, e súbito investe contra [...] Caffa [atacando] os cristãos encurralados [...] [que] cercados por um imenso exército, mal podiam respirar." Para os genoveses apanhados dentro da cidade, o cerco pareceu o fim do mundo, mas eles estavam errados. Em 1343, o fim do mundo ainda estava a vários quilômetros de distância, na estepe oriental.

Europeus medievais como De Mussis e o músico Louis Heyligen tinham consciência de que a peste, tanto quanto a catástrofe ecológica, também assolava a Ásia. A nova economia global tornara o mundo um pouco menor. Em seu relato do cerco de Caffa, De Mussis escreve: "Em 1346, nos países do Oriente, multidões sem-fim [...] foram afetadas por uma misteriosa doença."[16] Heyligen, também, menciona a peste em sua crônica de "calamidades inauditas [...] junto à Índia Maior". O músico diz que "os terríveis acontecimentos" na Índia culminaram com um surto de uma pestilência que contaminou "todos os países vizinhos [...] através do hálito fétido".[17] No entanto, o melhor guia medieval para a história do surgimento da Peste Negra na Ásia é Ibn al-Wardi, um erudito árabe que vivia na cidade síria de Aleppo, importante posto comercial internacional e posto de escuta da Idade Média.

Al-Wardi, que, como De Mussis, também recebeu de mercadores suas informações, diz que a pestilência assolou o Oriente durante 15 anos, antes de chegar ao Ocidente.[18] Essa cronologia corresponde ao ritmo de disseminação da peste, que é relativamente lenta para uma doença epidêmica. Uma data inicial nos anos 1330 também explicaria as referências a uma misteriosa doença que começaram a surgir em documentos asiáticos desse mesmo período. Entre eles estão as Crônicas do Grão-Khanato da Mongólia e da China Setentrional, que declaram que, em 1332, o Grande Khan mongol Jijaghatu Toq-Temur, de 28 anos de idade, e seus filhos morreram repentinamente de uma doença misteriosa.[19] Em 1331, um ano antes da morte do Grande Khan, os registros chineses também fazem referência a uma doença misteriosa; esta, uma traiçoeira epidemia, varreu a província de Hopei, na região nordeste do país, e matou quase toda a população.[20]

A maioria dos historiadores modernos acredita que o que chamamos de a Peste Negra surgiu em algum lugar da Ásia Central e depois se espalhou para o oeste, em direção ao Oriente Médio e à Europa, e para o leste, em direção à China, pelas rotas do comércio internacional. Um ponto de origem frequentemente mencionado é o planalto da Mongólia, na região do deserto de Gobi, onde Marco Polo diz que o vento da noite faz com que "milhares de fantasias encham a mente". Em um relato da pestilência, o historiador medieval árabe al-Maqrizi parece falar da Mongólia quando diz que, antes de a Peste Negra chegar ao Egito, havia assolado "um caminho de seis meses que começou em Tabriz [no Irã, onde] [...] trezentas tribos pereceram sem motivo aparente em seus acampamentos de verão e de inverno[...] [e] 16 príncipes morreram [junto com] o Grande Khan e seis de seus filhos. Posteriormente, a população chinesa foi devastada, enquanto a Índia sofreu em escala menor".[21]

Outro ponto de origem muitas vezes mencionado é o Lago Issyk Kul,[22] onde os viajantes medievais escolhiam a estrada mais rápida para a China. Cercada por florestas densas e montanhas cobertas de neve, no Quirguistão, perto da fronteira noroeste da China, a região do lago fica perto de diversos focos principais da peste. (Os focos são regiões onde a peste ocorre naturalmente.) Mais ainda, algo terrível aconteceu em torno do lago alguns anos antes de a pestilência ter chegado a Caffa. No final do século XIX, um arqueólogo russo chamado D. A. Chwolson descobriu que um número excepcionalmente grande de lápides nos cemitérios locais tinha as datas

1338 e 1339, e que várias lápides faziam uma referência específica à peste. Uma delas diz:[23]

> *No ano [...] da Lebre* [1339]
> *Este é o túmulo de Kutluk.*
> *Ele morreu vitimado pela peste com sua esposa, Magnu-Kelka.**

Depois de Issyk Kul,[24] a Peste Negra se mantém como uma presença vaga por mais alguns anos; não há informações confiáveis sobre seus deslocamentos, a não ser pelo fato de que parece ser sempre vista se deslocando para o oeste pela grama alta da estepe. No ano seguinte à morte de Kutluk e de sua esposa, Magnu-Kelka, um relato põe a doença em Belasagun, um ponto de descanso a oeste de Issyk Kul, onde os cavaleiros do Yam, o *pony express* mongol, trocavam de montaria e o pai de Marco Polo, Niccolo, e seu tio Maffeo pararam no seu caminho para a China. Cerca de um ano depois, detecta-se a peste em Talas, a oeste de Belasagun, e depois a oeste de Talas, em Samarkanda, grande cidade-mercado da Ásia Central e ponto de cruzamento em que os viajantes medievais podiam seguir a estrada sul para a Índia ou seguir em direção à Crimeia. Mas só em 1346 os primeiros relatos confiáveis se tornaram disponíveis. Naquele ano, uma crônica russa[25] fala da peste, chegando à margem ocidental do Mar Cáspio, atacando diversas cidades e vilas vizinhas, inclusive Sarai, capital do Principado Mongol da Horda Dourada e sede do mercado de escravos mais ativo da estepe. Um ano depois, enquanto Sarai enterrava seus mortos, a pestilência se esgueirou pelos quilômetros finais através do Don e do Volga em direção à Crimeia, surgiu por trás do exército tártaro nas colinas acima de Caffa e o mordeu na nuca.

---

* Recentemente, Chwolson foi acusado de uma leitura equivocada das inscrições nas lápides. Alega que ele traduziu erroneamente "pestilência" por "peste". Se for verdadeira, a acusação não alterará substancialmente as provas pró ou contra a chegada da Peste a Issyk Kul. Na Idade Média, tanto peste, um termo bíblico usado para descrever um sofrimento ligado ao desagrado da divindade, quanto pestilência eram termos usados para toda espécie de doenças epidêmicas. A aparição de qualquer das duas palavras nas lápides de Issyk Kul sugere mas não prova que a Peste Negra tenha passado pela região do lago.

Os genoveses, que achavam que Deus havia nascido em Gênova, saudaram a chegada da peste com orações de ação de graças. O Todo-Poderoso havia enviado uma falange divina de anjos guerreiros para matar os mongóis infiéis com flechas de ouro, diziam uns para os outros. No entanto, no relato que De Mussis faz dos acontecimentos, é o khan Janibeg quem comanda as falanges divinas em Caffa. "Atordoados e estupefatos"[26] pela chegada da peste, o notário diz que os tártaros "mandaram que se colocassem cadáveres nas catapultas para serem arremessados contra a cidade, na esperança de que o fedor insuportável matasse a todos do lado de dentro [...]. Logo, cadáveres em decomposição maculavam o ar [...], envenenavam o suprimento de água, e o fedor era tão terrível, que mal havia um só homem, dentre milhares, que estivesse em posição de conseguir fugir dos remanescentes do exército tártaro."

Com base no relato de De Mussis, Janibeg foi proclamado pai da guerra biológica por diversas gerações de historiadores, mas o notário pode ter inventado alguns dos detalhes mais mórbidos de sua história para resolver um inconveniente dilema teológico.[27] Era óbvio — para os cristãos, pelo menos — que a peste atacara os tártaros porque eram pagãos, mas por que a doença se voltou então contra os defensores italianos? O historiador Ole Benedictow acredita que De Mussis pode ter inventado as catapultas e os mongóis voadores para explicar essa parte teologicamente mais delicada da história. Deus não abandonou os galantes genoveses; eles foram destruídos por uma nuvem de cadáveres tártaros contaminados, o que, não por coincidência, era exatamente o tipo de estratagema pérfido que os cristãos esperariam de um povo pagão. Como muitos historiadores, o professor Benedictow acredita que a peste entrou no porto como a doença normalmente invade populações humanas — através de ratos infectados.* "O que os

---

* O khan Janibeg tem pelo menos um vigoroso defensor moderno, Mark Wheelis, professor de Microbiologia da Universidade da Califórnia. O professor registra que, em uma série recente de 284 casos da peste, 20% das infecções vieram do contato direto — isto é, a vítima tocou um objeto contaminado pelo bacilo da peste, o *Y. pestis*. "Essas transmissões", diz ele, "teriam sido especialmente verossímeis em Caffa, onde os cadáveres estariam muito deteriorados por terem sido arremessados e onde muitos dos defensores provavelmente cortaram ou machucaram as mãos durante o bombardeio". O professor Wheelis também acredita que a hipótese dos ratos, a preferida por muitos historiadores, ignora uma característica crucial da guerra de cerco medieval.

sitiados não percebiam e não podiam evitar é que os roedores infectados pela peste acabariam entrando pelas frestas dos muros ou por entre os portões e suas passagens", diz o professor.

O cerco de Caffa terminou com ambos os lados esgotados e dizimados pela guerra e pela doença. Em abril ou maio de 1347, enquanto as colinas acima de Caffa ficavam verdes sob um agradável sol de primavera, o moribundo exército tártaro desapareceu, ao passo que dentro da cidade pestilenta muitos dos defensores genoveses se preparavam para fugir para o oeste. Não há relatos da vida no porto sitiado durante aquela fatídica primavera, mas temos as imagens de Berlim, em 1945, e de Saigon, em 1975, informação suficiente para sugerir a imagem dos últimos dias de Caffa. À medida que crescia o número de mortos, as ruas teriam ficado cheias de animais selvagens, alimentando-se de restos humanos, soldados embriagados saqueando e estuprando, velhas arrastando cadáveres pelas ruínas e edifícios em chamas cuspindo labaredas e fumaça no céu da Crimeia. Haveria um número imensos de roedores com passo cambaleante e uma estranha espuma de sangue nos focinhos, pilhas de corpos armazenados como feixes de madeira em praças públicas e em todos os olhares uma expressão de pânico enlouquecido ou de sombria resignação. As cenas no porto, o único meio de fuga da Caffa sitiada, teriam sido especialmente horrendas: turbas ensandecidas e guardas brandindo espadas, crianças lamuriando por seus pais perdidos ou mortos, gritos e praguejamentos, todos se empurrando na direção de navios lotados e, para além da confusão, nas galeras que partiam, passageiros orando abraçados uns aos outros sob o enorme velame branco enfunado, ignorantes de que embaixo do convés, nos porões escuros e abafados, centenas de ratos portadores da peste se coçavam e farejavam a brisa marinha.

Caffa quase certamente não foi o único porto do leste que a peste atravessou em seu caminho para a Europa, mas, para a geração que vivenciou a

---

Para ficar fora do alcance das flechas e da artilharia, os sitiantes com frequência acampavam a um quilômetro de distância de uma fortaleza inimiga — normalmente além do alcance dos ratos sedentários, que raramente se aventuram a mais de trinta ou quarenta metros de seu ninho. (Mark Wheelis, "Guerra biológica no cerco de Caffa em 1346". *Emerging Infectious Diseases* 8, n°. 9 [2002]: 971-75.)

Peste Negra, ela seria para sempre o lugar onde se originara a pestilência, e os genoveses, o povo que levara a doença para a Europa. O cronista de Este falava em nome de seus contemporâneos quando escreveu que os genoveses das "malditas galeras [espalharam a peste] em Constantinopla, Messina, Sardenha, Gênova, Marselha e muitos outros lugares [...]. Os genoveses causaram muito mais morte e crueldade [...] do que até mesmo os sarracenos".[28]

A peste é o mais famoso exemplo do que os índios pimas, do sudoeste dos Estados Unidos, chamam de *oimmeddam*, a doença errante; e uma antiga lenda indígena evoca o profundo pavor que a *oimmeddam* causava nos povos pré-modernos.[29]

— De onde você vem? — pergunta um índio a um desconhecido alto com um chapéu preto.

— Venho de muito longe — responde o desconhecido —, do [...] outro lado do oceano do leste.

— O que você traz? — pergunta o índio.

— Trago a morte — responde o desconhecido. — Meu hálito faz as crianças definharem e morrerem como plantas novas na neve da primavera. Trago a destruição. Por mais bela que seja uma mulher, assim que olha para mim fica feia como a morte. E, para os homens, eu não trago só a morte, mas também a destruição de seus filhos e o fim de suas mulheres [...]. Os povos que me contemplam nunca voltam a ser os mesmos.

A peste é o mais bem-sucedido exemplo de *oimmeddam* de toda a história registrada. Em todo o mundo, estima-se que a doença tenha matado 200 milhões de pessoas,[30] e nenhum surto de qualquer outra peste ocasionou mais vítimas ou causou tanto sofrimento e dor quanto a Peste Negra. Segundo a escala Foster,[31] uma espécie de escala Richter para desastres humanos, a peste medieval é a segunda maior catástrofe da história humana. Só a Segunda Guerra Mundial gerou mais morte, destruição física e sofrimento emocional, diz o geógrafo canadense Harold D. Foster, o inventor da escala. David Herbert Donald,[32] historiador de Harvard, também coloca a Peste Negra no topo de uma lista das piores catástrofes da história. No entanto, o maior — ainda que mais irônico — tributo ao poder de destruição da peste vem da Comissão de Energia Atômica dos Estados Unidos, que usou a peste medieval para simular as consequências de uma guerra nuclear de proporções globais. Segundo um texto da comissão, *Desastre e Recuperação*,[33] um estudo sobre conflitos termonucleares da época da guerra fria, de todos os eventos registrados na história humana a Peste Negra é o que mais se aproxima de reproduzir "a guerra nuclear em sua extensão geográfica, sua velocidade de surgimento e sua escala de perdas humanas".

A mera abrangência da peste medieval já era extraordinária. Em poucas décadas do começo e do meio do século XIV, o bacilo da peste, o *Yersinia pestis*, engoliu a Eurásia como uma cobra engole um coelho — inteiro, praticamente de uma só vez. Da China, no leste, à Groenlândia, no oeste, da Sibéria, no norte, à Índia, no sul, a peste ceifou vidas por toda parte, inclusive nas antigas sociedades do Oriente Médio: Síria, Egito, Irã e Iraque. Não sabemos quantas pessoas morreram durante a Peste Negra; para a Europa, o percentual da mortandade mais amplamente aceito[34] é de 33%.* Em números simples, isso vale dizer que entre 1347, quando a peste chegou à Sicília, e 1352, quando surgiu nas planícies diante de Moscou, o continente perdeu 25 milhões de seus 75 milhões de habitantes. Mas em certas partes da Itália urbana, do leste da Inglaterra e da França rural, a perda de vidas humanas foi bem maior, ficando entre 40% e 60%. A Peste Negra era particularmente cruel com crianças e mulheres, que morriam mais do que os homens, provavelmente porque passavam mais tempo dentro de casa,

---

* As estimativas da mortandade causada pela Peste Negra flutuam quase tanto quanto o mercado de ações. Recentemente, um historiador defendeu que 60% dos europeus morreram durante a Peste Negra. No entanto, 33% é o percentual mais citado e mais duradouro. E, o que é interessante, ela não está longe do que os próprios contemporâneos haviam estimado. Logo depois da peste, uma comissão da Igreja calculou em quase 24 milhões o número de mortos, espantosamente próximo de uma mortandade de um terço de uma Europa de 75 milhões de habitantes. (William Naphy e Andrew Spicer, *The Black Death: A History of Plagues* [Stroud, Gloucestershire: Tempus Publishing, 2000], p. 34. Ver também Ole J. Benedictow, *The Black Death: The Complete History* [Woodbridge, Suffolk: Boydell Press, 2004], p. 383.)

onde o risco de contágio era maior, e era mais cruel, entre todos, com as mulheres grávidas, que invariavelmente davam à luz antes de morrer.

Os contemporâneos ficaram espantados com a escala das mortes; parecia que quase da noite para o dia um em cada três rostos desaparecia de uma comunidade — e, nos amplos condados da Inglaterra, nas pequenas vilas às margens do Sena e nas estradas italianas margeadas de ciprestes — onde a luz do entardecer parece "o tempo pensando sobre si próprio" —, um em cada dois rostos pode ter desaparecido. "Onde estão agora nossos caros amigos?",[35] escreveu o poeta Francesco Petrarca. "Que relâmpago os devorou? Que terremoto os derrubou? Que tempestade os afogou [...]. Éramos uma multidão, e agora estamos quase sós."

No Oriente Médio islâmico[36] e no norte da África, as taxas de mortalidade também estavam na faixa de um terço. Para o historiador muçulmano Ibn Khaldun, parecia "como se a voz da existência terrena houvesse invocado o oblívio".[37] Na China,[38] a presença de guerras crônicas dificulta o estabelecimento das mortes pela peste, mas entre 1200 e 1393 a população do país caiu 50%, de cerca de 123 milhões para 65 milhões. Hoje, um desastre demográfico da escala da Peste Negra tomaria 1,9 bilhão de vidas.[39]

A Peste Negra seria uma façanha extraordinária para uma doença errante, mas é ainda mais extraordinária para uma doença que sequer é oriunda dos humanos. A peste é uma doença de roedores. As pessoas são simplesmente um dano colateral, restos de uma luta global titânica entre o bacilo da peste, *Yersinia pestis*, e a população global de roedores.* A presa natural do *Y. pestis* são rodovalhos, marmotas, ratos, esquilos, gerbilos, cães-de-pradaria e quase duzentas outras espécies de roedores. Para que o agente patogênico tenha dado início a um enorme surto da doença entre humanos, com as proporções da Peste Negra, várias coisas extraordinárias tiveram de ter acontecido. E, embora possamos jamais vir a saber quais foram todas elas, a partir de cerca

---

* No momento, parece que a peste está levando a melhor nessa batalha. Estudos recentes sugerem que a doença se tornou tão virulenta entre os roedores que pode estar atrapalhando o processo de seleção natural em várias espécies. (Dean E. Biggins e Michael Kosvol, "Influences of Introduced Plague on North American Mammals". *Journal of Mammalogy* [novembro de 2001]:906-16.)

de 1250 em diante mudanças sociais, econômicas e talvez ecológicas estavam fazendo de grandes partes da Eurásia um lugar cada vez menos salubre para seus habitantes.[40] Um dos novos fatores de risco era a maior mobilidade. Ao mesmo tempo que facilitou o comércio internacional, a unificação mongol da estepe aproximou mercadores, altos funcionários tártaros e exércitos de alguns dos mais virulentos — e até aqui isolados — focos da peste em todo o mundo. Roedores (e, mais especificamente, suas pulgas) que, em outros tempos, morreriam de forma solitária e inofensiva nas dunas do deserto de Gobi ou na pradaria siberiana agora podiam ser transportados para lugares distantes por caravanas, soldados de infantaria e cavaleiros do expresso mongol, que podiam viajar até 160 quilômetros por dia nas pradarias anônimas e varridas pelo vento da estepe setentrional.

Uma catástrofe ambiental também pode ter exercido seu papel na origem da peste.[41] Como um vaidoso ídolo das velhas matinês, o *Y. pestis* gosta do rufar dos tambores ecológicos. No meio do século VI, durante a primeira visita (documentada) da peste à Europa, a Peste de Justiniano,* houve relatos de chuva cor de sangue na Gália, de uma substância amarela "atravessando as terras como uma pancada de chuva" em Gales e de um escurecimento do sol por toda parte, da Europa e do Oriente Médio. "Nós nos espantamos de não ver as sombras de nossos corpos ao meio-dia, de sentir o poderoso vigor do calor do sol imensamente reduzido",[42] escreveu o historiador romano Flávio Cassiodoro.

Relatos similares, ainda que menos exuberantes, de instabilidade ambiental[43] surgiram nas décadas que antecederam a Peste Negra. Tanto no Ocidente quanto no Oriente houve relatos de erupções vulcânicas (Itália), terremotos (Itália e Áustria), grandes inundações (Alemanha e França), uma onda gigantesca (Chipre), e nuvens de gafanhotos com "cerca de cinquenta quilômetros" de extensão (Polônia). No entanto, como o mundo medieval via os desastres naturais como presságios e expressões da ira

---

* Para obter informações detalhadas sobre a Peste de Justiniano, leia *As 100 Maiores Catástrofes da História* (Difel, 2006). (N. T.)

divina, esses relatos têm de ser lidos com cautela. Indubitavelmente, muitas das calamidades descritas por cronistas europeus — e chineses — foram inventadas ou intensamente distorcidas posteriormente para propiciar à Peste Negra um prelúdio adequadamente apocalíptico.

Isso posto, dados provindos da análise das camadas de troncos de árvores indicam que o começo do século XIV foi um dos períodos de mais viva tensão ambiental dos últimos dois mil anos — talvez devido a uma atividade sísmica anormal nos oceanos.[44] E a experiência moderna mostra que catástrofes ecológicas, como secas, inundações e terremotos, podem ter um papel fundamental para dar início a uma epidemia de peste, normalmente porque esses eventos deslocam comunidades isoladas de roedores selvagens (o lar natural do *Y. pestis*) de seus hábitats e as levam na direção de agrupamentos humanos em busca de comida e abrigo.

As condições sociais e demográficas também são fatores de risco para a peste.[45] Como outras doenças contagiosas, ela requer uma base populacional de no mínimo 400 mil pessoas para se sustentar. Quando os números humanos caem abaixo desse nível — ou as pessoas estão muito separadas umas das outras —, a cadeia de contágio começa a se romper. As condições sanitárias também são importantes. Um dos vetores principais da peste humana, o rato-preto — *Rattus rattus* —, alimenta-se de dejetos humanos e lixo, de modo que, quanto mais imundas forem as ruas, os lares e as fazendas de uma sociedade, maior o risco de peste. Como a pulga é um vetor ainda mais perigoso da doença, a higiene pessoal também tem importância; pessoas que raramente tomam banho são mais atraentes para uma pulga infectada do que aquelas que tomam banho com frequência. Os humanos que vivem com animais de fazenda também correm mais riscos, porque estão expostos a mais ratos e pulgas; e, se uma população vive em lares com tetos e paredes permeáveis, o risco é ainda maior.

O papel da desnutrição na peste humana é controverso, embora isso talvez não se justifique.[46] É verdade que as bactérias, que precisam de muitos dos nutrientes também necessárias para os seres humanos, têm mais dificuldade em se reproduzir em hospedeiros desnutridos. Mas a experiência com a peste na China e na Índia, no começo do século XX, sugere que a situação nutricional, como a higiene, é um fator de risco na doença, e pesquisas emergentes sugerem que a nutrição também pode afetar a suscetibilidade de outra maneira — mais sutil. Estudos recentes verificaram que a exposição à subnutrição *in utero* prejudica o sistema imunológico em desenvolvimento, criando uma vulnerabilidade vitalícia a doenças em geral.

De Caffa às selvas do Vietnã,* a guerra também foi sempre um importante fator de predisposição à peste humana, porque cria restos mortais e dejetos, que atraem ratos; corpos imundos, que atraem pulgas; e estresses, que podem diminuir a resistência imunológica. Soldados da infantaria e da cavalaria também ajudam a tornar a doença mais móvel.

Os indícios históricos sugerem que a existência de apenas algumas dessas condições não é suficiente para dar início a uma pandemia ou a um grande surto da peste. O Ocidente do período vitoriano, por exemplo, era muito mais intensamente interconectado e povoado que a Europa medieval, mas, quando uma grande onda da peste varreu a China e a Índia um século atrás, populações relativamente saudáveis, com uma higiene e padrões de saúde pública relativamente bons, além de uma estrutura física resistente — casas de madeira e de alvenaria —, evitaram que a peste se estabelecesse tanto na América quanto na Europa. A doença alcançou o Ocidente, mas, depois de causar algumas centenas de mortes em Oakland, São Francisco, Glasgow, Hamburgo e várias outras cidades, ela desapareceu.

O período histórico que um dia chamamos de Idade das Trevas e que agora é chamado (com menos preconceito, ainda que de forma menos precisa) de Alta Idade Média também ostentava diversas condições associadas à peste, inclusive violência generalizada, desordem, desnutrição e sujeira — se os europeus desse período se banhavam ou trocavam de roupas mais de uma ou duas vezes por ano, este era o segredo mais bem guardado da cristandade. No entanto, o comércio com outros países havia praticamente

---

* Durante a Guerra do Vietnã, quase 25 mil casos de peste foram relatados; quase todas as vítimas eram vietnamitas. (*Plague Manual: Epidemiology, Distribution, Surveillance and Control* [Genebra: Organização Mundial da Saúde, 1999], pp. 23-24.)

desaparecido, e o surgimento de novos Estados muçulmanos hostis no Oriente Médio e Próximo colocava os focos da peste da Ásia Central e da África a uma distância ainda maior da Europa. Além disso, a Alta Idade Média foi um período de intensa queda de índices populacionais. Nos séculos VI e VII, o Império Romano, que desmoronava, perdeu algo entre metade e dois terços de sua população. Da Escócia à Polônia, os herdeiros de uma civilização anteriormente grandiosa viviam amontoados como fugitivos em clareiras da floresta. Mesmo se, por algum acaso, o *Y. pestis* tivesse conseguido viajar até o Ocidente da Alta Idade Média, teria fracassado tão estrondosamente quanto fracassou nas ruas da São Francisco vitoriana.

Pelo contrário, o ambiente do século XIV era muito adequado para o *Y. pestis*. Para padrões modernos, a população da Europa medieval era relativamente pequena: cerca de 75 milhões, comparada aos quase 400 milhões de hoje. No entanto, em relação aos recursos disponíveis para a população, o continente havia se tornado perigosamente superlotado. Os anos entre 1000 e 1250 foram um período de grande crescimento econômico e demográfico no Ocidente medieval, mas quando a economia começou a congelar, depois de 1250, a Europa se viu presa no que o historiador David Herlihy chamou de "impasse malthusiano".[47] Os europeus medievais ainda eram capazes de se alimentar, de se vestir e de se abrigar, mas, em função de o equilíbrio entre população e recursos ter se tornado muito apertado, mal podiam fazê-lo. Condições climáticas cada vez piores estreitaram ainda mais a linha entre vida e morte para dezenas de milhões de europeus. Entre 1315 e 1322, o continente foi açoitado por ondas de chuvas torrenciais, e, quando o sol voltara a surgir, em alguns lugares entre 10% e 15% da população haviam morrido de fome.[48] Na Itália, especialmente, a desnutrição continuou generalizada e crônica até os dias que antecederam a peste.

No século XIV, a guerra era quase tão constante quanto a fome. A Itália, onde o papado e o Sacro Império Romano-Germânico lutavam pelo poder de influência, havia decaído a um estado hobbesiano de todos contra todos. Havia guerras grandes, pequenas e de tamanho médio em curso nos Estados papais em torno de Orvieto, Nápoles e Roma. No mar, as "duas tochas" da Itália, como Petrarca chamava Gênova e Veneza, estavam presas em um conflito marítimo interminável. E por quase toda parte, do norte ao sul da península, bandos errantes de *condottieri* (mercenários) travavam pequenas e furiosas guerras de ocasião. Para o norte e o oeste, havia conflitos em curso na Escócia, na Bretanha, na Borgonha, na Espanha e na Alemanha, e nos portos, planícies e cidades do norte da França, ingleses e franceses travavam as primeiras batalhas da Guerra dos Cem Anos.

"A cidade liberta os homens", diziam uns aos outros os alemães medievais, mas uma combinação de pessoas, ratos, moscas, detritos e lixo concentrada nos poucos quilômetros quadrados dos muros de uma cidade também fazia da cidade medieval uma fossa sanitária humana.[49] No começo do século XIV, havia tanta imundície acumulada na Europa urbana que as cidades francesas e italianas estavam denominando suas ruas com nomes de excrementos humanos. Na Paris medieval, diversos nomes de ruas eram inspirados por *merde*, palavra francesa para "merda". Havia a rue Merdeux, a rue Merdelet, a rue Merdusson, a rue des Merdons e a rue Merdière — assim como a rue du Pipi. Outras ruas parisienses recebiam seus nomes em função dos animais que nelas eram mortos. Havia um Champs-Dolet — grosseiramente traduzido como "campo de sofrimento e lágrimas" — e l'Echorcheire: "lugar da esfola". Toda cidade, de qualquer tamanho, na Europa tinha seu equivalente de l'Echorcheire: um matadouro a céu aberto, onde açougueiros com roupas manchadas de sangue cortavam, picavam e serravam em meio à carniça e a pedaços de carne descartados e aos gemidos dos animais moribundos. Um londrino enfurecido reclamou que o escoamento do matadouro local havia deixado seu jardim "fedorento e pútrido", enquanto outro argumentou que o sangue dos animais mortos alagava as ruas e caminhos próximos, "gerando uma terrível degradação e uma visão abominável a todos que moram próximo". Em grande parte da Europa medieval, a legislação sanitária consistia em um decreto que exigia que os habitantes gritassem "Cuidado aí embaixo!" três vezes antes de esvaziar um penico cheio no meio da rua.

O campo medieval,[50] onde residiam 90% da população, era um lugar ainda mais perigoso do que a cidade. Com paredes finas, as casas dos camponeses eram muito permeáveis, e a razão ratos/pessoas tendia a ser muito alta nas áreas rurais. As colônias de ratos das cidades normalmente dividiam sua atenção entre várias casas em uma rua, mas no campo não era incomum que uma só família de camponeses se descobrisse alvo de toda uma colônia de roedores.

O corpo humano, na Idade Média, estava em um estado tão espantoso quanto a rua medieval. Eduardo III escandalizou a cidade de Londres quando tomou três banhos no mesmo número de meses. Frei Alberto, um monge do *Decameron*, de Boccaccio, exibe uma atitude mais tipicamente medieval em relação à higiene pessoal. "Hoje farei algo que há muito, muito tempo, não faço", anuncia o frade animado. "Hei de me despir."[51] Quando Tomás Becket, assassinado, foi despido, um cronista inglês relatou que vermes "fervilhavam como água em um caldeirão no fogo" sobre seu corpo.[52]

Pode-se argumentar que as ortodoxias médicas e religiosas que comandavam a Europa também criaram uma certa vulnerabilidade à peste ao promover um programa de saúde pública baseado em vestir os ímpios, inalar fragrâncias e orar. As classes educadas, influenciadas pelas teorias de um ex-médico esportivo e celebridade dos tempos romanos, Galeno, acreditavam que a pestilência surgia de miasmas — densas nuvens infectadas no ar. "O ar corrompido, quando respirado, penetra inevitavelmente até o coração e aí corrompe a substância do espírito",[53] alertava a faculdade médica de Paris, o corpo médico mais eminente da época. O "príncipe dos médicos", o italiano Gentile da Foligno, recomendava a inalação de ervas como antídoto contra o ar "infecto".[54]

Para a Igreja e as pessoas comuns, a peste era considerada uma forma de castigo divino à maldade humana. Henry Knighton, um monge inglês que paira sobre a Peste Negra com o riso sarcástico de uma bruxa shakespeariana, exemplifica essa escola de pensamento. Knighton acreditava que Deus havia aniquilado um terço ou mais da Europa porque as mais glamourosas jovens da Inglaterra medieval estavam se tornando aficionadas pelos torneios de cavalaria. "Quando e onde quer que se disputassem torneios", Knighton escreveu algumas décadas depois da Peste Negra, "uma trupe de damas surgiria vestida em uma diversidade de roupas masculinas [...] e montadas em corcéis. Havia por vezes até quarenta ou cinquenta delas, representando as mais exuberantes e as mais belas, embora não as mais virtuosas mulheres do reino [...]. [Elas] usavam grossos cinturões com botões de ouro e prata atravessados pelos quadris, abaixo do umbigo [...] e eram surdas às exigências do decoro. Mas Deus, presente nessas coisas, como em tudo, proporcionou uma maravilhosa cura"[55] — a peste.

A peste está entre as mais lentas das doenças errantes. Novas cepas da gripe podem saltar pelo mundo todo em um ou dois anos, mas o *Y. pestis*, como o vírus da AIDS, está atado a uma complexa cadeia de contágio que pode levar décadas para se desdobrar. O principal vetor da doença não é o roedor, o animal mais comumente associado a ela, mas a pulga do roedor. Quando um hospedeiro contaminado morre, a pulga salta para um novo hospedeiro, transferindo-lhe o bacilo da peste, o *Y. pestis*, por meio de uma mordida na pele. Às vezes os humanos são diretamente contaminados por uma das muitas espécies de pulgas que atacam os roedores selvagens, como esquilos, cães-de-pradaria e marmotas; contudo, com mais frequência o agente do contágio na peste humana é a mais comum pulga do rato-preto, a *Xenopsylla cheopis*.

Na peste humana, a cadeia de contágio pode assumir diversas formas. Por exemplo, um desastre ecológico, que destrói a fonte de alimento, ou um aumento dramático na população de roedores, que a põe sob tremenda pressão, podem levar uma colônia de animais infectados para um agrupamento humano, onde membros da colônia trocam pulgas com ratos domésticos. Outra situação possível, que pode ter relevância para a Peste Negra, é que um grupo de viajantes se depare com uma colônia de roedores selvagens no meio de um surto da peste; roedores contaminados — ou suas pulgas — infiltram-se nos alforjes e nas carroças dos viajantes, e, quando o grupo chega à próxima cidade ou vila, os caroneiros saltam de seus esconderijos e espalham a doença pela população de ratos domésticos. O penúltimo estágio dessa sequência é o envolvimento da *X. cheopis*, a pulga do rato-preto, que se torna um vetor da doença, porque, de uma forma ou de outra, os seus ratos hospedeiros foram contaminados por pulgas de roedores selvagens.

A passagem da peste para o homem é motivada pelo desespero da *X. cheopis*. Ela não gosta particularmente do sangue humano, mas, como a peste aniquila a comunidade local de ratos, as únicas opções da pulga são a fome ou o *Homo sapiens*. Depois de acomodada na população humana, a pulga do rato se torna um vetor de infecção muito eficiente. Ela pode sobreviver até seis semanas sem um hospedeiro — tempo suficiente para viajar centenas de quilômetros em carregamentos de grãos ou de tecidos.[56] Além disso, ela é um inseto extremamente agressivo. É conhecida por grudar seu aparelho bucal na pele de uma lagarta viva e sugar seus fluidos e órgãos internos. No entanto, a mais importante característica da *X. cheopis* como vetor de contágio está nas peculiaridades de seu sistema digestivo.

Em uma pulga não contaminada, o sangue de uma picada corre diretamente para o estômago, matando a fome. Em uma pulga contaminada,[57] os bacilos da peste se acumulam na parte anterior do sistema digestivo, produzindo um bloqueio; isto aumenta a capacidade do inseto de transmitir a doença de duas formas. Em primeiro lugar, como nutriente algum está chegando ao estômago, a *X. cheopis*, cronicamente faminta, morde constantemente; e, em segundo lugar, na medida em que o sangue não digerido se acumula na parte anterior do sistema digestivo, a pulga se torna uma seringa hipodérmica viva. Cada vez que morde, ela se engasga com o sangue não digerido, agora maculado pelos bacilos da peste, e vomita na nova mordida.

A maneira de passar dos problemas digestivos de um inseto insignificante para 25 milhões a 30 milhões de mortos na Europa, um terço do Oriente Médio arrasado e uma China "despovoada" é multiplicar-se. Normalmente, um roedor carrega apenas cerca de meia dúzia de pulgas, mas durante uma epizootia, quando os hospedeiros rareiam, os roedores sobreviventes se transformam no equivalente a um vilarejo de pulgas, carregando de cem a duzentos insetos — e, às vezes em verdadeiras cidades de pulgas. Pesquisadores contaram novecentas pulgas infectadas em um pobre esquilo terrícola no Colorado.

* * *

Três formas da peste atacam os humanos. A peste *bubônica*, a forma mais comum, é transmitida por uma picada de pulga e tem um período de incubação que vai de dois a seis dias.[58] "Contemplai os inchaços, os sinais de alerta enviados pelo Senhor", escreveu um contemporâneo a respeito do sintoma mais típico da Peste Negra, o bubão ovalado. Cronistas medievais descreveram frequentemente o bubão como um tumor, e a analogia é adequada. Como células de um câncer maligno, depois de entrar no corpo os bacilos da peste se multiplicam com uma agressividade selvagem. Normalmente, o local da picada da pulga determina o local do *gavocciolo*, como na época se chamava o bubão. Bacilos de picadas na perna e no tornozelo produzem bubões na região abdominal ou na coxa; picadas na parte superior do corpo produzem bubões embaixo dos braços ou no pescoço. Tremendamente sensível ao toque, o *gavocciolo* muitas vezes cria estranhas deformações em suas vítimas. Assim, um bubão no pescoço pode acarretar que a cabeça fique permanentemente inclinada para o outro lado; um bubão na coxa, um membro manco, e um bubão axilar, um braço esticado ou erguido. Os bubões também são criaturinhas estranhamente ruidosas. A peste humana fala com suas vítimas com a estranha língua gorgolejante do bubão.

Segundo os cronistas, três outros sintomas também eram bastante comuns na peste bubônica da Peste Negra. Um deles eram as *petechiae*. Essas sardas arroxeadas, semelhantes a pequenas feridas, apareciam frequentemente no peito, nas costas ou no pescoço e também eram chamadas de "sinais de Deus",[59] porque seu surgimento significava que a vítima tinha um caso fatal da peste. Diz a lenda que os "sinais" foram a inspiração para uma canção de ninar do tempo da Peste Negra, conhecida ainda hoje:

> *Ring around the rosie, pocket full of posies*
> *Ashes, ashes [the hemorrhages], we all fall down.**

---

* "*Rodando no roseiral, com o bolso cheio de versinhos / Hemorragia, hemorragia, prostramo-nos todos.*" A interpretação dos versos em conexão com a peste depende da leitura de *ashes* com seu sentido antigo e é, na verdade, desconsiderada quase que universalmente. Daí o autor, cautelosamente, atribuí-la a uma lenda. (N. T.)

O mau cheiro era outro sintoma frequente da peste bubônica histórica. As vítimas não tinham apenas a aparência de estarem prestes a morrer, segundo muitos cronistas da Peste Negra, mas também cheiravam como se estivessem mortas. Depois de visitar um amigo acometido pela peste, um homem escreveu: "O fedor [de] suor, excremento, saliva [e] do hálito [era] insuportável." Vários relatos da época também sugerem que a peste medieval interferia no sistema nervoso. Há relatos de vítimas delirantes e agitadas gritando desesperadamente de janelas abertas ou andando seminuas pela cidade, ou caindo em um estupor.

Curiosamente, esses três últimos sintomas não são comuns na peste bubônica moderna.[60] O doutor Kenneth Gage, chefe da Divisão da Peste dos Centros de Controle de Doenças (CCD) dos EUA, encontrou "sinais de Deus" em seu trabalho, mas tão raramente, que, quando perguntei se ele havia visto uma vítima da peste com hematomas, ele teve de parar e pensar um pouco. Apesar de o dirigente dos CCD ter encontrado muitos casos de mau cheiro, ele descreve o odor nefasto como uma consequência de maus cuidados — a vítima da peste não estava trocando de roupa, tomando banho regularmente ou vivia em um casebre. Os cheiros descritos pelos cronistas da Peste Negra — ou pelo menos alguns deles — pareciam emanar de dentro das vítimas, como se suas entranhas estivessem gangrenadas. O doutor Gage, que combateu a peste na Ásia e nas Américas do Norte e do Sul, não consegue recordar um só caso de envolvimento do sistema nervoso de uma vítima.

A peste bubônica é a menos mortal das formas da doença. Sem tratamento, tem uma taxa de mortalidade de cerca de 60%.

A *pneumônica* é o segundo tipo da peste e — apenas ela — pode ser transmitida diretamente de uma pessoa para outra. No entanto, como outras formas da infecção, ela passa pela conexão roedor/inseto. Em alguns casos da peste bubônica, os bacilos escapam do sistema linfático e contaminam os pulmões, causando uma peste pneumônica secundária. À medida que a vítima começa a tossir e a cuspir sangue — principais sintomas da peste "com tosse" —, a doença se liberta do ciclo da pulga e se espalha pela população como um resfriado ou uma gripe — pelo ar. Embora ocorram surtos no verão, a peste pneumônica é mais comum no inverno, quando as temperaturas mais baixas favorecem a transmissão de catarro e gotículas de tosse congeladas e pulverizadas.

Como no caso da peste bubônica, há também significativas diferenças entre a variedade moderna da "peste com tosse" e sua contraparte do período da Peste Negra. Uma é sua incidência. Relativamente rara hoje, durante o primeiro ano da Peste Negra a peste pneumônica parecia estar em todos os lugares da Itália e do sul da França. A outra diferença significativa envolve o contágio. A peste pneumônica moderna não é uma doença particularmente "fácil de pegar", nem deveria ser.[61] As bactérias da peste são maiores do que os vírus, e, portanto, sua transmissão direta entre pessoas é mais difícil — os bacilos, maiores, requerem gotículas de ar maiores e, se chegam a atingir outra pessoa, tendem a ficar "entalados" nas vias aéreas superiores antes de conseguirem alcançar os pulmões.

Mesmo considerando a inclinação medieval ao exagero, fica-se com a impressão de que a peste pneumônica da Peste Negra não era apenas altamente contagiosa, mas explosiva como uma reação nuclear em cadeia. "O hálito", escreveu um cronista siciliano horrorizado, "espalhava a infecção entre aqueles que conversavam [...] e parecia que as vítimas [eram] todas imediatamente atacadas pela aflição e abaladas por ela [...]. Vítimas tossiam sangue intensamente e, depois de três dias de vômito incessante, para o qual não havia remédio, morriam, assim como todos que haviam falado com elas, mas também aqueles que haviam adquirido, segurado ou meramente tocado seus pertences."

A peste com tosse é extremamente letal. Caso siga sem ser tratada, sua taxa de mortalidade fica entre 95% e 100%.

Sem tratamento, ninguém sobrevive à *peste septicêmica*, terceira forma da doença. A brusca entrada de quantidades enormes de bacilos diretamente no sistema circulatório cria uma infecção tão grande que mesmo insetos normalmente incapazes de transmitir o *Y. pestis*, como os piolhos, tornam-se vetores da doença. Durante um surto de peste septicêmica no início do século XX, o tempo médio de sobrevivência depois do surgimento dos sintomas era de 14 horas e meia.[62]

Tem havido declarações de que a horrenda deformação provocada pela peste septicêmica — as mãos e os pés se tornam negros e duros como carvão — inspirou a expressão Peste Negra, mas a doença em sua forma septicêmica é pouco comum e, de qualquer forma, a aplicação da expressão "Peste Negra à peste medieval nasceu de um antigo equívoco histórico.[63] Em 1631, um historiador chamado Johannes Isaacus Pontanus, talvez pensando no uso que Sêneca faz do termo latino para a Peste Negra — *Arta mors* — para descrever um surto de uma doença epidêmica em Roma, alegou que a expressão teria sido comum durante a mortandade do século XIV. Os suecos, que começaram a usar a expressão por volta de 1555 (*swarta döden*), os dinamarqueses, que a adotaram cinquenta anos mais tarde (*den sorte Død*), e o restante da Europa, que começou a usar a expressão "Peste Negra", no século XVIII, devem ter cometido o mesmo equívoco. A geração que vivenciou a peste medieval a chamava de *la moria grandissima, la mortalega grande, très grande mortalité, grosze Pestilentz, peligro grande* e *huge mortalyte* — nomes que se traduzem aproximadamente como a "Grande Mortandade", ou, mais coloquialmente, a "Grande Morte".[64]

Um dos grandes mistérios da peste medieval é como os fugitivos genoveses sobreviveram à jornada marítima de 1.600 milhas entre Caffa e a Sicília, onde a doença faz sua entrada na história europeia. Mesmo que as galeras em fuga tenham parado primeiro em Constantinopla e em outros portos a caminho da Itália, como parece provável, ser pego em mar aberto com o *Y. pestis* deve ter sido semelhante a ser pego em uma porta giratória com uma cascavel. A única explicação atual para o enigma são genes sortudos. Pesquisas recentes[65] afirmam que um alelo,* CCR5-Δ32, pode conferir proteção contra a peste. É possível que alguns dos tripulantes tivessem o indispensável alelo sortudo.

---

* Um alelo é uma de pelo menos duas formas como um gene em particular pode ser expresso. Por exemplo, o gene para a cor dos olhos nos humanos pode se manifestar de diversas formas: castanho, azul, verde e assim por diante.

Já o que aconteceu quando Caffa desapareceu de vista no horizonte é mais claro. No segundo ou terceiro dia, um marinheiro acorda sentindo-se febril; depois que ele volta a dormir, um outro marinheiro rouba seu gibão, infestado de pulgas; poucos dias depois, o ladrão está doente. Quando se espalha pelo navio a notícia da doença dos homens, tripulantes, apavorados, se reúnem nos estábulos do convés inferior para compartilhar boatos e conspirar. Naquela noite, ouve-se uma pancada na água, perto da proa, e depois mais uma; ninguém dá o alarme enquanto os corpos desaparecem sob a água em um cone de luar ondulado.

À medida que os dias se alongam e a doença se estabelece, os homens começam a se indispor uns com os outros, como farão mais tarde, na Europa, quando chegar a peste. Há surras, assassinatos, execuções sumárias, motins; apenas o progresso da peste evita a anarquia total. Os homens ficam doentes demais para matar e, depois, doentes demais para trabalhar. Um timoneiro com um bubão no pescoço é amarrado ao timão; um carpinteiro, que já tosse sangue, é preso à sua bancada; um marujo, tremendo de febre, é atado ao mastro.

Gradualmente, cada um dos navios em fuga se torna um cenário grotesco. Por todos os lados há homens delirantes que falam ao vento e sujam as calças com escorrimentos anais ensanguentados; e homens lacrimosos, que gritam por suas mães, esposas e filhos ausentes; e homens praguejantes, que blasfemam contra Deus, sacodem os punhos para um céu indiferente e borbulham sangue quando tossem. Há homens com feridas faciais e corpóreas que botam pus e fedem imensamente; homens letárgicos que encaram inertes o mar cruel e cinzento; loucos que riem histericamente e enterram as unhas imundas na carne roxa e sarapintada; e homens mortos, cujos corpos inchados rolam de um lado para outro sobre conveses inclinados até baterem em uma amurada ou mastro e se abrirem como *piñatas*.

Nos mil dias entre o outono de 1347 — quando os genoveses chegaram à Sicília, tão doentes que "bastava alguém falar com eles que já estava contaminado" — e o inverno de 1351-52, quando a peste atravessou o gélido Mar

Báltico em seu caminho de volta à Rússia, o *Y. pestis* enlaçou a Europa como o nó de uma forca.

Da Sicília, assolada ininterruptamente por 12 meses, uma cepa da peste avançou para o oeste pela costa do Mediterrâneo até Marselha, onde metade da cidade pode ter morrido no penoso inverno de 1347-48. Subindo o Ródano até Avignon, em abril de 1348 a peste pôs fim a uma das míticas histórias de amor da literatura ocidental, expôs a fraqueza moral de um papa e inspirou muitas incursões noturnas dos porcos famintos de Avignon aos cemitérios locais. Mais para o leste, no porto de Ragusa, no Adriático, as autoridades comemoraram a chegada da primavera, ordenando que todos os cidadãos redigissem um testamento. Em junho, a peste assolou Paris, onde o cemitério municipal ficou sem espaço para enterros, e a renomada faculdade médica de Paris declarou que a causa da doença seria "uma conjunção incomum de Saturno, Marte e Júpiter, simultaneamente, na tarde de 20 de março de 1345".[66] Mais tarde, naquele verão lúgubre, a peste se bifurcou como a língua de uma serpente. Uma variedade seguiu rumo ao norte, na direção de Tournai, na fronteira flamenga, onde os sinos das igrejas tocaram sem parar por dois dias para anunciar sua chegada; enquanto que outra variedade, instigada pelo cheiro da guerra e da morte em torno da recém-sitiada Calais, correu pela costa e atravessou o Canal da Mancha na direção da Inglaterra. No outro lado, de Dover ao Fim da Terra,* ingleses ansiosos perscrutavam os mares do verão como se não fossem perscrutá-los até a Batalha da Bretanha,** no verão de 1940.

Em julho, o *Y. pestis* se esgueirou pelo cordão de isolamento dos vigias e entrou no pequeno porto de Melcombe; um mês depois, a cidade estava parada, a não ser pela chuva que batia nos telhados do vilarejo e as ondas que arrebentavam contra os penhascos de Dorset, brancos como giz.

---

* Península da Cornualha, que representa o ponto mais ocidental da Inglaterra e, assim, recebe um nome que franceses e galegos (*Finistère* e *Finisterra*, ambos do latim *finis terrae*) dão também a seus pontos extremos nesta direção. (N. T.)
** O prolongado ataque aéreo que a Alemanha infligiu aos ingleses durante a Segunda Guerra Mundial. (N. T.)

No terrível mês de setembro, a pestilência estacou e virou para oeste, atravessando um incessante temporal de fim de verão, na direção de Londres, onde um rei entristecido pranteava uma filha adorada. "Nenhum outro ser humano poderia ficar surpreso se nos víssemos interiormente desolados pela pungência dessa dor amarga, pois somos humanos também",[67] escreveu Eduardo III a respeito de sua filha morta pela peste, a princesa Joana, de 15 anos de idade. Na primavera de 1349, enquanto as verdes colinas de Gales ecoavam o canto dos pássaros, um poeta local escreveu: "A morte adentra nossa comunidade como uma fumaça negra."[68] No alegre mês de maio, o *Y. pestis* chegou a Derbyshire, onde em três curtos meses fez o camponês William de Wakebridge perder esposa, pai, irmã, cunhada e uma tia. Do outro lado do Mar da Irlanda, em Dublin, onde os vivos haviam deixado as ruas para os mortos, o franciscano John Glynn escreveu: "Eu [...] espero entre os mortos a chegada da morte."[69]

Outra cepa da peste entrou na Europa através de Gênova, onde várias galeras ancoraram no último dia de 1347. Enquanto um forte vento de inverno fustigava as ruas à noite, brilhava uma vela na janela do notário local, Antonio de Benitio, que permaneceu na cidade contaminada para redigir testamentos para clientes incapacitados de fugir. Volteando rumo ao interior que a fez atravessar as estreitas planícies da Itália Central, a peste invadiu Florença em um dia frio de março e matou tantos de seus cidadãos que os sinos das igrejas ficaram em silêncio para preservar o moral da população; "os doentes odiavam ouvir [os sinos] e eles desanimavam os que estavam saudáveis",[70] escreveu um sobrevivente. Em junho, quando a peste chegou a Siena, um coletor de impostos e ex-sapateiro chamado Agnolo di Tura declarou: "É o fim do mundo."[71] A vizinha Pistoia recebeu a doença com mais pragmatismo. "Daqui por diante [...]", declararam os anciãos, "cada cova deverá ser cavada com 1,14 metro de profundidade."[72] Em agosto, a pestilência alcançou Perúgia, onde Gentile da Foligno, um dos mais famosos médicos da Itália, condicionava seu destino ao dos pobres. Enquanto os ricos e bem-nascidos de Perúgia fugiam, o rico e bem-nascido Da Foligno ficou em seu posto, visitando os casebres fedorentos dos necessitados, até que, finalmente, a peste foi buscá-lo.

Descendo dos desfiladeiros alpinos rumo à Áustria, no outono de 1348, o *Y. pestis* matou com tamanha intensidade fétida que os lobos predadores das ovelhas locais "viraram-se e fugiram para os bosques [...] como que assustados por algum aviso infalível."[73] Chegando à Europa Central, a pestilência detonou um surto de antissemitismo sem paralelos. Em setembro de 1348, em Chillon, uma cidade perto do Lago de Genebra, um cirurgião judeu e uma mãe judia foram acusados de fomentar a peste, o que forçou o cirurgião a escolher entre sua vida e sua comunidade, e a mãe, entre a dela e a de seu filho.

Em janeiro de 1349, Basel queimou seus judeus em uma ilha do Reno, enquanto Speyer, consciente das questões de higiene, temendo a poluição, pôs seus judeus mortos em barris de vinho e os rolou para dentro do rio. Em fevereiro, como medida profilática, Estrasburgo fez seus judeus marcharem para um cemitério local e os queimou. Entrando no cemitério, várias belas jovens judias recusaram a salvação por mãos cristãs e insistiram em ir à fogueira. A peste atingiu Estrasburgo mesmo assim. Em Worms, a comunidade judia local, encarando a possibilidade de morrer nas mãos dos vizinhos cristãos, trancou-se em suas casas e as incendiou. Em Constança, sob um cinzento céu de março, um grupo de judeus marchou para uma fogueira, rindo e cantando.

Enquanto a peste abria caminho por entre as florestas primitivas da Alemanha, outro demônio surgia borbulhante da psique teutônica medieval: os Flagelantes, que acreditavam na ideia de que a maldição da humanidade seria eliminada com autoflagelação da carne e assassínio de judeus. Vinte anos depois, um espectador ainda recordava a histeria provocada pelos Flagelantes. "Os homens", escreveu ele, "açoitavam cruelmente seus corpos nus até que o sangue começasse a escorrer, enquanto a população, ora chorando, ora cantando, gritava: 'Salvai-nos!'".[74]

Em maio de 1349, um navio inglês carregado de lã levou a peste para Bergen, na Noruega. Poucos dias depois da chegada, os passageiros e a tripulação estavam todos mortos. No fim do curto verão escandinavo, a doença se movia em um arco oriental para a Suécia, onde o rei Magno II, acreditando que a mortandade fosse obra de Deus, furioso, ordenou à população que fizesse jejum às sextas-feiras e andasse descalça às segundas-feiras para apaziguar Sua ira divina. Ao se aproximar da costa oriental da Groenlândia, o *Y. pestis* encontrou altíssimos penhascos congelados, erguendo-se de um mar gélido, coberto de branco, como se fossem as balaustradas de uma Xanadu do Ártico; destemido, prosseguiu. Mais tarde, um observador escreveria que, daquele momento em diante, "mortal algum jamais voltou a ver aquela praia [oriental] ou seus habitantes".[75]

Nos três anos e meio que o *Y. pestis* levou para completar seu ciclo de morte, a peste afetou a vida de cada habitante da Europa: matando um terço deles e deixando os outros dois terços lamentando e chorando.

Esta é a história dessa tragédia épica.

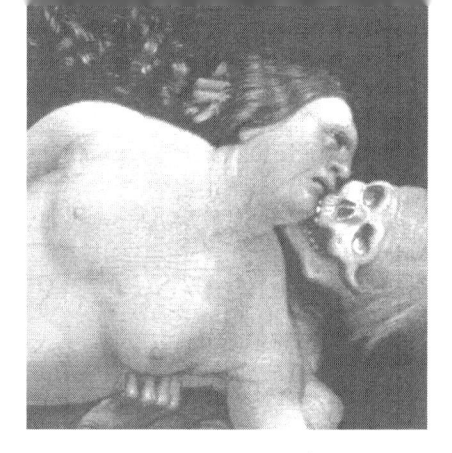

SEGUNDO CAPÍTULO

"Eles São Monstros, Não Homens"

EM UM MAPA, A ESTEPE DA EURÁSIA PARECE O PARAÍSO DO VIAJANte, mas a estepe dos cartógrafos, a larga faixa de giz de cera verde que atravessa com facilidade o ventre do continente, da Bielorrússia à China, é quase uma ficção refinada, disponível apenas na primavera, quando o ar é quente, a grama ainda não chega aos joelhos e o vento ainda emana o aroma das flores do campo. Como Napoleão descobriu, e Hitler depois dele, no inverno a neve chega à altura da cintura e transforma a estepe ocidental em um imenso e indistinto mar branco que se ergue e gira quando o vento ártico desce da tundra siberiana. O mapa do cartógrafo também ignora o sol do verão, que paira tão baixo sobre as planícies de agosto, desprovidas de árvores, que o viajante quase pode erguer a mão e tocá-lo, e o incessante zumbir dos mosquitos, que atingem quase o tamanho do polegar de um adulto em certas partes da estepe e são capazes de deixar uma picada do tamanho de um pequeno tumor.

Mais para o leste, no planalto mongol, onde a estepe contorna o deserto de Gobi em seu caminho para a China, os cartógrafos com frequência registram a mudança do terreno com outra quase ficção refinada — uma mancha cor de areia. Partes da estepe oriental evocam um leito marinho seco por bilhões de anos de sol. Entre desfiladeiros de penhascos cor de ferrugem e elevações arenosas mais próximas de serem colinas do que montanhas, baixas ondulações do solo pedregoso correm para um horizonte sem limites como ondas oceânicas, enquanto acima, sobre ruidosos bandos de carniceiros voando em círculos, o enorme céu oprime com uma infinitude que dilacera a alma. Mesmo na alta primavera, as únicas duas culturas que florescem nesta parte da estepe são os tufos de uma grama dura e espinhenta e os ossos de homens e animais que não puderam sobreviver aos rigores do inverno.

Em *La Practica della Mercatura*,[76] Francesco Balducci Pegolotti tentou aliviar as preocupações do viajante da estepe medieval tranquilizando-o: "a estrada que tomas de Tana a Pequim é absolutamente segura"; dando-lhe dicas sexuais: "O mercador que deseja levar de Tana uma mulher pode fazê-lo"; e com conselhos e proibições: "Não tente poupar dinheiro com [um intérprete] levando um ruim."* Mas *La Practica* também era uma ficção refinada. Ao deixar Caffa, o viajante podia esperar passar de oito a 12 meses no lombo de um pônei mongol[77] ou em uma carroça balouçante, ver nada além de horizonte e pradaria, para todos os lados, e sentir calor algum à

---

* A credibilidade de Pegolotti como autor de viagem não se vê aumentada pelo fato de ele jamais ter ido além do lado leste de sua Florença nativa. Suas informações se baseavam em conversas com mercadores-viajantes italianos.

noite, a não ser o do corpo de algum companheiro de viagem. Tão estranhos quanto o terreno eram os temíveis mongóis que habitavam as planícies asiáticas. "Eles [são] como animais selvagens", escreveu um ocidental. "Vivem de raízes selvagens e de carne amaciada sob a sela [...] ignoram o uso do arado e a moradia fixa [...]. Se perguntamos [...] de onde vêm e onde nasceram, não sabem dizer."[78] William de Rubruck, um clérigo flamengo que visitou a Mongólia do século XIII, descreveu as mulheres tártaras como "espantosamente gordas", com o "rosto hediondamente pintado", e os homens como caricaturas grotescas, com corpo curto e compacto e "cabeça monstruosamente grande".[79] Ambos os sexos eram também incrivelmente imundos; os mongóis se recusavam a tomar banho, acreditando que isso irritava a Deus.

O historiador francês René Grousset[80] declarou a "descoberta da Ásia [...] tão importante para os homens da Idade Média quanto a descoberta da América o foi para os homens do Renascimento". Mas pode ser mais acurado descrever a descoberta medieval da Ásia como um redescobrimento. Durante a Antiguidade, notícias do Oriente acabavam ocasionalmente chegando ao Ocidente pela Rota da Seda, que serpenteava pelo colar desértico entre a China e a Arábia, ou através das trilhas nevadas das montanhas Pamir, na Ásia Central, onde representantes de Roma e da China se encontravam para trocar mercadorias. Mas do século VII em diante, a Europa ficou isolada na extremidade ocidental da Eurásia, prisioneira de sua própria desordem, de sua própria decadência. A ponto de que, se o Ocidente dos séculos XI e XII, que começava a despertar novamente, tinha qualquer conhecimento a respeito do Oriente, ele dizia respeito ao Oriente Médio e, mais especificamente, à estreita faixa do litoral do Oriente Médio onde se permitia que os mercadores genoveses e venezianos comprassem mercadorias asiáticas de intermediários árabes a preços exorbitantes. Além da Arábia, tudo se diluía em um mito revestido de fábulas. Havia histórias sobre estranhas raças asiáticas, como os Homens-Cães, que, dizia-se, tinham corpos humanos e rostos caninos,[81] e os Homens sem Cabeça, que, pensava-se, nada tinham acima do pescoço; histórias sobre Gog e Magog, que se acreditava terem relação com as tribos perdidas de Israel; o Preste João, um misterioso rei cristão do Oriente;[82] e o Jardim do Éden, que se pensava estar em algum lugar da Índia. Mas até a metade do século XIII, quando os mongóis unificaram a estepe de Kiev à China, ninguém no Ocidente podia investigar pessoalmente qualquer dessas maravilhas do Oriente.

Os primeiros europeus que viajaram para a Ásia foram clérigos, como João de Marignolli, um emissário papal segundo quem o Grande Khan tártaro ficara "encantado, sim, encantadíssimo",[83] com os presentes do papa, e João de Monte Corvino, que traduziu o Novo Testamento para a escrita mongol e cujos anos na China o tornaram velho demais para a sua idade. "Quanto a mim, fiquei velho e encanecido, mais pela lida e pelos problemas do que pelos anos",[84] João escreveu depois de 11 anos no Oriente. O grupo incluía também o desordeiro William, um frade franciscano que resistiu a todas as provações da viagem pela estepe, inclusive à mais dura de todas, um intérprete alcoólatra. De William, a Europa medieval recebeu sua primeira descrição da escrita chinesa, de uma forte bebida mongol chamada *cúmis*, e dos Tebets, uma tribo tibetana cujos membros em tempos antigos comiam seus pais quando estes morriam, mas haviam abandonado essa prática. William também foi o primeiro europeu a identificar corretamente o Mar Cáspio como um mar interior e não um braço de mar, e — a façanha de que mais se orgulhava — o primeiro a participar do que pode ter sido a primeira Copa do Mundo de Teologia.[85] No início de uma noite de maio, no ano de 1254, na capital mongol de Karakorum, na extremidade do deserto de Gobi, William marchou para uma tenda lotada e, na presença do próprio Grande Khan, defendeu o conceito ocidental de monoteísmo contra um *tunis*, um monge budista.[86]

"Quem diz haver um só deus é um tolo", declarou o astuto budista. "Não existem muitos grandes governantes na Terra? [...] O mesmo é válido para Deus... [H]á dez deuses no firmamento, e nenhum é todo-poderoso."

"Então", replicou William, "nenhum de seus deuses é capaz de salvá-los, na medida em que [se vocês encontrarem uma dificuldade] [...] o deus é impotente e será incapaz de ajudá-los."

Apenas com base nesse intercâmbio, William sentia ter vencido a batalha, mas, infelizmente, os três juízes mongóis que marcavam o placar do debate discordaram e declararam vencedor o monge budista.

A segunda onda de visitantes europeus[87] era composta de mercadores, majoritariamente genoveses ou venezianos, levados ao Oriente pela oportunidade de comprar mercadorias asiáticas direto da fonte. Ninguém sabe ao certo quantos desses mercadores-viajantes seguiram os passos de Marco Polo, o corajoso jovem, filho de um mercador de Veneza, que havia atravessado a estepe no início dos anos 1270; mas, no começo do século XIV, havia agitadas colônias italianas em diversas cidades chinesas,[88] incluindo Pequim, e as duas rotas leste-oeste abertas aos europeus fervilhavam de atividade. A Ásia, por mar, podia consumir até dois anos — mas, ah!, que panorama via pelo caminho o viajante. A rota marítima podia começar em Trebizonda, uma colônia grega no Mar Negro, ou em Tabriz, uma cidade iraniana de altos minaretes, tão fabulosamente rica que um viajante europeu a declarou "mais valiosa para o Grande Khan que todo o seu reino o é para o rei da França".[89] Da Crimeia e do Irã, a rota levava para o porto de Ormuz,[90] na entrada do Golfo Pérsico, e, daí, atravessava o Oceano Índico até Quilon, um reino indiano onde todas as maravilhas dos sete mares parecem ter se reunido sob palmeiras oscilantes. Quilon tinha elefantes que se moviam de forma desajeitada, lenha e macacos tagarelas, mercados locais que cheiravam a pimenta e canela no calor abafado e um porto lotado de imensos navios oceânicos chineses cujos marujos cantavam "lá lá lá" enquanto remavam. A parada final na jornada era Hangzhou, a Veneza do Oriente[91] e uma das maiores maravilhas do mundo medieval. Com uma área de cerca de 160 quilômetros quadrados e protegida por 12 enormes portões, a cidade tinha canais de água azul, brigadas contra incêndio, hospitais e lindas ruas largas margeadas por casas em cujas portas listavam-se os nomes de todos os habitantes. Ao longo dos canais de Hangzhou, cruzados por 12 mil pontes e singrados por barcos de cores alegres, passeavam os maiores dentre os homens. Esta cidade tem "as mais lindas mulheres do mundo", declarou um estupefato visitante ocidental. Em um palácio vizinho, um khan tártaro tinha suas refeições diárias servidas por cinco virgens cantoras.[92]

Entretanto, devido à demora da viagem por mar, muitos mercadores ocidentais preferiam a rota terrestre, mais rápida. Na Idade Média, havia diversas variações possíveis, incluindo a lendária Rota da Seda. Mas, por volta do ano de 1300, uma nova rota, através da estepe setentrional, começou a ganhar preferência.[93] Os viajantes acharam o terreno amplo e plano do norte mais fácil para homens, animais e carroças, mas a nova rota tinha uma desvantagem significativa, embora nenhum dos recém-chegados se desse conta disso. Ela contornava as colônias de tarabagans* da Sibéria, da Mongólia e do noroeste da China.[94]

Apreciado por sua pele, o tarabagan, semelhante a um esquilo, com seus olhos claros, era — e ainda é — extremamente temido na estepe por seus poderes de contágio. Em *Memórias de um Caçador na Sibéria*, A. K. Tasherkasoff, escritor russo do século XIX, descreveu[95] como gerações de caçadores nômades da estepe cresceram ouvindo histórias a respeito de uma misteriosa doença do tarabagan que podia atacar homens tolos o suficiente para caçarem animais doentes (identificáveis por seu passo oscilante, trêmulo). Segundo as lendas da estepe, a misteriosa e extremamente contagiosa doença do tarabagan seria causada por "pequenos vermes, invisíveis a olho nu", mas, em 1905, quando foram feitas as primeiras autópsias de animais infectados, revelou-se que os vermes invisíveis eram o bacilo da peste, o *Yersinia pestis*, o que levou um cientista a comparar os "jardins dos tarabagans"[96] das planícies asiáticas a "uma pilha de brasas em que a peste arde continuamente e de onde fagulhas de infecção podem saltar [...] para provocar desastres".

Pesquisas mais recentes sobre o tarabagan também têm relevância para a Peste Negra. O tarabagan é um membro da família da marmota e, segundo cientistas russos que a estudaram, a cepa do *Y. pestis* que circula entre as marmotas é a mais virulenta do mundo. Além de sua extrema letalidade, a peste das marmotas, como a chamam os russos, tem outra característica semelhante à Peste Negra. Ela é a única forma da peste em roedores que é pneumotrópica — ou seja, no tarabagan e em outras marmotas, e apenas

---

* Marmotas da espécie *Marmota siberis*. (N. T.)

neles, a peste tem tendência a se espalhar para os pulmões e se tornar pneumônica. Na estepe, encontram-se com frequência tarabagans mortos com uma espuma contendo sangue em torno do focinho e da boca — sinais característicos da infecção pneumônica.[97]

Microbiologistas norte-americanos tendem a ser céticos a respeito das alegações russas sobre a peste das marmotas, mas os russos têm tanta convicção de sua virulência e de seu contágio-relâmpago que, durante a guerra fria, confiaram a defesa nacional a ela. Segundo Wendy Orent, que trabalhou de perto com muitos cientistas russos, sempre que a União Soviética traçava planos de uma nova arma biológica, o general de divisão Nikolai Urakov, um dos líderes do programa de armas biológicas da URSS, gritava para o seu Estado-Maior: "Eu só preciso de uma bactéria" — a peste das marmotas.[98]

A reconstrução da história genética de qualquer agente patogênico é necessariamente um exercício de adivinhação, mas, como a Peste Negra, o *Y. pestis* parece ter se originado na estepe da Ásia Central.[99] O microbiologista Robert Brubaker pensa que o *big-bang* da vida do *Y. pestis* pode ter sido o fim da última Era Glacial.[100] À medida que a camada de gelo se retraía, a população de roedores da estepe recém-descongelada deve ter explodido, criando uma urgente necessidade de um mecanismo malthusiano de "poda". O desenvolvimento da agricultura, outro marco da história demográfica dos roedores, teria aumentado ainda mais a necessidade de um tal agente.

O *Y. pestis* tem apenas entre 1.500 e 20 mil anos de idade,[101] sendo novo o suficiente para se adequar à teoria do doutor Brubaker, e sua estrutura genética compósita seguramente sugere um agente estruturado às pressas para responder a uma emergência evolucionária. O genoma do *Y. pestis* tem uma grande quantidade de genes defeituosos e três plasmídeos inadequados. No entanto, nos agentes patogênicos, assim como nas pessoas, as aparências enganam. O *Y. pestis* tem todas as propriedades necessárias para que um agente infeccioso seja um sucesso em escala mundial, incluindo vigor biológico.[102] Um dos motivos que levam muitos agentes infecciosos a não conseguirem chegar ao nível da letalidade é que seus bacilos se aglomeram em um ponto de infecção (como uma picada de pulga), em vez de se espalharem para os órgãos vitais. Em consequência disso, nada mais sério do que um inchaço e uma vermelhidão locais chega a se desenvolver. O *Y. pestis* resolveu o problema da aglomeração desenvolvendo enzimas especiais que levam bacilos da peste ao fígado e ao baço, de onde podem ser rapidamente reciclados para o restante do corpo. Igualmente importante, o bacilo também aprendeu a enganar quase tudo que é enviado para matá-lo, incluindo antígenos de pulgas e humanos. No caso dos antígenos de pulgas, essa capacidade dá tempo para que o *Y. pestis* se multiplique nos intestinos da pulga, o que é um passo essencial na transmissão da peste. No caso dos antígenos humanos, a capacidade de enganar dá tempo para que o agente patogênico salte dos nódulos linfáticos para o fígado e o baço. Como o HIV, o *Y. pestis* tem uma habilidade incrível para confundir o sistema imunológico do corpo. Muitas vezes, quando o corpo consegue preparar suas defesas, o agente patogênico já se tornou imbatível.

O *Y. pestis* também pode matar quase qualquer coisa que apareça na sua frente, incluindo humanos, ratos, tarabagans, gerbilos, esquilos, cães-de-pradaria, camelos, galinhas, porcos, cães, gatos e, segundo um cronista,[103] leões. Como outros grandes agentes patogênicos, o *Y. pestis* tornou-se um assassino bem-sucedido, aprendendo a ser um assassino adaptável. Pode ser transmitido por 31 espécies diferentes de pulgas,[104] incluindo a *X. cheopis*, o vetor mais eficiente da peste humana, e a *Pulex irritans*, a mais polêmica. Alguns pesquisadores acreditam que a picada da onipresente *Pulex irritans*, a pulga dos homens — e dos porcos —, contém um número muito reduzido de bacilos para transmitir a peste de maneira eficiente; mas outros pesquisadores* suspeitam que a pulga humana tenha um papel importante, conquanto não reconhecido, na disseminação da doença. A escola pró-*P. irritans* se sustenta no trabalho do general Shiro Ishii,[105] comandante da unidade de guerra biológica do exército japonês durante a Segunda Guerra Mundial.**

---

* A França é o local da teoria pró-*P. irritans*. Acadêmicos franceses, incluindo o principal historiador moderno da peste, Jean-Noël Biraban, acreditam que medievalistas britânicos e norte-americanos subestimaram consideravelmente o papel da pulga humana como um vetor da peste.
** A *P. irritans* e o general Ishii podem ajudar a responder a um dos maiores mistérios da Peste Negra: por que tão poucas fontes medievais mencionam a mortandade dos ratos? Em surtos da peste em tempos modernos, ratos mortos normalmente cobrem as ruas algumas semanas antes

Avaliando o ataque japonês com uma arma biológica à cidade chinesa de Changteh, no princípio da guerra um admirado relatório do exército norte-americano registra que "uma das maiores façanhas de Ishii [...] foi seu uso da pulga humana, a *P. irritans* [...]. Esta pulga resiste a correntes de ar, naturalmente ataca seres humanos e também poderia contaminar a população local de ratos para prolongar a epidemia. [...] Duas semanas [depois do ataque], indivíduos começaram a morrer de peste em Changteh".[106]

Mas o *Y. pestis* tem também limitações. Não consegue sobreviver por muito tempo em superfícies, como cadeiras, mesas e pisos, e funciona perfeitamente apenas dentro de um limite climático razoavelmente estreito — temperaturas do ar entre 10° e 26,5°C e umidade acima de 60% e, de forma ideal, acima de 80%. Vários animais também são imunes ao bacilo da peste,[107] incluindo a doninha siberiana, o urso-negro, o gambá e o coiote. O homem também goza de um certo grau de imunidade com o *Y. pestis*, embora essa seja outra questão envolta em controvérsias. Apesar de uma descoberta recente, de acordo com a qual o CCR5-Δ32, alelo que protege contra o HIV, pode também proteger contra a peste,[108] muitos cientistas continuam encarando ceticamente a capacidade humana de resistência ao *Y. pestis*, a não ser no caso de uma resistência temporária adquirida depois da exposição à doença.

Entre as espécies que efetivamente desenvolvem uma imunidade ao menos parcial ao *Y. pestis*[109] está sua população hospedeira, os roedores. Na verdade, a curiosa sintonia entre o bacilo da peste e a comunidade de roedores é uma das grandes maravilhas da natureza. Na maior parte do tempo, o *Y. pestis* e o reino dos roedores vivem em um estado de coexistência infeliz mas viável. O termo científico para esse *modus vivendi* é enzootia. Os animais continuam a ficar doentes e morrer, mas via de regra há em determinada comunidade uma quantidade suficiente de roedores parcialmente resistentes para manter cheque o ardente rescaldo da infecção. Há diversas

---

de o *Y. pestis* pular para os homens. Muitos autores tentaram explicar satisfatoriamente a discrepância, dizendo que ratos mortos eram uma visão tão comum nas ruas medievais que ninguém acreditou valer a pena escrever sobre eles. Mas pode haver uma outra explicação: a higiene precária do homem medieval pode ter transformado a *P. irritans* em um vetor significativo da Peste Negra.

teorias para explicar por que, de tempos em tempos, essa barreira biológica repentinamente desmorona e a colônia é tragada pelas chamas de uma epizootia — um surto da peste em escala máxima. Elas incluem mudanças genéticas no bacilo da peste, que o tornam mais virulento, e mudanças demográficas na comunidade de roedores selvagens, que tornam seus membros mais vulneráveis à peste. Uma terceira teoria, que não é incompatível com as duas outras, é de que as epizootias são ativadas por anos de surto de fertilidade — saltos impressionantes e repentinos da população de roedores.[110] Ninguém sabe ao certo o que causa os surtos de fertilidade, mas diversos cientistas acreditam que eles possam ter relação com as manchas solares, que seguem mais ou menos o mesmo padrão cíclico dos anos de surto de fertilidade em muitas (mas não todas) as espécies de roedores: aproximadamente dez a 12 anos.[111]

A conexão não é tão estranha quanto pode parecer. Os ciclos das manchas solares — que influenciam os índices pluviométricos, ciclones tropicais e o crescimento das árvores — podem afetar o suprimento de alimentos dos roedores selvagens. As mudanças climáticas podem deixar a vegetação mais abundante, encorajando um surto de procriação, talvez através de uma influência na fertilidade dos roedores. Sabe-se que certas espécies de lebres passam por surtos periódicos de fecundidade. Já o que acontece durante um ano de surto de fertilidade é mais claro: as populações de roedores se veem, graças à procriação, em um clássico dilema malthusiano: animais demais, comida de menos. E, como percebeu Malthus, quando isso acontece a natureza normalmente "poda" a população, levando-a de volta a um nível sustentável através de uma grande catástrofe demográfica, como a fome ou uma doença contagiosa. No caso dos roedores, um componente do mecanismo de poda pode ser uma alteração da composição genética da população. Na medida em que explode o número de roedores durante o surto de fertilidade, o conjunto de animais mais velhos, parcialmente imunizados — a barreira protetora da comunidade —, se dilui no aumento veloz de um grupo de animais mais jovens que ainda não adquiriram resistência ao *Y. pestis*. Esse conjunto de jovens desprotegidos pode constituir o equivalente biológico de uma camada de petróleo sobre o mar: basta jogar um fósforo, e tudo se incendeia.

Além de proporcionar um conhecimento sobre as harmonias secretas da natureza, a dinâmica das populações de roedores não teria tanto interesse para os humanos não fosse o fato de que cidades, vilas e acampamentos humanos ficam mais sujeitos a invasões de roedores famintos durante os anos de surto de fertilidade. Em um ciclo de 34 anos na estepe oriental, quatro ou cinco surtos da peste ocorreram em anos de surto de fertilidade dos tarabagans, e as vítimas foram caçadores locais, homens bem-informados sobre os perigos de caçar animais doentes.[112] Se experientes veteranos da estepe se viram vulneráveis ao *Y. pestis*, não é necessária muita imaginação para concebermos o que aconteceria a um grupo de forasteiros despreocupados que tivesse o azar de topar com uma comunidade de tarabagans na Mongólia, na Manchúria ou na Sibéria no meio de um ano de surto de fertilidade, principalmente se o suprimento de comida dos tarabagans estivesse ameaçado não apenas pelas pressões demográficas do surto de fertilidade, mas também por mudanças ecológicas de longo prazo.

Na verdade, nem sequer é necessário imaginar o que poderia acontecer: existe um precedente histórico. Entre 1907 e 1910, o preço da pele de tarabagan quadruplicou no mercado mundial, indo de 0,3 para 1,2 rublo, produzindo um aumento correspondente no número de caçadores de tarabagan. Muitos dos recém-chegados eram chineses inexperientes, em busca de lucro rápido, que ignoravam as lendas da estepe sobre os riscos de se caçar tarabagans cambaleantes. Em abril de 1910, a peste pneumônica irrompeu em uma comunidade de caçadores na Manchúria; dentro de um ano, 60 mil pessoas estavam mortas.[113]

No caso da Peste Negra, os primeiros forasteiros infectados podem ter sido um grupo de pastores mongóis à procura de novos pastos.[114] Durante o século XIV, os padrões de ventos da Eurásia mudaram,[115] alterando o clima do continente; a Europa ficou mais úmida, e a Ásia, mais seca. A chegada de um clima desértico no Oriente pode ter forçado pastores tártaros a saírem de suas pastagens tradicionais e entrarem nos "jardins de tarabagans" da estepe setentrional, uma região cujos perigos eles ignoravam tanto quanto os caçadores chineses na Manchúria do começo do século XX. Dos pastores, a peste teria se espalhado para outros forasteiros: mercadores árabes, persas, italianos ou da Ásia Central, cavaleiros e soldados tártaros, trabalhadores chineses ou ucranianos — ou alguma combinação de todos ou da maior parte desses grupos. Também é fácil imaginar de que forma mudanças políticas e econômicas, como a ascensão do Império Mongol e o desenvolvimento da nascente economia global, teriam possibilitado que o *Y. pestis* superasse enormes distâncias, populações escassas e outras barreiras que o haviam mantido preso no isolamento da Ásia Central por vários séculos. Depois de unificar a fragmentária estepe sob uma *pax mongolica*, os tártaros lançaram diversas redes de comunicação interconectadas por sobre as vastas pradarias abertas da Ásia e da Rússia, inclusive o *Yam*, um serviço de *poney express*, novas rotas de comércio e uma rede de caravançarás.

William McNeill, autor de *Plagues and Peoples* (Pestes e povos), acha que os pontos de descanso das caravanas podem ter tido um papel-chave no início da disseminação da peste. "Certamente a extensa rede de caravançarás que cobria a Ásia Central [...] criou uma trilha sob medida para a propagação da [peste] por regiões minimamente habitadas. Cada ponto de descanso das caravanas deve ter abrigado uma grande carga de pulgas e ratos atraídos até ali pela quantidade relativamente enorme de alimento necessária para manter até mesmo centenas de viajantes e animais."[116]

Se a Peste Negra se originou dentro ou nas cercanias do deserto de Gobi, o *Y. pestis* deve ter visitado cerca de meia dúzia desses pontos de parada antes de subir cerca de 1.600 metros rumo ao céu, para o lago de Issyk Kul, o lago quente onde pela primeira vez seu nome entra na história. Aquecido por fontes termais que podem produzir temperaturas da água entre 30° e 35°,C[117] Issyk Kul fica cerca de 1.500 metros acima do nível do mar, em uma concavidade de montanhas cobertas de neve e florestas densas. Hoje a região do lago está cheia de fantasmas — soviéticos, czaristas e até mesmo alguns tártaros, além dos tênues contornos de um vilarejo submerso a alguns metros da margem. Mas, na metade do século XIV, Issyk Kul também era um florescente centro comercial sobre a trilha da estepe setentrional. Naquela região, viajantes com destino ao Oriente podiam pegar o caminho rápido para a China; viajantes com destino ao Ocidente, a estrada para casa, para Caffa, Tabriz ou Bagdá. A Issyk Kul medieval tinha também uma população fixa substancial. Muitos de seus habitantes eram nestorianos, uma seita cristã de origem síria que se espalhou pela Ásia no começo da Idade Média. Ao chegar à China, pioneiros evangelizadores, como João de Monte Corvino, ficaram espantados ao ver agulhas de igrejas erguendo-se por sobre cidades como Hangzhou. "Encontramos muitos cristãos espalhados por todo o Oriente e muitas belas igrejas, imponentes, antigas e de boa arquitetura,"[118] declarou um visitante ocidental.

Os nestorianos eram pessoas refinadas e empoladas. As inscrições das lápides encontradas em dois cemitérios de Issyk Kul falam a língua floreada das orações fúnebres. O transeunte é informado: "Este é o túmulo de Shliha, célebre comentador e professor, que iluminava os monastérios com sua luz [...]. Sua voz soava alta como uma trombeta."[119] Outra: "Este é o túmulo de Pesoha, renomado evangelizador e pregador que a todos iluminava. [...] Louvado por sua sabedoria e que possa o Senhor unir seu espírito aos santos."

Em comparação com essas, a inscrição de uma terceira lápide nestoriana, de um casal, Kutluk e Magnu-Kelka, é de uma sobriedade quase sinistra. Nenhum feito é mencionado, e piedade alguma se vê louvada. A lápide nos diz apenas o bastante para sugerir o seguinte quadro: em uma manhã de 1339, talvez uma fragrante manhã do início do verão, quando a temperatura do ar quase se equiparava à da água do lago, Kutluk acordou com os primeiros sintomas da peste. Naquele primeiro dia, ele se sentiu tonto e enjoado, sintomas tão leves que Magnu-Kelka sequer percebeu que seu marido estava doente até o jantar, quando Kutluk repentinamente vomitou em sua comida. No segundo dia de sua doença, Kutluk acordou com uma dor terrível na virilha; da noite para o dia, um caroço duro, do tamanho de uma maçã, tinha se formado entre seu umbigo e seu pênis. Naquela tarde, quando Magnu-Kelka cutucou o tumor com um dedo, a dor foi tão terrível que Kutluk virou-se de lado e vomitou mais uma vez.

Perto do anoitecer, Kutluk desenvolveu um outro sintoma: começou a tossir espessas mucosidades cheias de sangue. A tosse continuou por muitas horas. Enquanto a noite cobria o lago, Kutluk, suado e febril, começou a delirar; imaginou que via pessoas penduradas pela língua em árvores de fogo, queimando em fornalhas, sufocadas em uma fumaça malcheirosa, sendo engolidas por peixes monstruosos, roídas por demônios e mordidas por serpentes. Na manhã seguinte, enquanto Kutluk revivia o terrível sonho, a tosse voltou — desta vez ainda mais forte. No começo da tarde, os lábios e o queixo de Kutluk estavam cobertos de sangue, e lhe parecia que seu peito, por dentro, tinha sido marcado com um ferro em brasa. Naquela noite, enquanto Magnu-Kelka enxugava o suor de Kutluk, o tumor em sua virilha borbotou. Por alguns momentos, Magnu-Kelka imaginou que o inchaço tinha vida própria; rapidamente, ela fez o sinal da cruz. No quarto dia de sua doença, Kutluk sujou a cama de palha com um corrimento anal com muito sangue, mas Magnu-Kelka não chegou a perceber. Depois de vomitar duas vezes pela manhã, ela dormiu até o anoitecer. Quando acordou novamente, foi com o som dos grilos cricrilando na escuridão do entardecer; ela ouviu um pouco e depois vomitou-se toda. No quinto dia de sua doença, Kutluk estava quase morto. Magnu-Kelka passou o dia inteiro deitada em uma esteira de palha do outro lado do casebre, ouvindo a tosse seca de seu marido e inspirando o ar fétido. Com o cair da tarde, Kutluk fez um barulho estranho, chocalhante, com a garganta, e o casebre ficou em silêncio. Enquanto Magnu-Kelka olhava para o corpo imóvel do marido, sentiu uma estranha sensação — como o bater de asas de borboletas contra as paredes internas de seu peito. Um pouco depois, começou a tossir.

Kutluk e Magnu-Kelka quase certamente não foram as primeiras vítimas da Peste Negra, mas seu casebre isolado às margens do lago é o lugar onde a mais terrível catástrofe natural de toda a história foi registrada pela primeira vez.

Dois outros nomes dignos de nota na história da peste são Justiniano, o imperador bizantino do século VI, e Alexandre Yersin, um jovem e sonhador cientista suíço que se tornou o Yersin do *Yersinia pestis* durante a

Terceira Pandemia, um século atrás. O equivalente humano de uma epizootia, pandemia é um surto catastrófico de uma doença contagiosa; contando com a Peste Negra, a peste subiu ao nível de pandemia por três vezes na história da humanidade. A primeira vez, a Peste de Justiniano, é onde começa a história do homem e do *Yersinia pestis,* e a última, a Terceira Pandemia, é onde os mistérios do bacilo da peste foram finalmente desvendados. A reemergência de uma pestilência de larga escala na China do fim do século XIX horrorizou os vitorianos, cheios de autoconfiança, ocasionando um primeiro exemplo daquilo que, hoje, chama-se Grande Ciência. Nos anos 1890, enquanto o *Y. pestis* varria a China e a Índia, pesquisadores de dezenas de países dirigiram suas energias para uma única questão urgente: "O que provoca a peste?"

No fim, a corrida mundial se restringiu a uma cidade, Hong Kong, e a dois jovens, cada um deles representando os dois maiores microbiologistas da era vitoriana: o francês Louis Pasteur e o alemão Robert Koch. O representante de Koch, um ex-aluno chamado Shibasaburo Kitasato, era um rapaz atarracado, ambicioso, que usava um pontudo colarinho branco engomado mesmo no mormacento calor de Hong Kong e gozava das vantagens aparentemente imbatíveis proporcionadas por equipamentos modernos, uma equipe enorme e uma mente tortuosa. O representante de Pasteur era o desligado Yersin, uma espécie de personagem de Somerset Maugham, que desistiu de uma vida de privilégios no Ocidente em busca da Verdade Elevada no Oriente. Em um filme sobre a corrida para identificar o *Y. pestis*, Leslie Howard teria interpretado Yersin.

Apesar de contar com menos recursos e de não ter a inspirada má-fé de Kitasato ("Os japoneses [...] subornaram os empregados do hospital para que não me deem [corpos] para autopsiar!",[120] Yersin reclamou com sua mãe), o jovem pesquisador suíço se tornou, em 1894, a primeira pessoa a descrever corretamente o agente patogênico da peste. "A polpa dos bubões sempre contém bacilos curtos e roliços",[121] anotou ele em um dos mais importantes trabalhos sobre doenças humanas de todos os tempos. Alguns anos depois, um francês chamado Paul-Louis Simond identificou o rato e a pulga do rato, *X. cheopis*, como vetores da peste. Em 1901, o mentor de

Kitasato, Robert Koch, resumiu assim a nova pesquisa: "A peste", disse Koch, "é uma doença de ratos, da qual os homens participam."[122] Algumas décadas depois, os primeiros medicamentos eficazes contra a peste começaram a aparecer.

Se a Terceira Pandemia é o momento em que a história do homem e da peste chega ao fim — pelo menos por enquanto —, então a Peste de Justiniano, do século VI, é onde ela começa. Há várias referências sobre algo que parece ser a peste na Bíblia, mas o *Y. pestis* só entrou oficialmente na história da humanidade em 542 d.C., quando desembarca de um navio no porto egípcio de Pelúsio.[123] De uma perspectiva moderna, a coisa mais impressionante a respeito da Peste de Justiniano é quanto ela se parece com a Peste Negra. Existe, em primeiro lugar, o papel crucial do comércio na propagação da doença. Até que uma rota comercial egípcia a tornasse mais acessível,[124] a Etiópia, provável lar da primeira pandemia, ficava tão isolada dos principais centros populacionais do final da Antiguidade quanto os outros focos da peste do mundo pré-moderno: a estepe eurasiana (incluindo a Sibéria e o deserto de Gobi), Yunnan, na China, e talvez o Curdistão iraniano. Como a Peste Negra, a Peste de Justiniano também ocorreu durante um período de extrema mudança ecológica. Um estudo recente sobre camadas de troncos de árvores de dois mil anos[125] revela que quatro anos nos dois últimos milênios foram períodos de um clima extraordinariamente severo, e dois desses quatro anos se situaram dentro ou por volta do período de uma pandemia da peste. Um deles foi 1325, quase na época em que o *Y. pestis* pôde ter estado ativo na população de roedores do deserto de Gobi ou de alguma outra região da Ásia Central; o outro foi 540, dois anos antes de o *Y. pestis* chegar a Pelúsio e mais ou menos em torno do momento em que escribas chineses descreviam uma poeira amarela que caía do céu como neve e os europeus reclamavam do frio terrível que antecipou a Idade das Trevas. "Os invernos [são] dolorosos e mais severos que o normal", escreveu o monge do século VI Gregório de Tours. "Os riachos estão parados em camadas de gelo e propiciam [...] um caminho para os homens como um solo seco. Os pássaros também [são] afetados pelo frio e a fome e [são] apanhados com as mãos, sem qualquer armadilha, quando a neve [está] alta."[126]

Na Peste de Justiniano, ouve-se também, pela primeira vez, um som que se torna avassalador durante a pestilência medieval: o som de seres humanos derrotados pela morte. "No princípio desse imenso infortúnio", escreveu um advogado chamado Evagrius,[127] "perdi muitos de meus filhos, minha esposa e outros parentes, e muitos dos habitantes de minhas terras e muitos servos. [...]. Enquanto escrevo estas linhas, no 58º ano de minha vida [...] eu [recentemente] perdi outra filha e o filho que ela gerara, além de outras perdas."

Ninguém sabe quantas pessoas morreram durante a Peste de Justiniano, mas em Constantinopla, onde se diz que a taxa de mortalidade diária chegou a dez mil no auge da epidemia, as pessoas passaram a usar insígnias com seus nomes[128] para que pudessem ser identificadas caso caíssem nas ruas. A mortandade também foi muito intensa no Oriente Médio. "Em todo campo, da Síria à Trácia, a safra não tinha quem a colhesse",[129] escreveu João de Éfeso, que ia para a cama toda noite esperando morrer e acordava toda manhã surpreso por se ver ainda vivo. Milhares e milhares de pessoas morreram também na Itália e na França, onde Gregório de Tours relatou que "logo não restariam mais caixões ou quem os carregasse".[130]

A Peste de Justiniano marcou uma virada importante na relação da Europa com as doenças contagiosas. Os séculos anteriores à Primeira Pandemia foram um período de epidemias crônicas e devastadoras. Nos séculos II e III, surtos de varíola e de sarampo[131] podem ter matado entre um quarto e um terço da população em partes do Império Romano. Os séculos que se seguiram a Justiniano estiveram se não livres de doenças,[132] pelo menos perto disso. Durante a Alta Idade Média, todas as formas de doenças contagiosas se tornaram raras e a peste (pelo que se sabe), inexistente. Quem merece certo crédito por esse intervalo livre de doenças é o colapso da civilização. Uma doença é mais que meramente um agente patogênico acrescido de um sistema de transporte. Para dar início a uma epidemia é necessário também um ambiente favorável e, depois da queda de Roma, o ambiente da Europa, especialmente no noroeste, tornou-se cada vez mais hostil a doenças epidêmicas. Na Alta Idade Média, a população diminuiu radicalmente,[133] reduzindo o grupo de hospedeiros/vítimas em potencial. Nos séculos II e III, a Europa romana tinha algo entre 50 e 70 milhões de pessoas; no ano 700, a Europa tinha entre 25 e 26 milhões. O desaparecimento da vida urbana removeu duas outras necessidades: as concentrações de pessoas e as ruas imundas, infestadas de ratos. Em seu auge, a cidade de Roma tinha uma população cujas estimativas variam entre meio milhão e dez milhões de pessoas; em torno do ano 800, nenhuma cidade da Europa tinha mais de 20 mil residentes.[134] "Em meio às ruínas das grandes cidades", escreveu um escriba da Idade das Trevas, "apenas sobreviviam grupos espalhados de povos desventurados."

O ressurgimento das florestas propiciava mais uma barreira contra as doenças contagiosas. Em torno de 800 d.C., florestas densas haviam retomado 80% da superfície de uma Europa despovoada,[135] restringindo severamente as viagens e proporcionando um bloqueio que ajudava a manter as epidemias em seus locais de origem. A situação internacional acrescentava uma camada final de isolamento. Em torno do século IX, as principais rotas comerciais Oriente—Ocidente estavam todas em mãos muçulmanas, nada amistosas.

Por volta do ano 1000, este processo começou a ser revertido e a Europa voltou a recriar as condições ambientais associadas ao colapso demográfico das sociedades pré-modernas. E, de fato, quatrocentos anos mais tarde o Ocidente sofreria uma segunda grande catástrofe demográfica, mas isso é adiantar nossa história, que começa onde os relatos de pandemias costumam começar: em um intenso e repentino aumento do progresso humano.

Em algum momento entre 750 e 800, a Europa entrou no Pequeno Optimum,* um período de aquecimento global.[136] Em todo o continente, as temperaturas

---

* O Grande Optimum durou do fim da Era do Gelo até quase 1300 a.C. Talvez seja significante o fato de que esse possa ter sido o período em que o *Y. pestis* evoluiu. ("Climatologia", *Dictionary of the Middle Ages*, ed. Joseph Strayer [Nova York: Charles Scribner, 1982], p. 456.)

aumentaram em média mais de 1° C, mas, em vez de gerar uma catástrofe, como preveem muitas teorias do aquecimento global, o clima quente gerou fartura.* A Inglaterra e a Polônia se transformaram em produtoras de vinho, e até mesmo os habitantes da Groenlândia começaram a fazer experiências com vinhedos. Mais importante: o clima quente transformou terras ruins em terras decentes, e terras decentes em terras boas para o plantio. Nos últimos séculos do domínio romano, o rendimento das plantações havia caído para dois e três para um; o rendimento representa a relação entre grãos colhidos e grãos plantados: um retorno escasso com base no qual o romano Columella, que escrevia sobre agricultura, temia que a terra tivesse envelhecido. Nos séculos XI e XII, à medida que os invernos ficavam mais amenos e os verões mais quentes e secos, as fazendas da Europa começaram a gerar um rendimento de cinco, seis para um, inédito para os padrões medievais.[137]

O surgimento repentino de inovações tecnológicas veio se somar à produtividade agrícola. Alguém percebeu que uma forma simples (e barata) de fazer com que um cavalo puxasse mais peso era redistribuir o peso longe de sua traqueia, para evitar que ele se engasgasse ao caminhar para a frente. Assim nasceu a coalheira, que quadruplicou a força dos cavalos.[138] Uma outra inovação simples, a ferradura, aumentou-a ainda mais, melhorando a resistência do animal. O novo arado do tipo charrua,[139] com sua grande lâmina retangular afiada, representou também uma melhoria considerável, particularmente no norte da Europa, onde o solo era mais duro e mais difícil de arar. No entanto, as verdadeiras maravilhas tecnológicas daquela época foram os moinhos de água e de vento; pela primeira vez na história da humanidade, uma sociedade havia dominado uma fonte natural de energia. "Contemplai", escreveu um monge admirado, em um solilóquio ao moinho

---

* Diz o doutor Phillip Stott, professor emérito de biogeografia da Universidade de Londres: "O que tem sido esquecido em toda a discussão em torno do aquecimento global é uma noção adequada da história [...]. Durante o período de aquecimento da Idade Média, o mundo esteve ainda mais quente do que hoje, e a História prova que aquele foi um maravilhoso período de abundância para todos." (Phillip Stott em entrevista ao *Daily Telegraph*, 4/6/2003.)

de água de sua abadia, "o rio [...] se atira de início impetuoso contra o moinho [...] para moer o trigo [...] separando a farinha do farelo. [Depois] [...] [ele] enche o caldeirão [...] para preparar as beberagens dos monges [...]. Entretanto, o rio ainda não se considera liberado. Os fulões [trabalhadores da tecelagem da lã] o convocam para perto de si [...]. Deus Misericordioso! Que consolos Vós concedeis aos Seus servos".[140] Outra inovação importante foi um novo sistema de plantio em rodízio, que mantinha uma parte maior da terra cultivada ao longo do ano.

À medida que aumentava a produtividade agrícola, o padrão de vida melhorou, gerando uma explosão demográfica de proporções históricas. O crescimento populacional da Idade Média Central foi tão acentuado quanto a queda de quinhentos anos antes.[141] Entre 1000 e 1250, a população dobrou, triplicou e pode ter até mesmo quadruplicado. Em torno de 1300, a Europa tinha pelo menos 75 milhões — e alguns estudiosos pensam em 100 milhões — de pessoas, acima dos 26 milhões da Idade das Trevas.* Na França, a população saltou de cinco milhões para cerca de 16 a 24 milhões; na Inglaterra, de um milhão e meio para cinco, seis e sete milhões; na Alemanha, de três milhões para 12 milhões; e, na Itália, de cinco para 10 milhões. Em 1300, partes da Europa eram mais populosas do que só voltaram a ser nos séculos XVIII e XIX. A Grã-Bretanha, por exemplo, só teria novamente seis milhões de pessoas na Revolução Americana, e a França só alcançaria 17 milhões outra vez no tempo de Napoleão, enquanto a Toscana só voltaria a ter dois milhões de habitantes em 1850.

À medida que a população crescia, a vida urbana voltava a despertar.[142] A Paris anterior à Peste Negra tinha cerca de 210 mil habitantes; Bruges, que sediava o rápido crescimento da indústria têxtil, 50 mil; Londres, de 60 a 100 mil; e Gent, Liège e Ypres, 40 mil cada. Em Florença, o banqueiro Giovanni Villani se vangloriava de que "de cinco a seis mil bebês nascem na cidade a cada ano". Mas Florença, com uma população de 120 mil habitantes, ficava atrás de Milão, com sua população de 180 mil. Siena, Pádua,

---

* Os dados demográficos medievais são estimativas muito aproximadas e têm de ser lidos dessa maneira.

Pisa e Nápoles eram as primas pobres da Península Itálica, com populações de pouco mais de 30 mil habitantes, mas mesmo elas teriam sido grandes cidades no ano 1000.

A zona rural medieval também se encheu.[143] No vale alemão do Mosela, os 340 vilarejos do ano 800 quadruplicaram para 1.380 em 1300. Muitas partes da França rural tiveram um crescimento igualmente espetacular. O condado de Beaumont-le-Roger, na Normandia, só voltaria a ter 30 mil habitantes no século XX; e San Gimignano, na Toscana, ainda é menor do que era em 1300.

No vilarejo de Broughton, na Inglaterra,[144] a população atingiu um ápice medieval de 292 almas por volta de 1290.

Enquanto subiam os índices populacionais, decresciam as florestas. Durante as Grandes Limpezas dos séculos XII e XIII, os europeus eliminaram as enormes florestas que os haviam mantido prisioneiros desde a Idade das Trevas[145] e começaram a reafirmar o domínio humano sobre o meio ambiente. Da Escócia à Polônia, as grandes florestas até então inexploradas ressoavam ao som do progresso humano: barulhos de serras e martelos, e o estrondo, o baque e o choque dos troncos que caíam. Pântanos foram drenados; pastagens, abertas; campos, preparados; safras, plantadas; casas, construídas; e vilarejos, erguidos. A luz do sol incidiu sobre uma terra que não sentia seu calor desde antes do tempo de Justiniano. Sob a pressão de uma população que se expandia, o continente também se ampliou. No sul, reis e colonos cristãos famintos por terra — com os seus corações tomados por Deus e pela cobiça — empurraram os outrora invencíveis muçulmanos Península Ibérica abaixo, até que, em 1212, apenas Granada, no extremo sul da Ibéria, não ostentava a bandeira da "Reconquista".* No leste, colonos alemães e flamengos atravessaram o Elba para se estabelecer nas florestas ainda densas do leste da Alemanha e da Prússia; no vale do Danúbio, torrentes de carroças e cavalos se dirigiam para o que se tornaria a Áustria e a Hungria.

---

* Em português no original. (N. T.)

À medida que crescia a população, reerguia-se o comércio. No ano 1000, um mercador italiano praticamente não tinha chance de fazer negócios na Inglaterra. Em 1280, um vendedor — ou um agente patogênico — podia viajar por uma Europa revigorada e reconectada com relativa facilidade. As regiões atlântica e mediterrânea estavam ligadas por uma rota terrestre que circundava os prados dos altos desfiladeiros dos Alpes e por uma rota marítima que contornava as Colunas de Hércules — Gibraltar —, e terminava no movimentado porto de Londres, onde guindastes de madeira semelhantes a pescoços de dinossauros eram empregados para descarregar os navios que chegavam. Havia também dúzias de novas redes locais de comércio: algumas tinham sua origem em Flandres, lar de uma nova burguesia abastada, louca por joias e especiarias; algumas na Alemanha, sede da Liga Hanseática, uma associação de mercadores do Báltico. Outra importante rede comercial nasceu em torno da Champagne, local das Feiras (de Comércio) de Champagne, onde, uma vez por ano, criadas locais, lavadeiras e vendedoras se tornavam prostitutas-por-um-dia[146] para entreter mercadores que vinham de lugares tão distantes como a Islândia, e onde ardilosos banqueiros sieneses e florentinos ofereciam empréstimos com tantas condições embutidas que o solicitante poderia ser excomungado pela Igreja e enfrentar a danação eterna caso não pagasse.

Dos ativos portos de Veneza e de Gênova, outro conjunto de rotas comerciais levava em direção ao sudeste, atravessando o Mediterrâneo, para as grandes cidades comerciais do Oriente Médio, onde o ar cheirava a manga e ramos de palmeira e o chamado para as orações ecoava por ruas de alabastro cinco vezes por dia. Em Alexandria (Egito), em Aleppo (Síria), em Acre ou Tiro (o Reino de Jerusalém), um comprador podia encontrar açúcar da Síria, cera do Marrocos e de Túnis, e cânfora, pedra-ume, presas de marfim, musselina, âmbar-gris, almíscar, tapetes e ébano de Quinlon, de Bagdá e do Ceilão (Sri Lanka) — mas, infelizmente, caso ele fosse cristão, só poderia comprar a preços irracionalmente altos. Em Alexandria, as taxas locais eram elevadas em 300% com relação ao preço das mercadorias indianas, e esses 300% eram em acréscimo ao enorme aumento que os intermediários árabes impunham para seu lucro.[147]

No início do século XIII, os venezianos, que se descreviam como "senhores de metade e um quarto do Império Romano",[148] inventaram uma astuta artimanha para enganar os gananciosos árabes e negociar diretamente com o Oriente. Autoridades venezianas ofereceram a um grupo de cruzados franceses passagem livre para a Terra Santa e depois desviaram os cruzados para o leste, a fim de conquistar Constantinopla. Embora o plano tenha sido brilhantemente bem-sucedido — os venezianos chegaram até a roubar quatro grandes cavalos folheados a ouro para a Catedral de São Marcos —, Constantinopla, onde os rivais genoveses logo se estabeleceram, ainda estava muito longe da madeira, das peles e dos escravos da Crimeia e do sul da Rússia, e ainda mais longe das grandes cidades-mercados da Ásia Central, como Samarkanda e Merv, e a anos-luz da Cidade das Esmeraldas, Hangzhou.

Para as "duas tochas da Itália", como Petrarca chamava Veneza e Gênova, as noites do Bósforo eram cheias de frustração e desejo — mas a satisfação estava próxima.

Segundo as lendas, em uma fria manhã de 1237, três cavaleiros anônimos emergiram de uma leve queda de neve diante de Ryazan, uma cidade próxima à fronteira oriental da Rússia medieval. O pequeno grupo parou por um momento; então, um dos cavaleiros se separou dos outros e se lançou pelo solo coberto de neve em direção a Ryazan, gritando. Atraída pelo barulho, uma multidão se reuniu no portão da cidade. "Uma bruxa", disse um habitante da cidade, apontando para o cavaleiro, que se revelara uma mulher de espantosa feiura. "Não", disse um outro habitante, "uma feiticeira".[149] Enquanto os dois discutiam, a mulher no cavalo continuava a correr de um lado para outro, diante de Ryazan, gritando: "Um dízimo de tudo! De cavalos, homens, tudo! Um dízimo!"

Em uma outra versão da história das feiticeiras de Ryazan, a mulher no cavalo, aparentemente escolhida por seu conhecimento do dialeto local, exigiu "um dízimo de tudo" de um grupo de príncipes russos reunidos em Ryazan. Mas, em ambas as versões, o final é o mesmo. A exigência tártara de um tributo é recusada, a misteriosa feiticeira desaparece e sua visita é esquecida.

Então, em uma manhã de inverno, alguns meses depois, um tonitruante tropel desperta a cidade. Portas se abrem bruscamente, surgem cabeças e homens vestidos de forma incompleta correm para as ruas. Alguém grita; dedos apontam. Na direção do leste, um bando negro de cavaleiros se precipitava ao longo do horizonte na direção de Ryazan sob o céu da aurora. Rapidamente, as crianças são escondidas sob tábuas do assoalho ou embaixo de cobertores e mantas; portas são aferrolhadas, espadas são desembainhadas e orações são sussurradas. À medida que os pôneis de pernas curtas mongóis ultrapassavam as trincheiras diante de Ryazan, as ruas ao amanhecer se enchiam de cavaleiros que dilaceravam e cortavam. Pessoas gritam, pedaços de corpos voam, pequenas poças de sangue se formam sobre a neve recém-formada. Penachos de fumaça negra sobem em direção a um céu carmesim. Durante toda a manhã e o começo da tarde, sob um fraco sol de inverno, Ryazan é metódica e sistematicamente exterminada. Crianças são mortas com seus pais, meninas com meninos, idosos com jovens, príncipes com camponeses. Mais tarde, um cronista russo escreverá que os cidadãos foram massacrados "sem distinção de idade ou posição social".

Ryazan não foi a primeira aparição dos mongóis na estepe ocidental. Vinte anos antes, os tártaros haviam feito outra breve incursão na Rússia medieval, mas o ataque fora efetivamente um rumor maldoso. Posteriormente, o cronista de Novgorod escreveu: "Por nossos pecados, tribos desconhecidas surgiram entre nós [...]. Apenas Deus sabe quem são ou de onde vieram."[150] Diferente disso, Ryzan era parte de um grandioso plano de conquista do mundo. Gêngis Khan significa "Imperador da Humanidade", e embora o criador do Império Mongol estivesse morto havia dez anos, quando da queda de Ryazan, suas ambições universalizantes sobreviviam em seus filhos e netos. Depois de subjugar a maior parte do norte da China nos anos 1210 e a Ásia Central, nos anos 1220, os líderes mongóis organizaram um *kuriltai* (grande assembleia) em 1235,[151] onde se decidiu marchar contra o Ocidente.

A Europa nada sabia do *kuriltai*, mas, durante os anos 1230, uma quantidade suficiente de boatos para criar uma profunda sensação de desconforto havia escapado para o oeste através da estepe. Havia histórias de terríveis massacres na Ásia Central, e, depois da queda de Ryazan e de outras cidades russas, rumores quase diários de uma invasão tártara. Em 1238, as atividades pesqueiras de Yarmouth foram suspensas porque seus clientes alemães ficaram amedrontados demais para viajar.[152] No final dos anos 1230, a proximidade do perigo foi realçada quando um dos inimigos mais implacáveis da cristandade, o Velho da Montanha,[153] líder dos muçulmanos fanáticos da Ordem dos Assassinos, teria supostamente mandado um enviado à Europa para propor uma aliança contra os tártaros. Verdadeira, ou apenas um rumor, a história foi tão chocante para os seus contemporâneos quanto o foi a seu tempo o pacto entre Hitler e Stalin.

No dia 9 de abril de 1241, com uma Rússia conquistada em ruínas, a nata das forças europeias se reunia em um campo polonês para enfrentar o furioso ataque dos mongóis. Depois da batalha, os tártaros mandaram para casa nove sacos de orelhas. Dois dias depois, um grande exército húngaro foi aniquilado em Mohi; pouco depois, uma pequena força tártara apareceu nas vizinhanças de Viena. Enquanto a Europa Oriental se enchia de refugiados, o pânico tomava conta da Europa Ocidental. Boatos alemães de que os tártaros eram Gog e Magog, as duas tribos perdidas de Israel, provocaram *pogroms* contra os judeus. Na França, um cavaleiro alertou Luís IX de que os mongóis logo estariam no Somme. Na Inglaterra, o monge Mateus Paris previu um banho de sangue de proporções inimagináveis. Os mongóis, disse ele, são "monstros, não homens, [...] desumanos e animalescos, sedentos por sangue, que depois bebem, e devoradores da carne de cães e de homens, que instilam em todos o terror e um pavor incomparáveis".[154]

Em Roma, o papa recebeu uma carta do Grande Khan Ogedi. Ela dizia: "Você, pessoalmente, como chefe de todos os reis, deve vir, e todos vocês, para me homenagear e servir. Então, reconheceremos a sua submissão. Se [...] não aceitar a ordem de Deus, saberemos que é nosso inimigo."[155]

No entanto, a onda de sorte da Europa ainda não estava totalmente acabada. No exato momento em que o apocalipse parecia prestes a eclodir sobre a cristandade, irrompeu uma discórdia no seio da família real mongol, e as operações ofensivas foram suspensas no Ocidente. Isso propiciou uma pausa para tomar fôlego, a fim de que visitantes clericais como William, o frade franciscano, melhorassem as relações entre o Oriente e o Ocidente. Portanto, nos anos 1250, quando os mongóis voltaram à ofensiva, não foi contra a Cristandade, mas contra um inimigo mais antigo. Nos anos 1220, as hordas mongóis haviam destruído as forças islâmicas na Ásia Central; agora, elas as destruiriam novamente, desta vez no coração do território muçulmano, o Oriente Próximo e o Oriente Médio.

Ao saber da queda de Bagdá, em 1259, um cronista cristão exultou: "Agora, depois de quinhentos anos, a medida da iniquidade da cidade [está] completa, e ela [é] punida por todo o sangue que derramou."

Uma década depois, os genoveses estavam em Caffa, e os venezianos em Tana, na foz do Don, e, alguns anos mais tarde, o jovem Marco Polo estava atravessando o deserto de Gobi, observando a natureza local. A onipresença de uma espécie em particular chamou sua atenção. "Há grandes quantidades de ratos-de-faraó em tocas [nestas] planícies",[156] anotou ele.

"Rato-de-faraó" era um termo medieval para o tarabagan.

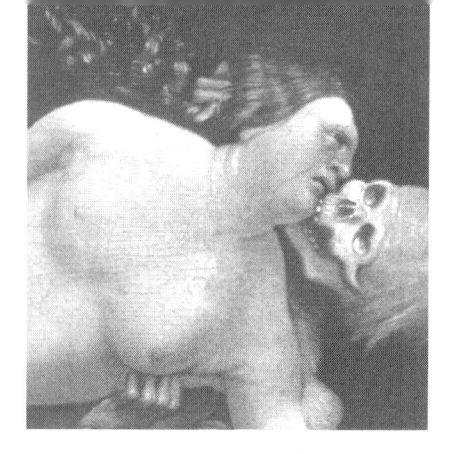

TERCEIRO CAPÍTULO

A Véspera do Dia de Finados

Escondido em um vale fundo e isolado, o vilarejo de Broughton tem dois riachos, duas ruas e uma área insuficiente para garantir a atenção do mundo lá fora. Na maioria dos mapas, o vilarejo fica na *terra incognita* de espaço verde-acinzentado entre Huntingdon e Peterborough. Na verdade, a não ser pela agulha da igreja local, que se ergue sobre a muralha do vale como a mão de um homem que se afoga, Broughton seria uma Atlântida rural, recolhida em alguns milhares de acres da terra de Oxford no verdejante e agradável interior da Inglaterra.

Como muitos vilarejos medievais, Broughton começou sua vida como uma clareira na floresta. Trezentos anos antes de nascer o aldeão John Gylbert, a linha de árvores vinha até a porta da frente, mas em 1314 — ano em que John completou 19 anos — a floresta circundante havia sido derrubada, substituída por um organizado xadrez de terrenos de plantações e pastagens. Subindo a estrada de Huntingdon em uma manhã de verão, Broughton surgiria diante do viajante medieval como uma ilha coberta de sapê à deriva em um mar ensolarado de hastes oscilantes de aveia e cevada. Na época de John, Broughton tinha cerca de 268 habitantes,[157] um pouco abaixo de seu ápice medieval de 292, mas não muito. Não há registros do tamanho da população animal local, mas vacas, galinhas, porcos e cavalos, que acabavam de começar a substituir os bois de arado, estavam por toda parte em Broughton. Animais passeavam pelas ruelas e jardins do vilarejo como visitantes curiosos, espiando porta adentro, tomando sol em canteiros de rosas, olhando os homens idosos defronte da casa da cervejeira. À noite, enquanto a Broughton bípede bebia, cozinhava, discutia e fazia amor em um cômodo, a Broughton quadrúpede dormia, comia e defecava em outro — ou, às vezes, no mesmo cômodo.

Na medida em que se pode dizer que a Broughton medieval deixou uma biografia coletiva de sua existência, ela está no cômputo anual de nascimentos, mortes, casamentos, delitos, registros de vendas e processos inscritos nos anais da corte local. Eles mostram que, enquanto John Gylbert crescia na primeira década do século XIV, Broughton estava se anglicizando.[158] Em 1306, William Piscator tornou-se William Fisser, ou Fisher (o equivalente inglês de Piscator); alguns anos depois, Richard Bercarius tornou-se Richard Sheppared (o equivalente inglês de Bercarius), e Thomas Cocus, Thomas Coke.* John provavelmente nasceu Johannes, e seu amigo Robert Crane, Robertuses. Apenas o epônimo John de Broughton resistiu à tendência anglicizante, talvez porque ele, um homem de origem humilde, que havia ascendido um pouco na sociedade, não pudesse resistir ao elegante francês daquele "de".

---

* Os nomes significam, *mutatis mutandis*, "pescador", "pastor" e "cozinheiro", em latim e em inglês. (N. T.)

Os anais da corte local mostram também que Broughton, como muitos outros pequenos vilarejos, tinha sua cota de escândalos. Entre 1288 e 1299, a tia-avó de John, Alota,[159] foi presa quatro vezes por fabricar cerveja de má qualidade. Os anais não registram um motivo das prisões, mas não era incomum que as cervejeiras "batizassem" seu produto com excremento de galinha para acelerar a fermentação. O marido de Alota, Reginald, também aparece nos anais da corte; em 1291 Reginald foi acusado de cometer adultério com "uma mulher de Walton". Pelo que se sabe, Alota não se manifestou publicamente sobre o caso, mas talvez seja significativo que, depois de sua prisão seguinte, Alota tenha aparecido diante na corte de braços dados com outro homem do vilarejo, John Clericus, que residia a poucas casas dos Gylbert.

O nome de John Gylbert também aparece nos documentos da corte do vilarejo. No começo de fevereiro de 1314, John foi multado por beber cerveja e jogar *alpenypricke* — um tipo de hóquei — com Robert Crane e Thomas Coke em um bosque próximo de Broughton quando deveria estar na Abadia de Ramsey, trabalhando.[160] Broughton era parte do feudo da abadia, o que, no *ethos* do feudalismo, significava que seus habitantes deviam ceder parte do fruto de seu trabalho aos monges.

Como servo feudal da abadia, John tinha de passar dois dias por semana trabalhando na terra dos monges, sua fazenda particular. Em troca de seu suor, nos dias de trabalho John receberia um *alebedrep*, um almoço servido com cerveja,[161] ou, se os monges não estivessem se sentindo generosos, um *waterbedrep*, um almoço servido com água. Mas mesmo o *alebedrep*, que vinha com grossas fatias de pão aquecido e o sorriso das criadas, era um mísero pagamento para o gélido vento de fevereiro nos campos da abadia e o tranco de um pesado arado de ferro contra um ombro dolorido. Na época da colheita, quando dobravam as obrigações de John para com a abadia, ele passava dez horas nos campos dos monges, sob um tórrido sol de agosto, voltava a pé para Broughton quando o crepúsculo se instalava, trabalhava noite adentro na fazenda dos Gylbert e então caía no sono em uma esteira de palha, ouvindo a respiração dos bois no cômodo ao lado.

Em Broughton, o futuro de John o cercava como uma morte anunciada. Estava ali, na perna manca de seu pai e nas costas deformadas de seu tio (deformações da coluna vertebral, artrite e osteoartrite eram extremamente comuns entre o campesinato medieval)[162] e estava ali, também, no rosto cansado dos homens de 30 anos de idade daquele vilarejo. John trabalharia duro, morreria cedo — provavelmente antes dos 40[163] — e, tão certo como o sol se erguia no acolhedor céu inglês sobre Broughton toda manhã, no dia seguinte à sua morte um funcionário da abadia estaria na porta para cobrar de sua viúva seu melhor cavalo ou sua melhor vaca como *heriot*, ou imposto sobre a morte.[164]

Havia sempre sido assim. Mas, pelo menos nos anos do crescimento populacional do século XIII, um camponês tinha chances razoáveis de ser recompensado por sua lida. O tempo bom — e os bons solos — tornou relativamente fácil a obtenção de sobras nas colheitas, e as cidades crescentes geravam um mercado ávido, não apenas para o trigo e a cevada excedentes, mas também ávido por artesãos camponeses. Se um homem tinha um pedaço de terra, como os camponeses invariavelmente tinham no século XIII, ele podia contar que seu valor subiria. Na época de John Gylbert, todas essas compensações estavam desaparecendo.

Entre 1250 e 1270, a grande expansão do desenvolvimento medieval deu suas últimas amostras. Uma das grandes ironias da Peste Negra é que ela aconteceu precisamente quando a economia global, o veículo da liberação do *Y. pestis*, estava perto do colapso. No entanto, na Europa, o que as pessoas sentiam de forma mais intensa era a implosão de uma economia doméstica, principalmente a economia agrícola, muito mais ampla. A implosão tomava todo o continente, mas na Inglaterra, uma nação meticulosa em seus registros históricos, ela foi documentada com muito zelo. Por volta de 1300, a extensão de terras aradas diminuiu, enquanto as terras ainda utilizadas tiveram uma produtividade menor ou estagnaram.[165] Depois de séculos de um avanço estonteante, os equívocos do camponês medieval começavam a cobrar seu preço. Parte das boas terras que as Grandes Limpezas do século XII tornaram disponíveis havia sido esgotada e parte da terra menos fértil, que, antes de tudo, jamais deveria ter sido preparada, estava completamente inutilizada.

Paradoxalmente, a queda da produtividade[166] era acompanhada por uma queda a longo prazo dos preços de produtos, como o trigo e a cevada. À medida que a economia fraquejava, o padrão de vida caía e grandes bolsões de miséria começavam a surgir. Muitos camponeses, desesperados, simplesmente desistiam. Primeiramente, fazendas individuais foram abandonadas e, depois, vilarejos inteiros. Em 1322, funcionários no oeste do condado de Derbyshire relataram que seis mil acres e 167 chalés e casas estavam vazios.[167] O comércio e as trocas, nas cidades, também estavam em queda. No princípio do século XIV, os aluguéis no centro de Londres eram mais baratos do que haviam sido em décadas,[168] e as serpenteantes ruelas londrinas estavam cheias de mendigos e esmoleres de rosto macilento. No colapso que se seguiu à expansão do desenvolvimento, até as importações de clarete, bem de primeira necessidade do cidadão inglês abastado, declinaram. Nos vilarejos e cidades da França, Flandres e da Itália, a história era muito parecida. Em 1314, milhões de pessoas viviam em uma pobreza abjeta, e outros milhões estavam a apenas um passo de distância dela.

O repentino declínio da Europa para a miséria quase absoluta enseja uma interpretação malthusiana da Peste Negra. Durante os séculos XII e XIII, a população cresceu mais que os recursos e, certo como a noite se segue ao dia, no século XIV o continente pagou por seu crescimento insensato com a ruína econômica e o desastre demográfico. Contudo, os fatos contam uma história com mais nuança. Em um quadro malthusiano tradicional — uma comunidade de tarabagans em um ano de surto de fertilidade, digamos —, a população continua a crescer de forma imprudente até que a catástrofe a toma de assalto como um ladrão no meio da noite. Na Europa, isso não aconteceu; tanto o *boom* populacional quanto o *boom* econômico acabaram mais ou menos ao mesmo tempo — em algum momento entre 1250 e 1270. Depois da queda, os padrões de vida caíram em muitas regiões e se estagnaram em outras, indicando que o equilíbrio entre recursos e população havia se tornado muito tenso, mas, como o desastre demográfico foi evitado por quase um século antes da peste, um acerto de contas malthusiano pode não ter sido inevitável. "Muitos [...] passaram fome, e muitos, sem dúvida, estavam desnutridos",[169] diz o historiador David Herlihy, "mas de alguma maneira as pessoas conseguiram sobreviver [...]. Por volta de 1300, a comunidade já conseguia manter seus números."

Em vez de um *acerto de contas*, a imagem que a Europa pós-*boom* evoca é a de um homem de pé com água até o pescoço. O afogamento pode não ser inevitável, mas a posição do homem é tão delicada que até mesmo uma pequena elevação na maré seguinte poderia matá-lo. Como afirma o doutor Herlihy, uma Europa superlotada poderia ter sido capaz de se sustentar por "prazo indeterminado", mas, como o homem dentro da água, depois que a terra se esgotou e a economia entrou em colapso, o continente não tinha mais margem de erro. Para que ele simplesmente continuasse a manter a cabeça acima da linha da água, tudo tinha de dar certo; e, no começo do século XIV, muitas coisas começaram a dar terrivelmente errado, a começar pelo clima.

Os fazendeiros suíços do Vale do Saaser Visp podem ter sido as primeiras pessoas da Europa a perceber que o clima estava mudando.[170] Em algum momento por volta de 1250, o ressurgente glaciar Allalin começou a tragar as pastagens tradicionais dos fazendeiros. Ou podem ter sido os groenlandeses os primeiros a perceber a mudança, alertados pelo frio repentino das noites de agosto e pelo surgimento de gelo em locais até então não atingidos. "O gelo agora chega [...] tão perto dos recifes que ninguém pode navegar pela antiga rota sem arriscar a própria vida",[171] escreveu o sacerdote norueguês Ivar Baardson. Ou os primeiros europeus a perceber que o Pequeno Optimum havia chegado ao fim podem ter sido os pescadores do Mar Cáspio, onde chuvas torrenciais produziram um aumento dos níveis da água no fim do século XIII.

No coração da Europa, o Pequeno Optimum abriu caminho para a Pequena Era Glacial em torno de 1300.* As pessoas perceberam que os

---

* A data inicial da Pequena Era Glacial é motivo de controvérsia. A maior parte das autoridades a determinam a partir de 1300, quando os glaciares dos Alpes voltaram a avançar, mas alguns especialistas insistem que a verdadeira Pequena Era Glacial começou nos anos 1600, quando as temperaturas caíram imensamente.

invernos estavam ficando mais frios, mas foram os verões, repentinamente frescos e muito úmidos, que as assustaram.[172] Em 1314, uma sequência de colheitas ruins e medíocres havia feito os preços dos alimentos subirem em escala estratosférica.[173] No outono daquele ano, todo camponês, em cada campo miserável, sabia: mais um verão frio e úmido e as pessoas se veriam reduzidas a comer cães, gatos, restos — qualquer coisa em que conseguissem pôr as mãos. À medida que o verão de 1315 se aproximava, elas oravam pelo retorno do sol, mas, como uma criança agressiva, o frio e a umidade persistiram. Março foi tão frio que algumas pessoas se perguntavam se a primavera voltaria às campinas da Europa. Depois, em abril, os céus cinzentos ficaram com uma cor negra repulsiva, e a chuva caiu como ninguém jamais havia visto: era fria, forte e intensa; aguilhoava a pele, feria os olhos, avermelhava o rosto e rasgava o solo macio e úmido com a força da lâmina de um arado. Em partes do sul de Yorkshire, precipitações torrenciais eliminaram a cobertura do solo, expondo a camada rochosa subterrânea. Em outras áreas, os campos se transformaram em rios violentos. Em toda a Europa, na terrível primavera de 1315, homens e animais se abrigavam, trêmulos, sob as árvores, com a cabeça e as costas viradas contra o vento e a chuva fortes. "Houve tamanha inundação que parecia ser o Dilúvio",[174] escreveu o cronista de Salzburgo.

Flandres vivenciou um dos piores aguaceiros.[175] Dia após dia, a crepitação e o estrondo dos trovões ecoavam sobre a Antuérpia e Bruges como uma barragem de artilharia rolante. Ocasionalmente, um relâmpago caía, iluminando a rede de rios urbanos que formavam cascatas. Nas margens dos rios, filas de casas retangulares manchadas de fuligem se inclinavam para as estreitas ruas flamengas como bêbados pintados de negro. Em todos os lugares, tetos e pisos apresentavam vazamentos, fogueiras se recusavam a acender, pães mofavam, crianças tremiam e adultos rezavam. Às vezes, a chuva parava, e as pessoas apontavam para um dourado no céu e diziam: "Graças a Deus, acabou!" Então, no dia seguinte, ou no outro, o céu se consertava, e a chuva começava novamente a cair.

Durante todo o terrível verão de 1315, furiosas muralhas de chuva se precipitaram pelo turbulento Atlântico: arrebentando diques, arrasando vilarejos e dando início a inundações repentinas que mataram milhares de pessoas. Em Yorkshire e Nottingham, grandes mares interiores se formaram nas terras baixas. Perto da cidade inglesa de Milton, uma chuva torrencial inundou o feudo real.[176] Em algumas áreas, as terras férteis ficaram arrasadas durante os anos que se seguiram; em outros lugares, para sempre.

Os camponeses mais pobres, que haviam sido empurrados para as terras menos férteis durante as Grandes Limpezas do século XII, sofreram a maior devastação. Só em três condados ingleses, 16 mil acres aráveis foram abandonados. "Seis trabalhadores estão mendigando", escreveu um habitante de um vilarejo de Shopshire. No fim do verão, os seis seriam centenas de milhares. Por toda a Europa, no começo do outono de 1315, os pobres se aglomeravam sob árvores e caramanchões, ouvindo a chuva tamborilar sobre as folhas e a lama.[177] Eles caminhavam pelos campos "pastando como gado", ficavam à beira das estradas, mendigando, procuravam restos de comida embolorada nos fundos das cervejarias e tabernas. Em visita a um amigo, um notário francês encontrou "um grande número de pessoas de ambos os sexos [...] descalças, e muitas, mesmo entre as mulheres, em condição de nudez". Ao norte, em Flandres, um homem escreveu que "os prantos que se ouviam dos pobres comoveriam uma rocha".[178]

A colheita de 1315 foi a pior de todos os tempos. Os pés de trigo e centeio estavam pouco desenvolvidos e encharcados; podia-se salvar algo da aveia, da cevada e da espelta, mas não muito. O milho que restara estava muito úmido, e as espigas, verdes. No Baixo Reno, "o trigo começou a encarecer [e] os preços subiam diariamente".[179] As crônicas francesas também mencionam a *"chierté"* (carestia) dos alimentos *"especiaument à Paris"*. Em Louvain, o preço do trigo subiu 320% em sete meses; na Inglaterra, cerca de 13 quilos de trigo, que custavam cinco shillings, em 1313, valiam 40, apenas dois anos mais tarde.[180] Em todo o interior da Inglaterra, naquele outono, os pobres fizeram suas contas; a cevada, o mais barato dos grãos, suficiente para um ano custava 60 shillings para uma família;[181] o pagamento anual de um lavrador era, em média, metade desse valor. O preço do feijão, da aveia, das ervilhas, do malte e do sal cresceu de forma semelhante.

Mesmo quando havia comida disponível, frequentemente pontes e estradas destruídas impediam seu transporte.

Os meses do começo do inverno de 1316 trouxeram mais sofrimento. À medida que aumentava o preço da comida, as pessoas comiam excrementos de aves, animais de estimação, trigo e milho mofados, e, finalmente, desesperadas, comiam umas as outras. Na Irlanda, onde o baque das pás e o som da carne sendo arrancada dos ossos ecoavam pelas noites escuras e úmidas, as pessoas famintas "extraíam dos cemitérios os corpos dos mortos e arrancavam a carne de seus crânios para comê-la".[182] Na Inglaterra, onde os irlandeses eram considerados indecorosos, apenas os prisioneiros comiam uns aos outros. "Ladrões encarcerados", escreveu o monge John de Trokelowe, "[...] devoraram-se uns aos outros quando ainda estavam meio vivos."[183] Na medida em que a fome se intensificava, o indizível começou a ser dito. "Certas pessoas [...], por causa da fome excessiva, devoraram seus próprios filhos", escreveu um monge alemão; outro contemporâneo relatou: "Em muitos lugares, os pais, depois de matar seus filhos, e os filhos, seus pais, devoraram os restos."[184]

Muitos historiadores acreditam que os relatos de canibalismo são exagerados, mas ninguém duvida que a carne humana foi consumida.[185]

Na primavera de 1316, a ordem pública começou a deteriorar. Em Broughton, Agnyes Walmot, Reginald Roger, Beatrice Basse e William Horseman foram exilados por ter roubado comida.[186] Em Wakefield, Adam Bray e seu filho, John, estiveram presos por ter retirado um alqueire de aveia da fazenda da família.[187] Em dezenas de outros vilarejos ingleses, houve discussões violentas sobre as sobras da colheita. Tradicionalmente, o milho que os colhedores deixavam de lado se tornava propriedade dos miseráveis, mas, com a pobreza por toda parte, mesmo camponeses ricos estavam de joelhos nos campos encharcados. Naquele verão, mais de um homem teve a garganta cortada por causa dos restos de uma safra que não frutificara. Com a escalada da violência, os homens começaram a pegar em armas; a faca, a espada, a clava e a lança se tornaram as novas ferramentas do camponês. Roubavam comida ou qualquer coisa que se pudesse trocar por comida, e os roubos ocorriam tanto no mar quanto em terra. Com os incidentes de pirataria aumentado diariamente, em abril de 1316 Eduardo II, rei da Inglaterra, alarmado, ordenou que seus marinheiros "expulsassem certos malfeitores que cometeram assassínio e outras atrocidades no mar contra homens deste reino e contra homens de terras estrangeiras vindos a este reino com víveres".[188]

Ao longo dos meses de maio e junho de 1316, a chuva continuou. Na Cantuária, multidões desesperadas se aglomeravam sob o carregado céu do Canal para rezar por "uma conveniente serenidade da atmosfera",[189] mas em vão. Em Broughton, as chuvas torrenciais comprimiam o trigo e a cevada contra a terra alagada, com tanta força que os caules pareciam ter sido passados a ferro. Em Yorkshire, os campos encharcados da Abadia de Bolton,[190] atormentados por 18 meses de chuva incessante, ficaram completamente esgotados. A safra de centeio da abadia, em 1316, foi 85,7% abaixo do normal. A segunda safra arrasada seguida acabou com a resistência das pessoas. Houve as "mortes mais selvagens, mais atrozes",[191] "as mortes mais pranteadas", "as mais indizíveis mortes". Entreviam-se corpos emaciados em cabanas semidestruídas e em clareiras nas florestas, flutuavam de bruços em campos alagados, percorriam rios urbanos, emergiam de barrancos lamacentos e permaneciam meio escondidos sob pontes deterioradas. Em Antuérpia,[192] estivadores vigorosos acalantavam a cidade que acordava com gritos de "Tragam seus mortos!". Em Erfurt, na Alemanha[193], corpos encharcados pela chuva eram arremessados em uma fossa defronte da muralha da cidade. Em Louvain,[194] as carroças de coleta de corpos "carregavam pequenos cadáveres lastimáveis para o novo cemitério fora da cidade [...] duas ou três vezes por dia". Em Tournai,[195] Gilles li Muisis, abade local, reclamava que "os pobres mendigos morriam um atrás do outro".

Como que ecoando o sofrimento humano, os animais da Europa começaram a morrer em grandes quantidades;[196] algumas ovelhas e vacas sucumbiram à fascíola; algumas, possivelmente, ao antrax. Mas a peste bovina — doença que provoca corrimentos nas narinas, na boca e nos olhos, diarreia crônica e uma necessidade premente de defecar — pode ter sido a causa de morte mais comum. Nos úmidos meses de junho e julho de 1316, a música do verão incluía os balidos agonizantes dos animais moribundos tentando inutilmente aliviar seu sofrimento nas pastagens enlameadas.

Dietas estranhas, comida apodrecida e uma resistência reduzida às doenças em geral também provocaram muitas mortes humanas dolorosas. Sobre o ergotismo, que parece ter sido especialmente comum, um monge inglês escreveu: "É uma doença parecida com a disenteria, contraída devido à comida estragada [...] que provoca problemas de garganta ou febre intensa".[197] No entanto, essa descrição não faz jus a todos os horrores do ergotismo, que era chamado Fogo de Santo Antão na Idade Média. Primeiro, o esporão, presente no trigo mofado, ataca o sistema muscular, provocando espasmos dolorosos, e, depois, o sistema circulatório, interrompendo o fluxo do sangue e causando gangrena. Finalmente, os braços e as pernas da vítima escurecem, apodrecem e caem; alucinações semelhantes às provocadas pelo LSD também são comuns. Se a Grande Fome da Batata,* de 1847, é um indicador confiável, as deficiências vitamínicas também abundavam.[198] Entre 1315 e 1322, quando a chuva finalmente parou, muitas pessoas devem ter enlouquecido devido à pelagra (deficiência de niacina) ou ficado cegas devido à xeroftalmia (deficiência de vitamina A). Epidemias de tifo também podem ter matado outros muitos milhares.

Os felizardos morreram de fome, uma condição cujos sintomas, no estágio terminal, incluem pele escurecida e frágil, crescimento abundante de pelos nos genitais e no rosto e uma eliminação da vontade de viver.

John Gylbert, cujo nome desaparece dos anais de Broughton depois de 1314, pode ter morrido assim. Depois de meses errando pela neblina e pela chuva com a barba de um patriarca e os olhos de um morto, um dia John pode ter sentado em um campo, olhado para o céu e, como milhares de outros europeus de sua geração, concluiu que não fazia sentido levantar novamente.

A Grande Fome, nome coletivo das safras arrasadas, foi uma tragédia humana espantosa. Meio milhão de pessoas morreu na Inglaterra;[199] talvez 10 a 15% das áreas urbanas de Flandres e da Alemanha tenham perecido;[200] e uma enorme mas desconhecida parte da Europa rural também sucumbiu.

---

* Para obter informações detalhadas sobre a Grande Fome da Batata, leia *As 100 Maiores Catástrofes da História* (Difel, 2006). (N. T.)

Por mais que a Grande Fome tenha sido devastadora, ela era, no entanto, apenas um prenúncio do que estava por vir.

As pessoas que sobreviveram à Peste Negra faziam uma conexão entre a peste e a subnutrição, assim como fazemos a conexão entre cigarros e câncer de pulmão. O florentino Giovanni Morelli atribui a taxa de 50% de mortalidade na cidade durante a peste à severa fome que se abateu sobre a Itália central no ano anterior. Menos de vinte em cada cem pessoas tinham pão no interior do país, escreveu. "Pense em quanto seus corpos estavam afetados."[201] O francês Simon Couvin também descreveu a subnutrição como uma serviçal da peste. "Aquele que estava parcamente alimentado por uma comida pouco substanciosa era vitimado diante do mínimo sopro da doença",[202] observou ele. No entanto, muitos historiadores modernos questionam a relação entre a peste e a subnutrição.[203] Para cada Florença, eles apontavam um contraexemplo, em que as perdas devidas à Peste Negra foram moderadas ou leves, apesar de uma recente história de fome. Os críticos também apontam outra inconsistência. Nos anos entre a Grande Fome e a peste, as dietas na verdade melhoraram um pouco. Se as pessoas estavam comendo melhor, perguntam eles, como poderia a nutrição ter sido um fator de predisposição à Peste Negra?

No entanto, pode ser que os críticos tenham deixado de ver a ligação entre a peste e a subnutrição porque estavam procurando nos lugares errados. Os surtos regionais da doença que ocorreram depois da Peste Negra — as epidemias de 1366-67, 1373, 1374, 1390 e 1400 — aconteceram todos em períodos de carestia.[204] O que é ainda mais importante é que a profunda desnutrição dos anos da Grande Fome pode ter deixado milhões de europeus mais vulneráveis à Peste Negra. "Uma fome de [...] três anos tem dimensão suficiente para causar devastadores efeitos de longo prazo no bem-estar das crianças",[205] diz William Chester Jordan, historiador de Princeton, que destaca que a subnutrição frequentemente impede o desenvolvimento adequado do sistema imunológico, deixando os jovens com uma permanente suscetibilidade a doenças.

"Por dedução", declara o professor Jordan, autor de um estudo sobre a Grande Fome, "a terrível mortandade da Peste Negra refletiria o fato de que as pessoas pobres que estavam na casa dos 30 ou 40 anos de idade durante a peste foram crianças no período de 1315-22 e eram cronicamente mais suscetíveis à doença que aquelas que eram adultas durante a Grande Fome ou nasceram depois que ela diminuíra."

As conclusões do doutor Jordan baseiam-se em pesquisas com animais: entretanto, um estudo recente de uma pesquisadora britânica, a doutora S. E. Moore, indica que a desnutrição fetal também é um fator que influencia o desenvolvimento do sistema imunológico humano.[206] Estudando um grupo de jovens adultos africanos, a doutora Moore descobriu que pessoas nascidas em um "período de escassez" nutricionalmente debilitante" (o inverno e o começo da primavera) tinham probabilidades quatro vezes maiores de morrer de doenças contagiosas do que os adultos nascidos na "abundante estação das colheitas". Na conclusão de seu relato, a doutora Moore escreve: "Outra evidência na literatura médica também corrobora a hipótese de que o retardo do crescimento intrauterino (provocado neste caso por falta de alimentos para a mãe) diminui a velocidade da divisão celular durante períodos delicados do desenvolvimento do sistema imunológico. Isto geraria um mecanismo pelo qual ataques precoces poderiam ser 'integrados' ao sistema, de forma que [teriam] um impacto permanente."

A evidência histórica também sugere uma relação entre a Grande Fome e a Peste Negra. Uma conexão entre os dois eventos deveria revelar-se nas mortes pela peste. Áreas que perderam uma grande quantidade de crianças durante a fome deveriam ter sofrido menos durante a Peste Negra porque tinham menos adultos vulneráveis em sua população — adultos com o sistema imunológico congenitalmente deficiente. Na Flandres medieval, o padrão de mortalidade cabe nesse paradigma.[207] A região, que perdeu uma grande quantidade de crianças em epidemias durante a Grande Fome, teve menos mortes por causa da peste do que muitas regiões vizinhas.

O desequilíbrio entre a comida e a população não era o único fator de risco para doenças no ambiente medieval. Muito antes de o clima mudar, de a terra se esgotar e de os grãos se cobrirem de mofo e fungos, o continente produzia mais lixo do que poderia eliminar. Em torno de 1200, a cidade medieval estava se afundando em imundície, e, nas décadas que se seguiram ao crescimento populacional, a situação pode ter piorado, quando os milhares de camponeses miseráveis afluíram para a Europa urbana, puxando seus animais. Na terceira década do século XIV, a quantidade de dejetos nas ruas medievais era tão grande que estava literalmente transformando homens em assassinos. Em uma manhã de 1326, um mercador londrino enfurecido confrontou um mascate que acabara de jogar algumas peles de enguia no caminho em frente de sua loja.[208]

— Cate as enguias — exigiu o mercador.

— Não — replicou o mascate.

Punhos se ergueram e uma faca brilhou; no momento seguinte, o mascate jazia morto na rua.

À medida que as condições sanitárias pioravam, crescia a indignação do povo. Houve um clamor público por causa dos matadouros a céu aberto e dos esgotos entupidos nas ruas, e um clamor público ainda maior por causa de uma grande quantidade de ratos-pretos que viviam daquela sujeira. Um dicionário Inglês-Francês do século XIV ilustra o grau de onipresença do roedor na Idade Média. "Senhor", diz uma passagem, "[...] ouso dizer que estareis bem acomodado, exceto neste local, por haver um grande bando de ratos e camundongos."[209] As pessoas, na Idade Média, também estavam bem conscientes do fato de que o rato era um animal perigoso. Venenos antirroedores como "heléboro com cerca de três gramas de peso" e "barras de cola e acônito em pó"[210] eram bastante populares e amplamente empregados. Contudo, o que as pessoas não imaginavam é que *Rattus rattus*, o rato-preto, tivesse relação com a peste humana.

Esta não é uma opinião tão a-histórica quanto parece. Os povos pré-modernos tinham uma capacidade de observação muito aguçada. Durante um surto de uma pestilência na Antiguidade, o governador-geral romano da Espanha ofereceu belas recompensas a caçadores de ratos locais. O folclore do início das modernas Índia e China também faz várias referências à ligação entre o *Rattus rattus* e o *Y. pestis*. Um exemplo é a lenda indiana da bela princesa Asaf-Khan do Punjab.[211]

Caminhando um dia por um pátio, diz-se que Asaf-Khan teria visto um rato contaminado cambaleando como que embriagado. "Joguem-no para o gato", ordenou ela. Um escravo apanhou o rato trêfego pela cauda e o jogou para o gato de estimação da princesa; o gato imediatamente saltou sobre o animal e, com igual prontidão, largou-o e fugiu. Alguns dias mais tarde, o gato foi encontrado morto do lado de fora do quarto da princesa. No dia seguinte, o escravo que apanhara o rato morreu; depois, um a um, o restante dos escravos de Asaf-Khan morreu, até que apenas a princesa permaneceu viva.

Alguns séculos depois, um poeta chinês, Shi Tao-nan, escreveu uma ode à relação entre o *Rattus rattus*, o *Y. pestis* e o homem:[212]

Ratos mortos no Oriente,
Ratos mortos no Ocidente! [...]
Homens tombam como [...] *muralhas.* [...]
Ninguém ousa chorar os mortos [...].
A chegada da peste demoníaca
De repente ofusca a lâmpada.
Então, ela se apaga,
Deixando homens, fantasmas e corpos em [um] quarto escuro.

A primeira vez em que os europeus tomaram consciência da relação biológica entre o *Y. pestis* e o *Rattus rattus* foi durante a Terceira Pandemia do final do século XIX, quando o rato (juntamente com a pulga) foi identificado como um vetor-chave para a peste humana. Nos anos seguintes, aprendeu-se muito sobre o *Rattus*, inclusive sua idade e sua origem. O rato-preto iniciou sua história na Ásia, provavelmente na Índia, em algum momento anterior à última Era do Gelo. Pesando entre 110 e 340 gramas, ele tem apenas metade do tamanho de seu primo-irmão, o rato marrom da Noruega — também ele um importante vetor da peste humana —, mas o

Rattus mais do que compensa sua diminuta estatura física com incríveis poderes reprodutivos.[213] Foi estimado que dois ratos-pretos cruzando continuamente durante três anos poderiam gerar 329 milhões de filhotes, desde que nenhum filhote morresse e todos cruzassem (felizmente, todas elas condições muito restritas).

O *Rattus* também tem outras qualidades notáveis[214] que o transformam em um formidável vetor de doença. Uma delas é sua grande agilidade. Um rato-preto pode saltar cerca de 90 centímetros, partindo da imobilidade, cair de uma altura de 15 metros sem se ferir, escalar praticamente qualquer coisa — inclusive uma parede lisa —, espremer-se por aberturas de cerca de seis milímetros e penetrar quase qualquer superfície. A palavra *roedor* provém do verbo latino *rodere*, que significa "roer", e, graças a um poderoso conjunto de músculos maxilares e à capacidade de voltar os lábios para dentro (o que permite que os incisivos, ou dentes cortantes, atuem livremente), o *Rattus* pode roer através de canos de chumbo, concreto não fortalecido e tijolos de barro.

Uma natureza desconfiada também torna o *Rattus* um vetor ardiloso; o rato-preto normalmente se desloca à noite, constrói uma rota de fuga em sua toca e explora terrenos desconhecidos com muita cautela. Este último comportamento parece, pelo menos parcialmente, ser ensinado. Durante uma expedição de saque, viu-se um rato jovem recebendo de sua mãe uma lição de reconhecimento de terreno.[215] Ele saltitava para a frente, alguns centímetros, parava para que sua mãe o alcançasse e então esperava que ela examinasse o terreno à frente. Só depois de receber um tranquilizador cutucão materno é que o jovem rato avançaria. Os ratos também têm outra característica bastante incomum e semelhante aos humanos: eles riem. Já se observaram ratos jovens rindo — ou ronronando, o equivalente ao riso entre os roedores — quando brincavam ou quando alguém lhes fazia cócegas.[216] O *Rattus* é, por natureza, um animal muito sedentário — normalmente. Um rato da cidade pode até imaginar o que está do outro lado da rua, mas estudos mostram que ele não irá atravessar a rua para descobrir. Ratos urbanos passam a vida toda em um único quarteirão da cidade. O alcance do rato rural não é muito maior — cerca de um quilômetro e meio.

No entanto, se o *Rattus* sofresse de uma fobia a deslocamentos de longa distância, ele ainda seria uma obscura curiosidade asiática, como o dragão-de-komodo. Os ratos se deslocam, sim, e frequentemente por motivos que enfatizam o papel do comércio e do desastre ecológico na peste.

Por exemplo, ocasionalmente uma comunidade inteira de ratos-pretos abandona seu território natal e migra centenas de quilômetros.[217] Pesquisas sugerem que aquilo que faz os ratos superarem seus instintos sedentários é um intenso desejo de germe de cereais — e talvez, mais precisamente, da vitamina E nos germes de grãos. Em condições normais, as migrações de ratos são incomuns, mas, em condições de desastre ecológico, imagina-se que elas se tornem bastante frequentes.

Para distâncias acima da escala multiquilométrica, o *Rattus* conta com seu antigo companheiro, o homem. O rato na condição de passageiro clandestino de um navio é o primeiro imigrante ilegal da história. Em estudos modernos, ele foi encontrado em aviões, em bolsos de paletós, em *trailers* de grandes dimensões e em sacos levados por cavalos de carga javaneses. O comércio também foi uma dádiva para o *Rattus* de outra forma — mais sutil, mas muito significativa. Na vida ao ar livre, quando as populações de ratos crescem a ponto de atingir a instabilidade, a natureza pode redimensioná-las com um período prolongado de tempo ruim e escassez de alimentos. O advento das caravanas de camelos, dos cavalos de carga, dos navios — e, mais tarde, de trens, aviões e caminhões — enfraqueceu esse mecanismo de controle. Assim que o homem comerciante surgiu, o rato, altamente adaptável, pôde fugir para lugares onde a comida era abundante.

A data da chegada do *Rattus* à Europa é fonte de controvérsia.[218] Alguns estudiosos acreditam que o rato-preto apareceu pela primeira vez no Ocidente durante as Cruzadas, o que significaria em algum momento do século XII. Contudo, essa opinião ignora a Peste de Justiniano e as estátuas romanas de uma criatura semelhantes ao *Rattus*, que datam pelo menos do século I da nossa era. A teoria do doutor F. Audoin-Rouzeau, biólogo francês, que data a chegada do *Rattus* em algum momento anterior ao nascimento de Cristo é mais crível. Dada a afinidade do rato com comércio, seu ponto de entrada pode ter sido os desertos da Rota da Seda ou os altos desfiladeiros das montanhas da Ásia Central, onde mercadores de Roma e da China se encontravam ocasionalmente, ou o posto comercial que os romanos mantinham na costa indiana.

Duas datas significativas na história europeia do *Rattus* são o século VI, quando a Peste de Justiniano dizimou a população de roedores — e de homens — na Bacia do Mediterrâneo, e o ano 1000, quando uma cristandade ressurgente começou a produzir comida e dejetos suficientes para sustentar uma grande retomada demográfica. Trezentos anos depois, a superpopulação, as muralhas das cidades e as condições sanitárias primitivas haviam transformado a cidade medieval em um recanto para o *Rattus*.*

Porcos, gado, galinhas, gansos, bodes e cavalos transitavam pelas ruas da Londres e da Paris medievais tão livremente como passeavam pelas trilhas da Broughton rural. Os proprietários de casas na Idade Média tinham obrigação de cuidar da frente de suas casas, o que incluía a remoção de excrementos animais, mas a maioria dos citadinos era tão descuidada quanto William E. Cosner, morador do subúrbio londrino de Farringdon Without. Uma queixa feita contra Cosner declara que "as pessoas não podiam passar [por sua casa] por causa do fedor [de] [...] excremento e urina de cavalo".[219]

Nas piores ruas medievais, a atmosfera de celeiro dava lugar a uma atmosfera de campo de batalha. Com frequência, abandonavam-se os animais onde caíam, para queimarem sob o sol do verão, serem mexidos por ratos e atacados pelas crianças da vizinhança, que arrancavam ossos de bois e vacas em decomposição e os transformavam em dados. O recolhedor municipal de cães, que raramente recolhia o corpo de um cão, e o cirurgião-barbeiro, que raramente jogava o sangue de seus pacientes em qualquer lugar que não fosse a rua defronte de sua loja, também contribuíam para a pavorosa atmosfera de uma manhã seguinte a uma batalha.

---

* Lamentavelmente, as condições sanitárias inadequadas tornavam a Europa medieval urbana tão infestada de doenças que nenhuma cidade de qualquer tamanho conseguiria manter sua população sem uma entrada constante de imigrantes das regiões rurais.

Além do recolhedor de cães e do cirurgião-barbeiro, o outro grande aliado urbano do *Rattus* era o açougueiro medieval. Em Paris, Londres e outras grandes cidades, os animais eram mortos a céu aberto, na rua, e, como os açougueiros também raramente apanhavam as carcaças, em muitas cidades o bairro dos açougueiros era um horror goyesco de restos animais. Rios de sangue infiltravam-se em jardins e parques próximos, e pilhas de corações, fígados e intestinos se acumulavam sob as botas ensanguentadas dos açougueiros, atraindo imensas quantidades de ratos, moscas e meninos de rua.

O maior poluente urbano provavelmente era o penico cheio. Ninguém queria descer um ou dois lances de escada, principalmente em uma noite fria e chuvosa. Então, na maioria das cidades, os citadinos medievais abriam a janela, gritavam "Cuidado aí embaixo!" três vezes e torciam pelo melhor. Em Paris, que tinha 210 mil habitantes, a canção do penico ecoava pela cidade da manhã até a noite, misturando-se às gargalhadas lascivas das prostitutas na Île de la Cité e aos balidos lúgubres dos animais que iam para o abate em St. Jacques-la-Boucherie, na Margem Direita.

Nenhuma cidade pré-moderna era limpa, mas os grandes centros urbanos da Antiguidade empregavam diversas técnicas sanitárias engenhosas. Os etruscos, por exemplo, criaram extensos sistemas subterrâneos de esgoto para remover o lixo e os excrementos, e os aquedutos romanos levavam água suficiente da área rural para abastecer cada habitante da cidade com cerca de 1.360 litros por dia. A Idade Média também produziu algumas maravilhas sanitárias, incluindo o sistema de privadas do monastério de Durham, na Inglaterra, que um visitante, admirado, descreveu da seguinte maneira: "Todos os assentos e divisões do dormitório eram fechados com lambris, muito adequado, dos dois lados, de modo que um [monge] não podia ver o outro [...] [E] havia tantos assentos de privadas quanto havia janelinhas na parede que iluminavam todos que estavam nos referidos assentos."[220] O sistema também tinha um "curso de água" subterrâneo, que despejava a água que saía das privadas em um riacho próximo.

Apesar de muitas cidades medievais terem sistemas públicos de esgoto,[221] nenhum deles se aproximava da eficiência do de Durham. O sistema urbano típico começava com valas rasas, a céu aberto, em pequenas ruas residenciais; elas davam numa rede de valas centrais, maiores, que, por sua vez, se dirigiam para um ponto de esgoto central — normalmente um grande rio, como o Tâmisa ou o Sena. Onde estavam disponíveis, riachos locais eram desviados para gerar força de escoamento, mas como riachos urbanos não eram amplamente disponíveis, a maioria dos sistemas contava com a gravidade e a água das chuvas. Teoricamente, as tempestades deveriam empurrar para baixo os dejetos pelas valas inclinadas até um ponto de descarga em um rio. Mas o clima seco se opunha à teoria; grandes montes de matéria fecal, urina e comida se acumulavam nas valetas, proporcionando um festim para os ratos. As tempestades, quando realmente chegavam, não ajudavam muito. Mesmo uma boa quantidade de chuva raramente empurrava os dejetos para muito além de um bairro vizinho. No entanto, acabava chegando aos pontos finais do sistema uma quantidade de esgoto suficiente para fazer do rio urbano um insulto aos sentidos e uma afronta à decência. Depois de uma visita ao malcheiroso Tâmisa, Eduardo III, horrorizado, expressou seu ultraje diante de "esterco, lixo e outras imundícies"[222] nas margens do rio.

Londres complementava seu sistema de esgoto com funcionários municipais de saneamento.[223] Cada região da cidade tinha um quadro de inspetores, com os dickensianos nomes de "bedéis" e "sub-bedéis", que investigavam, espiavam, cheiravam e interrogavam tudo em seu caminho pelas ruas medievais. O lixo estava sendo removido da frente das casas? Os becos estavam sendo limpos? Londrinos mais endinheirados frequentemente construíam privadas (ou *garderobes*) em suas casas, acima dos becos, sustentando-as "em duas vigas estendidas de uma casa para a outra". Para o proprietário do *garderobe*, a privada significava liberdade — adeus aos penicos nas noites frias —, mas para seus vizinhos ela significava pilhas de excrementos no beco, uma mistura de odores pavorosos e enxames de moscas (os ratos normalmente não se alimentam de dejetos humanos). Os bedéis e os sub-bedéis também investigavam atos de pirataria sanitária. No ano anterior à chegada da peste à Inglaterra, dois malfeitores foram presos por dirigir seus canos de esgoto para o porão de um incauto vizinho.

Abaixo dos bedéis ficavam os ancinheiros,* as pessoas que faziam a limpeza propriamente dita. Os ancinheiros varriam as sarjetas, retiravam carcaças de animais, recolhiam o lixo das ruas e becos e o carregavam para o Tâmisa ou um dos outros pontos de descarga, como o Rio Fleet.

Os bedéis e ancinheiros não apenas tinham o mais imundo dos empregos da Londres medieval, mas também o mais ingrato. Em 1332, um bedel na região de Cripplegate foi atacado por um assaltante, que, para o cúmulo dos males, roubou sua carroça;[224] alguns anos depois, duas mulheres em Billingsgate ofenderam tanto uma equipe de ancinheiros que as autoridades municipais ordenaram sua prisão.[225] De fato, a se julgar pelos relatos da época, a Londres medieval parece ter estado envolvida em uma guerra civil extraoficial em torno da questão da limpeza pública. De um lado, ficavam patifes, como as grosseiras senhoras de Billingsgate, e William E. Cosner, o rei do lixo de Farringdon Without. Do outro lado, o rei, Eduardo III, que vociferava: "A sujeira jorra das casas dia e noite";[226] o nervoso prefeito, que tentava aplacar essas explosões reais com uma torrente de determinações sanitárias amplamente ignoradas; os ofendidos bedéis, sub-bedéis e ancinheiros; e furiosos cidadãos, como o vendedor assassino.

Celeiros, campos de aveia e cevada e grandes quantidades de animais domésticos também tornavam o rato uma figura onipresente no interior da Europa medieval, e a arquitetura rural pode ter deixado os camponeses especialmente vulneráveis a seus dentes afiados. A maioria das cabanas de camponeses era construída de junco e barro, uma espécie de *wallboard** medieval. Primeiro, o junco — ou ramos secos — era trançado, formando uma treliça; em seguida o emboço, parecido com barro; depois, era espalhado por sobre a treliça. A combinação era tão permeável que um desafortunado camponês inglês morreu quando uma lança mal arremessada atravessou a parede de sua cabana durante o café da manhã.[227]

Um surto da peste no começo do século XX, no vilarejo egípcio de Sadar Bazaar, realça outro aspecto propício aos ratos da vida camponesa.

---
* Folha de fibra ou material prensado para revestimento de paredes. (N. T.)

Uma contagem dos ratos[228] do vilarejo revelou: famílias que dormiam com seus animais domésticos tinham um número médio de ratos por casa — o número exato era 9,6 — maior do que aquelas que não o faziam: 8,2.

Os gregos antigos, que idolatravam o corpo, consideravam a higiene uma virtude cardeal, e os romanos consideravam-na tão importante que seus banhos públicos pareciam templos. Nos Banhos de Diocleciano, "o mais miserável dos romanos podia desfrutar, com uma pequena moeda de cobre, o prazer diário de [uma] cena que seria capaz de gerar inveja nos reis da Ásia",[229] escreveu Edward Gibbon. No entanto, os primeiros cristãos, que tinham a abnegação como uma virtude cardeal, consideravam o banho, se não uma falta grave, no mínimo uma tentação. Quem pode saber os pensamentos impuros que podem surgir em uma banheira quente? Com este perigo em mente, São Bento declarou: "Aos que estão bem, e especialmente aos jovens, os banhos devem raramente ser permitidos."[230] Santa Inês levou a sério a imposição e morreu sem jamais ter tomado banho.[231]

As suspeitas religiosas sobre os banhos diminuíram durante o fim da Idade Média, ainda que não o bastante para melhorar significativamente os padrões de higiene pessoal. Santa Catarina de Siena,* que nasceu em 1347, também nunca tomou um banho, embora sua maior façanha talvez tenha sido sua (suposta) habilidade de passar meses sem defecar. São Francisco de Assis, que considerava a água de Deus preciosa demais para ser desperdiçada, era outro que não tomava banho com frequência.[232] Os laicos continuavam resistindo às banheiras por motivos menos elevados. Por mais que uma Senhorita Boas Maneiras medieval pudesse enaltecer o banho como uma forma de ser "polida e educada em relação ao outros",[233] era mais fácil lavar somente o rosto e as mãos pela manhã, assim como era mais fácil esvaziar um penico pela janela do que descer vários lances de escada. Despir-se e trocar de roupa também era incomum. Assim: outra frase útil no dicionário de inglês-francês do século XIV era: "Ora, como me mordem as pulgas!"[234]

---

* Mais conhecida entre os católicos de língua portuguesa como Santa Catarina de Siena. (N. T.)

Não há duvida de que o principal vetor da Peste Negra entre os insetos era a *X. cheopis*, a pulga do rato, mas, dada a situação do corpo na Idade Média, é extremamente provável que a *Pulex irritans*, a pulga humana, também tenha tido um papel importante na peste medieval.

De Caffa ao Vietnã e ao Afeganistão, nenhuma atividade humana esteve mais proximamente associada à peste do que a guerra, e poucos séculos foram tão violentos quanto o XIV. Nas décadas anteriores à peste, os escoceses estavam matando os ingleses; os ingleses, os franceses; os franceses, os flamengos; e os italianos e os espanhóis, uns aos outros. Mais especificamente, naquelas décadas selvagens a natureza do combate mudou de formas fundamentais.[235] Os exércitos cresceram, as batalhas ficaram mais sangrentas, os civis eram atacados com maior frequência e havia uma destruição mais rotineira da propriedade civil — e cada uma dessas mudanças ajudou a transformar o campo de batalha e o soldado medievais em agentes de contágio mais eficientes.

Diferentes historiadores marcam o início do que se chamou Revolução Militar da Baixa Idade Média com eventos diferentes, mas um ponto de partida tão bom quanto qualquer outro é uma campina perto do vilarejo flamengo de Coutrai,[236] em um abafado dia de julho de 1302. Chegando à campina naquela manhã, uma grande força da cavalaria francesa a caminho de Coutrai para dar reforços a um grupo de companheiros sitiados (Flandres era um domínio francês no século XIV) viu seu caminho bloqueado por vários batalhões de resolutos arqueiros e lanceiros flamengos, que usavam elmos feitos de bacias e armaduras de malha.

Logo depois do meio-dia, o comandante francês, Roberto de Artois, ordenou um ataque contra os flamengos, e sua cavalaria — flâmulas tremulando no vento de verão — começou a avançar pela grama alta da campina com toda a imponente grandeza peculiar aos cavaleiros-guerreiros da "augusta e soberana casa da França". Depois de atravessarem o vau de um pequeno riacho que dividia os campos inimigos, os franceses puseram-se em fuga. No momento seguinte, soou um enorme *twang!* e o céu sem nuvens daquele mês de julho se encheu de milhares de flechas flamengas com pontas de aço; alguns segundos depois, houve um *bong!*, ainda mais alto, quando centenas de cavalos de batalha franceses se chocaram contra as linhas flamengas a cerca de 30 quilômetros por hora. Segundo a convencional teoria militar medieval, o impacto da carga teria derrubado os flamengos como pinos de boliche, deixando-os vulneráveis para serem pisoteados pelos cavalos e empalados pelos cavaleiros, mas em Coutrai os deuses da guerra redefiniram as regras do jogo. Em vez de romperem a linha flamenga, os franceses trombaram contra ela como uma onda contra um dique — e se espatifaram, como Humpty Dumpty,* em uma confusão de cavalos e homens que caíam.

A descoberta de que a infantaria, bem armada e resoluta, poderia derrotar a cavalaria, a rainha do campo de batalha —, confirmada em batalhas posteriores —, revolucionou a estratégia militar medieval, e, como a maioria das revoluções, a revolução da infantaria gerou várias consequências inesperadas. Primeiro, os comandantes medievais elevaram o estatuto do papel da infantaria; depois, descobrindo que os soldados a pé eram muito mais baratos em uma campanha — cinco ou seis arqueiros e lanceiros custavam mais ou menos o mesmo que um único cavaleiro —, os comandantes expandiram o tamanho do exército medieval; e, com o crescimento significativo dos exércitos, as batalhas ficaram muito maiores e mais sangrentas. Tratava-se parcialmente de uma questão numérica, mas era também um reflexo da crescente violência da guerra. Para começar, a infantaria, formada em grande medida por camponeses, tinha menos probabilidade de respeitar as regras cavaleirescas, principalmente em combate contra inimigos nobres. Já que o estresse, inclusive a tensão do combate, enfraquece o sistema imunológico, uma consequência presumível de guerras maiores e mais violentas foi uma quantidade maior de pessoas vulneráveis a doenças. É mais difícil de se presumir, mas pode ser que exércitos maiores tenham produzido concentrações maiores de homens sujos e detritos, que atraíam concentrações maiores de ratos e moscas.[237]

A *chevauchée*, segunda grande inovação militar do século XIV, foi criada para resolver o grande dilema militar do período: como um exército

---

* Personagem de história infantil, com a forma de um ovo, que cai de um muro e se espatifa irremediavelmente; também personagem de *Através do Espelho*, de Lewis Carroll. (N. T.)

rompe um cerco? "Um castelo dificilmente pode ser conquistado em menos de um ano, e, mesmo que o seja, isso representa mais despesas para os cofres do rei e para seus súditos do que o valor da conquista em si",[238] escreveu Pierre Dubois, um influente teórico militar do século XIV. A solução de Dubois para o problema do cerco, descrita na *Doutrina das Expedições Bem-Sucedidas e das Guerras Mais Curtas*, era o subterfúgio. Ataque os civis, Dubois defendia, e seu oponente será forçado a abandonar suas posições fortificadas e sair para defender seu povo. Nascia assim a *chevauchée*. A ideia de enviar grandes grupos de ataque em missões de perseguição e aniquilamento pela região rural do inimigo não era tão nova quanto pretendia Dubois. A prática já havia sido testada, incluindo os normandos contra os ingleses, em 1066. Os civis também já haviam sido alvo. "Se algumas vezes os humildes e inocentes sofrem danos e perdas, não pode ser de outro modo",[239] declarou Honoré Bouvet, em gálico sinal de indiferença.

No entanto, a Guerra dos Cem Anos, entre a Inglaterra e a França — o maior e mais sangrento conflito da Idade Média —, transformou a *chevauchée* em uma arma comum e devastadora. A guerra começou em 1337, e na década anterior à chegada da peste, em 1347, os ingleses, que se tornaram mestres da *chevauchée*, empregaram-na com terrível efeito contra os compatriotas de Dubois. Ao longo de toda a década de 1340, cunhas voadoras de cavaleiros ingleses riscavam a região rural francesa, incendiando fazendas e vilarejos, estuprando e matando civis, e roubando gado. Em uma carta a um amigo, o poeta italiano Petrarca, depois de uma recente visita à França em tempos de guerra, manifestou seu espanto diante do grau de destruição: "Por toda parte havia uma desoladora devastação, dor e desolação, por toda parte campos desertos e sem plantações, por toda parte casas em ruínas e abandonadas [...]. Em suma, por toda parte permaneciam os tristes vestígios dos *Angli* [os ingleses]."[240]

Ainda mais comovente é o relato do terrorismo inglês feito pelo rei francês João II. "Muitas pessoas [foram] mortas; igrejas, pilhadas; corpos, destruídos, e almas, perdidas; donzelas e virgens, defloradas; esposas e viúvas respeitáveis, desonradas; cidades, feudos e construções, queimados [...]. A fé cristã [...] se abateu, e o comércio [...] desapareceu [...]. Tantos outros

males e fatos terríveis que não podem ser ditos, enumerados ou escritos[241]."
decorreram dessas guerras."

Embora o presente seja, na melhor das hipóteses, um guia imperfeito para o passado, vários estudos sobre confrontos modernos fornecem algumas ideias adicionais sobre como a guerra pode ter deixado o mundo medieval mais vulnerável à peste. O tema do primeiro relatório, feito pelo exército norte-americano, é o antigo exército soviético, que combateu no Afeganistão nos anos 80.[242] As perdas russas no conflito foram bastante baixas — abaixo de 3% —, mas o exército soviético sofreu com índices assustadores de doenças, especialmente doenças contagiosas. Três em cada quatro soldados que combateram no Afeganistão — entre 75% e 76% de todo o exército soviético naquele país — tiveram de ser hospitalizados com alguma doença. Alguns soldados foram contaminados pela peste bubônica, mas a malária, a cólera, a difteria, a disenteria infecciosa, a disenteria amebiana, a hepatite e o tifo foram até mais comuns do que ela.

O que provocou um índice tão fatídico de doenças? A resposta ilumina um pouco a natureza imutável da vida militar. Segundo o relatório, um fator importante era a higiene militar. O soldado russo típico trocava sua roupa de baixo uma vez a cada três meses, lavava seu uniforme e cobertores com a mesma frequência, bebia água sem tratamento, deixava seu lixo pelo chão, defecava perto de sua barraca, em vez de fazê-lo em uma latrina de campanha, e, mesmo quando envolvido em trabalhos de cozinha, só lavava as mãos depois de defecar se um oficial o obrigasse a fazê-lo. Significativamente, o relatório declara que o estresse do combate também pode ter exercido um papel na alta taxa de contágio. Como observado anteriormente, prejudica o funcionamento do sistema imunológico, diminuindo a resistência a doenças. Essa observação, é claro, aplica-se também a civis ameaçados por exércitos invasores.

Um segundo relatório vem do Vietnã, onde aproximadamente 25 mil pessoas, em sua maioria nativos vietnamitas, foram contaminadas pela peste entre 1966 e 1974.[243] Segundo autoridades médicas do exército norte-americano, um fator importante no surto foram as condições semelhantes às de um cerco em grandes áreas do país. A base de lançamentos que uma equipe de médicos norte-americanos visitou no inverno de 1967 não é uma exceção. Vinte e uma pessoas estavam sofrendo da peste na base, e uma inspeção rapidamente revelou o porquê. Os morteiros e os ataques da artilharia vietcongue haviam empurrado a vida da base para o subsolo. Os soldados — e, em muitos casos, suas famílias — moravam em casamatas de terra cujos ambientes quentes e úmidos reproduziam à perfeição a toca dos roedores;[244] a higiene pessoal era aterradora. Ninguém tomava banho, já que os banheiros ficavam na superfície, e ninguém usava as latrinas de campanha, pela mesma razão. Os genoveses, que estavam sitiados em Caffa, e os franceses, que estavam sitiados em Calais, às vésperas da Peste Negra, teriam achado muito familiares aquelas fétidas casamatas vietnamitas, entupidas de excremento humano, rações meio comidas e bandagens de batalha ensanguentadas. Trabalhando em condições pavorosas, os médicos do exército conseguiram salvar 17 vítimas da peste, mas em quatro casos a doença estava avançada demais até mesmo para ser tratada com antibióticos modernos.

O deslocamento forçado de populações — outra característica da guerra que remonta à *chevauchée* e além dela — também ajudou bastante o *Y. pestis* no Vietnã. Em 1969, mais de seiscentas pessoas — em sua maioria crianças — foram contaminadas pela peste no vilarejo de Dong Ha.[245] Mais uma vez, os médicos do exército norte-americano encontraram ratos e pulgas por toda parte, mas dessa vez a infestação foi causada por um desequilíbrio de recursos, e não por um cerco. A pequena Dong Ha repentinamente se tornara um ponto de recepção de refugiados que fugiam para o sul, oriundos da zona desmilitarizada, e para o leste, oriundos de Khe Sanh, mas o vilarejo não tinha recursos sanitários para dar conta de um grande fluxo de pessoas sujas.

É claro que é impossível dizer com precisão como, e em que grau, esses três fatores — guerra, fome e más condições sanitárias — ajudaram a abrir caminho para a Peste Negra, mas o que se pode dizer com alguma certeza é que, no momento em que o *Y. pestis* saiu de Caffa, no fim de 1346, ou no começo de 1347, a Europa já estava com água até o pescoço, e a maré ainda estava subindo.

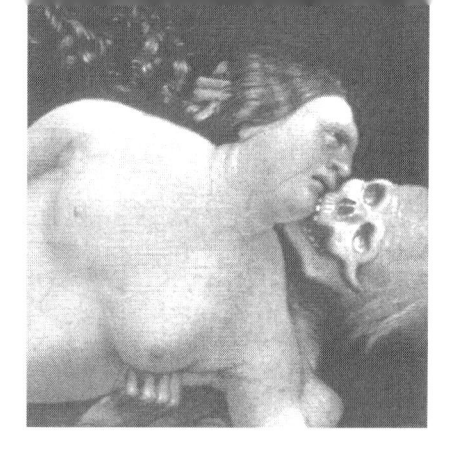

QUARTO CAPÍTULO

Outono Siciliano

Sicília, outubro de 1347

O MEDITERRÂNEO É UM MAR DE SEGREDOS. HÁ OS SEGREDOS DE suas montanhas submersas, as altas cordilheiras que um dia ligaram a Tunísia à Sicília e a Espanha ao Marrocos. Há os segredos de seu misterioso ancestral, o mar de Tétis, que, antes do nascimento da Eurásia, corria pela superfície da Terra para um grande oceano oriental. E há os segredos dos mortos do Mediterrâneo: os irmãos Vivaldi, que desapareceram no infinito de latitude e longitude, procurando uma passagem para as Índias. E o maior de todos os segredos: o destino dos genoveses pestilentos, que fugiram de Caffa "com a doença grudada até nos seus ossos".[246]

"Fala, Gênova. O que fizeste?",[247] perguntava um contemporâneo em nome dos mortos da peste. Mas Gênova se manteve em silêncio sobre os navios, e ainda se mantém. A frota da peste de Caffa singra através da literatura da Peste Negra como um fantasma reluzindo em um mar noturno. Um relato fala a respeito de "três galeras carregadas de especiarias [...] afugentadas às pressas do Oriente pelo fedorento sopro do vento";[248] outro menciona quatro navios genoveses que voltavam da Crimeia "plenos de marujos infectados";[249] um terceiro fala sobre uma frota genovesa[250] — cujo número oscilava de dois a 12 navios — oriunda da Ásia Menor para o Mediterrâneo, contaminando tudo em seu caminho, incluindo o porto de Pera, no Mar Negro, Constantinopla, Messina (na Sicília), Gênova e Marselha.

Em junho, enquanto o apocalipse se preparava no Oriente, poucas pessoas na Europa tinham consciência de que algo terrível vinha em sua direção. Na Inglaterra, o verão de 1347 tinha um pouco do *glamour* em tons de sépia do verão de 1914. Recém-chegado de um glorioso período de combates nas planícies do norte da França, Eduardo III, de cabelos dourados, estava em Londres, divertindo-se com a temporada de torneios de cavalaria, enquanto a jusante do Tâmisa, no Palácio de Westminster, sua filha, a princesa Joana, passava as suaves noites de junho passeando pelos gramados do palácio ao som da serenata de um menestrel espanhol, um presente do encantador príncipe Pedro de Castela. Em Siena, o sapateiro e, em meio expediente, especulador imobiliário Agnolo di Tura estava trabalhando em uma história da cidade, cuidando de algumas propriedades no Campo, a praça da cidade, e mimando sua esposa, Nicoluccia, e seus cinco filhos. Em Paris, o clérigo Jean Morellet estava pondo em dia o fundo de construção em sua igreja, St. Germain l'Auxerrois. O fundo recebia tão poucas doações que Morellet tinha tempo para longas caminhadas matinais ao longo do Sena, ainda sem barragens, onde as brisas do rio mantinham os moinhos de água em movimento perpétuo e as estreitas casas retangulares ao longo da margem se erguiam como "cabelos em uma infinidade de cabeças". Em Thonon, uma cidade perto do Lago de Genebra, um cirurgião-barbeiro chamado Balavigny podia ser visto no portão da cidade na maioria das manhãs daquele verão, conversando com outros membros da comunidade judaica local. Em Nápoles, onde o quente ar noturno recendia ao "cheiroso e suave perfume do verão", a mais bela mulher da Europa e reinante Mulher Perversa da cristandade — a rainha Joana de Nápoles e da Sicília — enfrentava acusações de assassinato.

Em julho, à medida que os campos que cercavam Broughton se enchiam de camponeses com seus chapéus de palha, e os monges em Avignon envidraçavam suas janelas para manter o ar frio, em Constantinopla a resignação e o desespero já reinavam. Posicionada logo abaixo do Mar Negro e logo acima do Estreito de Dardanelos, portal do Ocidente, a capital bizantina estava bem no centro do alvo. Um navio que saísse da Crimeia com destino à Europa não poderia voltar para casa sem passar pela cidade. Assim, em algum momento da primavera ou do começo do verão de 1347, os genoveses portadores da peste chegaram ao porto, cantarolando as palavras do forasteiro de chapéu preto do mito dos índios norte-americanos: "Eu sou a morte."

O escriba veneziano responsável pela estimativa de que 90% de Constantinopla sucumbiram à Peste Negra estava certamente exagerando,[251] mas ninguém que sobrevivera ao verão e ao outono pestilentos de 1347, na capital bizantina, jamais esqueceu a experiência. "Todo dia levamos amigos para serem enterrados. [E] todo dia a cidade fica um pouco mais vazia e cresce o número de túmulos", escreveu o erudito da corte Demetrios Kydones. Com a intensificação da mortandade, Kydones viu seus concidadãos desorientados pelo medo e pelo egoísmo. "Os homens afastam impiedosamente a companhia dos outros [por medo do contágio]. Pais não ousam enterrar seus próprios filhos; filhos não realizam [...] as últimas obrigações para com seus pais."[252]

A peste também deixou uma marca duradoura em João IV Megas Comenos, imperador bizantino. "Ao chegar [...] [a imperadora] encontrou [nosso] mais novo morto",[253] escreveu João IV Megas Comenos, na única declaração que se conhece a respeito da morte de seu filho de 13 anos, Andronikos. Depois da morte do menino, o imperador perdeu o amor por este mundo. Abdicando ao trono, João IV Megas Comenos se retirou à solidão de uma cela monástica, para rezar, prantear e se lamentar durante o resto de sua vida.

A partir de Constantinopla, o *Y. pestis* seguiu as rotas comerciais para o sul,[254] em direção ao Estreito de Dardanelos, a fina veia de água azul que leva o viajante que segue para a Europa até o Mar Egeu e, depois, para o Mediterrâneo. No verão de 1347, o mundo era dividido no Estreito de Dardanelos. Imediatamente para o oeste, ficavam as verdes colinas ensolaradas da Europa, ainda intocadas pela peste; para o leste, as pestilentas planícies da Ásia Menor. Descendo pelos canais, o *Y. pestis* parou para prestar seu tributo a Xerxes, o rei grego* que construiu uma ponte de barcos para que seu exército atravessasse aquela extensão de água. Então, quando o Egeu surgiu rapidamente no horizonte, o bacilo da peste se clonou. Uma cepa da doença se dirigiu para o norte, atravessando a Grécia, a Bulgária e a Romênia, indo na direção da Polônia; uma segunda cepa lançou-se para o sul, atravessando o Mediterrâneo, na direção do Egito e do Levante, enquanto uma terceira se voltou para o leste, atacando Chipre no fim do verão. Como que tentando repelir um corpo maligno, a ilha imediatamente se insurgiu em uma violenta rebelião.[255] Primeiro a terra se rompeu, e "um tremendo terremoto" arrancou árvores, derrubou colinas, arrasou construções e matou milhares de pessoas. Depois, o mar, zangado, vomitou uma onda tão gigantesca que pareceu arranhar o céu enquanto se dirigia para a ilha. Mães apanharam suas crianças, fazendeiros correram dos campos; gaivotas se espalharam pelo céu, grasnando e crocitando assustadas; enquanto isso, pescadores, apanhados entre a praia e a onda, sussurraram uma rápida e última oração enquanto a brilhante luz do Mediterrâneo sumia por trás de uma dura e negra parede de água. Momentos depois, um impacto enorme disparou ondas de choque pela água, por dezenas de quilômetros, em todas as direções; depois, grandes partes do litoral de Chipre desapareceram sob um turbulento mar de espuma branca. "Navios foram feitos em

---

* Xerxes era rei do Império Persa. O episódio citado aconteceu em uma batalha *contra* os gregos. (N. T.)

pedaços contra as pedras e [...] essa ilha fértil e exuberante converteu-se em um vasto deserto",²⁵⁶ escreveu um historiador alemão. Em seguida, o próprio ar pareceu se esgotar. Um "vento pestífero espalhou um odor tão tóxico, que muitos, sobrepujados, [...] caíram repentinamente e expiraram em aflições terríveis".²⁵⁷* Em uma sequência de calamidades, os assustados cipriotas começaram a temer que seus escravos árabes se amotinassem. Fechando o coração para a piedade, os ilhéus apanharam suas espadas. Diariamente, naquele outono lúgubre, centenas de homens, mulheres e crianças muçulmanos foram levados para olivais arruinados, cheios de poças de água e árvores retorcidas e arrancadas do solo para serem assassinados por homens que estariam mortos pela peste dentro de uma semana.

A quarta cepa da peste se dirigiu rapidamente para o oeste através do Mediterrâneo até encontrar uma ilha ainda mais trágica e atormentada do que Chipre.

A Sicília fica a apenas poucos quilômetros da costa da Europa, mas pertence a um mundo diferente — mais primitivo, insular e, acima de tudo, violento. Há a violência do céu da ilha, azul demais; de seu sol, brilhante demais; de seu povo, passional demais; e de seu vento, o cortante siroco do verão, que sopra da Tunísia para o norte através do Mediterrâneo, fere os olhos, queima a garganta e reveste de areia os pulmões. Há também a violência da história siciliana, uma história tão cheia de duplicidade, subjugação, derramamento de sangue e desespero, que levou a ensolarada ilha do Mediterrâneo a produzir uma sociedade de perversos fatalistas. Na Sicília, diz o romancista nascido na ilha, Leonardo Sciascia, "nós ignoramos o

---

* Michael Baillie, professor da Escola de Arqueologia e Paleoecologia da Queens University, em Belfast, especula que o miasma pode ter sido causado pelo *outgassing*, um raro fenômeno geológico em que depósitos de gás sob o solo do oceano repentinamente são liberados e escapam para a atmosfera, corrompendo o ar. Um exemplo recente do fenômeno pode ter ocorrido em 1986, quando uma nuvem tóxica de sulfito de hidrogênio emergiu do Lago Nyos, em Camarões, e matou 1.700 pessoas. Chamou atenção o fato de que os sobreviventes disseram que a nuvem cheirava a "ovos podres". Não está claro o que teria liberado o gás do leito do lago, mas, no caso de Chipre, o evento detonador pode ter sido o terremoto. (M. G. L. Baillie, "Putting Abrupt Environmental Change Back into Human History", em *Environment and Historical Change*, org. Paul Slack [Oxford: Oxford University Press, 1998], p. 68.)

tempo futuro dos verbos. Nunca dizemos: 'Amanhã irei ao campo'; dizemos: *'Dumani, vaju in compagna'* — 'Amanhã, estou indo ao campo.' Como é que se pode deixar de ser pessimista em uma região onde o futuro verbal não existe?"[258]

O momento mais trágico da história da Sicília começa quase como um conto de fadas. "Em outubro de 1347,* perto do começo do mês, 12 galeras genovesas entraram no porto de Messina."[259] O autor dessas palavras, um frade franciscano chamado Michele da Piazza, não diz de onde eram originárias as galeras — Caffa, outro porto do Mar Negro, Constantinopla, Romênia ou outro lugar mais próximo —, mas, aparentemente, nada naqueles navios parecia inadequado ou suspeito. Quando os navios aportaram, Messina seguia sua rotina diária, gozando de um momento final de normalidade antes que o mundo mudasse por completo. Pescadores descarregavam o produto de seu trabalho, idosas fofocavam das janelas, crianças corriam umas atrás das outras pelas extensas praias douradas, um suave vento de outono percorria as ruas estreitas da cidade; então as âncoras foram lançadas, pranchas de desembarque baixaram e as tripulações genovesas acorreram às docas, "levando tamanha enfermidade em seus corpos que, se alguém simplesmente falasse com um deles, estaria infectado [...] e não poderia evitar a morte".[260]

A Peste Negra chegara à Europa.**

---

* O relato do frei Michele ilustra a crença dos historiadores de que se devem ler com cautela as descrições contemporâneas da Peste Negra. Outros indícios sugerem que os genoveses chegaram a Messina no fim de setembro, e não em outubro, e, embora sua frota possa ter tido 12 galeras, frei Michele pode também ter escolhido esse número porque o 12 tinha um significado mágico especial para o homem medieval. Outro problema com os cronistas contemporâneos da peste é o plágio. Com frequência, um cronista rouba uma expressão, um fraseado e, por vezes, uma descrição inteira de um autor antigo, sendo que Tucídides, que escreveu um relato clássico sobre a Peste de Atenas, no século V a.C., e Tácito, que escreveu uma descrição igualmente famosa sobre a Peste de Antônio, na Roma do século III d.C., eram duas de suas fontes favoritas. (Ole J. Benedictow, *The Black Death 1346-1353: The Complete Story* [Woodbridge, Suffolk: Boydell Press, 2004], p. 70.)

** É possível que a pestilência tenha passado para outro porto europeu alguns dias ou semanas antes, mas a Messina e a Sicília são os locais onde a peste fez sua entrada nos registros históricos da Europa.

Quase imediatamente, as pessoas começaram a adoecer, e, quando isso acontecia, era como ninguém em Messina havia visto antes. Primeiro, diz frei Michele, "uma espécie de furúnculo [...] do tamanho de uma lentilha brotava na coxa ou no braço, [depois] as vítimas tossiam sangue intensamente e, após três dias [de] vômito incessante [...] para o qual não havia remédio, morriam [...] e com elas morriam não apenas quem havia conversado com elas, mas também qualquer um que houvesse adquirido, tocado ou pegado algum de seus pertences".[261]

Frei Michele parece estar descrevendo a peste pneumônica *decorrente* da peste bubônica — ou seja, a peste que começa no sistema linfático (produzindo o bubão), mas se dissemina por metástase para os pulmões (causando a tosse com sangue). O rápido contágio em Messina sugere que, se a doença não era pneumônica quando chegou, rapidamente passou por essa transformação — ou seja, em um certo momento, a doença passou a ser transmitida diretamente de pessoa para pessoa via gotículas em suspensão.

O mais intrigante é como os genoveses, devastados como estavam, conseguiram chegar a Messina. Alguns dos membros da tripulação podem ter sido possuidores de uma imunidade natural ao *Y. pestis*, mas, mesmo presumindo que o CCR5-Δ32 realmente aumente a resistência à doença, o que está longe de ser um fato cientificamente comprovado, seria possível que houvesse sobrevivido um número de tripulantes suficiente para levar uma frota da Crimeia ou de Constantinopla até a Sicília, ambas viagens de meses de duração? Considerando-se a grande velocidade com que a peste mata, outra hipótese, talvez mais verossímil, é que a frota que levou a doença para Messina tenha saído de um porto mais próximo da Itália.

A navegação em mar aberto ainda era muito perigosa na Idade Média, de modo que os marinheiros raramente iam a qualquer lugar em linha reta. Mesmo durante viagens longas, os navios singravam pouco a pouco a linha costeira, como alpinistas em um ponto de apoio, parando a cada três ou quatro dias para trocar mercadorias ou comprar suprimentos. Essa prática, chamada *costeggiare*, teria permitido que o *Y. pestis* se dirigisse à Europa passo a passo, movendo-se de porto em porto e de frota em frota, permitindo que matasse as tripulações a seu bel-prazer.[262]

* * *

Messina expulsou rapidamente os genoveses, mas a peste já havia entrado no núcleo vital da cidade. Com o crescimento da mortandade, as igrejas e as lojas silenciaram, as praias esvaziaram, barcos de pesca ficaram ociosos, as ruas ficaram desertas. Logo Messina, como Constantinopla, se transformou em duas cidades: a cidade dos contaminados — uma municipalidade de dor e desespero — e a cidade dos não contaminados, onde o medo e o ódio imperavam. "A doença gerou tamanho desprezo", diz frei Michele, "que, se um filho adoentava [...], seu pai se recusava abertamente a ficar com ele."263 Naquele outono, muitos morreram em Messina não só sem o consolo de um parente ou um filho, mas também sem um padre para ouvir suas confissões ou um notário para elaborar o testamento. Apenas os animais de Messina mantiveram as antigas tradições de lealdade e fidelidade. "Gatos e [...] o gado seguiram seus mestres até a morte",264 diz frei Michele.

Rapidamente Messina começou a esvaziar. Frei Michele fala de cães enlouquecidos fora de controle nas ruas desertas, de fogueiras noturnas reluzindo a partir de campos e vinhedos cheios de gente em torno da cidade, de estradas poeirentas, banhadas pelo sol, cheias de refugiados suarentos e amedrontados, de solitários que erravam até bosques e cabanas próximos antes de morrer. Ele também descreve diversos incidentes, que soam, para a sensibilidade moderna, como realismo mágico, mas eram provavelmente episódios de histeria causada pelo pânico. Em um deles, "um cão negro com uma espada desembainhada em sua pata"265 entra em uma igreja e destrói os receptáculos de prata, lâmpadas e castiçais do altar.* Em outro, uma estátua da Virgem Maria ganha vida a caminho de Messina e, horrorizada com a pecaminosidade da cidade, recusa-se a entrar. "A terra abriu sua bocarra",266 diz frei Michele, "e o burro sobre o qual era carregada a estátua da Mãe de Deus tornou-se rígido e imóvel como uma rocha."

---

* A raiva parece ter sido muito comum na Sicília medieval; portanto, essa história pode ter algum fundamento na realidade. (Philip Ziegler, *The Black Death* [Nova York: Harper and Row, 1969], p. 42.)

Não muito tempo antes, um historiador britânico se vangloriava da determinação dos ingleses diante da Peste Negra. "Com seus amigos e parentes morrendo em grande quantidade, [...] com todo tipo de relação humana transformado em um risco", escreveu o historiador, "o inglês medieval seguia obstinadamente sua rotina normal."[267] A avaliação é correta, mas a força dos ingleses deve algo à boa sorte, além do bom caráter. A peste não caiu do céu, repentinamente, um dia sobre a Inglaterra. Intocados até o verão de 1348, os ingleses tiveram quase um ano para reunir informação e ganhar coragem. Sem levar a analogia longe demais, cidades como Messina e Constantinopla estiveram na posição de Hiroshima ou Nagasaki. Não apenas a peste meio que surgiu do nada, mas também produziu morte em uma escala jamais vista, jamais imaginada possível — morte não às centenas ou aos milhares, mas às centenas de milhares e aos milhões. Mais ainda, tratava-se de uma morte capaz de aniquilar grupos inteiros de pessoas em uma questão de horas. "Um dia", escreveu um contemporâneo, "um homem, desejoso de fazer seu testamento, morreu junto com o notário, o sacerdote que ouvia sua confissão e as pessoas chamadas para serem testemunhas de seu testamento foram todos enterrados juntos no dia seguinte."[268]

Diante de uma catástrofe de proporções tão inéditas, não chega a ser uma surpresa que tantos sicilianos tenham perdido o juízo.

A história da Peste Negra na Sicília também é uma história de duas cidades, Messina e sua vizinha meridional, Catânia. Acreditando que os messinenses eram vaidosos e arrogantes, os catanienses tinham havia muito tempo aversão a seus insolentes vizinhos do norte, e quando a cidade tornou-se um ponto de reunião de refugiados do porto, as relações entre as duas cidades se deterioraram ainda mais. "Não fale comigo se você é de Messina",[269] preocupados cidadãos diziam aos refugiados. Os messinenses, cuja reputação de vaidade não era de todo injustificada, não melhoraram sua posição ao prontamente pedirem emprestadas as mais preciosas relíquias de Catânia, os ossos da virgem Santa Ágata. Os catanienses ficaram pasmados. Mesmo para os padrões da audácia messinenses, isso era ultrajante. Quem protegeria Catânia da peste enquanto Santa Ágata estivesse no norte, ajudando os messineses a expulsarem a peste de sua cidade natal? Mesmo frei Michele fica um pouco perturbado quando descreve o pedido. "Que ideia estúpida de sua parte, messinenses [...]. Não acham que se [Santa Ágata] quisesse fazer de Messina seu lar ela o teria dito?"[270]

A crise se complicou quando o patriarca de Catânia, Gerardo Ortho, passou por um acesso de culpa. Sob pressão pública, ele concordou em banir os refugiados messinenses da cidade. Agora, para tranquilizar tanto a Deus quanto a sua consciência, ele não apenas deixou que os refugiados o convencessem a emprestar as relíquias de Santa Ágata, mas também prometeu que ele mesmo as levaria para Messina. Mais uma vez, Catânia se viu pasmada. O patriarca parecia estar impondo à cidade uma espécie de desarmamento espiritual unilateral. Uma multidão furiosa rapidamente se formou e marchou para a catedral. Em todos os outros dias, os catanienses abordavam seu patriarca curvados de joelhos, mas não naquele dia, com a cidade sob a ameaça iminente de uma doença horrorosa. Naquele dia, os manifestantes falaram às claras com a autoridade. Confrontando o patriarca dentro da catedral, eles lhe disseram sem volteios que "prefeririam vê-lo morto a deixar as relíquias irem para Messina".[271] Homem de certo valor moral, o patriarca Ortho insistiu em manter sua palavra para com os messinenses. Finalmente, chegou-se a um acordo. Messina não receberia as relíquias de Santa Ágata mas receberia o que de melhor havia depois delas: a água-benta em que as relíquias haviam sido mergulhadas — o próprio patriarca Ortho aspergiria a água sobre a cidade contaminada.

Como quase todas as histórias sobre a Sicília no outono de 1347, a história das duas cidades termina mal. Apesar da água-benta, a peste continuou a devastar Messina; apesar das relíquias de Santa Ágata, Catânia foi atacada pela pestilência; e, apesar de uma íntima ligação com dois dos mais importantes símbolos da espiritualidade siciliana, o patriarca Ortho sofreu uma terrível morte nas mãos da peste.

A história do duque Giovanni,[272] o covarde regente da Sicília, também tem um final infeliz. Quando a peste se espalhou pela ilha — produzindo dolorosas mortandades em Siracusa, em Trápani, em Sciacca, em Agrigento —, o duque não pensava em ninguém e em nada além de si mesmo. "Ele corria de um lado para o outro como um fugitivo", diz frei Michele, "ora na floresta [...] de Catânia, ora em uma torre chamada *lu blancu* [...], ora na igreja de San Salvatore [...]." Em 1348, certo de que a peste estava cedendo, o duque saiu de seu esconderijo e se estabeleceu "em um palácio chamado Sant'Andrea". Ao ter notícia desse seu ressurgimento, pouco antes de sair da Sicília, o *Y. pestis* fez uma visita ao duque em sua casa nova e o matou.

Perto do fim de sua crônica, frei Michele lança as mãos aos céus, desesperado, e declara: "O que mais há para dizer?"

Muito pouco — a não ser que no outono de 1348, quando a pestilência finalmente se extinguiu sozinha, os mortos estavam ocupando a Sicília tão insistentemente quanto os vivos. Havia restos humanos por toda a ilha: nas desoladas terras vulcânicas vazias do interior, nos agradáveis vales verdes próximos às planícies costeiras e nas praias douradas da ilha. Um terço da Sicília pode ter morrido durante a peste;[273] ninguém sabe ao certo.

Gênova, novembro-dezembro de 1347

Em um estudo sobre o "caráter" genovês, um clérigo local comparava seus concidadãos a "burros". "Essa é a natureza do burro",[274] explicava ele. "Quando muitos estão juntos [...] e um é açoitado com uma vara, todos se espalham, fugindo aqui e acolá."

Os genoveses expulsos de Messina agiram de acordo com a sua índole. Espalhando-se "aqui e acolá", começaram a contaminar outros portos, mas as galeras expulsas quase certamente não foram os únicos agentes da peste no Mediterrâneo no terrível outono de 1347. De Caffa a pestilência havia se espalhado em torno do Mar Negro, depois para Constantinopla, Romênia e Grécia, gerando uma fuga aterrorizada para o oeste. Em novembro devia haver vinte ou mais navios da peste perto da costa meridional da Europa, alguns navegando para o oeste do Mediterrâneo, outros para o Adriático, cada um equipado com o equivalente de um grande dispositivo termonuclear, e a maioria, se não todos, capitaneada por homens cuja ganância nata era aumentada em muito pelo fato de terem um interesse financeiro direto nas cargas que seus navios estavam carregando. Com porões cheios de mortos e moribundos, muitos navios contaminados continuaram a navegar de um porto a outro, vendendo suas mercadorias. Um relato contemporâneo fala de três navios infectados expulsos de portos franceses e italianos "seguindo para o Atlântico ao longo da costa da Espanha [...] para concluir suas vendas".275 A França, a Espanha, o Egito, a Sardenha, a Córsega, Malta e Túnis foram todos infectados por meio das rotas tradicionais de comércio no Mediterrâneo, assim como a Itália continental, que, no outono de 1347, pode ter sido a região mais vulnerável da Europa.

Durante anos nada dera certo na Península Italiana. Até o céu e a terra pareciam ceder à desordem. Em 1345, os céus se escancararam e choveu torrencialmente durante seis meses, alagando campos, carregando pontes e ocasionando uma fome de proporções épicas.276 "Em 1346 e 1347", diz um contemporâneo, "houve uma severa carestia de alimentos básicos [...] a ponto de muitas pessoas morrerem de fome e as outras comerem grama e ervas silvestres como se fossem trigo."277 Em Florença, a terrível primavera da peste de 1348 foi precedida pela terrível primavera da fome de 1347. Em abril daquele ano, grande parte de Florença sobrevivia de uma ração municipal de pão. Como que pressentindo o horror que se aproximava, a terra italiana também começou a tremer. Grandes terremotos sacudiram Roma, Pisa, Bolonha, Nápoles, Pádua e Veneza,* talvez liberando gás venenoso para a atmosfera, como em Chipre.278 Em vários lugares, os taverneiros

---

* Uma pesquisa sobre surtos recentes da peste ilustra que os transtornos ecológicos na Itália podem ter aberto o caminho para o *Y. pestis*. Segundo o doutor Kenneth Gage, chefe da Divisão da Peste dos Centros de Controle de Doenças dos Estados Unidos, um terremoto foi o evento que detonou um surto da peste em 1994, na Índia. O tremor destruiu tocas de roedores em focos da peste vizinhos, forçando a comunidade de roedores selvagens a se mudar para áreas habitadas por humanos, onde trocaram pulgas com o *Rattus rattus*. Na África, que tem a mais alta incidência de peste no mundo moderno, um evento que com frequência detona a doença são os ciclos de chuvas torrenciais e secas muito intensas, diz o doutor Gage. A população de roedores aumenta nos anos chuvosos, quando há abundância de alimentos; depois, quando vem a seca, e a comida escasseia, os roedores, famintos, fogem para as cidades, vilas e vilarejos em busca de comida.

reclamaram que o ar em seus barris de vinho ficara turvo. Por toda a península também houve guerra e o rumor de guerra.

Com fome e chuva, inundações e terremotos, os italianos continuavam matando uns aos outros. Gênova estava em guerra contra Veneza; o papado, contra o Sacro Imperador Romano-Germânico; os húngaros, contra Nápoles; e, em Roma, as aristocráticas famílias Colonna e Orsini estavam cortando a garganta uns dos outros com o feliz abandono dos clãs de mafiosos.

"O que era verdadeiro a respeito da Europa medieval como um todo era válido *a fortiori* a respeito da Itália", diz o historiador Philip Ziegler.[279] "As pessoas, fisicamente, não estavam em condições de resistir a uma epidemia repentina e severa, e, psicologicamente, estavam treinadas para [...] uma extrema aceitação da catástrofe [...]. Falar de um desejo coletivo de morrer é invadir o terreno da metafísica, mas, se em algum momento um povo teve o direito de desistir da vida, esse povo foi o campesinato italiano de meados do século XIV."

Se a Itália era a região mais vulnerável da Europa Ocidental, a mais vulnerável da Itália pode ter sido Gênova, uma bela cidade, com um "vistoso entorno de muros, [...] lindos palácios",[280] disposta diante de um majestoso cenário montanhoso. Além de partilhar as aflições de seus vizinhos, Gênova também carregava o fardo especial de sua húbris e de sua ambição. Tendo se tornado o centro de um império oriental de comércio, a cidade exercia uma atração quase magnética sobre tudo que saía da Ásia, fossem porcelanas Sung da China, especiarias do Ceilão, ébano da Birmânia ou morte, vinda do planalto mongol.

Talvez sentindo a vulnerabilidade da cidade, os genoveses mantiveram uma enorme vigília durante o outono de 1347. Relatos da época dizem que Gênova foi contaminada no dia 31 de dezembro de 1347, mas uma reconstituição da cronologia daquele outono[281] sugere que o *Y. pestis* fez uma primeira incursão na cidade de oito a dez semanas antes. Nesta versão dos acontecimentos, em uma manhã do fim de outubro, três ou quatro galeras, provavelmente integrantes da frota expulsa de Messina, surgem no porto de

Gênova e são imediatamente afastadas. Enquanto a frota se espalha "aqui e acolá" mais uma vez, um navio, perdido, segue rumo ao norte pela costa mediterrânea francesa, para Marselha, e contamina a cidade despreparada; depois, ao ser expulsa pela terceira vez (Messina e Gênova são *um* e *dois*), o navio encontra dois companheiros e navega para os livros de história como parte da frota infectada que foi vista pela última vez singrando "para o Atlântico, ao longo da costa espanhola".

No entanto, a reação imediata das autoridades em outubro somente propiciou a Gênova algum tempo extra. No fim de dezembro, uma segunda frota contaminada apareceu no mar de inverno diante da cidade. Não se sabe com certeza de onde vinham os navios, também de origem genovesa — Messina, Constantinopla, a Crimeia ou ainda outro lugar —, mas sua visita parece ter tido o caráter de uma carnificina. As tripulações estavam "horrorosamente contaminadas" e podem ter desejado ver pela última vez sua cidade natal e seu "vistoso entorno de muros" e "lindos palácios". Mais uma vez, os navios foram afastados por "flechas em chamas e outros artefatos de guerra", mas, nessa ocasião, com excessiva lentidão. Durante essa segunda visita, que pode ser o episódio de 31 de dezembro que as crônicas descrevem,[282] a peste entrou na cidade. Depois disso, Gênova emudece. Quase que a única entre as principais cidades italianas, ela não conseguiu gerar um cronista da peste. O único registro que temos da experiência da cidade no inverno e na primavera de 1348, o período da Peste Negra, são o relato de um visitante famoso e algumas narrativas de atos individuais de heroísmo e sacrifício pessoal.

Um desses atos foi praticado por uma mulher chamada Simonia, que, no final de fevereiro de 1348, cuidou de sua amiga Aminigina ao longo dos últimos dias de uma dolorosa morte causada pela peste. Ignorando o perigo que corria, Simonia permaneceu ao lado de Aminigina, trocando suas camisolas sujas de fezes, segurando sua mão quando chorava, limpando o sangue, a saliva e o vômito de seus lábios. No dia 23 de fevereiro de 1348, a moribunda Aminigina recompensou Simonia com um pequeno legado em dinheiro.[283] Naquele mesmo dia, em outra parte de Gênova, num escritório localizado sobre ruas invernais que a peste agitava, um notário chamado Antonio de Benitio redigia testamentos. De Benitio e seus colegas, Guidotto de Bracelli e Domenico Tarrighi, que também ficaram, ambos, na cidade,[284] não são figuras obviamente heroicas nos moldes de um patriarca Ortho e de uma Simonia. Mas, em um período de mortandade em massa, quando enormes quantidades de dinheiro e de propriedades repentinamente estavam ficando sem dono, os notários, que redigiam testamentos e outros documentos legais, tinham um papel essencial para a manutenção da ordem civil. Sem registros notariais, a transmissão organizada dos recursos societários dos mortos para os vivos não poderia acontecer; e, sem essa transmissão, o resultado seria o caos, a desordem.

Durante a pestilência, Gênova também recebeu uma breve visita da mulher mais famosa da cristandade, a obstinada e bela rainha Joana de Nápoles e da Sicília. Joana, uma mistura de Scarlett O'Hara e Lizzie Borden, estava novamente encrencada. Em um início de noite de setembro, três anos antes, seu marido, Andreas da Hungria, de 18 anos de idade, havia sido descoberto à luz do luar napolitano pendurado de uma sacada com uma corda em volta do pescoço. A rainha e seu amante, Luigi de Taratino, um homem de uma beleza física tão extraordinária que um contemporâneo chegou a dizer que era "lindo como o dia", ficaram sob suspeita de terem tramado o assassinato. A visita da rainha à Gênova contaminada foi provocada por seus enraivecidos sogros húngaros, que haviam invadido a Itália à procura dela, de Luigi e de qualquer um que pudesse tê-los ajudado a matar Andreas aos 18 anos. Em março de 1348, enquanto o notário De Bracelli estava à sua escrivaninha redigindo testamentos e corpos se acumulavam ao longo do "vistoso entorno de muros" de Gênova, a bela Joana, seguindo a apática tradição da heroína de romances românticos, embarcava em um navio veloz no porto de Gênova. Em breve, o mais lindo casal da cristandade se reuniria em Avignon, onde a rainha napolitana participaria de um julgamento tão notório que, por algum tempo, ofuscou até mesmo a peste.

Pouco mais sabemos sobre a Gênova da Peste Negra, apesar de se dizer que, se alguém parar sob a estátua de Cristóvão Colombo, no porto, em uma noite de inverno, poderá ouvir os mortos da peste falarem — mas, é claro, as vozes são apenas os gemidos e rangidos de pequenas embarcações de lazer oscilando ao vento noturno. Juntamente com um porto magnífico, os ventos foram o presente que a natureza dera a Gênova. Sopram para o sul e para o oeste — precisamente as direções para onde os genoveses medievais queriam seguir — até o dia em que chegaram ao lugar onde os ventos terminavam e descobriram o que estava à sua espera.

Acredita-se que um terço dos 80 mil ou 90 mil habitantes da cidade morreu da peste, mas, como em relação à Sicília, ninguém sabe ao certo.

Veneza, janeiro de 1348

O clérigo genovês que comparara seus concidadãos a burros também tinha algumas ideias a respeito do caráter da grande rival de Gênova, Veneza. "Os venezianos são como porcos",[285] declarou o clérigo, "e realmente têm a natureza do porco, pois, quando uma multidão de porcos [...] é golpeada ou açoitada, agrupam-se todos e correm contra quem os atacou."

O clérigo poderia ter acrescentado a vaidade à sua lista de traços venezianos. O "governante de metade e um quarto do Império Romano" gostava de se gabar de ter as ruas mais elegantes, os banqueiros mais ricos, as mais belas mulheres e os aventureiros mercantes mais intrépidos. "Onde quer que corra água", declarou um cronista local, podem-se encontrar venezianos comprando e vendendo. A mais famosa — e, na opinião da maioria dos não venezianos, a mais despudorada — mostra do narcisismo veneziano foi a parada de um dia de duração que a cidade se concedeu quando Lorenzo Tiepolo foi instituído doge, o comandante da cidade.[286]

A parada começou com uma gloriosa regata matinal. Toda a esquadra veneziana, 50 navios magníficos — cada um com conveses e mastros cheios de marujos em festa e velas infladas como bochechas cheias de ar —, singrou pela entrada do porto com a solene aparência de uma procissão de cardeais. Depois, na cintilante luz da tarde do Adriático, as guildas da cidade saíram em marcha da Praça de São Marcos, atrás de duas fileiras de corneteiros com trajes exuberantes. Atrás dos músicos vinham os mestres ferreiros, com guirlandas no cabelo, e, acima de suas cabeças, estandartes de cores vivas se agitavam ao vento. Depois, vinham os peleteiros, usando elmos samnitas e seda escarlate com mantos de pele de arminho e de veiro; em seguida, os mestres alfaiates, com trajes brancos de estrelas carmesim; os ourives, vestidos de brilhante tecido de ouro; e, finalmente, os maliciosos barbeiros, olhando com desejo e embasbacados as escravas vestidas de forma escandalosa que marchavam à sua frente.

Mas o clérigo genovês tinha razão: os venezianos podiam ser narcisistas, mas, em momentos de crise, eles realmente se uniam — e essa característica lhes veio a calhar quando a peste se infiltrou em um argênteo amanhecer de janeiro, em 1348. Ao contrário dos fatalistas sicilianos, que aceitaram a peste como um ato de Deus, os hábeis e vigorosos venezianos demonstraram o que os psicólogos chamam de *proatividade*. No contexto da época, a resposta da cidade à Peste Negra foi bem organizada, inteligente e impiedosa em meio a sua insistência na manutenção da ordem pública. No dia 20 de março, em meio a uma atmosfera de grave crise, o órgão administrativo de Veneza, o Grande Conselho, e o doge, Andrea Dandolo, nomearam um comitê de ação formado pelos nobres principais; as recomendações do comitê formariam a base de uma reação municipal razoavelmente coerente contra a doença. A saúde pública nasceria nas cidades assoladas da Itália Setentrional e Central no inverno e na primavera de 1348, e Veneza estaria na linha de frente desse novo campo.

Seguindo as instruções das autoridades municipais,[287] todos os navios que entravam em Veneza eram abordados e vistoriados; os navios que estivessem abrigando estrangeiros e corpos (cidadãos de Veneza sendo transferidos para casa, a fim de serem enterrados) eram incendiados. Para manter a ordem, as casas de bebidas (estalagens) foram fechadas e ordenou-se que as alegremente coloridas barcas de vinho que navegavam nos canais fossem retiradas da água. Quem fosse apanhado vendendo vinho sem autorização seria multado, teria sua mercadoria confiscada e entornada nos canais.

No dia 3 de abril, com a aproximação do calor, o Grande Conselho emitiu uma nova diretriz. Alguns dias depois, uma esquadra de gôndolas municipais com formato de estilete surgiu nos canais, com barqueiros gritando "*Corpi morti, corpi morti*",[288] enquanto navegavam entre as edificações abaladas. "Quem quer que tivesse mortos em casa tinha de arremessá-los nas barcas sob a ameaça de uma severa punição", diz um contemporâneo.

Com o mês de maio se instalando sobre as lagunas de Veneza, comboios cheios de corpos iam de um lado para o outro pelos encapelados mares cinzentos das ventosas ilhas de San Giorgio d'Alega (São Jorge da Alga Marinha) e San Marco Boccacalame. Os comboios levavam os pobres, apanhados nas ruas, canais, hospitais e instituições de caridade. Em recompensa por ser cidadão de uma cidade-estado que dominava "metade e um quarto do Império Romano", cada cadáver recebia uma cova de cerca de um metro e meio de profundidade,[289] uma última visão de Veneza e uma oração final dita por um padre. As mesmas regras regiam os enterros em San Erasmo, cemitério continental sob a jurisdição de um dos mais famosos bairros da cidade moderna, o Lido.

No verão, com pessoas enlutadas por toda parte, o moral público tornou-se uma séria preocupação. Veneza estava se tornando a República dos Mortos. No dia 7 de agosto, de modo a evitar um agravamento ainda maior do sentimento de "aflição" da cidade, o Grande Conselho proibiu a *gramaglia*, as roupas de luto.[290] A tradição de expor os mortos diante da casa da família para pedir contribuições também foi extinta. A prática, popular em bairros mais pobres, foi considerada inadequada em tempos da peste. Institui-se também um novo programa de clemência municipal. Para encher os canais e ruas vazios, abriram-se as prisões, e as autoridades municipais abrandaram seus critérios para a readmissão de exilados por dívidas; concedeu-se direito de retorno a quem concordasse em pagar um quinto do que devia.

Fugas em massa também ocorreram em Veneza, mas a cidade tratou com rigor os fugitivos. No dia 10 de junho, com a taxa de mortes se aproximando de seiscentas pessoas por dia, as autoridades lançaram um ultimato aos servidores municipais ausentes: voltem a seus postos dentro de oito dias ou perderão o emprego.

Caffa é frequentemente mencionada como a fonte do contágio de Veneza.[291] Mas, deixando-se de lado o problema de como uma tripulação teria podido sobreviver a uma viagem tão longa, se Caffa — ou mesmo Constantinopla — fosse a fonte do contágio, Veneza, na costa leste da Itália, deveria ter sido contaminada em torno do mesmo período (ou mesmo um pouco antes) de Messina, e não meses depois. Ragusa (atual Dubrovnik),[292] uma colônia veneziana no lado balcânico do Mar Adriático, que foi visitada por uma frota da Crimeia no final de 1347, é uma fonte de contágio mais provável. Os autores da época calculavam em 100 mil o total de mortos, mas, com uma população de quase 120 mil pessoas, isso daria a Veneza uma taxa de mortalidade absurdamente alta: quase 100%. Um historiador da cidade, Frederic C. Lane, acredita que a peste matou cerca de 60% da população de Veneza,[293] quase 72 mil pessoas, o que já é espantoso.

Uma coisa que nem mesmo a Peste Negra conseguiu afetar foi a autoestima veneziana. Ao receber uma pensão anual por serviços prestados à cidade durante a grande mortandade, o médico municipal Francesco de Roma declarou: "Prefiro morrer aqui a viver em qualquer outro lugar."[294]

A enérgica reação de Veneza à Peste Negra comprova a conclusão de *Desastre e Recuperação*, o estudo da Comissão de Energia Atômica dos Estados Unidos sobre a guerra termonuclear. Nos piores anos da mortandade, os europeus testemunharam horrores comparáveis a Hiroshima e Nagasaki, mas, mesmo quando a morte estava em toda parte e somente um tolo ousaria ter esperanças, o tênue tecido da civilização não se rasgou — às vezes por um fio, mas não se rasgou. Uma quantidade suficiente de notários, autoridades municipais e eclesiásticas, médicos e mercadores se apresentou para manter o funcionamento de governos e tribunais, igrejas e casas financeiras — ainda que em um nível muito reduzido. O relatório está correto quanto à rápida capacidade de recuperação dos seres humanos: mesmo nas circunstâncias mais extremas e pavorosas, as pessoas não desistem.

Itália Central, fim do inverno e começo da primavera de 1348

"No começo de janeiro [de 1348], duas galeras genovesas chegaram da Romênia, e, quando [as tripulações] aportaram no mercado de peixes, alguém começou a conversar com eles e imediatamente [...] adoeceu e morreu."[295]

O incidente no mercado de peixes em Pisa marca um novo estágio na disseminação da Peste Negra. Por trás da cidade costeira, localiza-se uma intensa rede de rios, estradas e rotas comerciais, e, na outra extremidade dessa rede, localizam-se os centros urbanos da Toscana. Como que farejando sangue fresco, a peste, que anteriormente vinha por mar, repentinamente mudou de direção e se dirigiu terra adentro com a ferocidade de um animal selvagem. Em Florença, a 81 quilômetros a leste, as autoridades municipais, assustadas, prepararam-se freneticamente para a mortandade que estava a caminho.[296] Os cidadãos foram exortados a ficar em casa e manter as ruas limpas, e os açougueiros, a observar as restrições municipais à matança de animais. As prostitutas e os sodomitas — a Florença medieval tinha reputação de ser um centro de sodomia — foram expulsos e impôs-se uma multa de 500 liras aos visitantes das já contaminadas Pisa e Gênova. No começo de abril, com a cidade não sensivelmente mais limpa, os funcionários públicos locais estabeleceram uma comissão especial de saúde com poderes quase militares. Os agentes da comissão tinham autorização para retirar à força "toda a matéria pútrida e as pessoas infectadas de que pudesse surgir [...] uma corrupção ou infecção do ar".

Ao norte, Pistoia, vizinha de Florença, promulgou uma série de espantosas diretrizes de saúde pública. Enquanto uma cálida brisa do final da primavera soprava pela praça da cidade, um funcionário municipal anunciou que, dali em diante, "os corpos [...] não deverão ser retirados do local da morte até terem sido fechados em uma caixa de madeira com tampa de tábuas pregadas";[297] que "cada cova deverá ter 1,14 metro de profundidade"; que "nenhuma pessoa presente em um funeral deverá acompanhar o cadáver ou seus parentes além da porta da igreja"; e que "ninguém ousará ou terá a petulância de usar roupas novas durante o período de luto". E, "para que o som dos sinos não perturbe ou atemorize os doentes, os responsáveis pelo campanário não devem permitir que sino algum soe durante os funerais".

No entanto, ao menos uma das novas medidas há de ter soado familiar aos ouvidos dos habitantes. O funcionário decretava que "fica entendido que nada disso se aplica aos enterros de cavaleiros, doutores em Direito, juízes e doutores em Medicina, cujos corpos podem ser honrados por seus herdeiros [...] como bem lhes aprouver".[298]

Em Perúgia, ao sul de Florença, angustiadas autoridades locais foram procurar a ajuda de Gentile da Foligno.[299] Médico de destaque naqueles dias, Gentile já era famoso por seu texto sobre a gestação humana. Depois de estudar a complexa questão de por que a gestação humana tende a ser mais variável do que a do elefante (dois anos), do cavalo (12 meses) e do camelo (dez meses), Gentile concluiu que um fator dessa variabilidade era a tendência que os humanos tinham de se empolgar durante o sexo. Em outro texto famoso, Gentile examinou uma segunda questão incômoda da época: é melhor sugar o veneno de um ferimento em jejum, como sustentava a grande autoridade Serpião, ou de estômago cheio, como concluíram os igualmente famosos Maimônides e Jorge, o Alemão.

Interrogado sobre a pestilência, Gentile, professor da Escola de Medicina de Perúgia, de início os tranquilizou. Seu tratado sobre a peste,[300] preparado a pedido das autoridades municipais, é de um tom tão moderado — ele descreve a peste como sendo menos perigosa do que outras epidemias anteriores — que um moderno estudioso alemão chegou a acusá-lo de ter escrito a maior parte dele antes de 1348. Contudo, o tom sereno do tratado quase certamente reflete a distância geográfica. Como a peste ainda estava longe quando Gentile começou a escrever, ele havia começado a escrever sem ter um conhecimento direto da doença. As passagens que foram acrescentadas ao tratado mais tarde, quando a pestilência se aproximava de Perúgia e havia mais informação disponível, mostram que o "príncipe dos médicos" reconheceu rapidamente o singular poder de destruição do *Y. pestis*. Esses acréscimos novos descrevem a peste como "inaudita" e "sem precedentes".[301]

Enquanto Florença exortava seus cidadãos a limparem as ruas e Veneza queimava navios suspeitos, Siena, como sempre, continuava preocupada com *la glorie de Sienne*. Os registros municipais mostram que em fevereiro de 1348, à medida que a doença se dirigia para o leste por meio da gelada área rural toscana, o corpo executivo de Siena, o Conselho dos Nove, estava preocupado em fazer a universidade municipal subir para um *studium generale* de mais prestígio.[302] Os Nove adotaram uma solução tipicamente sienense para o problema: o suborno. O conselho instruiu seus representantes junto à corte papal — que arbitrava essas questões — a despender quaisquer somas necessárias para obter a prestigiosa designação de *studium generale*. Se Siena adotou qualquer precaução para se proteger da peste, seu registro se perdeu.

Em Orvieto,[303] a cerca de 130 quilômetros ao sul de Florença, funcionários municipais tiveram uma reação ainda mais inédita ao perigo que se aproximava. Simplesmente, ignoraram-no. Examinando os registros municipais do final do inverno e da primavera de 1348, a historiadora francesa Elizabeth Carpentier não encontrou uma única referência à pestilência. Talvez o Conselho dos Sete, corpo executivo de Orvieto, temesse baixar mais o moral da população, já muito abalado pela fome de 1346 e 1347 e por uma série de sangrentas e incessantes guerras locais. Em uma atmosfera tão carregada, falar sobre a peste facilmente geraria pânico. No entanto, os Sete também podem ter adotado um certo pensamento mágico. Quase parece que o conselho havia se convencido de que se a pestilência não ouvisse seu nome em Orvieto, passaria pela cidade como o Anjo da Morte passou pelos filhos de Israel que marcaram suas portas com o sangue do cordeiro.

Quando a última neve do inverno havia derretido e o céu matinal estava inundado novamente de luz dourada, veio a peste. As mortes começaram lentamente em março e no começo de abril, e então rapidamente se aceleraram. No dia 11 de abril, com os níveis de mortalidade locais se aproximando dos níveis sicilianos, Florença suspendeu as deliberações municipais; Siena veio imediatamente em seguida no começo de junho; e no dia 5 de julho, Orvieto. Em 21 de agosto, seis dos conselheiros municipais de Orvieto estavam mortos, e o sobrevivente estava se recuperando da peste. Durante toda a terrível primavera e o assustador verão de 1348, a palavra "peste" havia sido pronunciada apenas uma vez em uma reunião do conselho, e, depois disso, só em junho, quando a pestilência parecia prestes a engolir a cidade inteira. Contemporâneos calculam em 90% a taxa de mortalidade em Orvieto, embora a professora Carpentier pense que 50% seja uma estimativa mais sensata.[304] Em junho, com o calor do verão se firmando sobre as colinas da Úmbria, o renomado médico Gentile da Foligno morreu como um simples médico do interior, cuidando de seus pacientes em Perúgia. Um devotado aluno mais tarde declararia que o grande homem morrera de excesso de trabalho, mas o breve curso da doença de Gentile sugere que a morte foi causada pela peste. Em Pistoia, que cedeu seu nome à pistola,* medidas draconianas de saúde pública se verificaram tão ineficazes quanto as relíquias de Santa Ágata em Messina. "Quase ninguém sobrevivera", escreveu um cronista local, e embora haja certamente um exagero, meio século depois a população de Pistoia seria apenas 29% do que havia sido no século XIII.[305] Na vizinha Bolonha, onde a realização de testamentos atingiu níveis que bateram o recorde em 8 de junho de 1348, a Peste Negra vitimou de 35% a 40% da cidade.[306]

Em Florença e Siena, as taxas de mortalidade seriam ainda mais altas.

---

* Etimologia popular. Na verdade, a palavra vem do tcheco *pixt'ala*, que significava flauta e, posteriormente, pequena arma de fogo. (N. T.)

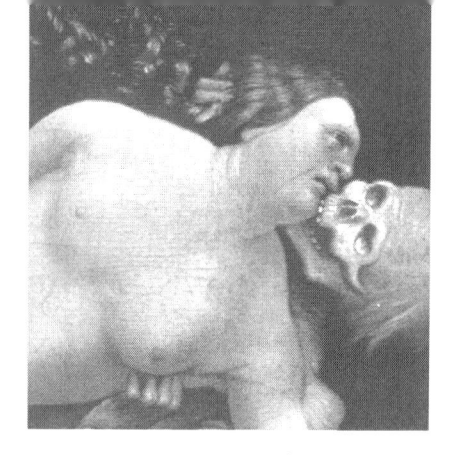

QUINTO CAPÍTULO

A Última Frase de Villani

Março de 1348

EM UMA TARDE CINZENTA DE MARÇO DE 1348, O PASSADO E O PRESENTE SE cruzaram no escritório do florentino Giovanni Villani. Enquanto Villani estava sentado à sua mesa, escrevendo uma história da peste, a doença já estava nos vilarejos a oeste da cidade e era esperada dentro de dias em Florença. Caminhando de volta para casa, vindo da igreja naquela manhã, o velho vira dezenas de carruagens e carroças se precipitando para o leste, na direção das colinas atrás da cidade. Muitas das lojas e das casas por que passava já haviam sido fechadas. Todos que podiam fazê-lo pareciam estar deixando a cidade, e todos que não podiam estavam imersos em orações. Villani, de 72 anos de idade, ex-banqueiro e durante toda a vida um cronista de Florença, iria procurar consolo na sua escrita. Ele apanhou sua pena; no caminho para casa, escreveu uma primeira frase para a sua breve história da pestilência. "Tendo atingido o vigor na Turquia e na Grécia [...]",[307] escreveu ele, "a dita pestilência passou para a Sicília, e a Sardenha, e a Córsega." Detendo-se, Villani examinou a frase. O que viria depois daquilo? Desde o novembro anterior, Florença estava cheia de rumores sobre a peste, mas quais poderiam ser levados a sério? Ah, sim, lembrava o velho cronista, uma história chamara sua atenção como algo simultaneamente verdadeiro e assombroso — cheio de grande coragem e grande tolice. Era um relato sobre oito galeras genovesas que haviam se arriscado na Crimeia pestilenta. Quatro navios haviam retornado "cheios de marujos infectados [...] que tombaram um depois do outro na viagem de volta";[308] sobre os outros quatro navios, dizia-se que ainda vagavam pelas águas do Mediterrâneo, tripulados por cadáveres. Enquanto o velho começava a narrar a odisseia da frota, o cômodo silenciou. Havia apenas o crepitar das brasas no fogo que se extinguia e o som das carruagens correndo pela rua vazia. Enquanto Villani escrevia, a luz da tarde cinzenta na janela atrás dele se descoloriu, tornando-se a melancólica cor negra de uma noite de março.

Em seu auge, Giovanni Villani havia sido uma figura reverenciada em Florença.[309] Polímata fascinante, o jovem Villani parecia ser capaz de qualquer coisa: calcular a população da cidade a partir de seu consumo de grãos, contar o número de funcionários na indústria têxtil municipal, escrever uma história de Florença em vários volumes, à maneira de Virgílio e Cícero. Rico banqueiro aos 30 anos, líder da comunidade aos 40 anos, o refinado Villani ascendeu ao ápice da sociedade florentina com uma tranquila facilidade, servindo uma vez como chefe da casa da moeda municipal e duas vezes como prior, o mais importante cargo municipal. Florença, mais celebrada do que qualquer "república ou cidade-estado, salvo a República Romana [...]";

Florença, a cidade que inventou os óculos e o moderno sistema bancário; a cidade que o papa Bonifácio VIII chamou de o quinto elemento da Terra, junto com a terra, o ar, o fogo e a água — Florença atingira a sua gloriosa apoteose no astuto e multitalentoso *Signor* Villani. Durante algum tempo, a única falha do cronista parecia ter sido escolher mal suas esposas. Quando sua segunda esposa, a altiva Monna dei Pazzi, contrariou as leis suntuárias (códigos de indumentária), o pesaroso Villani resmungou que o "apetite desproporcional das mulheres [...] supera a razão e o bom-senso dos homens".[310]

No entanto, em março de 1348, o ex-prodígio florentino era um idoso empobrecido e caído em desgraça — sua fortuna perdida, sua reputação maculada de forma irremediável. Dez anos antes, com 62 anos de idade, Villani passara pela dupla humilhação da falência e da prisão por dívidas. Depois de sua libertação, o antigo banqueiro voltou a seus afazeres de cronista, uma paixão que sobrevivera a todas as perturbações e mudanças da vida, mas o Villani pós-cárcere mostrava um novo apetite por eventos desastrosos e apocalípticos,[311] como que atraído por situações que reproduzissem sua própria velhice amargurada. E, durante os anos 1340, Florença era propícia em lhe fornecer muitos desses episódios.

Mesmo sem a peste, os anos 1340 teriam sido uma década desesperada para a cidade. Em 1340, houve uma epidemia terrível; em 1341, uma guerra contra Pisa; e, em 1343, uma rebelião política e um antagonismo civil, com este último culminando em um monstruoso ato de barbárie pública que deixara profundamente abalado o velho cronista. "Na presença do pai e para seu maior pesar", Villani escreveu,[312] a respeito da execução do chefe de polícia da cidade e de seu filho, a multidão "primeiro esquartejou o filho, cortando-o em pedacinhos. Isto feito, fizeram o mesmo com o pai. E alguns foram tão cruéis [...] que comeram a carne crua." Na metade dos anos 1340, uma catástrofe ecológica e a decadência financeira somaram-se à desgraça florentina. Houve as chuvas torrenciais de 1345 e a terrível fome de 1347, e, entre eles, houve a catástrofe financeira de 1346, quando Eduardo III da Inglaterra, que estava usando dinheiro florentino para travar a Guerra dos

Cem Anos, recusou-se a pagar seus empréstimos aos bancos locais, num total de 1.365 mil florins[313] — uma soma que o horrorizado Villani descreveu como "o valor de um reino inteiro".

Contudo, catástrofe alguma absorveu a imaginação do velho cronista da mesma maneira que a pestilência. No outono de 1347, enquanto Catânia e Messina disputavam os ossos de Santa Ágata, Villani, como que dizendo "Eu avisei", escreveu: "Esta peste foi [...] prevista pelos mestres em astrologia em março passado [...]. O signo de Virgem e seu regente [...] Mercúrio [...] signific[am] morte."[314] Uma série de sinistros presságios ecológicos no final de 1347 e no início de 1348 reafirmou a crença de Villani de que a morte logo estaria montada na planície do Arno. No inverno anterior à chegada da peste, a terra se abriu mais uma vez e grandes partes da Itália Setentrional e da Alemanha foram abaladas por terremotos; logo depois do Natal de 1347, uma misteriosa "coluna de fogo" apareceu sobre Avignon. Testemunhas afirmaram que o facho brilhante de luz dourada era um fenômeno natural produzido pelos "raios do sol como um arco-íris", mas Villani não aceitava essas explicações. Mesmo que a coluna fosse um fenômeno natural, ele insistia que sua aparição "não obstante, [é] um sinal de futuros e grandiosos eventos".[315] Sempre que Villani escrevia "grandioso", ele queria dizer "terrível".

A pestilência, quando chegou, foi tudo que um idoso da estirpe do rei Lear mais poderia esperar. Esgueirando-se sob os três conjuntos de muralhas de Florença em um lúgubre dia de março, o *Y. pestis* passeou pela cidade como uma Morte triunfante Rainha. Parando aqui e ali para admirar "paisagens que parecem pinturas", ele contaminou as "lindas ruas, lindos hospitais, lindos palácios e lindas igrejas" de Florença. Demonstrando uma nova ferocidade, ele irrompeu em casas e igrejas e saltou sobre os habitantes "com a velocidade de um incêndio que corre por uma substância seca ou oleosa".[316] A peste matou 80 dominicanos no Monastério de Santa Maria Novella e 60 franciscanos em Santa Croce del Corvo,[317] matou enormes quantidades das 8 a 10 mil crianças das escolas de Florença, 30 mil artesãos de tecelagem da lã, 600 notários e advogados, e 60 médicos e cirurgiões. E, como que tomando coragem com seu sucesso, cada dia que passava a pestilência matava com maior ferocidade. Ela matou ao longo de um abril cinzento e úmido, e um maio ensolarado; e quando chegou o verão e o sol de julho torrava mil telhados cor de tangerina, ela matou com ainda mais ferocidade, como se matar fosse a única forma de felicidade que conhecia.

No começo da primavera, enquanto a pestilência se estabelecia em Florença, Villani terminou sua história. Depois de seguir o *Y. pestis* de suas origens ao momento atual, o cronista escreveu: "E a peste durou até..."[318] — e então largou sua pena, aparentemente esperando pegá-la outra vez quando a doença tivesse chegado ao fim. Foi um singular gesto de otimismo da parte de um velho pessimista, e, no final das contas, um gesto descabido.

Setecentos anos depois, a última frase de Villani ainda espera ser completada.

Na cena de abertura do *Decamerão*, a alegoria de Giovanni Boccaccio ambientada nas colinas acima da Florença da Peste Negra, várias jovens, "belas de se ver" e de origem nobre, comparecem a um funeral na cidade. Depois, sentadas na escuridão opressiva da nave da igreja, o pequeno grupo se afunda em um surto de melancolia em comum. Lá fora, nas ruas quentes e pestilentas, um mundo de dor e morte espera por elas. Repentinamente, um membro do grupo — uma bela jovem chamada Pampinea — alegra-se. Dirigindo-se a suas amigas, ela diz: "Caras senhoras, aqui nos deixamos ficar sem finalidade [...] [a não ser] contar os corpos trazidos para o enterro [...] Se for assim (e percebemos claramente que assim é), o que fazemos aqui? [...] Poderíamos ir e poderemos ficar juntas em uma de nossas muitas propriedades rurais [...]. Lá poderemos ouvir os pássaros cantando [...] poderemos ver as colinas e as planícies verdes e viçosas, campos de milho ondulando como o mar."[319]

Embora sejam fictícias as jovens de vinte e poucos anos do *Decamerão*, o relato da peste que precede sua conversa na igreja não o é. Giovanni Boccaccio vivenciou a Peste Negra de Florença,* e seu relato da epidemia

---

* Vários estudiosos defenderam que Boccaccio não estava na cidade durante a peste. Embora isso pareça improvável, o paradeiro do autor continua sendo fonte de controvérsia.

capta melhor do que qualquer outro documento do período o contexto e a impressão da vida em uma cidade pestilenta.

"A história que tenho para contar é impressionante", começa Boccaccio, para depois oferecer ao leitor uma pequena amostra de quão "impressionante" era a vida em Florença. "Um dia", diz ele, "os trapos de um miserável que morrera da doença foram jogados na rua, onde chamaram a atenção de dois porcos. Como fazem costumeiramente, os animais primeiro cutucaram devidamente os trapos com o focinho, depois os colocaram entre os dentes e os sacudiram contra suas bochechas. E, dentro de pouco tempo, começaram a se contorcer como se houvessem sido envenenados, e então ambos caíram mortos no chão, esparramados sobre os trapos que haviam causado sua ruína."[320]

Um visitante veneziano, certa vez, descrevera Florença como um "lugar limpo, belo e feliz", mas a cidade que Boccaccio descreve tornara-se uma vasta armadilha mortal a céu aberto. "Muitos caíam mortos em plena rua, de dia e de noite, [...] enquanto muitíssimos outros, conquanto morressem em suas próprias casas, atraíam mais a atenção de seus vizinhos para o fato mais pelo cheiro de seus corpos apodrecidos do que por qualquer outro meio. E, contando com esses e os outros que morriam por toda a cidade, havia corpos aqui, ali, por toda parte."[321]

Sobre os muitos efeitos desagregadores da peste, Boccaccio escreve: "Não era apenas uma questão de um cidadão evitar o outro; [...] este flagelo havia implantado tamanho pavor no coração dos homens e das mulheres, que irmãos abandonam irmãos; tios, seus sobrinhos; irmãs, seus irmãos, e, em muitos casos, esposas abandonaram seus maridos. Mas, pior ainda, e quase inacreditável, era o fato de que pais e mães se recusavam a socorrer e cuidar de seus próprios filhos, como se não fossem seus."[322]

Os moribundos também não encontravam consolo fora da família. "Inúmeras pessoas que se adoentaram, tanto homens quanto mulheres, dependiam completamente [...] da caridade de amigos (que eram poucos e difíceis de encontrar) ou da ganância dos criados, que continuavam em falta, apesar da atração dos altos salários totalmente desproporcionados em relação aos serviços que eles faziam."[323] Para Boccaccio, tão chocante quanto o abandono dos doentes era "uma prática de que quase nunca se tivera notícia antes, na qual, quando uma mulher caía doente, não importando o quanto pudesse ser graciosa, bem-nascida ou bela, ela não fazia objeção a ser atendida por um criado homem, jovem ou não. E nem tinha quaisquer objeções em mostrar-lhe todas as partes de seu corpo com a liberdade que teria mostrado a uma mulher [...]. Isto explica por que as mulheres que se curaram foram possivelmente menos castas no período que se seguiu".[324]

Segundo Boccaccio, "uma grande quantidade de pessoas que morreram teria talvez sobrevivido se tivesse recebido alguma assistência [...]. E, daí, com a falta de meios adequados de socorrer os doentes e a virulência da peste, o número de mortes registradas na cidade, fosse de dia ou de noite, era tão grande que assombrava todos que tomavam conhecimento dele, para não falar dos que de fato presenciavam a carnificina. E talvez fosse inevitável que, entre os cidadãos que sobreviveram, tenham surgido certos costumes que eram bastante contrários à tradição estabelecida".[325]

Boccaccio se refere a como a peste modificou a grandiosa ópera que era o Estilo de Morte Florentino: "Outrora era habitual [...]",[326] escreve ele, "que as parentas e vizinhas do morto se reunissem em sua casa para prantear na companhia das mulheres que lhe foram mais próximas; além disso, seus parentes se reuniam diante de sua casa com seus vizinhos e vários outros cidadãos, e lá estaria um grupo de padres, cujo número variava de acordo com a qualidade [ou seja, o nível social] do falecido; seu corpo era levado de lá para a igreja onde desejara ser enterrado, carregado nos ombros de seus pares entre a pompa funeral de velas e ladainhas. Mas, quando começou a crescer a fúria da peste, esse hábito praticamente desapareceu [...]. Não apenas as pessoas morriam sem muitas mulheres à sua volta, mas também muitas delas partiam desta vida sem qualquer um para testemunhar sua despedida. De fato, poucos foram aqueles a quem os lamentos e as lágrimas de seus parentes foram concedidos; pelo contrário, na maioria das vezes, a perda era o sinal para gargalhadas, ditos espirituosos e diversão — uma arte que as mulheres, por terem, na maioria dos casos, suprimido as suas preocupações femininas com a salvação das almas [...], aprenderam perfeitamente".

Ainda mais tristes de se ver, segundo Boccaccio, eram as pequenas fileiras de enlutados que seguiam os mortos pelas ruas no verão. Tornou-se "raro que os corpos [...] fossem acompanhados por mais de dez ou 12 vizinhos até a igreja e também não eram levados nos ombros de cidadãos dignos ou de confiança, mas sim por uma espécie de fraternidade de coveiros recém-formada e extraída dos mais baixos níveis da sociedade. Essas pessoas assumiram o título de sacristãos* e exigiam uma alta taxa por seus serviços, que consistiam em pegar o caixão e levá-lo rapidamente não à igreja especificada pelo morto em seu testamento, mas normalmente à que estivesse mais próxima".[327]

Os coveiros de Boccaccio são os sinistros *becchini*, que, durante a peste, circulavam por Florença como abutres. Adotando o lema da caveira (símbolo da morte), "Quem vive com medo, morre", esses rudes camponeses das colinas acima da cidade ganharam uma reputação detestável não apenas por sua atitude desdenhosa diante da morte (eles pareciam quase tratá-la com ar de superioridade), mas também por seu comportamento ultrajante. Em uma cidade plena de dor e perda, os *becchini* bebiam, e andavam com prostitutas, e festejavam, e roubavam como alegres felizes. Quando a primavera se tornou verão, os terrores da vida de Florença cresceram e passaram a incluir portas da frente que se abriam com um estrondo na calada da noite e um grupo de coveiros embriagados empunhando suas pás ao entrar na casa, ameaçando estuprar e assassinar se os habitantes não pagassem um resgate.

O maior golpe sofrido pelo Estilo de Morte Florentino, no entanto, não foram os *becchini* nem o cinismo das mulheres enlutadas, mas as covas da peste. "Era enorme a quantidade de corpos [...]",[328] escreveu Boccaccio, que "enormes valas foram cavadas no adro das igrejas, onde os novos defuntos eram acomodados às centenas, amontoados em fileiras sobre fileiras, como a carga dos navios, sendo cada camada de corpos coberta com uma fina camada de terra, até que a vala estivesse cheia até o topo."

---

* Antigamente, os sacristãos também tinham, em certos casos, a função de enterrar os mortos. (N. T.)

A professora Giulia Calvi descrevia os efeitos psicológicos das covas durante uma recorrência da peste na cidade, mas suas palavras se aplicam igualmente bem à Peste Negra de Florença. "Nada", escreve ela, "era mais sem sentido, incomum e cruel [para os florentinos] do que serem enterrados [...] longe do túmulo da família, da própria igreja [...], do contexto da vida da família e dos vizinhos [...] nus, mutilados por animais, vítimas das forças da natureza".[329] Para muitos, as covas exerciam um outro terror — ainda maior. A ideia moderna da morte pessoal, da "minha morte", é produto da Idade Média europeia. Na Antiguidade e Alta Idade Média, "a morte, pelo menos como descrita nos épicos e nas crônicas, era um evento público e heroico",[330] diz a historiadora Caroline Walker Bynum. "Mas, na Baixa Idade Média, a morte se torna cada vez mais pessoal. Na pintura e nas narrativas, [ela] era vista como o momento em que o indivíduo, sozinho, diante de seu passado pessoal, avaliava o sentido de sua vida." A vala da peste era a antítese dessa ideia; ela tornava a morte anônima, casual, animalizada, e deixava o indivíduo irreconhecível "mesmo para a futura ressurreição".

No entanto, uma coisa que nem a Peste Negra conseguiu mudar foi a natureza humana. Os florentinos reagiram à pestilência de maneiras que ainda nos soam familiares. "Algumas pessoas",[331] diz Boccaccio, "eram da opinião de que um modo de vida sóbrio e abstêmio reduzia consideravelmente o risco de contágio." Elas, por esse motivo, formavam grupos e viviam isoladas de todos. Tendo se retirado para uma morada confortável, [...] elas aí se trancavam e se estabeleciam em uma existência pacífica, consumindo quantidades modestas de comidas saborosas e vinhos de grande valor e evitando quaisquer excessos.

"Outros sustentavam uma opinião contrária e acreditavam que uma forma infalível de afastar esse mal aterrador era beber muito, gozar ao máximo a vida [...] cedendo a todos os desejos [...] e faziam pouco caso do problema, como se fosse uma enorme piada." Membros desse grupo visitavam "uma taverna depois da outra, bebendo durante todo o dia e toda a noite de forma exagerada ou [...] consumiam suas bebidas em diversas residências privadas, mas apenas naquelas onde a conversa se restringia a temas que fossem interessantes ou agradáveis [...]. As pessoas se comportavam como se estivessem com os dias contados e tratavam seus pertences e seus corpos com abandono."

Um terceiro grupo de cidadãos "guiava-se por uma direção intermediária [...] vivendo com um grau de liberdade suficiente para satisfazer seus apetites, e não como reclusos. Portanto, eles passeavam, levando nas mãos flores, ervas com fragrância ou diversos tipos de especiarias, que com frequência levavam ao nariz, considerando excelente confortar desse modo o cérebro com tais perfumes, porque o ar parecia por toda parte estar carregado e fedorento com o odor emitido pelos mortos e moribundos, e os aromas dos medicamentos".[332]

Um quarto grupo reagiu como Pampineia e suas amigas. "Alguns, por sua vez",[333] diz Boccaccio, "talvez os mais sadios, [...] afirmavam que não havia remédio para a doença que superasse ou igualasse em eficiência a fuga; seguindo essa prescrição, uma multidão de homens e mulheres, negligenciando a tudo, menos a si mesmos, abandonavam sua cidade, suas casas, suas propriedades [...] e entravam em um exílio voluntário ou migravam para o campo, como se Deus [...] não fosse perseguir essa multidão."

A crônica de outro florentino, Marchione di Coppo Stefani,[334] ajuda a dimensionar a imagem da vida na cidade pestilenta. Apesar de ter escrito muitas décadas depois da peste, Stefani empregou uma metáfora talvez mais ressonante para evocar o horror das covas. Ele diz que os mortos eram colocados "camada sobre camada, exatamente como se colocam camadas de queijo na lasanha". O cronista também oferece uma explicação ainda mais completa de como os amigos e parentes abandonavam os moribundos. Quando a noite caía, as vítimas da peste "suplicavam que seus [...] parentes não as abandonassem", e, para evitar uma cena desagradável, os parentes com frequência concordavam em ficar. "'Para que não tenha que me acordar durante a noite', eles diziam para a vítima na hora de dormir, 'consuma alguns doces, vinho ou água; estão no enxergão, perto da sua cabeça.'" Segundo Stefani, esse suposto ato de bondade era normalmente uma artimanha. "Quando o doente adormecia, [o parente] saía e não voltava." Com frequência esses pequenos dramas de abandono e traição tinham um segundo ato, ainda mais sombrio. Na manhã seguinte, ao despertar, vendo-se enganada e abandonada, a vítima da peste rastejava até uma janela e gritava por socorro, mas, como "ninguém [...] queria entrar em uma casa onde havia um doente", o grito seria em vão, deixando a vítima morrer solitária, na cálida luz matinal, em uma poça de seu próprio sangue e vômito.

O relato de Stefani contém também uma descrição dos mordazes jantares que se tornaram populares em Florença durante a mortandade.³³⁵ Eles muitas vezes tinham a aparência do jogo Ten Little Indians.* "A [pestilência] trazia tanto desânimo e medo", diz o cronista, "que os homens se reuniam [...] para se consolar um pouco ao jantarem juntos. E a cada noite um deles convidava dez companheiros para jantar, e na noite seguinte eles planejavam jantar com um dos outros." Mas frequentemente, quando a noite seguinte chegava, os convidados descobriam que o anfitrião "não havia planejado a refeição porque estava doente. Ou se [ele] preparava o jantar para dez, dois ou três faltavam".

Para muitos florentinos, um dos aspectos mais estranhos da Peste Negra era a agourenta tranquilidade que caiu sobre as ruas e praças. Normalmente, os sinos das igrejas ecoavam pelas manhã, tarde e noite da cidade, mas, durante a peste, as pessoas não suportaram mais os tristes dobres dos sinos sombrios, e as autoridades municipais ordenaram que fossem silenciados. "Eles não podiam tocar os sinos [...] e nem gritar os anúncios, porque os doentes odiavam ouvi-los, e eles também desanimavam quem estava sadio."³³⁶ Sendo a natureza humana o que é, a ganância vicejou. "Criados, ou aqueles que cuidavam dos doentes, cobravam de um a três florins por dia, e o preço das coisas também subiu",³³⁷ diz Stefani. "As coisas que os doentes comiam, doces e açúcar, pareciam de valor inestimável. O açúcar custava entre três e oito florins por cerca de 450 gramas, [...] os frangos capados e outras aves domésticas eram muito caros e os ovos custavam entre 12 e 24 centavos cada [...]. Encontrar cera era miraculoso. Cerca de 450 gramas de cera teria mais de um florim se [o governo municipal] não houvesse detido a

---

* Nome de uma canção do século XIX que descreve como um grupo de índios se reduz de dez a zero. Muitas adaptações são conhecidas, incluindo um romance de Agatha Christie e uma canção simplificada que muitos estudantes de inglês conhecem, mesmo no Brasil. (N. T.)

ostentação em que os florentinos sempre transformam os funerais. [...] A mortandade enriqueceu boticários, médicos, vendedores de aves, *beccamorti* [literalmente abutres, outro nome para os *becchini*], e verdureiros, que vendiam cataplasmas de malva, urtiga, urtiga-morta e outras ervas necessárias para afastar a mortandade."

A visita da Peste Negra a Florença é singularmente bem documentada. Sabemos que a mortandade ceifou cerca de 50 mil vidas, uma taxa de 50% em uma cidade próxima dos 100 mil habitantes.[338] Sabemos também que, apesar de se ter mantido a ordem pública,[339] a anarquia e a desordem eram comuns. Evitaram-se grandes motins, mas as fugas foram generalizadas e a ganância estava por toda parte. Durante o ano de 1348, funcionários municipais roubaram 375 mil florins de ouro das heranças e espólios dos mortos. Sabemos, também, que em Florença as vítimas muitas vezes desenvolveram dois bubões, em vez do bubão único, característico da peste moderna.[340] Sabemos igualmente que muitos animais morreram; juntamente com os porcos de Boccaccio, há relatos de cães, gatos e aparentemente até galinhas, sendo atacados pelos *gavoccioli*, os furúnculos da peste.[341]

O que continua como fonte de controvérsia, no entanto, é o motivo de a peste ter sido tão severa na cidade.

Essa questão está diretamente ligada a uma questão ainda maior e muito mais controversa e intrigante: por que a peste da Europa medieval foi tão mais catastrófica do que a peste da Terceira Pandemia? Os cientistas vitorianos chegaram à Índia e à China no final do século XIX esperando encontrar um monstro furioso, galopante e destruidor. O jornalista William Seveni avisou que os leitores do *Fortnightly Review* britânico se preparassem. "Não devemos nos iludir [pois assim que] o horrendo flagelo [...] se estabelecer [ele] será um terror muito maior do que quando os romanos, apavorados, gritaram: '*Hannibal ante portas!*' ('Aníbal está diante dos portões da cidade!')"[342]

No entanto, apesar da morte de milhões, a peste da Terceira Pandemia provou ser uma doença muito mais controlável do que a infecção da Peste Negra. Na Índia do começo do século XX, o *Y. pestis* viajava a uma velocidade média de cerca de 13 quilômetros *por ano*; na África do Sul, um pouco mais rápido: entre cerca de 13 e 32 quilômetros anualmente. Em contraste, na Europa da Peste Negra o *Y. pestis* cobriu os 81 quilômetros entre Pisa e Florença em dois meses — de janeiro a março de 1348.[343] Na França e na Inglaterra, a doença também se moveu com intensidade. Entre Marselha e Paris, ela viajou a uma média de quatro quilômetros *por dia*; entre Bristol e Londres, a três quilômetros *por dia*.

As taxas de contágio também eram surpreendentemente diferentes. Quando o período da peste chegou à Índia da Terceira Pandemia, as pessoas simplesmente se mudaram para cerca de 180 metros de distância da casa, acampavam e esperavam que a doença se extinguisse sozinha. De fato, o *Y. pestis* provou ser tão letárgico que os médicos britânicos do serviço colonial brincavam dizendo que o lugar mais seguro para se estar durante a pandemia era a enfermaria da peste de um hospital.[344] A pestilência da Peste Negra, pelo contrário, foi o equivalente patogênico de uma piranha. A descrição de Boccaccio dos dois porcos que caíram mortos depois de sacudir trapos infectados não era uma hipérbole literária. A peste medieval se espalhava tão rápido que várias autoridades médicas medievais estavam convencidas de que a doença se transmitia pelo olhar. "Ocorre morte instantânea", escreveu um médico de Montpellier, "quando o espírito aéreo que escapa dos olhos do doente"[345] atinge a pessoa saudável que esteja perto e olhando para o doente. A peste medieval também produzia sintomas incomuns na doença moderna,[346] incluindo uma inflamação gangrenosa da garganta e dos pulmões; violentas dores no peito; uma tosse seca e entrecortada, em que se expelia sangue; um vômito incontrolável; cheiro fétido no corpo e um desenrolar veloz. Como o frei Michele da Piazza, o cronista Villani notou que a maioria das vítimas morria dentro de três dias.[347]

O mais impressionante de tudo é a diferença nas taxas de mortalidade. Na Peste Negra, foram comuns mortalidades de 30% e 40%, e, nos centros urbanos do leste da Inglaterra e da Itália Central, os índices de mortalidade atingiram quase inimagináveis 50% a 60%. O historiador Samuel K. Cohn afirma que, nos piores anos da Terceira Pandemia, as taxas de mortalidade nunca excederam 3%.[348] Embora essa estimativa seja questionável, ninguém contesta a afirmação de Cohn de que, no total, os índices de mortalidade da Terceira Pandemia foram dramaticamente inferiores aos da Peste Negra.

Nos anos 1980, essas discrepâncias deram origem a uma nova teoria sobre a peste medieval. Um grupo de estudiosos começou a defender que a Peste Negra não foi realmente uma peste, mas um surto de outra doença — possivelmente o antraz,[349] possivelmente uma doença semelhante ao ebola, chamada febre hemorrágica. Os argumentos dos Negadores da Peste, como o grupo pode ser chamado, serão examinados no posfácio. Basta dizer aqui que, recentemente, encontrou-se o DNA do *Y. pestis* em vários locais da peste medieval.[350] Além do mais, não é necessário reinventar a Peste Negra para explicar as discrepâncias entre a Segunda e a Terceira Pandemias.

O microbiologista Robert Brubaker acredita que muitas das diferenças entre os dois surtos se desfazem se as enormes diferenças entre as medicinas medieval e vitoriana forem levadas em conta. Outra explicação possível para as diferenças pode estar no impacto singular de uma doença como a peste em uma sociedade pré-moderna sem acesso a um serviço médico colonial relativamente sofisticado. Ao contrário das infecções virais, que muitas vezes deixam atrás de si um grande núcleo de sobreviventes imunes para cuidar dos enfermos e colher os alimentos na próxima vez em que a epidemia atacar, ninguém era poupado pela peste. Apesar das descobertas sobre o CCR5-Δ32, os melhores indícios de que dispomos até agora dizem que o *Y. pestis* não produz imunidade permanente em suas vítimas. Durante a Peste Negra, essa peculiaridade biológica pode ter gerado uma enorme mortalidade *secundária*. Como sugerem Boccaccio e Stefani, muitas pessoas parecem ter morrido não por terem casos particularmente virulentos da peste, mas porque os indivíduos que normalmente cuidavam delas estavam eles próprios mortos ou doentes. Além disso, as ruas medievais podem ter ficado ainda mais sujas e mais infestadas de ratos porque os varredores estavam todos morrendo, e os subnutridos ficaram ainda mais subnutridos porque os fazendeiros que plantavam os alimentos e os estivadores que os levavam à cidade também estavam sendo dizimados pela peste.

A terceira explicação possível para a supermortalidade da Peste Negra é que a pandemia medieval tenha sido causada por uma cepa insolitamente virulenta do *Y. pestis*, a peste da marmota, que contaminou os ratos ao se dirigir para a Europa, enquanto a Terceira Pandemia foi um surto de uma peste do rato menos letal que, na maioria dos casos, permaneceu nos ratos.

Na visão de muitos cientistas russos, o que torna a peste das marmotas mais virulenta do que, digamos, a peste dos ratos ou dos gerbilos é uma longa história evolucionária em comum. Por terem coabitado talvez desde que o bacilo da peste surgiu nas estepes, as marmotas tiveram mais tempo do que os outros roedores para desenvolver a resistência ao bacilo. Assim, para sobreviver nas marmotas, biologicamente falando, o *Y. pestis* foi forçado a se tornar nuclear, adotando uma estratégia de hipervirulência, o que fez, por exemplo, desenvolvendo um tropismo para os pulmões.

Muitos microbiologistas ocidentais questionam que a virulência do bacilo da peste varie de uma espécie de roedores para outra. No entanto, diferentemente da maioria das explicações existentes para a Grande Mortandade, a teoria russa das marmotas tem a virtude da simplicidade. Ela proporciona uma explicação única e coerente para diversos aspectos da peste medieval que continuam a intrigar historiadores e cientistas, incluindo as altas taxas de mortalidade e a incidência aparentemente muito elevada da peste pneumônica mesmo durante as altas temperaturas do verão e da primavera italianos.

Um ou vários desses fatores podem muito bem ter sido responsáveis pelas terríveis taxas de mortandade em Florença e, alguns meses depois, em Siena, a algumas dezenas de quilômetros ao sul. A não ser pelo fato de que em Siena a mortandade foi ainda maior e de que o canto da morte se elevou de suas emudecidas ruas naquele verão — ainda mais assombroso do que o melancólico canto fúnebre de Boccaccio.

Siena, abril-maio de 1348

"*La mortalità cominciò in Siena di maggio*"[351] — a mortandade começou em Siena, em maio, escreveu Agnolo di Tura. Outras fontes datam a chegada da peste em meados de abril. Tudo que se sabe ao certo é que em Siena, como em Florença, os homens e as mulheres ficaram amedrontados quando a primavera ganhou força na área rural. Os indivíduos rústicos, os rudes camponeses que levavam azeite para Siena, ficaram em casa;[352] as lojas e armazéns fecharam; as cortes municipais silenciaram e a indústria da lã, base de grande parte da riqueza e do orgulho sienenses, fechou. Contudo, um aspecto da vida sienense continuou seu trajeto normal quando a morte chegou com a primavera no malfadado ano de 1348.

Como haviam feito diariamente por toda uma década, os sienenses continuaram a despertar a cada manhã aos gritos dos trabalhadores que subiam nos andaimes em torno da catedral da cidade e a voltar para casa ao entardecer na aura da mais linda vista da Toscana, os pináculos e as estátuas de mármore da catedral ruborizando-se sob o céu azul do crepúsculo toscano. A decisão de empregar milhares de liras na transformação da igreja principal da cidade em uma majestosa versão toscana da Catedral de São Pedro fora tipicamente sienense. "Aquele povo vaidoso", riu-se Dante em *O Inferno*, mas uma descrição mais precisa do sienense medieval poderia ser "iludido". Sentindo-se ofuscada pela maior e mais rica Florença, a pequena Siena passou a maior parte do século XIII inflando o peito e bufando para parecer maior do que era, normalmente com resultados desastrosos. Decidindo que o caminho para a glória municipal estava no poderio naval, à moda de Gênova e Veneza, a interiorana Siena torrou uma fortuna tentando transformar um vilarejo costeiro infectado pela malária chamado Talamone em um importante porto marítimo.[353] Algumas décadas antes, decidindo que a confecção de roupas era a chave para a glória e a riqueza municipais, a seca Siena (a água era essencial para a confecção de tecidos) torrara outra fortuna escavando a colina rochosa sob a cidade* em busca de um mítico rio subterrâneo chamado Diana.

Em Agnolo di Tura, a cidade dos sonhos encontrou seu porta-voz ideal. A realidade tem lugar nos diários de Agnolo, mas não um lugar tão destaca-

---

* A cidade de Siena se localiza sobre três colinas. Portanto, é a uma delas que o autor se refere. (N. T.)

do a ponto de atrapalhar a marcha de Siena para os "amplos e ensolarados planaltos" da glória cívica. Assim, em 1324, quando as muralhas da cidade são ampliadas, Agnolo se vangloria de que Siena "tem [...] crescido em população, de forma que [...] as muralhas [precisam ser] estendidas em Val di Montone".³⁵⁴ E em 1338, quando o conselho municipal decide ampliar a igreja da cidade, Agnolo se empolga tanto que já se pode ver a nova catedral flutuando sobre a planície do Arno como uma grande nau gótica singrando um mar cor de abóbora. "Siena", escreve ele, "está em um estado grandioso e feliz. Consequentemente, começou uma grandiosa e nobre ampliação da catedral da cidade."³⁵⁵ Mesmo em 1346, um ano de chuvas torrenciais e fome generalizada, Agnolo continua, como sempre, animado. Depois de visitar o Campo, a principal praça da cidade, ele declara que ela é "mais linda do que qualquer outra praça da Itália".³⁵⁶

Como Giovanni Villani, Agnolo di Tura era um cronista municipal, mas acaba aí a semelhança entre os dois homens. Villani, mais experimentado, era descendente de uma rica família de mercadores: bem-educado, cortês e, antes de seus inconvenientes financeiros, uma importante figura política. Agnolo era um qualquer, apesar de ser um qualquer ambicioso. Ele parece ter começado a vida como um humilde sapateiro. Ainda se conserva um contrato de venda de alguns moldes e outras ferramentas que comprara em janeiro de 1324. O restante da vida de Agnolo, nesse início, continua desconhecido, a não ser pelo nome de sua mãe, Donna Geppo, e o lugar onde cresceu, a região do Orvile, em Siena. Contudo, a carreira literária de Agnolo sugere alguma educação na juventude, e seu hábito de assinar Agnolo di Tura del Grasso, ou Agnolo, o Gordo, sugere que ele gostava de comer.

Agnolo também parece ter pensado grande. Tudo o mais que sabemos sobre ele indica um jovem ávido por subir na vida. O dote de sua esposa, Nicoluccia, por exemplo, mostra que o humilde sapateiro conseguiu se casar com alguém um pouco acima de si na sociedade. Trezentas e cinquenta liras eram uma bela soma para a mulher de um artesão investir em um casamento. Outros documentos que restaram também indicam sonhos grandes demais para uma banca de sapatos. Um deles é um conjunto de recibos de alguns presentes que Agnolo comprara para a mulher de um alto funcionário na Biccherna, o Departamento do Tesouro de Siena, onde trabalhava nas horas vagas como cobrador de impostos. Não fica claro se os presentes foram comprados a pedido do homem ou por iniciativa de Agnolo; de qualquer maneira, as compras pretendiam claramente gerar privilégios.[357]

O fato de que Agnolo convenceu o escritório da tributação a reembolsá-lo pelos presentes alguns meses depois sugere que também era astuto em relação a dinheiro, impressão reforçada pelo dote de Nicoluccia e pelos negócios imobiliários de Agnolo, que incluem a venda de uma praça próxima de um lugar chamado Fontebradda pela bela soma de 12 florins de ouro em 1342. Bens imobiliários, cobrança de impostos, sapataria — mesmo um jovem ambicioso seria capaz de trabalhar em tantas profissões? Pode ser que Agnolo não fosse o único Di Tura ansioso por subir na vida. Na versão medieval da piada *"Take my wife"*,* a esposa nunca cansa de lembrar a seu marido que a família dela tem uma linhagem superior à da família dele. Algo dessa situação pode ter feito parte da vida do casal Di Tura. Durante os anos 1330 e 1340, tantas casas estavam registradas no nome de Agnolo Di Tura que os historiadores especulam que Siena pode ter tido vários homens com esse nome.[358] Mas pode haver outra explicação. As residências pertenciam todas ao mesmo Agnolo di Tura, que ficava se mudando com sua família para casas cada vez maiores na esperança de que um dia sua esposa bem-nascida parasse de lembrá-lo o quanto havia se sacrificado para casar com um humilde sapateiro.

O outro fato marcante a respeito de Agnolo é que ele e Nicoluccia tiveram cinco filhos homens.

Agnolo menciona os filhos somente uma vez em sua crônica, mas ele condensa tanta emoção nessa única referência que a porta da vida da família Di Tura se abre bruscamente — as visitas de Donna Geppo no Natal, os passeios dominicais no Campo, as caminhadas ao entardecer pelas pequenas praças que espiam das ruas convergentes de Siena como um olho em

---

* Piada do comediante norte-americano Henry Youngman. Ela se baseia no fato de que a expressão *take my wife* pode significar algo como "a minha mulher, por exemplo". Mas, quando o comediante, depois de uma pausa estratégica, acrescenta um *please*, no final da frase, ela se transforma no mais claro "leve a minha mulher, por favor". (N. T.)

uma fechadura: os cinco meninos Di Tura correndo pela praça, espalhando um bando de pássaros pelo céu escarlate, Agnolo, sem fôlego, correndo atrás deles e Nicoluccia gritando para que todos parassem, especialmente Agnolo, que era *grasso* [gordo] demais para correr.

No princípio do verão de 1348, essa vida feliz chegou ao fim em um campo próximo à catedral.

A primeira reação oficial dos sienenses em relação à pestilência ocorreu no começo de junho.[359] No dia 2, o conselho municipal fechou as cortes civis até setembro. Uma semana e meia depois, com as covas comuns da peste começando a surgir na cidade, funcionários do conselho recorreram a uma das principais estratégias do município — o suborno. Para apaziguar Deus irado, no dia 13 de junho mil florins de ouro foram confiscados para os pobres e o jogo foi proibido "para sempre" na cidade. No dia 30 de junho confiscou-se dinheiro para a aquisição de *"torchi e candele"* ("tochas e velas") para uma grandiosa procissão religiosa.

O Palácio Público, edifício em que se reunia o conselho municipal, era familiar para Agnolo. Em sua crônica, ele menciona uma reforma que ocorrera ali em 1337: "Construíam-se cômodos para os *Signori* [Lordes] e seus séquitos [acima da sala de audiências do conselho] e cenas da história romana [...] foram pintadas em suas paredes externas."[360] Nos terríveis meses de maio e junho de 1348, vemos Agnolo, um homem grande, pesado e entristecido, caminhando pelos corredores do palácio e oferecendo condolências a colegas enlutados, escutando discussões sobre como se livrar dos corpos que se acumulavam nas ruas malcheirosas e abafadas, consolando os moribundos no novo segundo piso. Contudo, se Agnolo fez qualquer dessas coisas, jamais escreveu sobre elas. A impressão que fica da crônica é que, naquele verão — o verão da peste —, Agnolo se transformou em um caminhante da cidade.

"Em muitas partes de Siena, valas muito grandes foram abertas e nelas colocavam-se os corpos, arremessando-os lá dentro e cobrindo-os com um punhado de terra."[361]

Vemos Agnolo caminhando até a catedral, com seu teto e suas paredes agora desprovidos de trabalhadores; a sua nave iluminada pelo clarão de mil velas...

"*Depois, eles punham na mesma vala muitos outros corpos e também os cobriam com terra e assim os dispunham, camada sobre camada, até que a vala estivesse cheia.*"[362]

... e pela Praça de Campo, aonde ele e Nicoluccia levavam as crianças aos domingos...

"*Membros de uma família levaram seus mortos até uma fossa, fazendo o melhor que podiam sem um padre, sem os ofícios divinos.*"[363]

... e pelas pequenas praças, onde os filhos dos Di Tura se espalhavam como pássaros pelo céu do entardecer, gritando e correndo.

"*Alguns dos mortos estavam [...] tão mal cobertos que os cães os arrancavam dali e devoravam muitos corpos por toda a cidade.*"[364]

Aqui uma última imagem se apresenta: Agnolo diante do cemitério perto da catedral inacabada, em um suave domingo de abril de 1356 ou 1357. O campo é desinteressante — no verão pestilento de 1348, havia mortos demais para túmulos e lápides individuais. Há apenas um marco, declarando que durante a Grande Mortandade muita gente de Siena foi enterrada ali. Agnolo coloca um buquê de flores aos pés do marco e faz uma oração. Mais tarde, caminhando para casa, começa a relembrar o dia de sua primeira visita à cova da peste: os cheiros e as visões daquele dia — os cães famintos rosnando uns para os outros enquanto remexiam a terra fofa, os robustos coveiros rústicos nus da cintura para cima no calor do verão, os prantos de mães e pais mortificados, as pilhas de corpos brancos ensebados nas covas rasas da peste, e ele próprio... cheio de fúria, agarrando a pá de um grosseirão e cavando uma cova separada, mais funda.

Podemos imaginar que foi nesse dia que Agnolo acrescentou a frase final de sua crônica do ano de 1348:

"*E eu, Agnolo di Tura, chamado de O Gordo, enterrei minha mulher e meus cinco filhos com minhas próprias mãos.*"[365]

A mortandade em Siena foi grave. Segundo Agnolo, "52 mil *persone*"[366] morreram na cidade, incluindo 36 mil "*vecchi*" — idosos; para a área rural, ele dá um número de 28 mil. Em uma região com uma população pré-peste tão potencialmente alta quanto 97 mil habitantes,[367] isso gera uma taxa de mortalidade de 84%, um número que a maioria dos historiadores modernos considera improvável. Estimativas atuais colocam a mortalidade em Siena entre 50% e 60%. A peste produziu ainda uma perda adicional. Apesar de a proibição eterna ao jogo ter sido revogada dentro de seis meses (Siena estava novamente falida), setecentos anos depois a reforma da catedral espera o seu término.[368]

Roma, verão de 1348

Em agosto, a pestilência se deslocou para o sul, de Orvieto a Roma, onde um dos mais extraordinários de todos os pequenos dramas municipais da Itália estava sendo representado.

Imagine Mussolini três vezes mais bonito e quatro vezes mais ridículo e você terá o herói do drama, Cola di Rienzo, autoproclamado tribuno de Roma, fantasioso completo e herói local.[369] Para pôr fim ao domínio de estilo mafioso das antigas famílias nobres de Roma, o *populus romanus* estava disposto a perdoar quase tudo em seu lindo Cola, incluindo a fantasia de que era filho bastardo de um imperador alemão, em vez do filho camponês de um taverneiro. Mas, quando Cola sagrou seu próprio filho cavaleiro com o sangue de outro homem, mesmo as massas romanas recuaram horrorizadas.

O segundo personagem importante do drama era a nêmesis de Cola, Stefano Colonna, de 80 anos de idade, o mais poderoso aristocrata romano e uma verdadeira maravilha da natureza. "Santo Deus, quanta imponência há nesse ancião,[370] escreveu um autor da época. "Que voz, que semblante e que figura, [...] que energia mental e força corporal com essa idade!" Quando os partidários de Cola mataram o filho, o neto e o sobrinho de Stefano, o velho homem se recusou a lamentar, dizendo: "É melhor morrer que viver escravizado por um palhaço."[371]

O terceiro personagem importante do drama era o refinado e erudito papa Clemente VI, um arguto sibarita com a cintura do Frei Tuck* e uma libido incontrolável.[372] Uma história diz que, quando acusado de devassidão,

---

* Personagem das lendas de Robin Hood, de quem é companheiro. (N. T.)

Clemente se defendia com *ex consilio medicorum* — estava seguindo as recomendações de seus médicos; outra forma de defesa: ele enfrentava seus censores com uma lista de outros papas libidinosos que mantinha em um "caderninho negro" e então pensava em voz alta sobre qual seria o motivo de os maiores líderes da Igreja também terem estado entre seus maiores libertinos.

O último ator principal do drama era Francesco Petrarca, celebridade literária e um dos primeiros *radical chics* de todos os tempos. "Sinto ter encontrado um Deus, e não um homem",[373] escreveu Petrarca depois de encontrar o belo Cola, provando assim ser melhor poeta do que julgador de caráter.

O *deus ex machina** que pôs essas figuras em ação foi a intolerável situação da Roma medieval. Em 1347, a grande capital da Antiguidade tinha se reduzido a uma pequena ruína miserável; era uma cidade de construções sem paredes, arcos sem teto, pedestais sem estátuas, fontes sem água, colunas sem arcos e degraus que levavam do nada a lugar algum. De meio milhão — e talvez muito mais — de habitantes durante a Antiguidade, a população havia diminuído para míseros 35 mil,[374] e, sem ter à vista qualquer outro meio de sustento, os romanos medievais sobreviviam canibalizando a decaída cidade. Os ricos surrupiavam mármore e tijolos das ruínas imperiais para construir seus castelos sombrios e torres ameaçadoras;[375] os pobres, para erguer suas cabanas fedorentas. Mesmo os grandes palácios do Monte Palatino, os Banhos de Diocleciano e a Basílica Juliana foram derrubados e jogados nos fornos para virar cal. Os materiais que os próprios romanos não podiam utilizar, eles vendiam alegremente a outras pessoas. Muitas das grandes catedrais da Itália e mesmo a Abadia de Westminster, em Londres, foram parcialmente construídas com caliça imperial. Nas manhãs de verão, os visitantes medievais podiam ver as mulheres correndo ao longo da Ponte Sant'Angelo, equilibrando trouxas na cabeça, e os pescadores recurvados sobre seus covões e redes nas margens do Tibre. Mas além do rio, agora malcheiroso e poluído, e do centro da cidade, onde os pobres

---

* No antigo teatro greco-romano, ator que personificava um deus e que era trazido à cena por meio de mecanismos. (N. T.)

moravam em ruas tão estreitas que o sol da tarde jamais incidia abaixo dos telhados de lajotas, nada existia além de campos sujos, construções destruídas e pastos de vacas por todo o caminho até o muro aureliano, o limite da velha cidade imperial.[376]

A vida nas ruas romanas espelhava as condições físicas da cidade. A situação hobbesiana de todos contra todos, característica geral da Itália medieval, atingia sua apoteose no gangsterismo da Roma medieval. A classe dominante da cidade — as grandes famílias aristocráticas, como os Colonna e os Orsini — travava uma guerra perpétua entre si e sob a violência dos bem-nascidos havia a violência da sarjeta: de ladrões, e assaltantes, e valentões de esquina. Em 1309, quando o papado, o último bastião da autoridade municipal, fugiu para a segurança de Avignon, a ordem pública desmoronou completamente. Sem "ninguém para governar",[377] escreveu um autor da época, "as lutas [eram uma] ocorrência diária; o roubo abundava. Freiras — e até mesmo crianças — eram ultrajadas; esposas eram arrancadas do leito de seus maridos. Trabalhadores a caminho do trabalho eram roubados nos próprios portões da cidade [...]; padres se tornavam malfeitores; todos os pecados estavam desenfreados. Havia apenas uma lei — a lei da espada".

O surgimento de Cola di Rienzo como autoproclamado salvador de uma Roma abatida devia algo ao patriotismo dos cidadãos, algo à mágoa pessoal — um capanga de Colonna matara o irmão de Cola —, e algo a uma imaginação romântica inflamada por constantes releituras de Sêneca, Tito Lívio e Cícero. Às vezes, depois de estudar os Grandes Antigos, o jovem e sonhador Cola detinha-se em um pasto de vaca ao crepúsculo e, examinando uma coluna ou um arco quebrados, pensava em voz alta: "Onde estão aqueles bons e velhos romanos? Onde está sua altiva retidão? Como gostaria de poder voltar ao tempo em que esses homens floresceram." Na falta de uma máquina do tempo, Cola fez o que de melhor se podia fazer: criou uma versão fantasiosa de si próprio.[378] Muito antes de sua ascensão política, começou a assinar Cola di Rienzo, "Cônsul romano e legado único do povo e dos órfãos, viúvas e pobres". Começou também a dizer para as pessoas que era filho ilegítimo do imperador alemão Henrique II, que seduzira sua mãe taverneira em uma visita a Roma.

Cola chamou a atenção pública pela primeira vez em 1343, em uma visita a Avignon. Ele era então notário — uma das poucas carreiras possíveis para rapazes pobres e inteligentes — e tinha proeminência suficiente para ser indicado para uma importante delegação comercial. A fim de revigorar o turismo em uma Roma sem papa e sem leis, as autoridades municipais queriam que Clemente declarasse 1350 um Ano de Jubileu e oferecesse uma indulgência especial — um perdão de pecados — aos peregrinos que visitassem a cidade. Uma celebração semelhante, em 1300, atraíra mais de um milhão de turistas. Entretanto, quando a delegação se encontrou com o papa, Cola usou a ocasião para se lançar em uma furiosa denúncia da nobreza romana e seu gangsterismo. Horrorizados por aquele ímpeto, os outros delegados tentaram calá-lo, mas Clemente, que já havia deixado registrada sua opinião de que os nobres eram "ladrões de cavalos, assassinos, bandidos e adúlteros", ficou impressionado com o inflamado jovem notário. Antes de sair de Avignon, ele pôs Cola sob proteção papal e lhe deu um novo título: prior de Roma.

Durante a mesma visita, Cola conheceu também o poeta Petrarca, outro fantasioso intenso e também ardiloso em se autopromover, que já havia posto boa parte da Europa alfabetizada tentando adivinhar o nome da mulher misteriosa que aparecia em sua poesia amorosa, a resplandecente Laura:

Amor e eu, boquiabertos; pasmados que
beleza alguma jamais houvesse encantado a vista humana
como os lábios que falavam e os olhos que sorriam
de nossa dama.[379]

"Você diz que inventei [...] Laura para ter sobre o que falar e para que todos falassem de mim."[380] Petrarca escreveu a um amigo, que, como muitos outros — durante a vida do poeta e depois dela —, considerava Laura uma criação brilhante de um engenhoso criador. Mas a mulher misteriosa dos poemas era bem real. Seu nome completo era Laura de Sade,[381] era parente por afinidade do infame Marquês de Sade, do século XVIII, e Petrarca realmente a amava com a profundidade e a honestidade, embora talvez não com a castidade, que declarava. Teve filhos com pelo menos duas outras mulheres.

Celebridade internacional além de poeta, Petrarca ceava com o aristocrático Colonna, caminhava pelas praias de Nápoles com a bela rainha Joana, participava de audiências com Clemente VI. Se existisse uma revista *Caras* do século XIV, o poeta de olhar desconfiado estaria na capa sob a manchete "Francesco Fabuloso!". Normalmente, notários de origens humildes não seriam do interesse do poeta/celebridade, mas, além de compartilhar com ele uma reverência pelo passado de Roma, o erudito Petrarca ficou encantado com a vivaz figura de homem de ação de Cola. Depois de seu primeiro encontro, o poeta disse com arroubo para seu novo herói em uma carta: "Quando penso em nossa franca, santificada entrevista [...] sinto-me em chamas, como se um oráculo tivesse surgido de seus recantos."[382]

Em maio de 1347, enquanto a peste singrava para o oeste, Cola, que estava construindo uma base de aliados em Roma desde sua volta de Avignon, desencadeou um golpe de Estado.

No dia 19, um sábado apático, forças leais ao notário tomaram os edifícios do distrito municipal. Na manhã seguinte, enquanto os sons dos sinos das igrejas ecoavam pelas ruas, os portões de Roma se escancararam e Cola marchou cidade adentro como deveria ter imaginado mil vezes em seus sonhos: trajando a armadura completa de um cavaleiro,[383] com o estandarte vermelho da liberdade e o branco da justiça tremulando sobre sua cabeça, e o preposto do papa a seu lado. À frente de Cola marchava uma falange com o clangor dos corneteiros.

"Cola! Cola! Cola!", gritava a multidão. O notário, especialmente belo em sua armadura reluzente, ergueu uma das mãos em sinal de agradecimento; uma criança surgiu da multidão; Cola apanhou o buquê que ela oferecia e lhe deu um beijo. Então, as cornetas soaram novamente e o pequeno navio de luxo do notário singrou por ruas de maio cobertas de flores até o palácio da capital, onde o golpe acabou com um discurso notável.[384] Enquanto milhares de vozes o aprovavam aos gritos, Cola declarou-se pronto a morrer por Roma, jurou restituir a antiga glória da cidade e prometeu devotar-se à causa da justiça igualitária para todos.

"Penso em você dia e noite",[385] escreveu, excitado, Petrarca a seu herói logo depois do golpe. "E [...] ó tribuno, se você deve morrer em combate, faze-o corajosamente, faça isso, pois certamente ficará extasiado no paraíso. [...] Infelizmente", o poeta acrescentava em um pós-escrito, "minhas [...] circunstâncias me impedem de me unir a você em sua guerra santa."
Felizmente, ninguém teve de morrer pela causa de Cola, nem mesmo ele.

Stefano Colonna ficou enlouquecido quando ouviu falar do golpe do notário. "Se esse tolo continuar a me provocar, hei de arremessá-lo pela janela", gritou o velho. O restante dos aristocratas de Roma, no entanto, preferiu embainhar as espadas e aguardar os acontecimentos. Quando Cola convocou os nobres para a capital, a fim de jurar obediência a ele, todos foram e puseram solenemente a mão no coração. Muitos naquele grupo ilustre lembravam de quando o notário era o *enfant terrible* preferido da elite de Roma, o abusado provocador que as anfitriãs elegantes convidavam para seus jantares, a fim de chocar e excitar seus convidados aristocratas. Talvez Cola ainda fosse um tolo.

Enquanto os grandes aguardavam, Cola juntava títulos e provava roupas. No último dia de julho de 1347, o notário, vestindo um manto de seda branca bordada a ouro e acompanhado por um estandarte da mesma matéria enfeitado por um sol, liderava uma procissão até o Batistério de São João. Ali, Cola, que acabara de se proclamar cavaleiro, tomou um banho ritual na banheira em que se dizia que o imperador Constantino havia sido curado da lepra. No dia seguinte, agora trajando escarlate,[386] Cola surgiu na sacada do Palácio de São João de Latrão. Declarando Roma capital do mundo e todos os italianos cidadãos de Roma, o novo cavaleiro desembainhou sua espada e cortou o ar três vezes — uma vez para o leste, uma para o oeste e uma para o norte. O entusiasmo da multidão era aumentado por uma estátua de Constantino próxima dali; o cavalo do imperador soltava vinho, gratuito, pelas narinas.

No dia 15 de agosto, três meses depois de tomar o poder, Cola atribuiu novo título: tribuno de Roma. Depois de receber uma coroa de louro de prata, um cetro e um orbe, símbolo de soberania, o recém-coroado tribuno subiu ao parlatório e lembrou à audiência que estava com 33 anos, a mesma idade com que Cristo morrera na cruz pelos pecados da humanidade.

Na festa de São Pedro e São Paulo, Cola, agora vestido de veludo verde e amarelo e carregando um cetro de aço reluzente, cavalgou até a Basílica de São Pedro em um cavalo de batalha branco.[387] Além de 50 lanceiros, o novo tribuno estava acompanhado de um cavaleiro que segurava um estandarte com seu brasão, um cavaleiro jogando moedas de ouro para a multidão, um coro de corneteiros clangorando através de longos tubos de prata e um coro de cimbaleiros batendo címbalos de prata. Quando chegou à basílica, um grupo de dignitários reverentes saudou o tribuno ao som de *"Veni Creator Spiritus"*.*

Depois de um verão pleno de eventos dignos de uma ópera cômica, o apoio a Cola começou a se diluir. Em setembro, com a peste agora a apenas algumas semanas de navegação da Sicília, o papa denunciou o tribuno como usurpador e herege. Petrarca, temendo perder seus amigos poderosos na elite romana, manifestou incômodo e dúvida, e as multidões romanas, acreditando que seu suposto salvador estava fazendo papel de bobo, desapareceram.

Sentindo a mudança de atitude, em meados de setembro Cola organizou um segundo golpe. Ele convidou todos os grandes barões de Roma para um banquete. Durante o jantar, Cola teve de suportar o sarcasmo do velho Colonna a respeito de seus trajes magníficos, mas, depois da sobremesa, o notário se vingou. Enquanto os convidados se preparavam para sair, Cola ordenou a prisão dos sete principais nobres, incluindo cinco membros da poderosa família Orsini, e do abusado velho Stefano. "Serão executados ao amanhecer", o tribuno informou aos prisioneiros.

Quando um padre foi à cela de Stefano na manhã seguinte, o velho falou em tom ríspido e fez sinal para que ele fosse embora, dizendo que não precisava se confessar; Stefano Colonna jamais morreria nas mãos de um ninguém como Cola di Rienzo. O comentário revelou-se profético. Algumas horas depois, enquanto os sinos dobravam para os condenados, o tribuno perdeu a coragem. Executar os prisioneiros Orsini e Colonna, membros das mais poderosas famílias da aristocracia da cidade, poderia provocar os

---

* "Vem, Espírito Criador." Coro do rito católico. (N. T.)

outros nobres. Alguns minutos depois, apaziguado, Cola saiu à sacada e, lembrando à multidão o adágio bíblico "Perdoai nossas ofensas",[388] anunciou que decidira perdoar os prisioneiros.

Em novembro, enquanto a peste chegava a Marselha, Cola perdeu os poucos aliados que lhe restavam com um ato de inimaginável barbarismo. Durante um ataque à cidade por um grupo de nobres, Giovanni Colonna, de 21 anos, neto do velho Stefano, foi esquartejado pela cavalaria de Cola. Na manhã seguinte ao ataque, o tribuno levou seu filho, Lorenzo, ao local onde Giovanni caíra. Diante dos olhos de uma multidão aterrorizada, Cola desembainhou sua espada, mergulhou-a no sangue dos Colonna e, então, colocou a ponta avermelhada da espada sobre a cabeça de seu filho, proclamando-o cavaleiro Lorenzo da Vitória.[389]

Algumas semanas depois, enquanto os últimos aliados de Cola desapareciam, Petrarca escreveu ao tribuno: "Não posso alterar os fatos, mas posso fugir deles [...]. Um longo adeus também a ti, Roma, se são verdadeiras essas histórias."[390]

Quando a peste chegou à cidade, em agosto de 1348, Cola estava seguro, longe do perigo. Retirado do poder por um contragolpe no mês de dezembro do ano anterior, ele vivia num vergonhoso exílio com os monges celestinos em Abruzzo. Longe demais para ouvir o tremendo terremoto que sacudira Roma no início da doença, ou sentir o cheiro da carne queimada subindo do Coliseu, onde muitos dos mortos pela peste haviam sido cremados, ou para ver as pilhas de corpos enfileiradas às margens do Tibre como o muro de uma barragem.

"Estou arrasado", escreveu um autor da época, com a voz triste e desesperada que se tornou a voz da Europa no verão de 1348. "Não consigo prosseguir. Para onde quer que se olhe há morte e amargura [...]. A mão do Todo-Poderoso golpeia repetidamente, com um efeito cada vez maior. O terrível julgamento ganha potência com o passar do tempo."[391]

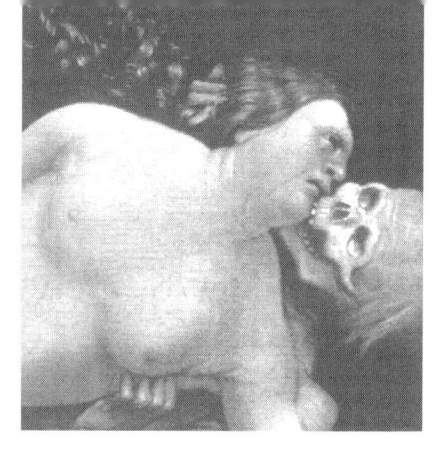

SEXTO CAPÍTULO

A Maldição do Grão-Mestre

EM UMA TARDE DO INVERNO PARISIENSE DE 1314, VÁRIAS DEZENAS de pessoas estavam amontoadas em uma ilha do rio Sena varrida pelo vento, à espera de uma execução. Contra a fraca luz cinzenta, os rostos dos espectadores pareciam pétalas sobre uma casca de árvore encharcada pela chuva. Mas, quando os atravessadores de Les Halles, os açougueiros de St. Jacques-la-Boucherie e as prostitutas do Marché Palu chegaram para aumentar a multidão, as pétalas se fundiram em uma massa indistinta e enfurecida, dois mil rostos corados pelos golpes do vento do rio e pela expectativa de morte que pairava no cortante ar de março.

A multidão se reunira na ilha para testemunhar a execução de Jacques de Molay, ex-grão-mestre dos Templários, até recentemente uma das ordens religiosas mais poderosas da cristandade. Mais cedo, naquele mesmo dia, De Molay causara um grande furor do lado de fora de Notre-Dame. Em troca de uma sentença de prisão perpétua, o velho concordara em confessar publicamente "crimes que maculam o reino com sua imundície",[392] incluindo sodomia, idolatria e o ato de cuspir na cruz. Mas, nesta manhã, diante da catedral, De Molay havia surpreendido a todos. Diante de meia Paris, o velho declarou corajosamente sua inocência e denunciou as acusações contra ele e os Templários como uma mentira e um crime contra os céus. Encorajado, um de seus lugares-tenentes, Geoffroy de Charney, fez o mesmo.[393]

O rei se enfureceu, a Igreja se constrangeu, a malta parisiense se deleitou. O caso dos Templários prometia acabar tão dramaticamente quanto começara, sete anos antes, quando agentes da Coroa francesa surgiram repentinamente de um início de outubro e prenderam dois mil Templários, em sua maioria idosos, em uma série de ataques-surpresa por todo o reino. Confusos membros da Ordem foram arrancados de suas camas e de suas orações, colocados em carroças e carregados para prisões reais.[394] No fim do dia — uma sexta-feira 13, perceberam os supersticiosos —, se havia um Templário vivo na França que não tivesse sido acusado de ter mantido relações sexuais com demônios, cuspido na imagem de Cristo, urinado na cruz, aplicado o "beijo da vergonha" no pênis, nas nádegas e nos lábios do prior da Ordem ou praticado outros atos homossexuais era porque estava escondido em uma pilha de feno ou embaixo de uma cama. Os crimes dos Templários eram "uma coisa desagradável, uma coisa lamentável, uma coisa horrível de se contemplar, terrível de se ouvir [...] uma coisa quase desumana, distante, de fato, de toda a humanidade",[395] declarava o autor das acusações, um antigo amigo do grande mestre, Filipe, o Belo, rei da França e "mais bonito do que qualquer homem no mundo".

O modo como Filipe elaborou o caso dos Templários como uma questão de blasfemos odiosos (os Templários) contra uma "torre de vigilância da eminência real" (ele mesmo) foi um exemplo precoce da Grande Mentira.

O que guiava o rei não era o pecado, mas o dinheiro. O ambicioso Filipe foi um dos arquitetos do moderno Estado-Nação; seu grande sonho era transformar a França feudal, uma colcha de retalhos de regiões com tradições e hábitos diferentes, em uma nação unificada, ligada por um só conjunto de instituições e leis, respondendo a uma só autoridade, a Coroa francesa — ou seja, ele próprio. Em um grau muito significativo, ele teve sucesso. Cada vez mais, na França de Filipe, o Belo, a paz do rei tornou-se "a paz de todo o reino; e a paz do reino [...] a paz da Igreja, a defesa de todo o conhecimento, virtude e justiça".[396]

Com uma instável renda com impostos, no entanto, o novo e dogmático Estado francês não tinha bases financeiras. Os Templários, que detinham o maior tesouro do norte da Europa,[397] poderiam propiciar ao rei um novo e lucrativo fluxo de renda. Como um alvo potencial, a Ordem também tinha a vantagem de ser simultaneamente detestada e temida. Parte sociedade secreta — dizia-se que os membros praticavam magia negra — e parte banco internacional, os Templários eram vistos como uma organização sinistra, composta de figuras poderosas e sombrias. Pensava-se que toda *éminence grise** da cristandade usasse uma cruz dos Templários. A única coisa que faltava à Ordem era culpabilidade. Os crimes da sociedade podiam ser em grande número, mas nenhum se dirigia contra a Coroa francesa. No entanto, Filipe, o Belo, e seus ministros também deram um exemplo precoce de outro aspecto do Estado-Nação moderno: a confissão falsa. A "augusta e soberana casa de França" era praticante frequente da invenção de crimes engenhosos e da tortura de inocentes até que aceitassem confessar.

O cavaleiro Templário Gerard de Pasagio[398] declarou que, depois de sua prisão, foi torturado por "pesos pendurados nos seus genitais e em outros membros". Outros Templários foram atados ao ecúleo,** tendo seus tornozelos e pulsos deslocados por um mecanismo de tração que — lentamente — destroçava as articulações. Outra forma popular de tortura era chamada *strappado*. O prisioneiro era erguido até o teto por uma corda que,

---

* Eminência parda. Em francês no original. (N. T.)
** Cavalo de madeira no qual se torturavam os acusados ou condenados. (N. T.)

repentinamente, afrouxava-se, interrompendo sua queda no último momento com um tranco violento. Às vezes, prendiam-se pesos aos testículos e aos pés para deixar o tranco mais violento e doloroso. Um Templário, Bernard de Vaho,[399] teve os pés cobertos de banha e colocados sobre uma chama. Alguns dias depois, quando De Vaho tentou andar, "os ossos de seus pés caíram". Outras formas populares de tortura incluíam a extração, um a um, de dentes e de unhas.

No começo de 1314, os Templários estavam em frangalhos.[400] A Ordem havia sido dissolvida por uma bula papal, a maior parte do seu tesouro estava nas mãos da Coroa francesa e seus líderes estavam mortos, presos ou enlouquecidos. Só o que lhes restava era acabar este caso com uma adequada atitude de dignidade.

Mas a única parte do *desfecho* que saiu conforme o plano foi a data: 18 de março de 1314. Ao saber que o grão-mestre e seu lugar-tenente, De Charney, haviam desafiado a Coroa francesa, Filipe, o Belo, passou por cima das objeções dos membros da Igreja que queriam um dia para deliberar sobre o destino dos homens, e ordenou que ambos fossem "mortos queimados"[401] imediatamente.

Gritos de "hereges" e "blasfemos" aguardavam os condenados quando chegaram ao lugar da execução, a desolada Île des Javiaux, no Sena, no final da tarde do dia 18. Alguém na multidão apanhou uma pedra e a arremessou. O vento cortante do rio havia deixado a multidão mal-humorada, mas havia mais do que um sinal de expectativa no ar. As pessoas esperavam por uma última grande surpresa do grão-mestre, algo como a contestação diante de Notre-Dame na manhã daquele dia. E, segundo a lenda, De Molay não desapontou. Enquanto sumia em um penacho de chamas e fumaça, o velho supostamente ergueu a cabeça e rogou uma praga ao rei da França e todos os seus descendentes até a décima terceira geração.[402]

Histórias sobre a maldição do grão-mestre chegaram até a Itália — Giovanni Villani a menciona em uma de suas crônicas[403] —, mas ninguém parece ter levado muito a sério as palavras de De Molay. E, de fato, por que levariam?

Analisando a França de Filipe no ano de 1314, o cronista Jean Froissart a descreveu como "empanzinada, contente e vigorosa".[404] Os estrangeiros até podiam reclamar dos "franceses gabolas sempre fazendo pouco caso das outras nações",[405] mas, quando deixados a sós, esses estrangeiros exclamavam uns para os outros: "Ah, ser Deus na França!" No começo do século XIV, poucos teriam contestado a afirmação de Jean de Jardun de que "o governo da Terra pertence por direito à augusta e soberana casa de França".[406]

Estendendo-se de Flandres e da Picardia, no norte, até os Pireneus, no sul, a França de Filipe, o Belo, era o maior Estado da Europa,[407] com a maior população — com estimativas que variavam de 16 milhões a 24 milhões. O país tinha os solos mais ricos, e seu feudo, Flandres, acrescentava a isso a indústria mais importante da Europa medieval: a confecção de tecidos. Paris, capital francesa, crescera e se tornara uma metrópole pujante de 210 mil* almas, com talvez mais de meia dúzia de ruas pavimentadas, incluindo uma maravilha, revestida com pedras redondas, a Grande Rue, via principal da cidade e o eixo do caminho para o norte de Paris (partindo da Île de la Cité e do Sena) nos séculos XII e XIII. Na arena militar, a França se mantivera suprema. Nenhuma outra monarquia da Europa podia colocar em campanha de forma rotineira exércitos de 20 mil a 25 mil homens.

Por quase toda parte, a cultura medieval também era de modo geral a cultura francesa. Os homens e as mulheres da Idade Média seguiam a moda francesa, imitavam os costumes franceses, reproduziam as tradições cavaleirescas francesas, copiavam os trovadores franceses, liam as sagas francesas e rezavam em catedrais góticas, de inspiração francesa. Sobre outra maravilha arquitetônica gálica, as abadias nacionais, o cronista Joinville disse que pareciam iluminuras de um manuscrito em ouro e azul-celeste. Sobre a Universidade de Paris, um jovem estudioso irlandês declarou que ela era "o lar e o berço da ciência teológica e filosófica, mãe das artes liberais, amante da justiça e padrão da moral, o espelho e lâmpada de todas as virtudes teologais".

---

* As estimativas da população da Paris medieval, como muitas estimativas demográficas medievais, variam acentuadamente. Alguns historiadores acreditam que a cidade pode ter tido apenas 100 mil habitantes.

Diante de tudo isso, o que era a maldição do grão-mestre? Nada.

E no entanto...

Um mês depois da execução de De Molay, o papa Clemente V, relutante aliado de Filipe, o Belo, no caso dos Templários, morreu repentinamente. Então, em novembro, o rei, aos 46 anos de idade, foi acometido de um derrame e morreu. No ano seguinte, 1315, a Grande Fome chegou.

Em 1316, o sucessor e filho mais velho de Filipe, o Belo, Luís X, morreu depois de um breve reinado de dezoito meses.[408] Alguns anos depois, o Pastoureaux, um movimento rebelde camponês, assolou o norte da França, atacando castelos e abadias, ateando fogo em prefeituras, saqueando fazendas e matando usurários judeus.

E o pior ainda estava por vir.

Em 1323, o segundo filho de Filipe, o Belo, e sucessor de Luís, Filipe V, morreu prematuramente. Seguiram-se uma misteriosa série de epidemias e, depois, mais fome e outra morte na família real;[409] em 1328, Carlos IV, o último dos três filhos varões de Filipe, o Belo, morreu; nenhum de seus herdeiros chegara a atingir os 35 anos ou reinara por mais de seis anos. E, como Carlos não deixara herdeiro homem, a dinastia dos Capeto, que governava a França desde 987, morreu com ele. Na crise sucessória que se seguiu, Eduardo III da Inglaterra, neto de Filipe, o Belo (por parte da mãe de Eduardo), invadiu a França para reclamar o trono francês, detonando o conflito mais sangrento da Idade Média, a Guerra dos Cem Anos.

E o pior ainda estava por vir para "a augusta e soberana casa de França".

Marselha, novembro de 1347

Em Marselha, onde uma briga de rua podia deixar 30 mortos e onde até mesmo a taxa de crimes entre os clérigos era escandalosa, a peste chegou antes das chuvas do inverno e deve ter matado metade da população. E, no entanto, ela não conseguiu abalar a determinação da cidade em destruir uma secular tradição de tolerância.

Qualquer história da Marselha do século XIV teria de incluir sua ativa e voluntariosa população de 20 mil a 25 mil pessoas,[410] sua reputação como uma Nova Orleans medieval e sua importância comercial. Marselha era um dos principais pontos de entrada para mercadorias que vinham da Espanha e do Levante, e um ponto fundamental de desembarque para os Cruzados. Este último papel levou ao envolvimento da cidade em um dos mais famosos incidentes da Idade Média. No começo do século XIII, milhares de membros da Cruzada das Crianças — jovens que acreditavam que corações cristãos puros e pré-púberes, e não espadas, eram a chave para a libertação da Terra Santa — invadiram Marselha, buscando passagem para o Levante. Vários navios locais foram contratados, e os jovens Cruzados foram devidamente embarcados, mas, como em Marselha o caráter criava o destino, a caminho do Oriente os capitães mudaram de ideia e venderam os jovens Cruzados nos mercados de escravos do Levante muçulmano.

Qualquer biografia da Marselha medieval teria também de incluir a colina íngreme onde a cidade se localizava e sua estranha estrutura de bolo de casamento em três camadas. No topo da colina ficava a *ville-episcopale* — cidade do bispo —; abaixo dela, os edifícios administrativos da *ville de la prévôté* — cidade do preboste —; e, no sopé da colina, a *ville-basse* — cidade baixa. Um labirinto de ruelas apropriado para ratos, a *ville-basse* era onde a Marselha medieval morava, trabalhava e se divertia. Dentro das casas comerciais do bairro, negociantes de tecidos, peixeiros, tanoeiros e fabricantes de caixas curvados sobre suas bancadas, cortando, rasgando e martelando, enquanto no lado de fora, nas ruas estreitas iluminadas por uma faixa de céu azul, cambistas gritavam as taxas mais recentes, marujos bêbados encaravam mulheres de quadris largos com vestidos tão abertos que seus decotes eram chamados de "janelas do inferno", e curtidores derramavam tonéis de produtos químicos ferventes em pilhas de lama e excrementos humanos. Com a ventilação limitada a uma brisa que vinha do porto, na maioria dos dias a *ville-basse* tinha o acre odor de uma sereia com diarreia.

Na primavera e no verão, quando o tórrido calor do Mediterrâneo se instalava na cidade, fazendo as construções de pedra de Marselha exsudarem no lado de dentro e ficarem muito quentes no lado de fora, os magistrados, notários e advogados locais abandonavam as sombrias instalações do Hôpital du St. Esprit, centro do sistema legal municipal, pelos pátios externos da Place des Accoules.[411] Atravessando a praça em uma manhã da primavera de 1338, um visitante teria ouvido uma jovem chamada Guilelma de Crusols testemunhando no caso de Bonafos contra Gandulfa.

O que estava em questão ali era o coleante cano de esgoto de madame Gandulfa.[412] Segundo M. Bonafos, a madame mudara o cano de esgoto, que deveria ficar exatamente no meio de suas casas, para mais perto da sua, de modo que o esgoto seria despejado em sua propriedade. A jovem senhorita De Crusols, testemunhando a favor de M. Bonafos, disse à corte que tentara conversar com a difícil madame Gandulfa. "Eu fui [...] e [a] perguntei por que ela havia trocado o cano de lugar. [Mas] ela só dizia que, se o cano voltasse à sua localização original, ela o trocaria novamente." A senhorita De Crusols também disse à corte que, durante o diálogo, madame Gandulfa ficava sacudindo um pedaço de cano de esgoto de um lado para o outro.

Dez anos depois, a Place des Accoules faz outra breve aparição na história de Marselha, embora em um contexto que teria sido incompreensível em 1338. Uma referência à praça aparece em um registro que um notário chamado Jacme Aycart fez em seu arquivo no dia 30 de abril de 1348.[413] O pai de Silona e Augeyron Andree acabara de morrer da peste, e o notário Aycart havia sido convocado à Change, uma nova corte externa, perto do porto, para redigir uma transferência da guarda das crianças. Em um ato relativo a dote era comum registrar-se não apenas a data, mas também o local. Assim, M. Aycart escreveu "à Change". Então, percebendo que isso soaria estranho, já que as cortes externas normalmente se reuniam na Place des Accoules, M. Aycart acrescentou uma nota esclarecedora. Ele escreveu que a corte mudara de localização *"ob fecarem mortuorum terribilem de symmeterio ecclesie Beate Marie de Acuis"* — "por conta do terrível fedor dos mortos do cemitério de Notre-Dame des Accoules" (vizinho da praça).

* * *

A peste chegou à Marselha medieval como chegava a maioria das coisas: por mar. O agente do contágio foi aparentemente uma das galeras pestilentas que Gênova expulsara no final de outubro de 1347. O último dia de normalidade de Marselha foi 1º de novembro[414] — Dia de Todos os Santos, por acaso. Em algum momento durante o dia, a galera extraviada surgiu diante do porto como uma barbatana de tubarão circulando na água. A corrente de ferro que guardava a entrada foi baixada, o navio passou por La Tourette, fortaleza guarnecida pelos Cavaleiros de São João, e aportou. A reação imediata das autoridades genovesas sugere que muitas cidades costeiras do sul da Europa já estavam em alerta vermelho para navios pestilentos, mas, estranhamente, a galera, já "expulsa de um porto para outro", não causou suspeitas em Marselha. Talvez as expulsões anteriores tivessem despertado a argúcia do capitão. Ciente de que as condições físicas da tripulação causariam espanto, ele pode ter esperado pela luz do entardecer, ou por uma névoa densa ou por uma chuva forte antes de seguir para o porto. Qualquer que tenha sido o ardil empregado pelo capitão, ele funcionou; a chegada da peste parece ter apanhado Marselha de surpresa.

"Os homens", comenta um contemporâneo, "foram infectados sem sequer perceber e morreram repentinamente, e os habitantes, por consequência, expulsaram a galera."[415] Mas, como em Messina e em Gênova, bastou aquele curto intervalo de uma hora entre desconhecimento e conhecimento para o *Y. pestis* se estabelecer. Enquanto a galera expulsa desaparecia de volta ao Mediterrâneo, um fluxo prateado de doença já se infiltrava pelas ruas cavernosas da *ville-basse*, parando aqui e ali para admirar as pilhas de excrementos e dejetos diante das casas de quatro ou cinco andares, antes de seguir na direção norte, para La Juiverie, o bairro judeu, e o Palácio de Marselha, sede do governo. Enquanto isso, fora do porto, o navio expulso juntava-se a dois companheiros, e as três galeras sumiam na luz do outono, em algum lugar "ao longo da costa da Espanha", seguindo para o Estreito de Gibraltar.[416] Sobre a pequena frota, um contemporâneo escreveu: "A infecção que essas galeras deixaram atrás de si por todo o caminho [...] principalmente nas cidades costeiras [...] foi tão grande, que mal se pode acreditar em sua duração e seu horror, quanto menos descrevê-los."⁴¹⁷*

Os históricos laços comerciais de Marselha com o Levante e a Ásia Menor faziam da cidade um alvo natural para qualquer doença que viesse do Oriente. Em 543 a.c. a Peste de Justiniano teve um impacto terrível na cidade, e em 1720, Marselha se tornaria uma das últimas cidades da Europa a sofrer um enorme surto de pestilência. Contudo, o surto de 1347 foi singularmente severo. Em abril de 1348, Louis Heyligen, o músico que vivia na cidade papal de Avignon, ao norte, escreveu a seus amigos em Flandres que "em Marselha [...] quatro em cada cinco pessoas morreram".⁴¹⁸ O número verdadeiro estava provavelmente mais próximo de uma em cada duas pessoas, mas isso bastava para que o abade Gilles li Muisis descrevesse o sofrimento da cidade como "inacreditável".⁴¹⁹**

Outro registro no arquivo de M. Aycart capta a difusão fortuita da morte, em uma cidade onde metade da população, de 20 mil a 25 mil pessoas, desapareceu no período de um ano. Datada de 10 de abril de 1348, a entrada diz respeito ao comparecimento diante da corte de um ardiloso velho camponês chamado Jacme de Podio.⁴²⁰ Jacme estava tentando pôr as mãos no dote de sua nora, Ugueta, vítima recente da peste. O objetivo da audiência era estabelecer a legitimidade dos argumentos do velho. Normalmente, quando uma mulher morria sem fazer testamento, como a nora de Jacme, seu dote ia automaticamente para a sua filha. Mas Jacme afirmava

---

* O desespero econômico era provavelmente o que mantinha a frota. O colapso das Cruzadas, no fim do século XIII, e o enfraquecimento do Império Mongol, algumas décadas depois, acarretaram uma grande depressão marítima. Em 1248, o arquivo de um único notário marselhês continha mais de mil escrituras de transações comerciais. Nos dez anos que antecederam 1348, todos os notários de Marselha, *juntos*, registraram apenas 147 dessas escrituras. (Daniel Lord Smail, "Mapping Networks and Knowledge in Medieval Marseille, 1337-1342", tese de doutoramento não publicada [Ann Arbor: Universidade de Michigan, 1994], p. 22.)
** Relatos da época colocam a taxa de mortalidade em Marselha em 56 mil, mas como isso representa mais do que o dobro da população medieval da cidade, o número não faz sentido. A estimativa de algo em torno de uma taxa de 50% de mortes baseia-se no fato de que a peste tenha provavelmente chegado a Marselha, como em Messina e Gênova, em sua forma pneumônica — ou prestes a entrar nela —, que é imensamente contagiosa e letal.

que sua neta também estava morta e, apesar das mortes em forma de cascata pelas ruas, convencera diversos vizinhos de Ugueta a comparecer para corroborar sua afirmação. Uma vizinha disse ao magistrado que sim, havia visto a menina na rua algumas vezes após a morte de sua mãe, e, depois, ela também sumira.

"Como a senhora sabe que a menina está morta?", perguntou o magistrado.

A vizinha disse que um dia, por acaso, calhou de ver o corpo da menina em uma das carroças que levavam os mortos para o cemitério de Notre-Dame des Accoules. A pessoa seguinte na linha dos herdeiros era o filho de Jacme, Peire, marido de Ugueta. O magistrado perguntou sobre o destino de Peire. Morto, também, disse Jacme. Novamente, o velho arranjou um vizinho para corroborar sua afirmação. O vizinho disse que Peire morrera logo depois de sua esposa e de sua filha, talvez dois dias depois, o vizinho não tinha certeza — tanta gente estava morrendo naqueles dias que era difícil acompanhar. Uma semana depois da audiência, M. Aycart registrou em seu arquivo uma nota final sobre o caso: o velho Jacme agora também estava morto.

A corrupção, como a de Jacme, não era incomum em Marselha. Em uma audiência depois de terminada a peste, uma jovem chamada Uga de Bessa testemunhou em um caso a respeito de um homem que havia passado horas andando pelas ruas pestilentas da cidade à procura de um notário para sua esposa moribunda.[421] Inicialmente, a história soava como um ato altruísta de devoção marital: um marido atencioso arrisca sua vida para dar à sua esposa à beira da morte o pequeno consolo final de pôr seus negócios em ordem. Mas, então, o magistrado perguntou se a vítima havia indicado como ela gostaria de distribuir suas propriedades. "Sim", replicou a senhorita De Bessa. Como não se pôde encontrar um notário, a moribunda convocara diversas testemunhas ao seu leito de morte e, em sua presença, declarou que "estava deixando 100 florins para seu marido, Arnaut".

No entanto, essa história, como muitas outras histórias sobre a peste, tem uma reviravolta final.

"E onde está Arnaut agora?", perguntou o magistrado.

"Morto", respondeu a senhorita De Bessa. Morreu de peste também.

Se a corrupção era comum em Marselha, então era uma espécie de resolução obstinada e velada. Apesar de ter sido atingida logo depois da Sicília, Marselha não caiu no pânico nem no colapso social. Não há dúvidas de que houve casos de deserção — familiar, clerical e cívica —, mas não em quantidade suficiente para aparecer nas crônicas locais. Também não parece ter havido muitos casos de fuga em massa. Na cidade, "os habitantes se adaptaram aos efeitos da peste",[422] diz o historiador Daniel Lord Smail, autor de um esclarecedor estudo sobre a Marselha da Peste Negra. "As instituições municipais [...] não fecharam. [As pessoas] ficaram perto de seus parentes, amigos e vizinhos." Às vezes, a avareza pode ter um efeito estabilizador. Durante março, o pior mês da pestilência, o manipulador Jacme de Podio, com sua cobiça em nada diminuída, batia de porta em porta na vizinhança de sua nora, procurando testemunhas para depor em seu caso na corte. Abril, outro mês terrível, não apenas encontrou o rico mercador Peire, da Áustria, ainda em Marselha, mas ele e dois colegas, Franses de Vitrola e Antoni Casse, que também estavam planejando uma nova empresa comercial. Abril foi também o mês em que o marido solícito, Arnaut, vasculhava as ruas pestilentas em busca de um notário para lavrar o desejo de sua esposa moribunda de lhe deixar 100 florins. As pessoas continuaram se casando. Em maio, Antoni Lort compareceu ao casamento de seu amigo Pons Columbier.

A agressiva Marselha também não deixava de ter seus atos de bondade. Tendo pena de um cliente que perdera tudo na Peste Negra, o usurário judeu Bondavin de Draguignan disse ao homem que podia continuar trabalhando no jardim que havia oferecido como pagamento de seu empréstimo. O usurário também dissera ao homem que, quando a dívida fosse paga, ele poderia ter o seu jardim de volta.[423]

"Se a peste teve um impacto profundo nos habitantes da Marselha medieval, ele não foi um golpe que levasse ao desespero",[424] diz o professor Smail.

* * *

A experiência de Marselha durante a Peste Negra também merece atenção sob outro aspecto.

Na noite do Domingo de Ramos, 13 de abril de 1348, os habitantes cristãos de Toulon, um pacato vilarejo litorâneo a leste de Marselha, atacaram o bairro judeu local.[425] Arrombaram-se portas, quebraram-se janelas, derrubaram-se as mobílias; homens, mulheres e crianças foram arrancados da cama e jogados nas ruas noturnas para serem humilhados, provocados, chutados e cuspidos. Incendiaram-se lares, saquearam-se propriedades, roubou-se dinheiro, 40 judeus foram mortos. Pais foram esfaqueados diante de seus filhos e filhas, maridos diante de suas esposas, irmãos diante de suas irmãs. Na manhã seguinte, os corpos de dezenas de judeus estavam pendurados em postes na praça da cidade.

Em poucos dias, o *pogrom* se espalhou para os vilarejos vizinhos: para Digne, Mezel, Apt, Forcalquier, Riez, Moustiers e La Baume. Em alguns lugares, ofereceu-se aos judeus a opção de se converterem; a maioria preferiu morrer. "A insana firmeza demonstrada [pelos judeus] [...] era espantosa", escreveu um cronista. "[M]ães arremessavam seus filhos nas chamas para não correr o risco de vê-los batizados e depois se atiravam no fogo [...] para queimarem com seus maridos e filhos."[426] No dia 14 de maio, Dayas Quinoni, um judeu de La Baume que estava na cidade papal de Avignon quando os *pogroms* haviam começado, voltou para casa e encontrou sua família morta e o bairro judeu queimado e deserto. "Não sobrara mais ninguém além de mim",[427] escreveu M. Quinoni naquela noite. "[...] Eu me sentei e chorei com o amargor de minha alma. Quisera que o Senhor em Sua misericórdia me concedesse ver os consolos de Judá e de Israel [...] e permitisse que eu e meus descendentes descansássemos lá para sempre."

A violência contra os judeus na semana da Páscoa era uma tradição da Idade Média. O período, com seus ecos da "cumplicidade" judaica na Crucificação, despertava, talvez inevitavelmente, o ódio no coração dos cristãos. Mas os ataques contra Toulon e La Baume rapidamente foram superados por uma forma nova e bem mais malévola de antissemitismo. À medida que a peste se dirigia rapidamente para o leste, através da França, da Alemanha e da Suíça, no verão de 1348, começou a se espalhar um rumor de que a peste era um plano dos judeus. Em suas primeiras versões, os boatos se resumiam a isto: vagas acusações. Os cristãos, dizia-se, estavam morrendo, porque seus poços estavam sendo contaminados por um veneno judeu que causava a peste.* Mas durante o outono, quando a doença se agravou, os boatos cresceram incessantemente, tornando-se mais complexos, detalhados e bizarros — até constituírem uma versão medieval dos *Protocolos dos Sábios de Sião*.** Em novembro de 1348, todo cidadão bem-informado do leste da França sabia que a peste não era o ato de Deus, vingativo, ou do ar contaminado, mas, sim, de uma conspiração judaica internacional, que pretendia dominar o mundo. "Agora é a nossa vez", alega-se que um envenenador de poços teria dito a seus interrogadores cristãos.

As autoridades da cidade suíça de Chillon tiveram um papel importante na divulgação dos rumores. As confissões que obtiveram dos judeus locais em setembro de 1348 deram ao enredo uma convincente aparência de veracidade. As confissões mencionavam um mentor, um sinistro rabino Jacob, originalmente de Toledo, na Espanha, e que agora vivia no leste da França — e uma rede de agentes que supostamente entregavam embrulhos com veneno da peste aos judeus em toda a Europa. Os teóricos de perseguição de Chillon criaram até mesmo nomes e personalidades para os agentes. Havia o briguento Provenzal, o bondoso mercador Agimetus, a materna Belieta, o submisso cirurgião-barbeiro Balavigny e um esperto jovem conhecido simplesmente como "o menino judeu". Os teóricos de Chillon também criaram uma lista de locais supostamente "contaminados". Um deles seria

---

* Durante uma onda epidêmica nos anos 1320, surgiu uma variante desse rumor. Naquela época, alegava-se que eram os leprosos que estavam envenenando os poços, mas eles estariam sendo pagos pelos judeus e seu aliado, o califa muçulmano de Granada (ver Capítulo 10). A associação entre envenenamento de poços e pestilências é antiga. Durante a Peste de Atenas, no século V a.C., comentava-se que os atenienses estavam morrendo porque os espartanos estavam envenenando os poços. (Barbara W. Tuchman, *A Distant Mirror: The Calamitous 14th Century* [Nova York: Ballantine Books, 1978], p. 109.)
** Famoso texto que, apesar de forjado, gerou e ainda gera ondas de antissemitismo em várias partes do mundo. (N. T.)

uma fonte do bairro alemão de Veneza; outro, uma fonte pública em Toulouse; um terceiro, um poço próximo ao Lago de Genebra.

Até mesmo o veneno empregado para contaminar o suprimento de água dos cristãos foi descrito pormenorizadamente.[428] Ele tinha "mais ou menos o tamanho de um ovo", a não ser quando era "do tamanho de uma noz" ou uma "noz grande", "um punho" ou "dois punhos" — e vinha embalado em "uma bolsa de couro", quando não em um "pano de linho", "um trapo" ou "uma pequena coroa de papel"; e o veneno provinha de animais variados, lagartos, sapos e aranhas — isso quando não era feito de corações de cristãos e hóstias consagradas.

Os judeus interrogados a respeito do conluio para envenenar os poços tinham de usar uma versão "judaica" especial da praga do interrogatório.[429] "Se o que você disse não for verdadeiro e exato", dizia o interrogador ao prisioneiro, "então que a terra o envolva e o engula [...] e que você se torne leproso como Naamão e Gehazi, e que a calamidade de que escapou o povo israelita quando fugiu da terra do Egito se abata sobre você. E que de sobre você jorrem um sangramento e um corrimento que jamais cessem como teu povo invocou sobre si próprio quando condenou a Deus, Jesus Cristo".

Torturas "judaicas" especiais também estavam à disposição do interrogador.[430] Uma das técnicas era colocar uma coroa de espinhos na cabeça do prisioneiro e depois cravá-la no crânio com o emprego da força bruta ou de um instrumento rombudo. Outra consistia em ajustar uma corda de espinhos entre as pernas do prisioneiro judeu e, depois puxá-la para cima, contra a virilha e o saco escrotal.

Entre o verão de 1348 e 1349, um número desconhecido, mas enorme, de judeus europeus foi exterminado. Alguns tiveram que entrar em fogueiras comuns, outros arderam em estacas, e ainda outros foram assados em grelhas ou surrados até a morte, colocados em barris de vinho vazios e rolados para dentro do Reno. Em algumas localidades, as matanças foram precedidas por julgamentos encenados; em outros casos, não houve trâmites legais — às vezes, não havia nem mesmo uma acusação. Os judeus eram mortos simplesmente como uma medida profilática.

* * *

Os *pogroms* em torno de Marselha não apenas revelaram essa nova forma de antissemitismo provocada pela peste, mas também significaram o início de uma mudança relevante na natureza do antissemitismo francês. Tradicionalmente, a *Langue d'Oc* — de um modo geral, a França mediterrânea — era a terra dos trovadores; cosmopolita, romântica, poética, sensual e tolerante. Os judeus tinham uma relação longa e basicamente feliz com o sul. A *Langue d'Ouïl** — de um modo geral, a França atlântica — era a terra dos cavaleiros; ambiciosa, agressiva, decidida e intolerante. Os *pogroms* nos vilarejos meridionais de La Baume, Apt e Mezel eram um sinal de que essa divisão histórica estava chegando ao fim — o norte, que havia muito tinha objetivos políticos em relação ao sul tolerante e mais cosmopolita, estava começando a absorver a região meridional tanto cultural quanto militarmente. Os cidadãos, empunhando tochas das cidades de Touloun e La Baume, estavam agindo segundo a tradição geral do antissemitismo da França atlântica, uma tradição que incluía o julgamento do Talmude em 1240 — os parisienses comemoraram sua condenação por blasfêmia e heresia, queimando 14 carroças cheias de obras talmúdicas —, uma expulsão em massa dos judeus, em 1306, e os violentos *pogroms* do período pós-Grande Fome, que acabaram matando praticamente todos os judeus entre Bordeaux e Albi.[431]

A singular façanha da Marselha da Peste Negra foi resistir à onda de antissemitismo e continuar fiel à sua tradição mediterrânea de tolerância.[432] Durante a peste, a comunidade judaica local, composta de 2.500 pessoas, não sofreu hostilidades ou ataques. Além disso, à medida que crescia a ferocidade dos *pogroms*, Marselha ganhou a reputação de ser um refúgio para os judeus que fugiam da perseguição em outros lugares.

---

* Os termos para as duas regiões derivam das palavras usadas para dizer "sim": Oc e Oïl/Oui. (N. T.)

Avignon, janeiro de 1348

Em Avignon — onde havia sete igrejas,[433] sete monastérios, sete conventos e 11 casas de tolerância[434] —, a peste chegou no amargo janeiro de 1348, lotou os cemitérios locais e prejudicou ainda mais a reputação já maculada do papado.

Em fevereiro de 1300, quando Bonifácio VIII, o último dos grandes papas medievais, pisou em uma sacada do Vaticano e declarou 1300 um Ano de Jubileu, "para que [...] [Roma] seja frequentada com mais devoção pelos fiéis", o papado parecia invencível. Mas a aura de onipotência era uma ilusão. No exato momento em que Bonifácio se regozijava com a adulação dos fiéis naquela fria manhã de fevereiro, a História estava trabalhando contra a Igreja, e, se o papa ainda não tinha consciência do fato, sua velha nêmesis, Filipe, o Belo, já tinha. Em dez anos, "a augusta e soberana casa de França", o novo poder da Europa, humilharia o papado não apenas uma, mas duas vezes. Em 1303, agentes de Filipe prenderam Bonifácio em seu palácio de verão, uma experiência que o idoso papa achou tão revoltante que caiu morto algumas semanas depois. Então, em 1308, o sucessor de Bonifácio, o submisso e satisfeito gascão Clemente V, foi forçado a agir como substituto de Filipe no caso dos Templários. Depois de 54 membros da Ordem terem sido executados nas praças de Paris por ingerirem os restos mortais pulverizados de seus filhos ilegítimos[435] e por outros crimes "mais perversos" e de uma "vergonha veemente para os céus", Clemente, com Filipe a seu lado, anunciou que a maior parte do tesouro dos Templários seria entregue ao rei francês, em reconhecimento aos seus esforços em levar a Ordem à justiça.

Em sua execução, o grão-mestre De Molay não esqueceu de agradecer a Clemente a sua participação na derrocada da Ordem. Diz a lenda que, enquanto era consumido pelas chamas, o grão-mestre convidou o papa a se juntar a ele e a Filipe no inferno.

Nada que a Coroa francesa fazia ao papado, no entanto, era tão nocivo quanto o que o papado fazia a si próprio em Avignon. O conceito do papa fora de Roma não era novo quando Clemente V fugiu para a região rural da

Provença em 1308. Entre 1100 e 1304, os papas passaram mais tempo fora da Cidade Santa do que dentro dela. Mas o exílio de Avignon era diferente. Em primeiro lugar, havia a suspeita de que Clemente não ia a Roma por não estar disposto a se separar de sua bela amante francesa, a condessa de Perigord.[436] Em segundo lugar, havia a própria Avignon: cheia de casas queimadas — legado das Cruzadas contra os albigenses no século XIII —, ruelas recurvadas varridas por ventos violentos e cercadas por muros que desmoronavam, a cidade tinha toda a decrepitude, desconforto e sujeira de Roma, mas nada de seu glamour histórico e sua autoridade ou sua infraestrutura. A extrema proximidade com a Coroa francesa — a Provença ainda era nominalmente independente — também aumentava a impressão de que o papa estava se tornando um títere dos franceses.

O aspecto mais prejudicial do papado de Avignon, no entanto, era sua completa falta de seriedade moral. Clemente V e seus sucessores transformaram a Igreja em um pote de balas espiritual. As mentes férteis da Cúria conseguiram criar uma indulgência para qualquer situação e qualquer pecado que se pudesse imaginar.[437] Pagando-se determinada quantia, um filho ilegítimo se tornava legítimo, assim como se legitimava o direito de negociar com os infiéis, de casar com uma prima-irmã ou de comprar mercadorias roubadas. Criaram-se também licenças para mercados especiais, mais restritos, tais como freiras que queriam ter empregadas, judeus convertidos que desejavam visitar parentes não convertidos e pessoas que queriam ser enterradas em dois lugares (desejo que requeria que se cortasse o falecido ao meio). O estilo de vida opulento dos papas de Avignon ainda se acrescentava ao ar de degradação moral que pairava sobre a cidade. "Os simples pescadores da Galileia"[438] estão agora "cobertos de púrpura e de ouro", reclamava Petrarca.

Um jantar que Clemente V dera em 1308[439] é característico do estilo imperial do papado de Avignon. Sob raras tapeçarias flamengas e cortinas de seda, um grupo de quatro cavaleiros e 62 escudeiros serviu a 36 convidados do papa um jantar de nove pratos em baixelas de prata e ouro. Cada prato consistia em três elaboradas *pièces montées*, ou peças centrais, tais como um castelo de massa feito de cervo assado, cabrito montês e lebre assados. Entre o quarto e o quinto pratos, os convidados presentearam o papa com um magnífico corcel branco, avaliado em 400 florins (com um florim um homem podia comprar uma boa ovelha) e dois anéis, um com uma enorme safira, o outro com um enorme topázio. Para mostrar seu reconhecimento, Clemente deu a cada convidado um anel papal especial. Durante um segundo intervalo, entre o quinto e o sexto pratos, entrou, sendo empurrada sobre rodas, uma fonte de onde jorravam cinco tipos diferentes de vinho. As laterais da fonte eram decoradas com pavões, faisões, perdizes e grous. Em um intervalo entre o sétimo e o oitavo pratos, ofereceu-se aos convidados um combate de salão. Depois do nono prato e de um concerto, serviu-se a sobremesa. Ela consistia em duas árvores comestíveis; uma, prateada, carregada de maças, pêssegos, peras, figos e uvas enfeitados; a outra, verde como um pomar, estava carregada de frutas cristalizadas. A noite se concluiu com outra rodada de entretenimento. Alguém bateu palmas e o *chef* e sua equipe de trinta pessoas saíram correndo da cozinha para mostrar uma dança para os hóspedes do papa.

João XXII, sucessor de Clemente V, era mais frugal, mas apenas porque o magro, alto e pernóstico João preferia contar seu dinheiro a gastá-lo. Em um momento de ócio, um estudioso calculou que a fortuna pessoal de João, de 25 milhões de florins, pesava 97,5 toneladas.[440]

Bento XII, sucessor de João, fez o papado de Avignon retornar à tradição de opulenta magnificência. Em uma viagem pela área rural, em 1340,[441] o grupo papal de Bento seguia um corcel branco cercado de diversos pajens; depois, vinham um capelão, escudeiros mantendo três chapéus cardinalícios vermelhos erguidos em varas, dois barbeiros pontifícios carregando estojos vermelhos que continham vestes e tiaras papais, um subdiácono com uma cruz e uma mula com o *Corpus Christi*. No meio da procissão, cavalgava Bento, montado em um cavalo branco, protegido do sol do meio-dia por um dossel suspenso por seis nobres, e seguido por um escudeiro com um banco de montaria papal, caso o papa desejasse apear. A retaguarda da procissão era formada de diversos camareiros, administradores, prelados, abades e, bem na retaguarda, como um ponto de exclamação ambulante, um doador de esmolas papal, jogando moedas para a multidão. Contudo, comparado a seu sucessor, mesmo Bento parecia parcimonioso. "Soberano algum o superou em seus gastos, nem concedeu favores com maior generosidade",[442] escreveu um observador a respeito do antigo protetor de Cola di Rienzo, Clemente VI. "A suntuosidade de sua mobília, o requinte de sua mesa, o esplendor de sua corte, plena de cavaleiros e escudeiros da antiga nobreza, eram sem igual." E isso mal era metade da história. Clemente VI tinha um guarda-roupa pessoal de 1.080 peles de arminho, deleitava-se com jogos de "azar e com os cavalos", detinha "o melhor cavalo reprodutor disponível" e, apesar das línguas maledicentes, mantinha "seu palácio [...] aberto a toda e qualquer hora ao sexo frágil".

Nas manhãs de nevoeiro, o magnífico palácio papal em Avignon erguia-se por sobre um cinturão circundante repleto de campinas salpicadas de orvalho e cheias de carvalhos como uma presença espectral:[443] uma imponente mistura de torres ogivais, telhados serpeantes e chaminés piramidais pairando acima de uma nuvem cinza-pombo. "*Valde misteriosum et pulcrum*": muito misterioso e belo, declarou um visitante. "De solene e maravilhosa beleza em suas dependências e de imensa fortaleza em suas torres e muros", declarou um outro. A solene magnificência do palácio era posta em destaque por sua localização em um rochedo acima do Ródano e por vastos corredores que pareciam os das catedrais, com janelas abobadadas, onde cardeais de chapéu vermelho deslizavam pelos motivos decorativos quadriculados de luz e sombra como peças vivas de xadrez.

Diariamente, peixes de água salgada vivos de Marselha, peixes de água doce do Ródano, ovelhas e gado das pastagens alpinas e aves e vegetais dos campos da Provença iam para a mesa de jantar do papa. O palácio tinha também mais de quatrocentos criados, que trabalhavam em diversas cozinhas, salões de jantar, câmaras de dinheiro,[444] um aposento papal com uma caldeira a vapor; um zoológico para o leão e o urso papais; e um grande contingente de parentes do papa, muitos dos quais trajando caros brocados e peles, e eram normalmente acompanhados por um ou dois cavaleiros.

Quando lhe perguntaram se era mais extravagante que seu antecessor, Clemente VI replicou altivamente: "Meus antecessores não sabiam como serem papas."⁴⁴⁵

Se todos acima do nível de bispo viviam luxuosamente em Avignon, quase todos abaixo desse nível viviam na miséria. Como registrou o estudioso Morris Bishop, levar a imensa burocracia papal, a Cúria, para a semirrural Avignon equivalia a levar a ONU para uma pequena cidade da Nova Inglaterra.⁴⁴⁶ A entrada quase instantânea de milhares de novos habitantes desgastou a infraestrutura local e, depois, a rompeu. Petrarca, habitante eventual, reclamou que Avignon era "a mais lúgubre, lotada e turbulenta [cidade] que existe, um esgoto transbordando com toda a imundície do mundo reunida. Quais palavras poderiam exprimir o quanto se fica nauseado diante dos becos fedorentos, dos porcos repulsivos e cachorros rosnadores, [...] do estrondo das rodas abalando as paredes e das carroças bloqueando as ruas tortuosas. Tantas raças de homens, mendigos tão horrendos, tamanha arrogância dos ricos!"⁴⁴⁷ O mistral, versão provençal do siroco, era outra praga; ele espalhava papéis, levantava saias, afligia os olhos e deixava tudo coberto com uma fina camada de pó; mas poucos reclamavam, porque, como dizia um ditado local: *"Avenio, cum vento fastidiosa, sine vento venenosa"* — Avignon, desagradável com o vento, venenosa sem ele."⁴⁴⁸

Os burocratas do papado eram quem mais sofria com a falta de uma infraestrutura adequada, diz o professor Bishop.⁴⁴⁹ Eles tremiam durante o inverno em edifícios cheios de correntes de ar e desprovidos de aquecimento; suavam no verão em cômodos fechados — para proteger pilhas de papel do incômodo mistral; e trabalhavam o ano inteiro na semiobscuridade. As velas de cera de abelhas eram caras demais para o uso cotidiano, as velas de sebo tinham um cheiro horroroso e precisavam ter o pavio constantemente aparado, enquanto as lâmpadas de óleo não iluminavam o suficiente para o trabalho burocrático. Toda noite, com as juntas doloridas e os olhos cansados, os burocratas da Cúria levantavam de seus bancos, desciam para as ruas de Avignon e, sem terem o que ver ou a quem visitar, dirigiam-se para as tabernas locais, a fim de beber e procurar prostitutas. Os habitantes se gabavam de que, enquanto a Cidade Santa tinha apenas dois lupanares, Avignon tinha 11.

"Um ambiente pleno de orgulho, avareza, autoindulgência e corrupção",[450] declarou Santa Brígida da Suécia. "A Babilônia do Ocidente",[451] concordou Petrarca.

Se era elegante criticar Avignon, também o era ir até lá e observar boquiaberto.

Ao atravessar a ponte em Avignon, numa manhã de domingo na primavera de 1345, um visitante poderia encontrar um sem-número de celebridades, inclusive o próprio Petrarca. Quando sua graciosa figura emerge de uma alameda de carvalhos perto da Rue des Lices, onde viviam os empregados do papa e os habitantes nascidos em Avignon, o poeta tem a aparência descrita por seu amigo Boccaccio: leve e de passo ágil, de olhar animado, rosto redondo e bonito. Vaidoso a respeito de sua suposta falta de vaidade, Petrarca, em *Carta à Posteridade*, escreve: "Não posso me gabar de uma aparência singularmente bela";[452] então, algumas frases depois, ele se gaba de seus "olhos castanhos cintilantes" e de sua "compleição forte, nem clara nem escura" para o leitor.

Em uma manhã tão bonita, Petrarca poderia estar pensando em quase qualquer coisa, mas provavelmente está pensando em Laura, a companheira de seu espírito. O poeta pode estar a caminho do estúdio de Simone Martini, que está pintando para ele um retrato de bolso de Laura ou planejando uma visita noturna à sua casa para desfalecer sob sua sacada — ou um passeio pelos jardins, onde o casal às vezes caminhava e onde uma vez discutiram.

Não há paz; estou fraco demais para a guerra,
medo e esperança; uma tocha ardente, congelo.
[...] É minha situação, minha dama; É vosso feito.[453]

Ficando na ponte um pouco mais, aquele visitante poderia ver a própria Laura. Como outras mulheres elegantes de Avignon, ela está usando uma *baudea* — um véu de seda —, mas seu vestido, de gola alta e folgado, é casto para os padrões daqueles tempos, que eram muito ousados. "Olhar uma mulher se despir", reclamou um crítico da moda do período, "é como observar um esfolamento."[454]

A luz da manhã combina com Laura. O sol dá mais brilho ao cabelo dourado em sua fronte e um tom rosado à sua tez alva. Nessa manhã, ela está acompanhada por seu marido, muito bem-apessoado, o *chevalier* Hugues de Sade. Em uma bela reviravolta da história, M. De Sade é um ancestral do mais eminente biógrafo de Petrarca no século XVIII, o abade J. F. X. de Sade, que, por sua vez, é tio do diabólico marquês do mesmo nome. Os De Sade são uma destacada família de Avignon.[455] Ricos aristocratas, eles possuem diversas tecelagens na região. A Ponte de Avignon traz o brasão da família De Sade desde 1177.

Não há dúvida de que De Sade ficaria chocado se soubesse que, algumas horas antes, o mais famoso poeta da cristandade havia atravessado a mesma ponte, sonhando com sua mulher. Mas será que o *chevalier* se sentiria ameaçado? M. de Sade "não pode ter levado [Petrarca] muito a sério",[456] diz o professor Bishop; do contrário, ele não teria tolerado o relacionamento de Petrarca com Laura. Além disso, acrescenta o professor, "De Sade conhecia muito bem a tradição provençal do apaixonado poeta suplicante. Toda vez que Petrarca fosse longe demais, ele trancaria a pobre Laura em casa, mas, quanto ao resto, se o poeta quisesse suspirar ao nascer do sol sob a janela de sua esposa, não havia muito mal nisso".

Ficando mais um pouco na ponte, o visitante podia encontrar outro amigo de Petrarca, o músico Louis Heyligen.[457] Os glamourosos italianos consideram os habitantes do norte rústicos caipiras do interior, mas uma década em Avignon deu ao flamengo Heyligen um pouco mais do que um mero verniz da elegância meridional. Surgindo de uma rua tortuosa em um eflúvio de perfume, Heyligen parece um anúncio dos barbeiros e alfaiates mais modernos de Avignon. Seu cabelo, conforme a moda, está cortado curto; seu bigode, voltado para cima, como a ponta do sapato de um elfo, está, conforme a moda, longo; e suas roupas, conforme a moda, são justas. Nessa manhã, Heyligen comprimiu o tronco em uma jaqueta curta, multicolorida e ajustada, e suas nádegas, virilhas e pernas no equivalente masculino das "janelas do inferno", um par de calças tão apertadas que mostravam quase tudo. Cabeça empinada, queixo para a frente e ombros retos, o antigo estudante bolsista da rural Beeringen, em Flandres, se movimenta furtivamente pela Ponte de Avignon como o próprio rei da França. Esse é o andar de um homem que conheceu o sucesso em sua vida. E, de fato, em Avignon, uma cidade cheia de músicos brilhantes, Heyligen é considerado o mais brilhante.

Heyligen, no entanto, ficaria horrorizado se ouvisse alguém descrevê-lo como "criativo". A expressão pessoal e a intuição não tinham espaço na música medieval, que era considerada um ramo da Matemática. Como qualquer outro aspecto do universo, pensava-se que a música tinha estruturas inerentes. As estruturas musicais eram as relações fixas entre as várias notas e acordes. Quanto mais acuradamente um músico pudesse calcular essas relações com fórmulas matemáticas, seria mais provável que sua música reproduzisse o "som da aura de Deus".

Atualmente, Heyligen está empregado pelo erudito, belo e jovem cardeal Giovanni Colonna, um dos filhos do velho Stefano e patrono de Petrarca. Nas manhãs de domingo, pode-se encontrar o músico regendo o coro na capela particular do cardeal. Heyligen provavelmente está vindo de lá agora, indo para casa, a fim de preparar o programa musical do domingo seguinte.

À medida que Heyligen desaparece por trás de uma carroça de frete, surge no panorama o cirurgião Guy de Chauliac.[458] "Guigo", como falam seus amigos, tem uma ligeira semelhança com o ator francês Gérard Depardieu (se pudermos acreditar nos retratos da época). Trata-se de um homem vigoroso como um urso, com uma masculinidade natural, muito francesa. O cirurgião tem a aparência de alguém que teria terra sob as unhas, ouro embaixo da cama e alho no hálito. Um simples observador declararia que o cirurgião era um camponês e estaria quase certo. Guigo é outro brilhante estudante bolsista. Nascido em uma família de agricultores pobres no Languedoc, ele ainda estaria empurrando um arado, não fosse um par de "mãos mágicas". Diz a lenda que, quando era menino, a habilidade de Guigo em suturar cortes e colocar ossos fraturados no lugar lhe deu reputação de um prodígio da Medicina; dizem que certa vez ele salvou a perna de uma jovem nobre gravemente ferida em uma queda.

Pode haver um fundo de verdade nessa história. Sabemos que a educação do cirurgião foi paga por um barão local; o financiamento pode ter sido um gesto de gratidão por um ato salvador. De Bolonha, onde estudou Anatomia e Cirurgia, Guigo foi para a França, a fim de estudar e lecionar na Universidade de Paris, e depois em direção ao sul, para Avignon, no intuito de se tornar médico pessoal de Bento XII, e João XXII e, agora, de Clemente VI, que, fiel a suas crenças de que "seus antecessores não sabiam como ser papas", emprega uma equipe de oito médicos, quatro cirurgiões e três cirurgiões-barbeiros. Como médico-chefe do papa, Guigo tem a tarefa de monitorar os intestinos dele — a análise das fezes e urina era uma ferramenta essencial para os diagnósticos da Medicina medieval. Guigo registra o número de evacuações diárias do papa e examina o odor e a forma de cada amostra de fezes, em busca de poluentes.

O cirurgião de Chauliac também podia estar pensando em quase qualquer coisa nessa adorável manhã de domingo: *Chirurgia magna*, sua obra-prima, que influenciará o pensamento médico pelos próximos duzentos anos; uma evacuação irregular do papa; a linda loura que passou por ele há poucos instantes. Mas o que não poderia estar na cabeça do cirurgião — o que ele não poderia nem mesmo imaginar nesse belo dia de primavera de 1345 — é como Avignon estará dali a três anos.

Ninguém poderia.

Peste! A palavra evocava [...] possibilidades fantásticas [...] Atenas, uma casa mortuária fedorenta exalando até o céu e desertada até mesmo pelos pássaros; cidades chinesas entupidas de vítimas caladas em sua agonia, os presidiários marselheses empilhando corpos podres nas covas; homens e mulheres copulando nos cemitérios de Milão; a escuridão assombrada por fantasmas da cidade de Londres [...]. Uma imagem surgida diante dele do brilho rubro das piras se refletia em um adormecido mar escuro como vinho, tochas de combate [...] uma fumaça densa e fétida erguendo-se para o céu alerta. Sim, não estava além dos limites do possível.[459]

Ao contrário do doutor Rieux, herói de *A Peste*, o romance de Albert Camus sobre a doença nos tempos modernos, o povo de Avignon nada sabia da história do *Y. pestis* em 1347. Mas, nas últimas semanas do ano — à medida que os boatos subiam o Ródano, vindos de Marselha, da Sicília e de Gênova, a respeito de chuvas sulfurosas, ventos venenosos e grandes muralhas de fogo, e a respeito de um contágio tão insidioso que se dava pelo olhar —, em algum canto escuro de sua mente os habitantes de Avignon, também, devem ter pensado: "Sim, não estava além dos limites do possível."

"Dos distritos periféricos [...] uma doce brisa trazia um murmúrio de vozes, de cheiros [...] uma alegre e perfumada maré de liberdade abrindo seu caminho":[460] na moderna Oran de *A Peste*, a pestilência chega delicadamente, discretamente, como um veneno inodoro e insípido. Mas a doença que Camus descreve já estava velha e fragilizada, tendo perdido seus venenos mais virulentos para séculos de batalhas nas ruas da Sicília, nas cidades da China e nas cidades manchadas de fuligem da Europa renascentista. O agente patogênico que atingiu Avignon em 1348 estava ainda no ápice da juventude.

Emergindo da meia-luz de um alvorecer de janeiro, a pestilência atacou a perversa e carnal Avignon, matando impiedosamente, incessantemente, com um talento refinado nas planícies varridas pelo vento da Mongólia, nas praias do lago de Issyk Kul, nos serpeantes olivais de Chipre e nas estradas atormentadas entre Messina e Catânia.

"Dizem que, nos três meses de 25 de janeiro até hoje, morreram 62 mil pessoas [...]",[461] escreveu a seus amigos em Flandres o músico Heyligen no dia 27 de abril. "Dentro das muralhas da cidade [há] mais de sete mil casas onde ninguém mora, porque todos nelas morreram, e, nos subúrbios, pode-se imaginar que não haja um só sobrevivente." Em Avignon, as pessoas caíam nas ruas, nas igrejas, em seus lares e nos palácios; caíam de bancadas de trabalho e sob carroças, e caíam em quantidades tão espantosas que, durante todo o inverno frio e úmido e a primavera de 1348, o barulho das pás dos coveiros jamais cessou. A mortandade era tão furiosa que os indivíduos rústicos que enterravam os mortos — "homens seminus, sem qualquer sentimento elevado", segundo Heyligen — mal conseguiam dar conta do trabalho. Em 14 de março, 11 mil pessoas já estavam enterradas no novo cemitério que Clemente VI comprara para a cidade, e, disse Heyligen, isso já "além daqueles enterrados nos cemitérios do Hôpital de Saint-Antoine e das Ordens religiosas e em muitos outros cemitérios". Quando não havia mais espaço em Avignon, Clemente consagrou o Ródano; toda manhã daquela primavera da peste, centenas de corpos podres desciam a correnteza como uma misteriosa nova espécie de criatura marinha. Passando Aramon, Tarascon e Arles, os mortos de Avignon afluíam no vasto Mediterrâneo, onde, à fraca luz cinzenta de uma aurora marinha, reuniam-se em comunhão com os mortos de Pisa e Messina, Catânia e Marselha, Chipre e Damasco.

Fizeram-se fogueiras para afastar a pestilência e colocaram-se guardas para manter os estrangeiros fora da cidade. "Se os remédios em pó ou unguentos eram encontrados [...] seus donos [...] eram obrigados a engoli-los",[462] escreveu o cirurgião De Chauliac. Contudo, pouco foi feito para proteger do focinho curioso dos porcos de Avignon os mortos enterrados às pressas. Toda noite, enquanto a cidade dormia um sono agitado e pestilento, os porcos se reuniam na escuridão e desciam para os cemitérios locais, escavando o solo fofo, úmido e pleno de cadáveres até o amanhecer; então, saciados, sonolentos e cobertos com a lama das covas, voltavam para casa à luz da manhã.[463]

Nas igrejas locais, os pregadores faziam o que fazem os pregadores quando confrontados com a inexplicável e incompreensível tragédia humana. Diziam aos fiéis que a pestilência era uma bênção de Deus, parte da "pequena chama imóvel no sombrio âmago do sofrimento humano [que] revela a vontade de Deus em ação, transformando infalivelmente o mal no bem".[464] Mas, nas ruas geladas, outra espécie de transformação estava acontecendo. À medida que a peste prosseguia, juntamente com os roncos dos "porcos repulsivos e cachorros rosnadores", cada vez mais Avignon ecoava com os gritos de judeus perseguidos, o crepitar de fogueiras nas esquinas e o som áspero e cortante dos pulmões hemorrágicos. Os habitantes rapidamente reconheceram a tosse incontrolável da peste pneumônica, o violento ruflar espasmódico que arremessava as pessoas contra as paredes ou as dobrava ao meio em plena rua, deixava queixos e camisas manchados de muco ensanguentado e gerava um ruído chocalhante nos pulmões que soava como uma pesada corrente de ferro sendo arrastada nas ruas pavimentadas com pedras. Em abril, poucos meses depois da chegada do *Y. pestis*, Heyligen escreveu: "Descobriu[-se] que todos que morreram repentinamente tinham pulmões infectados e tossiam sangue. E esta forma é a mais perigosa [...], o que equivale a dizer que é a mais contagiosa".[465]

Em Avignon, como em toda parte, a peste iluminou também a complexidade da condição humana. Houve as conhecidas histórias de abandonos, de pessoas morrendo "sem qualquer sinal de afeto, pena ou caridade [...]. Os padres não ouvem confissões [...] nem administram sacramentos [...]. Todos que ainda têm saúde cuidam apenas de si próprios",[466] reclamou Heyligen. Houve também uma preocupante nova série de ataques contra os judeus. "Alguns coitados [...] foram acusados de envenenar os poços", escreveu o músico a amigos flamengos. "Muitos foram queimados por causa disso e estão sendo diariamente queimados." Avignon, no entanto, não ficou privada de heroísmo. Os monges e os irmãos de La Pignotte, asilo municipal de pobres, demonstraram uma devoção altruísta, alimentando os famintos e cuidando dos doentes, limpando pústulas que vazavam, cauterizando bubões dolorosos, pondo ataduras em pés rachados e gangrenosos, lavando pisos manchados de sangue. Mas, infelizmente, em um tempo de pestilência quase nenhum ato de bondade escapa a uma punição. Os doentes e moribundos que acorreram a La Pignotte com a peste pneumônica fizeram do asilo uma armadilha mortal. "Enquanto em La Pignotte eles normalmente [usam] 64 medidas de cerca de

65mg por dia, com uma medida fazendo quinhentos pães", Heyligen observou, "agora apenas uma medida, e por vezes só meia, é necessária."

No dia 19 de maio, Petrarca, que estava em Parma, recebeu uma carta de Heyligen. Depois de lê-la, o poeta escreveu uma nota na folha de rosto de seu livro mais querido, um exemplar de Virgílio. "Laura",[467] escreveu ele, "ilustre por suas virtudes e há muito celebrada em meus poemas, surgiu diante de meus olhos pela primeira vez no princípio de minha vida adulta, na Igreja de Santa Clara, em Avignon, no 1.327º ano do Nosso Senhor, no dia 6 de abril, na missa da madrugada. E na mesma cidade, no mesmo mês de abril, no mesmo dia 6, na mesma hora, em 1348, sua luz foi roubada deste mundo [...]. Aquele corpo castíssimo e amoroso repousou na igreja dos irmãos franciscanos no mesmo dia de sua morte, ao anoitecer. Mas sua alma, disso estou convicto, retornou ao paraíso, de onde veio [...]. Decidi fazer esse registro neste lugar [...] que sempre está diante de meus olhos [...] para poder refletir sobre a impossibilidade de haver mais prazer para mim nesta vida [...] agora que o elo principal se rompeu."*

Nesse mesmo dia — 19 de maio de 1348 — Petrarca pode ter escrito esses versos:

> *Ela fechou os olhos; e deitada em doce sono*
> *seu espírito se esgueirou de sua morada.*
> *É tolice se encolher de medo, se isto é a morte,*
> *pois em seu rosto era linda a morte.*[468]

Nos primeiros estágios da pestilência, Avignon tentou todas as medidas imagináveis para se proteger. As pessoas pararam de comer peixe, afirmando que eles estavam "contaminados pelo ar infectado", e especiarias, "por medo de que tivessem sido trazidas em galeras genovesas". Elas tentaram fazer fogueiras e depois queimaram os judeus — até Clemente publicar uma bula denunciando os assassinatos. Em seguida, Avignon saiu para

---

* Petrarca provavelmente inventou as datas de morte simétricas com fins literários. A vida raramente é tão organizada.

as ruas em sangrentas marchas semi-histéricas à luz de velas. Algumas tiveram a presença de "duas mil pessoas de toda a região [...]",[469] diz Heyligen, "tanto homens quanto mulheres, muitos descalços, outros usando camisas de cilício usadas em penitência ou cobertos de cinzas [...] [alguns] fustigavam-se com cruéis chibatadas até que o sangue derramasse."

Depois de todas as opções terem se esgotado, Avignon fez o que fizeram outras cidades pestilentas: caiu no estado de resignação letárgica que Camus descreveu em *A Peste*: "Nenhum de nós era [mais] capaz de emoções exaltadas [...]",[470] diz o narrador do romance. "As pessoas diziam: 'Já estava na hora de isso parar.' [...] Mas, quando fazíamos esses comentários, nada sentíamos do desejo ardente ou do ressentimento impetuoso da primeira fase [...]. A furiosa revolta das primeiras semanas dera lugar a um imenso desânimo [...]. A cidade inteira parecia a sala de espera de uma estação ferroviária."

Em meio a todo esse sofrimento, Avignon teve de fato um único momento miraculoso.

No dia 15 de março de 1348, quando o sol nascia sobre a cidade, cozinheiros do palácio papal, escribas da Santa Sé, camerlengos do palácio do cardeal Colonna, administradores, clérigos e criados de toda parte se empurravam pelas ruas tortuosas e malcheirosas de Avignon. Sobre as multidões agitadas, muralhas e janelas ficavam decoradas por flores e estandartes de seda, e nos terraços acima das muralhas estavam as "mais belas e mais nobres damas [...] vestidas com os custosos trajes cerimoniais que são legados de mãe para filha por muitas gerações".[471]

Por volta de nove da manhã, soou um coro de cornetas de prata, e a manhã de inverno explodiu em um glorioso tecnicólor. Enquanto milhares de espectadores soltavam "uuhs" e "aahs", uma parada de notáveis, vestidos com trajes cintilantes, marchava pela cidade. Liderando a procissão estavam o sorridente bispo de Florença e o chanceler da Provença, acenando com seu chapéu. Atrás deles, caminhavam 18 cardeais trajando vestes escarlates dos mais finos tecidos, e, atrás dos cardeais, caminhava o mais encantador casal da cristandade e a razão de a multidão ter levantado cedo naquela manhã.

Lá estavam Luigi de Taratino, vestido na mais recente moda espanhola — cabelo curto e jaqueta justa — e parecendo "belo como o dia", e, caminhando alguns passos à sua frente, a rainha Joana de Nápoles e da Sicília, de 23 anos de idade, envolta em um robe ouro e carmesim e portando cetro e orbe. Os lindos cabelos louros da rainha estavam protegidos da pálida luz do inverno por um dossel de cores brilhantes sustentado por nobres da mais alta linhagem. A multidão estava extasiada. "Sua figura",472 diz um admirador, era "[...] alta e de formas nobres; seu ar, sereno e majestoso; seu porte, digno da realeza; [e] seus traços, de rara beleza".

A beleza loura e alva de Joana — uma combinação que os trovadores chamavam de "neve sobre gelo" — era uma das grandes maravilhas do mundo medieval.473 "Bela e agradável de se olhar" foi como Giovanni Boccaccio descreveu a jovem rainha. "Preciosa e encantadora", declarou Petrarca. "Mais angélica do que humana", acrescentou o *chevalier* de Brantôme. Para o galhardo e jovem cavaleiro Galaezzo Gonzaga de Mântua, somente palavras, por si sós, não eram capazes de descrever os encantos de Joana. Depois de dançar uma só vez com a rainha napolitana, o cavaleiro caiu de joelhos e jurou "sair pelo mundo até derrotar em combate dois cavaleiros, que juro que a presentearei como recompensa". Imediatamente, dois cavaleiros da Borgonha chegaram à corte de Joana, acompanhados por um bilhete do ardente jovem cavaleiro Galezzo.*

Quanto à sua personalidade, a jovem rainha era tipicamente napolitana, o que quer dizer que tanto seus súditos — que acreditavam que Joana era bondosa e generosa — quanto seu cunhado, o rei Luís da Hungria — que chamava Joana de aquela "grande meretriz que [...] governa Nápoles"474 —, tinham razão.

A visita da rainha a Avignon dos tempos da peste foi fruto de seu envolvimento em um dos mais sensacionais assassinatos de celebridades na Idade Média. Em um anoitecer do final do verão, três anos antes, o marido de Joana — e irmão mais novo de Luís —, o príncipe Andreas da Hungria,

---

* As leis da cavalaria ditavam que, quando um cavaleiro derrotava um oponente, este se tornava sua propriedade. Joana deu a liberdade a seus dois "presentes".

de 18 anos de idade, foi encontrado pendurado no balcão de uma abadia napolitana. Segundo relatos da época, o jovem príncipe ainda estava vivo ao ser encontrado por uma criada, mas, quando ela soltou um grito, uma figura misteriosa repentinamente surgiu da escuridão, agarrou pelos calcanhares o príncipe e o puxou com força, quebrando-lhe o pescoço e matando-o.[475]

Ao ouvir a notícia do assassinato, Joana teria ficado inconsolável. Na manhã seguinte, sempre que se mencionava o nome de Andreas, ela soluçava: "Meu homem assassinado!" Declarando: "Sofri uma angústia tão intensa com o assassinato de meu marido [...] que estive muito próxima de morrer dos mesmos ferimentos." Alguns dias depois, a rainha ofereceu uma recompensa por qualquer informação que dissesse respeito ao crime. Os napolitanos ficaram tocados — a rainha era tão jovem e linda, e sua dor, tão grande. Os húngaros suspeitaram — as circunstâncias que cercavam a morte de Andreas eram incomuns. Para começar, havia o fato de que, na noite da morte, Andreas fora chamado aos aposentos reais por uma das criadas de Joana, uma moça chamada Mabrice di Pace. Mabrice bateu na porta do quarto tarde da noite e disse ao príncipe que um conselheiro gostaria de falar com ele. Havia a circunstância extra de que, quando Andreas saíra do quarto, onde Joana supostamente dormia, alguém trancou a porta por dentro. E havia ainda o fato de que um dos homens que atacaram o príncipe no escuro corredor da abadia, fora dos aposentos reais, era Raimondo Cabani, marido da tutora da rainha durante a infância. Depois de dominar e derrubar Andreas, Cabani e dois cúmplices enfiaram uma luva na boca do príncipe, passaram um laço por seu pescoço e então o arrastaram para um balcão e o arremessaram por sobre a balaustrada.

Os húngaros também afirmaram rapidamente que Joana tinha bons motivos para desejar a morte de Andreas. Havia o caso semipúblico da rainha com o belo Luigi, que diziam ser o pai da criança de que ela estava grávida no momento do assassinato. Além disso, havia a notória antipatia da rainha por Andreas, que diziam ser um menino gorducho e maçante, e pelo irmão mais velho de Andreas, o rei Luís, que Joana pensava cobiçar seu reino de Nápoles e da Sicília. "Sou rainha apenas no nome",[476] disse ela um dia a Petrarca.

Nos meses que se seguiram ao assassinato, as opiniões abalizadas da Europa estiveram divididas a respeito da cumplicidade da rainha. Luigi insistia asseverativamente que Joana era inocente, e Petrarca, um observador relativamente isento, chegou à mesma conclusão. Boccaccio não conseguia se decidir. No primeiro de diversos relatos levemente disfarçados do assassinato, ele descreveu um personagem semelhante a Joana como uma "loba prenhe".[477] Mas, em uma versão posterior da história, o autor mudou de opinião e transformou a personagem da rainha em uma linda donzela em perigo. Luís da Hungria não sofreu com tais dúvidas dolorosas. Logo antes da chegada da peste, ele escreveu a Joana: "Vossa antiga má-fé, vossa indecente presunção [...] as vinganças que deixastes de executar [contra os supostos assassinos de Andreas], as desculpas que criastes, tudo prova que fostes parte da morte de vosso marido. [...] Tende a certeza, no entanto, de que ninguém, jamais, escapa ao castigo por um tal crime."[478]

Quando Joana visitou Gênova em março de 1348, estava fugindo dos exércitos de Luís, vingativo, que acabava de comemorar sua conquista de Nápoles, decapitando um primo de Luigi no balcão em que Andreas fora enforcado.

Para os partidários de Joana, sua decisão de se arriscar na pestilenta cidade papal para limpar seu nome em um julgamento eclesiástico era um indício claro de sua inocência. "Triunfar silenciosamente sobre o mundo, para ela, compensaria o risco de cem pestilências",[479] escreveu mais tarde um biógrafo e admirador. Para os detratores, no entanto, a visita apenas provava que a rainha tinha menos medo da peste do que de terminar como o primo de Luigi. Joana, acusavam eles, fora levada a Avignon pela necessidade de fazer um acordo com Clemente VI, uma das poucas figuras com poder suficiente para protegê-la dos vingativos húngaros. Ambos os pontos de vista encontrariam simpatizantes no julgamento da rainha, que ocorrera no mesmo dia de sua chegada a Avignon, em 15 de março de 1348, no enorme Salão do Consistório.

Enquanto Joana e Luigi bebiam vinho e refrescos em uma antecâmara, a corte se reunia dentro do salão.[480] Sentado em um estrado papal, que o colocava dois degraus acima de todos, estava o juiz que presidia a sessão,

Clemente VI, que trajava uma coroa adornada com três carreiras de pedras preciosas, traje cerimonial branco de uma rara seda tecida à mão e chinelos de linho com pequenas e delicadas cruzes de ouro bordadas nos bicos. Sentado abaixo do pontífice estava um semicírculo de juízes-cardeais, e de pé diante dos cardeais estavam os acusadores de Joana, os promotores da Coroa húngara, que olhavam de forma furiosa. Encostada nas paredes do Consistório estava a mais fabulosa plateia da cristandade. Ignorando a peste, "prelados, príncipes, nobres e embaixadores de todas as potências europeias" haviam se reunido em Avignon para presenciar o julgamento.

As evidências contra Joana eram extremamente incriminadoras, e se aproveitaram delas ao máximo. Eles lembraram a corte papal da profunda e notória animosidade que existira entre a rainha e seu príncipe consorte, das muitas conspirações que os conselheiros de Joana desencadearam contra o inocente Andreas e, o mais incriminador de tudo, da proximidade da rainha e do jovem príncipe na noite do assassinato. Somente poucos centímetros da porta do quarto separavam o casal real; certamente, a rainha deveria ter ouvido os gritos de socorro de seu marido. Apesar de ser convincente a acusação húngara — talvez até definitiva, como um historiador registrara posteriormente —, "a rainha de Nápoles poderia seduzir o próprio Areópago".[481]*

Ao entrar no tribunal, formado apenas por homens, Joana "veio pálida e de forma lenta em sua beleza, a coroa aberta de Nápoles pousada suavemente em seus brilhantes cabelos ondulados; seu longo manto azul-celeste orlado com pele [...] coberto de flores-de-lis".[482] Avançando por uma avenida de reluzentes nobres e cardeais, a rainha napolitana caiu de joelhos diante do estrado e beijou os pés do papa. Clemente VI ordenou que Joana se erguesse, beijou-a na boca e então convidou a jovem rainha a sentar-se a seu lado.

Quando foi convocada a responder às acusações contra ela, Joana se levantou; um admirador escreveu: "uma mulher, uma mãe e uma rainha, três vozes em uma." A rainha admitiu que sim, seu casamento com Andreas havia sido desprovido de sentimentos, mas insistiu que, pouco antes do assassinato do príncipe, ocorrera uma reconciliação. Joana também lembrou ao

---

* Antigo tribunal ateniense. (N. T.)

tribunal que, quando o príncipe fora morto, ela perdeu não apenas um marido querido, mas também um querido companheiro de infância; o casal real brincara junto quando crianças. A jovem rainha falou então de forma comovente sobre os horrores da viuvez e do exílio, e de forma apaixonada sobre as crueldades de seus horrendos sogros húngaros, que haviam lhe tomado seu filho, ainda bebê. "Proclamai em conjunto a todo o mundo a inocência de um órfão perseguido e de uma rainha ofendida", implorou Joana ao tribunal.

O tribunal papal fez isso e ainda mais. Os juízes declararam Joana não apenas inocente, mas "acima de qualquer suspeita".[483] Abraçando a rainha absolvida, Clemente declarou-a sua "filha inocente e adorada".[484] Quando Joana e Luigi saíram do enorme Salão do Consistório, os sinos da igreja ecoaram pelas pestilentas ruas de Avignon.

Alguns meses depois, anunciou-se que Clemente comprara Avignon da rainha,[485] que, como condessa da Provença, tinha direito à cidade. O preço da venda, 80 mil florins de ouro, foi considerado bastante justo pela maioria dos observadores — na verdade, talvez fosse até mesmo um pouco baixo para o que era, afinal de contas, a capital da cristandade. Mesmo assim, durante anos persistiram os boatos de que nenhum dinheiro jamais trocara de mãos na negociação.*

Enquanto março se tornava abril, e abril se tornava maio, Avignon continuava a desvanecer. As lojas e o comércio fechavam; as pessoas fugiam para o interior; os astrólogos advertiam que a pestilência duraria uma década. Em abril, Heyligen disse a amigos que era aguardada diariamente a partida do papa e que, se Clemente abandonasse Avignon, ele também o faria.

---

* Infelizmente, os húngaros, como os elefantes, não têm memória curta. Em 22 de maio de 1382, 37 anos depois do assassinato de Andreas, agentes da Coroa húngara se infiltraram na capela em que Joana, já em seu quarto marido, estava ajoelhada rezando e a mataram estrangulada. Como em todas as histórias sobre a rainha — que continuou a seduzir historiadores, biógrafos, romancistas e dramaturgos muito tempo depois de sua morte —, esta também é anuviada pela ambiguidade. Outra versão diz que Joana foi envenenada; uma terceira, que foi sufocada com um travesseiro; uma quarta, que morreu por se negar a comer. (St. Clair Baddeley, *Queen Joanna I, of Naples, Sicily and Jerusalem, Countess of Provence, Forcalquier and Piedmont: An Essay on Her Times* [Londres: W. Heinemann, 1893], p. 295.)

"Dizem que o meu senhor [o cardeal Colonna] segue o papa e que devo ir com ele. Como parece que o destino é o Monte Ventoux, aonde a peste ainda não chegou, lá é o melhor lugar para se estar, ou — afinal de contas — é o que dizem."[486]

A partida de Clemente, em maio, não provocou muitos comentários públicos. Quase todos que podiam estavam fugindo da cidade, e o papa fizera o possível por Avignon. Ele comprara um novo cemitério para a cidade, concedera um perdão generalizado para os moribundos, suspendera a proibição às autópsias, para que os médicos pudessem pesquisar as causas da doença, condenara os ataques contra os judeus em uma bula redigida com palavras enérgicas e até mesmo nomeara uma comissão para calcular o número de vítimas da peste espalhadas por todo o mundo — a comissão chegou a um número de quase 24 milhões de mortos.[487] Mas a pestilência desgastou Clemente, como a quase todos. Entre o julgamento de Joana, em março, e o final da primavera, quando fugira para o retiro papal em Etoile-sur-Rhône, o papa passou muito tempo sentado entre duas fogueiras estrepitosas nos aposentos papais.[488] As fogueiras eram ideia do cirurgião De Chauliac; ele acreditava que o calor purificaria os aposentos papais de qualquer ar infectado, que se pensava ser a causa da pestilência. E o tratamento funcionou, embora por motivos que teriam espantado o cirurgião: as fogueiras mantinham os aposentos papais livres de pulgas infectadas.

Seria injusto cumular Clemente VI de críticas; se ele pode ser acusado de algo, será o pecado de ter sido um homem comum em tempos incomuns. O papa fez aquilo que lhe pareceu necessário, e parte do que fez merece elogios. Ele caminhou de forma determinada com os amedrontados e adquiriu cemitérios para os mortos. Pode-se até mesmo argumentar que Clemente foi um defensor mais ardoroso dos judeus do que Pio XII, o papa que governava a Igreja durante a Segunda Guerra Mundial. Contudo, em uma situação que exigia um líder com a autoridade espiritual de um Gandhi — alguém que pudesse tanto consolar quanto inspirar —, Clemente agiu como um chefe de Estado. Ele foi digno de confiança, mas, no final das contas, era desprovido de imaginação e interessado em se proteger. O cirurgião De Chauliac é uma figura mais inspiradora. Quando o papa fugira para Etoile-sur-Rhône, levando consigo o cardeal Colonna e Heyligen, o cirurgião escolhera ficar para trás, em Avignon. Podemos ver Guido caminhando pelas ruas gélidas, um grande lenhador, de modos calmos, com olhos observadores e mãos exageradamente grandes de um camponês, tão suaves que eram capazes de fazer uma criança febril parar de tremer. "Para evitar a infâmia, não ouso me ausentar",[489] De Chauliac escreveu sobre sua decisão de permanecer em Avignon; mas ele nunca explicou qual infâmia temia. Na verdade, o cirurgião costumava ser reticente a respeito de suas experiências pessoais durante a peste. "Perto do fim da mortandade", diz o cirurgião, ele mesmo havia sido abatido. "Tive uma febre contínua, com um tumor na virilha. Fiquei doente por quase seis semanas e tão debilitado que todos os companheiros pensaram que eu fosse morrer, mas, com o tumor amadurecendo e sendo tratado, [...] sobrevivi."

A única outra referência do cirurgião De Chauliac à sua experiência pessoal surge no contexto de uma observação científica. Ele percebeu que, entre o inverno e a primavera, a peste mudou de característica em Avignon, passando de uma forma pneumônica para uma bubônica. "A mortandade",[490] escreveu ele, "começou entre nós em janeiro e durou sete meses. Ela teve duas fases. A primeira durou dois meses, com febre contínua e expectoração de sangue, da qual as vítimas morriam em três dias. A segunda fase durou o restante do período [isto é, a primavera e o começo do verão], e os pacientes também tinham uma febre contínua. Além disso, abscessos e carbúnculos — isto é, bubões — formavam-se nas extremidades, especificamente nas axilas e na virilha."

É apenas uma suposição, mas talvez a infâmia que o cirurgião temia fosse a infâmia da consciência científica, de fracassar em ficar de pé no redemoinho e tentar compreendê-lo e subjugá-lo com a razão humana.

Quantas pessoas morreram em Avignon?

Um contemporâneo determina a mortandade na cidade em 120 mil, mas esse número é tão suspeito quanto o número de 56 mil mortos em Marselha. Toda vez que um observador médico usava números elevados, o que ele pretendia dizer não era "esse foi o número de corpos contados", mas "muita gente morreu". Dada a letalidade da peste pneumônica e a quantidade de relatos da época que descrevem como severas as perdas de Avignon, Philip Ziegler estimou que uma mortandade na faixa dos 50% soa mais ou menos correta.[491]

Em *On Thermonuclear War* (Sobre a Guerra Termonuclear), outro marco da literatura sobre a guerra fria, o teórico Herman Kahn descreve uma taxa de mortes de 50% em um conflito nuclear como inaceitavelmente alta.[492] Na pequena Avignon do ano de 1348, morrera uma em cada duas pessoas.

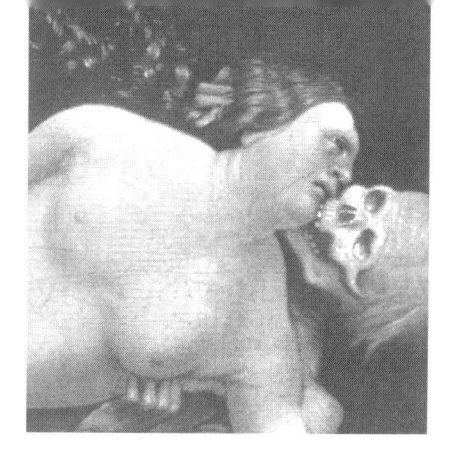

SÉTIMO CAPÍTULO

O Neogalenismo

Paris, verão de 1348

EM PARIS,[493] ONDE HAVIA 84 MÉDICOS, 26 CIRURGIÕES-GERAIS E 97 cirurgiões-barbeiros, a peste chegou em um dia de verão, estendeu-se por mais de um ano e levou os 46 mestres da Faculdade de Medicina de Paris a escreverem um dos mais reconhecidos trabalhos científicos sobre a Peste Negra.

A Medicina medieval é frequentemente considerada um ramo da tortura medieval, mas a peste surgiu em um importante momento de transição. Fora dos monastérios, onde os poucos textos clássicos remanescentes sobre flebotomia (sangrias), obstetrícia e o pulso ainda eram estudados, a Medicina, na Alta Idade Média, era uma mistura de sabedoria popular, mágica, superstição e artesanato. A ponto de que um praticante da Medicina no século IX dedicado à reflexão pessoal se consideraria um artesão como um carpinteiro ou um açougueiro — o que ele era. Termos especializados, como "médico" e "cirurgião", eram desconhecidos até o século X, e as escolas convencionais de Medicina não existiam até praticamente o século XIII.[494] Na Alta Idade Média, a única ferramenta remotamente científica disponível era o que podemos chamar de urinálise. Um curandeiro cheirava e olhava bem a urina de um paciente; então, fazia seu diagnóstico. Um curandeiro alemão se tornou tão competente nessa prática que, quando o duque da Baviera tentou passar por sua a urina de uma criada grávida, o curandeiro anunciou que "dentro de uma semana o Senhor realizará um milagre inédito: o duque dará à luz um filho!".[495]

Comparado a seus iletrados antecessores, o praticante da Medicina do século XIV era um modelo de profissionalismo científico esclarecido. Como notou Chaucer no *Conto do Beleguim*,

[...] Não haveria melhor expositor
De medicina e patologia.
Pois conhecia profundamente astrologia;
Tratando os seus pacientes com a mais moderna física,
Que dependia de sua habilidade em mágica natural,
Sabia quais seriam os momentos mais propícios
Para que fossem mais eficientes as suas curas [...]

Não apenas isso, mas:

Conhecia antigas autoridades eminentes,
Algumas gregas, algumas romanas e algumas árabes também.
Lera tanto Esculápio, o grego,
Quanto Dioscórides, cuja análise das drogas medicinais

Ainda era válida. O Rufus, de Éfeso, também,
Hipócrates e Ali Ben Ragel, todos conhecia.
Galeno, Serapião e Al-Razi, todos,
Lembrava-se imediatamente de seus compêndios [...][496]

O profissional médico Chaucer era, como os mercadores e notários, produto das novas cidades, onde a prosperidade e uma população crescentes criaram uma intensa demanda por cuidados médicos. O que fazia desse "melhor expositor" algo novo sob o sol da Medicina era o treinamento "científico" que Chaucer ridicularizava. O Neogalenismo, como muitas vezes era chamado, baseava-se em uma reinterpretação e uma expansão da Medicina clássica[497] por médicos árabes, como Avicena (*Cânone da Medicina*), Ali Abbas (*Pantegni**) e Al-Razi. Para estudiosos europeus acostumados à estrutura *ad hoc*, improvisada, da Medicina ocidental, as obras dos mestres médicos árabes, que começaram a ser traduzidas no final do século XI, foram um espanto. Bebendo em Aristóteles, em Hipócrates e, especialmente, em Galeno, os árabes transformaram a Medicina em uma sofisticada disciplina intelectual. Como os antigos campos ocidentais do Direito e da Teologia, a Medicina greco-árabe tinha um conjunto unificador de princípios filosóficos, uma estrutura lógica e coerente e uma consistência intelectual. Nas mãos dos magistrais árabes, a teoria dos quatro humores, criada por Hipócrates e expandida e desenvolvida por Galeno, podia explicar praticamente tudo, desse úlceras a pestilências e os perigos do ar quente e úmido. Os talentosos árabes também apresentaram ao Ocidente várias técnicas de diagnóstico novas e instigantes, incluindo a ferramenta por excelência do médico medieval, a astrologia. Em um tratado do princípio do século XIII, chamado *De urina non visa* — Sobre a Urina Não Vista —, William, o Inglês, dizia a seus colegas que podiam abrir mão da urinálise; a astrologia tornara essa técnica obsoleta.[498] Tendo conhecimento das estrelas, declarou William, era possível dizer o que estava na urina de um paciente sem examiná-la.

---

* Na verdade, Pantegni (Arte Completa) é nome dado à tradução que Constantino, o Africano, fizera da enciclopédica obra *O Livro da Arte da Medicina*, de Ali Abbas. (N. T.)

Devido a todo o seu sofisticado intelectualismo, no entanto, o Neogalenismo tinha algumas sérias falhas. A mais nítida era uma reverência tipicamente medieval à autoridade, especialmente à autoridade dos antigos, em detrimento dos fatos observáveis. Na prática, isso significava que, enquanto o novo profissional médico de Chaucer sabia muito sobre "as antigas autoridades eminentes" e como mestres mais recentes, tais quais "Avicena, Averroes, João de Damasco e Constantino (que acabara de morrer)"[499] os haviam interpretado, o conhecimento de Medicina do profissional se baseava, praticamente, em ideias com mil ou dois mil anos de idade. Os estudantes medievais de Medicina aprendiam muito pouco que fosse novo, prático ou o resultado de observações científicas diretas. Eram oferecidos cursos de Anatomia, mas como a Igreja não aprovava as autópsias, os alunos tinham que aprender sobre a anatomia humana vendo um porco ser dissecado.

As próprias escolas de Medicina eram um subproduto do Neogalenismo. O primeiro treinamento acadêmico convencional em Medicina foi oferecido na meridional cidade italiana de Salerno, onde os mestres árabes foram traduzidos pela primeira vez; 150 anos depois, Montpelier, Bolonha, Oxford, Cambridge, Pádua, Perúgia e Paris também possuíam escolas de Medicina. E, enquanto cada instituição tinha seu próprio estilo individual — Paris tinha um famoso departamento de astrologia; Montpelier, uma imensa quantidade de alunos judeus —, todas as escolas exigiam de cinco a sete anos de estudo e ensinavam um currículo baseado no Neogalenismo.[500]

Além de treinamento intensivo, durante o século XIII o novo profissional médico de Chaucer também adquiriu outra característica do médico moderno, uma licença — obtida, como hoje, por meio de um exame. Os defensores da profissionalização médica descreveram a licença[501] como uma essencial medida de saúde pública. Ele iria — decretou a Faculdade de Medicina da Universidade de Paris, uma ativa defensora da licença — evitar "a vergonhosa e descarada usurpação" da profissão pelos não treinados e iletrados. Mas a licença dizia respeito tanto à hegemonia profissional e econômica — ela permitiria que os médicos sobrepujassem os antigos curandeiros, que ainda propiciavam a maior parte dos cuidados médicos — quanto à saúde pública.

Um pequeno marco na ascensão dos médicos ao domínio profissional foi o julgamento, em 1322, de uma curandeira parisiense chamada Jacqueline Felicie. Apesar de não ter um treinamento convencional, madame Felicie, uma das muitas mulheres curandeiras da Paris medieval, tinha aparentemente um dom natural para a Medicina. Durante seu julgamento, vários ex-pacientes se apresentaram para testemunhar a seu favor,[502] incluindo um certo João de St. Omar, que disse ao tribunal do bispo que, durante uma doença recente, madame Felicie o havia visitado diversas vezes e recusado pagamento até que ele estivesse curado. João descreveu esse fato como algo sem precedentes em sua experiência com médicos. Outras testemunhas de defesa incluíam um segundo João, João Faber, que declarou que madame Felicie o havia curado com "certas poções, uma delas de cor verde", e uma criada chamada Yvo Tueleu, cuja febre resistira ao tratamento de diversos médicos treinados na universidade. A senhorita Tueleu disse ao tribunal do bispo que, depois de um cuidadoso exame físico, madame Felicie prescreveu "um copo de um líquido muito transparente, que agiu como um purgante". Pouco depois, a misteriosa febre da jovem desapareceu.

A principal testemunha de acusação era João de Pádua,[503] um velho rabugento, ex-conselheiro médico de Filipe, o Belo. A julgar por seu testemunho, João parecia pensar que madame Felicie devia ser condenada com base apenas no fato de ser mulher. As mulheres já eram proibidas de praticar o Direito, disse João aos berros; ainda mais urgente, então, era mantê-las longe de uma profissão séria como a Medicina!

No dia 2 de novembro de 1322, madame Felicie foi condenada por violar uma determinação que proibia curandeiros sem licença de visitarem, prescreverem medicações ou prestarem outros serviços a um paciente, a não ser sob a orientação de um médico treinado na universidade e licenciado. A condenação foi uma grande vitória para a Faculdade de Medicina de Paris, a principal responsável pela concepção da nova hierarquia social dos médicos,[504] que tinha a forma de uma pirâmide. No topo, ficava um grupo relativamente pequeno, formado pelos médicos treinados pela universidade;

eles praticavam o que poderíamos chamar de Medicina interna. Abaixo deles ficavam os cirurgiões-gerais, que usualmente não tinham treinamento acadêmico, embora isso estivesse mudando. No começo do século XIV, a cirurgia começava a encontrar um espaço nas escolas de Medicina. O cirurgião podia tratar feridas, ulcerações, abscessos, fraturas, outros transtornos dos membros superiores e inferiores e a pele. Abaixo do cirurgião-geral estava o cirurgião-barbeiro, uma espécie de paramédico, que podia realizar operações menores, incluindo sangrias, terapia com ventosas, a aplicação de sanguessugas, além de cortar cabelos e arrancar dentes; em seguida, vinham o boticário e o empírico, que costumeiramente se especializavam em um só problema, como hérnias e cataratas. Na base da pirâmide estavam milhares de curandeiros não licenciados, como madame Felicie.

Para corresponderem à sua nova posição social elevada, nas décadas anteriores à peste os médicos começaram a adotar um procedimento e um código de conduta mais profissionais — ou seja, mais dignos de confiança. Um "não" fundamental na nova etiqueta médica[505] era: jamais arrisque sua dignidade profissional visitando pacientes para solicitar trabalho. "Tua visita significa que te pões nas mãos do paciente",[506] advertia Guilherme de Saliceto, "e isto é exatamente o contrário do que queres fazer, que é conseguir que ele expresse uma obrigação para contigo." Um "sim" fundamental na nova etiqueta era conduzir um exame físico abrangente na primeira visita; o exame deveria incluir não apenas a urinálise, mas também um histórico médico detalhado e uma análise do odor do hálito, da cor da pele, do tônus muscular, da saliva, do suor, do catarro e das fezes do paciente. Alguns médicos também analisavam o horóscopo do paciente na primeira visita. Um outro "não" fundamental na nova etiqueta era admitir a incerteza no diagnóstico. Mesmo quando em dúvida, dizia Arnauld de Villanova, um médico deveria aparentar e agir com autoridade e confiança. Para o médico em dúvida, Arnauld recomendava a prescrição de um remédio, qualquer remédio, "que possa fazer algum bem, mas que saibas que não pode fazer mal".[507] Uma outra estratégia era "dizer ao paciente e à sua família que [estás] prescrevendo esta ou aquela droga para provocar no paciente este ou aquele estado de saúde, de modo que [eles] estejam sempre esperando algo novo acontecer". Um terceiro "não" na nova etiqueta era a volubilidade. A discrição transmitia autoridade, especialmente quando combinada com um ar de seriedade; além disso, disse um sábio, o médico que discute seus argumentos médicos com o paciente e sua família corre o risco de deixá-los pensar que sabem tanto quanto ele, e isso pode tentá-los a dispensar seus serviços.

O que fazia do médico treinado pela universidade uma figura tão impressionante para os leigos, no entanto, era não apenas sua conduta digna de autoridade ao lado do leito do paciente, mas também seu domínio dos mistérios do Neogalenismo. Seu princípio mais característico era a teoria dos quatro humores.[508] Para os gregos antigos, cujo pensamento moldou grande parte da Medicina medieval, o número quatro era, como o átomo, um bloco de construção universal. Tudo, acreditavam os gregos, era feito de quatro elementos. No caso do mundo físico, eles eram a terra, o ar, a água e o fogo; no caso do corpo humano, os quatro humores eram o sangue, a bile negra, a bile amarela e a fleuma. Um elemento importante da teoria dos humores eram as quatro qualidades de toda a matéria: quente e frio, úmido e seco. Portanto, dizia-se que o sangue era quente e úmido; a bile negra, fria e seca; a bile amarela, quente e seca; e a fleuma, fria e úmida.

Em *Sobre a Natureza do Homem*, Hipócrates escreveu que "a saúde é primariamente o estado em que [os quatro] elementos constituintes [ou seja, os quatro humores] estão em suas corretas proporções um em relação ao outro, tanto em força quanto em qualidade, e estão adequadamente misturados. A dor ocorre quando uma das substâncias se apresenta quer em deficiência, quer em excesso, ou é separada do corpo e não se mistura às outras".[509]

A teoria do ar corrompido ou infectado também exerce um papel importante no Neogalenismo. O ar ruim era perigoso, porque podia atrapalhar o equilíbrio dos humores corporais, e particularmente perigoso era o ar quente e úmido, pois tanto o calor quanto a umidade corrompiam a força vital em torno do coração. O contágio era apenas um subproduto dessa corrupção.[510] As pessoas ficavam doentes ao inalar não os germes suspensos no ar, mas sim os vapores corrompidos que emanavam dos corpos adoentados.

Nas novas escolas de Medicina, como a da Universidade de Paris, os alunos aprendiam também que terremotos, corpos não enterrados, cereais e frutas apodrecidos, água parada, ventilação insuficiente e até mesmo venenos podiam infectar o ar, mas no caso das epidemias, que afetavam centenas de milhares de pessoas em lugares separados por enormes distâncias, pensava-se que a infecção resultasse de um distúrbio global, como um alinhamento planetário desfavorável. O movimento da Lua controlava claramente as marés; portanto, raciocinava o homem medieval (e da Antiguidade), a qualidade do ar também deve ser afetada por movimentos e ciclos planetários.

O *Compendium de epidemia per Collegium Facultatis Medicorum Parisius*, o tratado sobre a peste dos mestres médicos de Paris, fornece um exemplo de como a nova Medicina utilizava as teorias da astrologia e do ar infectado para explicar as origens da pestilência.

Segundo o *Compendium*, "a primeira causa desta pestilência foi e é [a] configuração do céu [que ocorreu] em 1345, uma hora depois do meio-dia de 20 de março, [quando] houve uma grande conjunção de três planetas em Aquário".[511] Segundo a opinião dos mestres, a conjunção provocou "uma corrupção mortal do ar", e Marte e Júpiter, dois dos três planetas na conjunção, exerceram um papel particularmente importante na corrupção. "Pois Júpiter, sendo úmido e quente, atrai vapores nocivos da Terra, e Marte, por ser desmesuradamente quente e seco, acende então os vapores e, como resultado, houve relâmpagos, vapores tóxicos e fogos por todo o ar."

O segundo capítulo do *Compendium* explica como essas mudanças astrológicas levaram à peste. "O que aconteceu", explicavam os mestres, "foi que muitos desses vapores [...] corrompidos no momento da conjunção [...] misturaram-se, então, ao ar e [foram] espalhados por frequentes rajadas de vento dos violentos temporais meridionais. [...] Esse ar corrompido, quando inalado, penetra inevitavelmente até o coração, e aí corrompe a substância do espírito, e o calor, portanto, destrói a força vital."[512]

Como muitos de seus contemporâneos, os mestres de Paris acreditavam que as surpreendentes catástrofes ecológicas dos anos 1330 e 1340 — a sucessão de terremotos, inundações, tsunamis, chuvas e ventos intensos e um clima imprevisível — exerceram um importante papel na peste. "A experiência", declaravam os mestres, "nos diz que, durante algum tempo, as estações não se sucederam de forma adequada. O inverno passado não foi tão frio quanto deveria ter sido com uma grande quantidade de chuva [...]. O verão chegou tarde, menos quente do que deveria ter sido e extremamente úmido [...]. O outono também foi muito chuvoso e nevoento. É porque o ano inteiro aqui — ou sua maior parte — foi quente e úmido que o ar está pestilento. Pois isso é um sinal de pestilência o ar estar quente e úmido em períodos fora de época."[513]

Como é que as pessoas poderiam se proteger contra a peste?

Diante de sua primeira grande crise de saúde pública, o Neogalenismo não sofreu por falta de ideias. Entre 1348 e 1350, foram escritos 24 tratados sobre a peste,[514] em sua maioria por profissionais médicos treinados na universidade. Como o *Compendium* dos mestres de Paris, alguns dos tratados apresentavam uma visão abrangente; outros forneciam um conselho prático sobre como se manter saudável; dois exemplos desta última abordagem são *Descrição e Remédio para se Evitar a Doença no Futuro*, de Ibn Khatimah, médico muçulmano que vivia em Granada, e *Consilia contra pestilentium,* o tratado do mestre médico italiano Gentile da Foligno. Uma obra sobre a peste, *A Respeito do Julgamento do Sol no Banquete de Saturno*, de Simão de Covino, foi escrita em verso, enquanto outras, tais como *Uma Utilíssima Investigação sobre a Terrível Doença* e *É da Ira Divina que Procede a Mortandade Destes Anos?*, transmitem um pouco do pânico daquela época.

Em diversos graus, a maioria dos autores que escreveram sobre a peste concordava com o médico muçulmano Ibn al-Khatib, que descreveu a pestilência como "uma doença aguda, acompanhada de febre em seu início, de essência tóxica, que atinge basicamente o princípio vital [o coração] através do ar, espalha-se pelas veias e corrompe o sangue, e confere a certos humores característica venenosa, o que gera a febre e a expectoração de sangue".[515]

Também havia concordância de que a melhor defesa contra a peste era permanecer saudável, e, acima de tudo, isso significava evitar o ar infectado.[516]

Mas como? Uma forma, diziam os mestres de Paris, era evitar charcos, pântanos e outros locais de água parada onde o ar é denso e túrgido; outra forma era manter abertas as janelas que se abrem para o norte, a fim de que entrasse o ar benéfico — ou seja, o ar fresco e seco —, e manter fechadas as janelas que se abrem para o sul, para evitar o ar nocivo — ou seja, o ar quente e úmido. Como medida adicional de segurança, os mestres de Paris ainda recomendavam que as janelas viradas para o sul fossem envidraçadas ou cobertas com tecido encerado. Segundo Ibn Khatimah, tanto para a peste quanto para os imóveis, a localização era tudo. Inadequadas para se viver, dizia o médico muçulmano, eram as cidades com litoral meridional. O motivo? Os raios do sol e de outras estrelas refletiam fora do mar, cobrindo tais cidades com ar quente e úmido. Também deveriam ser evitadas as cidades voltadas para o polo sul, particularmente se não fossem protegidas no lado sul. Cidades com exposição para o leste ou o oeste ocupavam uma posição mediana na escala de risco, embora uma exposição para o oeste, que favorece a umidade, fosse mais perigosa do que uma exposição para o leste.

Um médico chamado John Colle se destacou como um pensador particularmente original quanto à questão do ar corrompido. Percebendo que os "criados que cuidam de latrinas e aqueles que trabalham em hospitais e outros lugares malcheirosos devem ser quase todos considerados imunes", John declarou que o melhor antídoto para o ar nocivo era mais ar nocivo. Uma das imagens mais surreais que surgem da Peste Negra é a de grupos de pessoas agachadas à beira das latrinas municipais inalando as emanações nocivas.

Para muçulmanos como Ibn Khatimah e seu companheiro árabe-espanhol Ibn al-Khatib,[517] a questão do contágio apresentava um problema especial. Segundo o Islã, a vontade de Deus determinava quem vivia e quem morria em uma epidemia. Preferindo não se arriscar, Ibn Khatimah descrevia o contágio como um fenômeno "em que os árabes, em sua ignorância" [por outras palavras, perante o Islã "costumavam acreditar, mas não acreditam mais". Ibn Khatimah provavelmente não acreditava no que escrevera, mas sabia que isso evitaria problemas. Mais corajoso, Ibn al-Khatib disse o que pensava: o papel do contágio na disseminação da peste estava "firmemente estabelecido pela experiência, pesquisa, percepção mental, autópsia e autêntico conhecimento dos fatos". Em 1374, quando Ibn al-Khatib foi arrastado de uma cela de prisão e assassinado por uma turba de muçulmanos, alguns disseram que um dos fatores da ruína do médico foi sua desatenção aos ensinamentos do Islã durante a peste.

Sem se preocupar com dilemas teológicos, os autores cristãos tinham liberdade para concentrar suas energias em estratégias de prevenção. Para a proteção contra a infecção dentro de casa, diversos autores recomendavam que se queimassem madeiras secas e odoríferas, como o zimbro e o freixo, a videira e o alecrim, o carvalho e o pinho. No inverno, o tratamento seria suplementado com substâncias aromáticas,[518] tais como madeiras de aloé, âmbar, almíscar, louro e cipreste, e, no verão, com flores aromáticas e plantas respingadas de vinagre e água de rosas. Fora de casa, aconselhava-se que as pessoas carregassem uma maçã para cheirar, uma espécie de aroma pessoal que, como uma máscara de gás, protegeria contra emanações nocivas. Um médico chamado John Mesue disse que se podia preparar uma ótima maçã com pimenta-do-reino, sândalo vermelho e branco, rosas, cânfora e quatro partes de *bol armeniac* (bolo-armênio). Gentile da Foligno, que gostava de simplicidade, dizia que uma erva de cheiro agradável — como as que muitos florentinos usaram durante a visita da peste — bastaria. Gentile também recomendava fogueiras nas esquinas, medida de saúde pública que já estava sendo empregada em Avignon e em outras cidades.

Mudanças no estilo de vida também eram capazes de proteger contra o ar infectado. O bispo sueco Bengt Knutsson, por exemplo, recomendava que se evitassem o sexo e o banho, porque "onde os corpos têm poros abertos, como no caso dos homens que se entregam às mulheres ou se banham com frequência [...], eles estão mais propensos a essa grande doença".[519] E se a abstinência se demonstrasse impossível? Ibn Khatimah recomendava sangrias regulares para purgar o excesso de calor e de impurezas do corpo. Sendo ele próprio um ativo adepto da sangria, o muçulmano perdeu cerca de 3,5 quilos devido à flebotomia. Também deveria ser evitado — ou praticado com moderação — o exercício físico, outro responsável por abrir os poros.

Os antídotos também eram um preventivo.[520] Para aqueles que gostavam de antídotos saborosos, sugeria-se um lanche pré-desjejum composto de figo, avelã e rutas. Pílulas de aloé, mirra e açafrão também eram recomendadas por muitos médicos, mas a teriaga, o mitridato, o bolo-armênio e a *terra sigillata* — todos eles remédios tradicionais contra venenos — eram os antídotos mais populares. Na opinião de Gentile da Foligno, no entanto, nenhum antídoto podia competir com o poder de uma esmeralda moída; a afirmação de Gentile de que o remédio era capaz de "rachar o olho de um sapo" sugere que o "príncipe dos médicos", um profissional treinado na universidade, nutria uma fraqueza secreta pela magia negra.

Como uma dieta adequada mantinha os quatro humores equilibrados, muitos tratados também salientavam a importância de uma alimentação apropriada.[521] As recomendações dietéticas específicas variavam segundo idade, sexo, estação do ano e circunstância, mas geralmente era sinal de sabedoria evitar alimentos que estragavam facilmente, tais como leite, peixe e carne. No caso de se querer carne, o melhor, então, eram os galináceos, o cordeiro e o cabrito, que deveriam estar macios e digeríveis. Quanto ao preparo, os mestres de Paris defendiam firmemente os assados contra os cozidos. Um pouco de queijo auxiliava na digestão, dizia Ibn Khatimah. A opinião do mouro sobre os ovos, como sua opinião sobre o contágio, era sutil. Adequados eram os ovos imersos em vinagre, e inadequados eram os ovos imersos em alho. O anônimo autor de *Primeiro sobre a Epidemia* mal podia se conter no que se referia a ovos duros; eles eram um jardim de perigos, fulminava ele.

Todos gostavam de pão, embora uma farinha de boa qualidade e um processo adequado para assá-lo fossem importantes. O vinho era outra recomendação universal. O melhor contra a pestilência, dizia Gentile da Foligno, era o vinho branco, de preferência envelhecido, suave e aromático, misturado com água. No entanto, as frutas e os vegetais geravam acusações e debates. Os mestres de Paris não faziam fé na alface, mas Gentile da Foligno era inabalável em sua defesa do vegetal. "O repolho lhe faz bem", dizia o anônimo autor de *Primeiro sobre a Epidemia* — "mas não se for ingerido com berinjela e alho", alertava Ibn Khatimah. Surgia certa concordância sobre figos, tâmaras, passas e romãs, mas a única fruta universalmente recomendada era a avelã.

Os seis não naturais — fatores tais como hábitos pessoais, comportamentos e estados emocionais — também eram salientados pelos autores de muitos tratados sobre a peste. Portanto, os mestres de Paris incitavam as pessoas a evitarem "acidentes da alma".[522] uma descrição muito mais agradável dos transtornos emocionais do que os nossos sombrios termos clínicos modernos. Deveriam ser especialmente evitados o medo, a preocupação, o choro, falar mal dos outros, a meditação excessiva e a ira, que, segundo Gentile da Foligno, "superaqueciam os membros". A tristeza, que esfria o corpo, embota a mente e enfraquece o espírito, também predispunha a pessoa à peste. Adequada, na opinião de Ibn Khatimah, era a estupidez, que diminuía o risco da pestilência; inadequada era a inteligência, que o aumentava.

Galeno, que vivenciou a Peste Antonina, no século III* (um devastador surto de sarampo ou varíola**), acreditava que não se podia fazer muito para curar a pestilência depois que uma pessoa estava infectada, e seu pessimismo se refletiu nos tratados sobre a peste escritos por seus discípulos medievais. Apenas um punhado de autores, entretanto, sugeria curas, e, com a exceção do alívio dos sintomas, a maioria das sugestões girava em torno da ideia da sangria, pois se acreditava que pudesse extrair venenos e humores corrompidos de órgãos vitais, como o coração, o fígado e o cérebro. Com a flebotomia, dizia João de Penna, um professor da Universidade de Nápoles, a velocidade era essencial. Ao primeiro sinal dos sintomas da peste, o paciente deveria ser sangrado no mesmo lado do corpo em que se

---

* Ao contrário de Guy de Chauliac, Galeno, que, além de ser um teórico da Medicina e um médico esportivo (ele tratava gladiadores), era um médico das celebridades romanas, não demonstrou interesse em adquirir conhecimento em primeira mão sobre a peste. Quando a Peste Antonina atingiu Roma, ele fugiu.
** A Peste Antonina ocorreu, na realidade, no século II. Foi a Peste do Século III (também conhecida como Peste de Cipriano) — conforme indica uma de suas denominações — que ocorreu no terceiro século de nossa era. (N. T.)

localizava a dor; ainda melhores do que a sangria, dizia João, eram as purgas. Gentile da Foligno, outro defensor da sangria, recomendava uma venisseção da veia média quando o desenvolvimento da doença não estava claro. Se o bubão estivesse no pescoço, ele recomendava uma venisseção da veia cefálica; se estivesse debaixo do braço, uma venisseção da veia pulmonar. Gentile dizia que as sangrias deviam continuar até que se desenvolvesse um estado de debilidade.

Ibn Khatimah, que, ao contrário de muitos autores de tratados, parece ter realmente tratado pacientes vitimados pela peste, acreditava que, na forma bubônica da doença, o ponto crítico chegava no quarto dia. Depois disso, as emanações nocivas começavam a se desprender do coração, dizia ele. No período de recuperação, o muçulmano recomendava a aplicação de um unguento nos bubões para acelerar seu amadurecimento e, depois, sua excisão cirúrgica no sétimo dia.

Quais foram os resultados do Neogalenismo no combate à peste?

Alguns dos conselhos dos tratados sobre a peste eram claramente sensatos, mas, infelizmente, não muitos — e geralmente o que funcionava era por motivos que teriam causado surpresa aos autores dos tratados. A dieta, por exemplo, era útil porque melhorava o funcionamento do sistema imunológico, mas não porque equilibrasse os quatro humores, e o fogo, porque afastava as pulgas. Apesar de todo o seu metódico treinamento e de seu conhecimento dos mestres árabes e gregos, o melhor conselho que a nova profissão médica de Chaucer tinha a dar a seus pacientes era a sensata advertência de "correrem para longe, e correrem o mais rápido possível". E, quando a peste se aproximava de Paris no verão de 1348, mesmo esse conselho começava a se tornar inútil, já que agora a pestilência estava em toda parte, do planalto da Mongólia à costa da Groenlândia.

Em maio de 1348, à medida que a peste deslizava para o norte através de um nevoento interior da França, Paris estava envolvida por uma sensação de *déjà-vu*. Pouco menos de dois anos antes, o rei da Inglaterra, Eduardo III, desejando "nada mais do que uma proeza militar",[523] desembarcara uma força composta de 10 mil arqueiros e quatro mil soldados da infantaria contra a Península de Cotentin, varrida pelo vento, logo ao lado das praias do Dia D, em 1944;[524] dentro de um mês, os ingleses estavam escarranchados nas vias de acesso a Paris. O inimigo "podia ser visto por qualquer um [...] que pudesse subir em uma torre",[525] escreveu o cronista Jean de Venette, o qual descreveu os parisienses como "estupefatos [pelo] assombro" da proximidade do perigo.

Mas a ameaça inglesa pelo menos era compreensível, e o espetáculo e o *glamour* da guerra proporcionaram um estímulo para as almas agitadas e as mentes inquietas. A Paris do verão de 1346, como a Paris do verão de 1914, estrepitava de eletricidade: gritos e estímulos ecoavam pelas ruas, praças e mercados enquanto era lido o *arrière-ban* — a convocação geral para a guerra. No dia 15 de agosto, houve o emocionante espetáculo dos melhores cavaleiros do reino, liderados pelo impetuoso conde de Alençon, irmão do rei, saindo apressados para enfrentar o inimigo, acompanhados por uma brigada de arqueiros genoveses e pelo rei João da Boêmia, que era cego. Durante todo aquele dia, o som trovejante dos cascos dos cavalos ecoara ao longo das pedras da Grand Rue. Houve também a emocionante notícia de que o rei, Filipe VI, havia desafiado Eduardo para um combate pessoal (Eduardo recusou)[526] e a encorajadora imagem de Filipe, sentado em seu cavalo como um simples cavaleiro, dirigindo-se às pessoas humildes de Paris antes de marchar para a batalha. "Minha boa gente",[527] declarou o altivo Filipe, "não duvideis: os ingleses não chegarão mais perto de vós do que já estão."*

A Paris do verão de 1346 tinha bandeiras para mostrar, cornetas para soar, tambores marciais para bater. A Paris do verão de 1348 nada tinha a fazer, exceto visitar igrejas, acender velas, ouvir rumores, pensar e esperar. "Todos na nossa vizinhança, todos nós, todos em Paris estão amedrontados",[528] escreveu o médico Pierre Damouzy, que morava ao norte da cidade. Damouzy, ex-membro da Faculdade de Medicina de Paris, tentou ocupar sua mente escrevendo um tratado sobre a pestilência, mas a aproximação da peste interferia em seus pensamentos. "Escrevo sem o benefício do tempo",

---

* O rei estava quase certo: os ingleses venceram em Crécy, uma das mais importantes batalhas iniciais da Guerra dos Cem Anos, mas Paris não foi sitiada.

anotou ele em um certo momento e, mais tarde, com ainda mais urgência, "não tenho mais tempo, além do presente, para dizer ou escrever mais".

O relato do médico Damouzy é uma das poucas notícias que nos restaram daquilo que, no verão de 1348, estava se tornando uma experiência comum — a espera. Embora a peste estivesse se movendo com enorme velocidade, muitas vezes avançando diversos quilômetros em um só dia, a sensação de abalo havia desaparecido. A maioria das localidades fora avisada de sua chegada com vários dias ou várias semanas de antecedência. Tempo suficiente para pensar, imaginar e se preocupar.

Oito meses depois, Estrasburgo, também à espera, aliviaria sua angústia matando judeus: novecentos deles. "Eles foram conduzidos a seu próprio cemitério, em local fechado, preparado para a fogueira, e, no caminho, foram despidos pela multidão, que rasgou suas roupas e encontrou muito dinheiro que havia sido escondido",[529] escreveu um cronista local. Paris não tinha judeus para queimar. Todos haviam sido expulsos, mas, nas longas semanas chuvosas de maio, junho e julho de 1348, havia orações por fazer e rumores para ouvir, muitos deles cheios de "assombros estupidificantes. Da Normandia, no oeste, de Avignon, no sul, e de pontos no meio desse caminho chegavam histórias de sinos de igrejas que ecoavam por ruas desertas, de bandeiras negras da peste tremulando sobre vilarejos, de áreas rurais abandonadas, onde o único som que se podia ouvir era a porta de uma casa de fazenda batendo ao vento. A marcha imperiosa da pestilência também deu aos parisienses tempo bastante para contemplarem o significado do amor, do dever e da honra em um período de peste. O que iriam fazer se alguém que amassem fosse afetado? O que a pessoa amada faria se *eles* fossem afetados? O medo do contágio torna a psicologia da peste diferente da psicologia da guerra. Na peste, o medo atua como um solvente nos relacionamentos humanos; transforma todos em inimigos e todos em seres isolados. Na peste, todo homem se torna uma ilha — uma ilha pequena e assombrada por suspeita, medo e desespero.

"Em agosto, uma estrela imensa e muito brilhante foi vista no oeste, sobre Paris",[530] escreveu o cronista De Venette, que acreditava que o brilho da estrela "era um presságio da incrível pestilência que logo se seguiu [...]". No entanto, já que ninguém sabe com certeza quando a peste chegou a Paris

— as estimativas variam de maio a agosto, sendo junho a data mais provável —, seu começo deve ter sido menos espetacular do que a estrela brilhante do cronista.

Em uma manhã de verão, quando o céu estava novamente repleto de nuvens de chuva escuras e as ruas estavam cheias de uma luz pálida, talvez uma jovem dona de casa tenha acordado com uma dor terrível no abdômen. Levantando a sua camisola, viu um tumor do tamanho de uma amêndoa alguns centímetros acima de seus pelos pubianos. Alguns dias depois, quando a "amêndoa" ficara do tamanho de um ovo, um de seus filhos apareceu com um volume atrás da orelha; depois, a idosa que morava no andar de cima da família afetada adoeceu com uma febre terrível, e o jovem pai que morava no andar de baixo começou a vomitar intensamente; e, depois, uma prostituta com quem o pai dormira acordou com dor no abdômen, e depois...

Movendo-se pela cidade cinzenta e chuvosa como uma febre, a peste deslizava de casa em casa, de rua em rua, de vizinhança em vizinhança. Visitou o populoso bairro comercial na Margem Direita, onde moravam os banqueiros sieneses e florentinos; a Grand Rue, de onde a cavalaria francesa partira para enfrentar os ingleses dois anos antes; Les Halles, para onde os fazendeiros locais levavam seus produtos nas sextas-feiras; St. Jacques-la-Boucherie, o bairro dos açougueiros, onde o intenso vento de Paris fazia pequenas ondulações nas poças de sangue dos animais, e a Margem Direita, onde multidões se reuniam toda manhã para comprar mercadorias das barcaças que chegavam.

Atravessando a Grand Pont até a Île de la Cité, a pestilência visitou o Hôtel-Dieu,[531] onde três ou quatro pacientes dormiam em cada cama e as roupas dos mortos eram vendidas em leilões mensais; a Catedral de Notre-Dame, construída no local de um templo romano consagrado a Júpiter;[532] a rue Nouvelle Notre-Dame, iniciada no mesmo ano da catedral, 1163, e construída larga e reta para acomodar as pesadas carroças que carregavam materiais de construção para a catedral; e a primorosa Sainte Chapelle, onde Luís IX — santo, antissemita e protetor de Guilherme de Rubruck — guardava suas relíquias, entre elas a coroa de espinhos e fragmentos da Verdadeira Cruz.

Na Margem Esquerda, que já era um bairro de estudantes, a peste se alojou na Sorbonne, fundada cem anos antes pelo teólogo Robert de Sorbon, e destinada, dali a cem anos, a tornar-se uma contumaz inimiga de Joana D'Arc; o College de Navarra, local do primeiro teatro público de Paris; e, é claro, a Universidade de Paris, que competia com Bolonha pelo título de universidade mais antiga da Europa (Paris datava suas origens das escolas de debate do século XII ligadas à Notre-Dame). Registros da época indicam que a pestilência causou enormes perdas no corpo docente da universidade;[533] em 1351 e 1352, algumas disciplinas sofriam tamanha falta de professores que a administração teve de diminuir as exigências acadêmicas. Notavelmente, no entanto, todos os autores do *Compendium* parecem ter sobrevivido saudáveis à pestilência. Uma listagem da universidade em 1349 mostra que, assim como em 1347, havia ainda 46 mestres na Faculdade de Medicina. Outro notável sobrevivente da pestilência foi o homem que encarregou a faculdade de escrever o *Compendium*, o rei Filipe VI.

Corpulento e inseguro, Filipe era um homem de contradições profundas.[534] Apesar de ter lutado como um leão em Crécy e de ter planejado um funeral viquingue para si próprio — o coração real deveria ser enviado para uma igreja em Bourgfontaine; as entranhas reais, a um monastério em Paris, a fim de dobrar o número de orações oferecidas pelo repouso da alma real — Filipe fugiu de Paris —, praticamente assim que a peste chegara. Durante o ano seguinte, ele é visto de relance em Fontainebleau, em Melun e diante do caixão de sua rainha morta pela peste, a mal-humorada Joana de Borgonha; mas Filipe só volta a aparecer plenamente diante dos olhos do povo no começo da década de 1350, quando espantou Paris com uma traição abominável. O moralista de altos princípios que detestava ouvir o nome do Senhor empregado em vão — na França de Filipe, os blasfemos punidos tinham cortado fora o lábio superior — roubou a noiva prometida a seu filho mais velho, a bela Blanche de Navarra, poucos meses antes do casamento do casal.

Jean Morellet, ao contrário de seu rei, escolheu permanecer em Paris, e, por esse motivo, temos algo mais refinado do que as costumeiras estimativas dos cronistas por meio das quais se tentava quantificar a mortandade na cidade. Morellet era ligado à paróquia de St. Germain l'Auxerrois como cônego ou padre; os registros da época não são claros. Hoje, a paróquia se encontra em uma das áreas mais movimentadas de Paris, cercada por um grande número de vizinhos famosos, incluindo o Louvre e a Place de la Concorde, mas em 1340, quando Morellet se tornou diretor do fundo de construção de St. Germain,[535] o único marco de relativa importância nas redondezas era a Grand Rue, pavimentada com pedras arredondadas. De seu gabinete na igreja, o diretor teria uma vista desimpedida dos moinhos de vento, dos barqueiros e dos píeres instáveis ao longo do Sena, cujas margens ainda não eram protegidas contra possíveis cheias.

As obrigações de Morellet como diretor do fundo de construção não o sobrecarregavam. Quando um paroquiano falecido deixava uma herança, ele a registrava. Nos primeiros oito anos de sua atividade, mais ou menos entre a metade de 1340 e a metade de 1348, o fundo recebeu um total de 78 heranças, o que não era o suficiente para manter o diretor ocupado. Na verdade, o ritmo das mortes era tão lento na paróquia, que durante a maior parte do tempo Morellet parece ter guardado em sua cabeça a sequência das doações. Os registros do fundo indicam que ele atualizava a lista de doadores apenas uma ou duas vezes por ano. Contudo, no verão de 1348, esse padrão mudou.

A chegada da peste a St. Germain é anunciada com uma doação de 24 soldos. Em uma época em que seis soldos compravam um bom cavalo, 24 soldos eram uma quantia significativa. Ainda mais incomum era a finalidade da herança. Antes disso, todas as heranças se destinavam à manutenção da paróquia e a futuros projetos de construção. Os 24 soldos foram usados na compra de mortalhas para os paroquianos. Em torno da mesma época, o número de heranças repentinamente explodiu. Durante a maior parte dos anos 1340, as doações anuais para o fundo se mantiveram em um dígito. Nos nove meses entre junho de 1348 e 25 de abril de 1349, recebeu-se um total de 445 doações, um aumento de praticamente 45 vezes.

Durante a segunda metade de 1349, as doações para o fundo se mantiveram em níveis de recorde. Em setembro, 15 meses depois da chegada da peste a Paris e sete meses depois de o cemitério municipal, o dos Santos

Inocentes, ter de ser fechado por falta de espaço, as heranças para o fundo de construção atingiram o maior nível de sua história. Morellet, que agora se via forçado a atualizar os registros do fundo mensalmente, por causa do volume das doações, observa que a paróquia recebera 42 heranças; em outubro, o número caiu, mas apenas levemente, para 36 heranças.

As cifras do diretor Morellet, que representam apenas uma sucessão de mortes em apenas uma paróquia de Paris, não podem ser extrapoladas para toda a cidade. Apesar disso, elas mostram que algo sem paralelos estava acontecendo em Paris, uma impressão confirmada pelo relato do cronista De Venette sobre os eventos no Hôtel-Dieu. Como a maioria dos hospitais medievais, inclusive La Pigonette, em Avignon, o *hôtel* era um retiro para os idosos e um abrigo para os sem-teto e os indigentes, além de ser um centro médico. Todos esses três papéis o colocavam na linha de frente durante a pestilência.

"Por um período considerável",[536] diz o cronista, "mais de quinhentos corpos eram levados por dia em carroças do Hôtel-Dieu [na Île de la Cité] [...] para serem enterrados no Cemitério dos Santos Inocentes [na Grand Rue]." Muitas das caravanas levavam os corpos das *filles blanches*,* as jovens noviças que cuidavam dos doentes. "As santas irmãs do Hôtel-Dieu", escreveu De Venette, "[...] trabalhavam com gentileza e grande humildade, abandonando considerações de dignidade terrena. Grande parte [delas] foi chamada para uma nova vida e agora se encontrara, acredita-se piamente, sob a proteção de Cristo."

Vários historiadores questionaram as cifras de mortalidade relatadas por De Venette,[537] mas elas não parecem destoar das estimativas de outros contemporâneos do período.[538] A *Grandes Chroniques de France*, dos monges da vizinha St. Denis, menciona oitocentas pessoas morrendo "de um dia para o outro" na cidade. Um mercador italiano relata que "no dia 13 de março [de 1349], 1.573 nobres foram enterrados, sem contar os funcionários públicos de baixo escalão". Outro habitante da cidade declara que

---

* Literalmente, moças brancas. (N. T.)

"1.328 [pessoas] foram enterradas em um só dia". Durante os 18 meses entre junho de 1348 e dezembro de 1349, Paris parece ter perdido o equivalente a um grande povoado por dia, e, nos dias ruins, uma cidade ampla. Segundo Ricardo, o Escocês,[539] 50 mil habitantes morreram durante a peste. "Nada assim foi ouvido, visto ou registrado por escrito",[540] escreveu um contemporâneo da peste.

A constância das mortes parece ter desanimado o diretor Morellet. À medida que o ano de 1349 se aproximava de seu fim, uma certa apatia começa a ficar evidente em seu comportamento. A realização de registros do diretor se torna novamente intermitente, e seu trabalho mostra um desleixo atípico; ele não se dá mais ao trabalho de escrever os nomes dos novos doadores, mas apenas as quantias doadas para o fundo; é como se os mortos deixassem de fazer qualquer sentido para ele, como se não pudesse mais imaginá-los, a não ser como uma pilha de corpos em uma das pequenas carroças de mortos que iam de um lado para o outro, debaixo de chuva, em direção ao Cemitério dos Santos Inocentes. O historiador George Deaux acredita que esse tipo de indiferença se tornou comum no fim da mortandade, à medida que a monotonia da morte substituía o seu terror. Deaux compara os sobreviventes a "soldados [...] que estão a tanto tempo em combate que já ou não sabem ou não se importam se seu lado está vencendo ou perdendo, ou até mesmo o que essas palavras querem dizer [...]. A guerra se tornou uma rotina infindável de horror e cansaço, alterada para uma espécie de tédio que destrói tudo, exceto as funções motoras do corpo".[541]

De Paris — e da Normandia, que também fora atingida no verão de 1348 —, a peste se espalhou para o norte, em direção a Rouen, onde um novo cemitério teve de ser consagrado para acomodar os mortos; em direção a La Graverie, onde "os corpos [...] se decompuseram na putrefação, nas esteiras em que deram o seu último suspiro"; em direção a La Leverie, onde a família de uma nobre não conseguiu encontrar um padre para enterrá-la, porque todo o clero local havia morrido, e os padres de outros lugarejos se recusavam a visitar localidades onde estivesse hasteada a bandeira negra da peste.[542] Em Amiens, o espaço para enterros também era um problema, até que o errante Filipe autorizou misericordiosamente o prefeito a abrir um novo cemitério. Em seu discurso, o rei declarou que "a mortandade [...] é tão espantosamente grande que as pessoas estão morrendo [...] rápido, como que da noite para a manhã seguinte — e muitas vezes mais rápido do que isso".[543]

No outono de 1348, enquanto a peste se aproximava de Tournai, na fronteira flamenga, um abade local, Gilles li Muisis, se recordou de uma profecia de cinquenta anos de idade e se perguntou se por acaso o pior não estaria ainda por vir. "Tenho pensado [recentemente] sobre [...] mestre Jean Haerlebech",[544] escreveu Li Muisis aos 78 anos de idade. "Quando eu era um jovem monge, ele sempre me falava de coisas secretas, que depois aconteceram.

"[...] Ele previu que em 1345 grandes guerras teriam início em vários lugares [...] e que em 1346 e 1347 [...] as pessoas não saberiam aonde ir ou onde encontrar segurança. [...] Mas ele não quis me dizer nada sobre 1350, e não consegui arrancar nada dele."

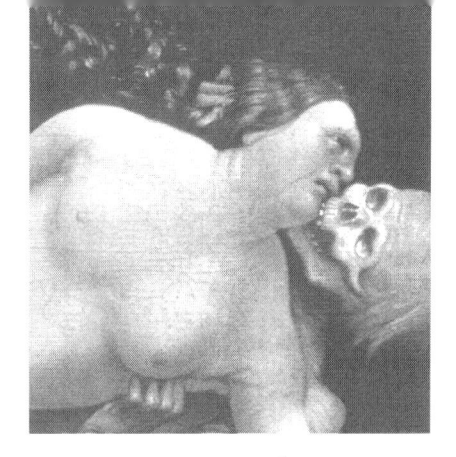

OITAVO CAPÍTULO

"Dias de Morte sem Lamentação"

Sudoeste da Inglaterra, verão de 1348

EM 1348, OS MORALISTAS INGLESES ESTAVAM DE MAU HUMOR. O monge Ranulf Higden via ostentação por toda parte. Hoje em dia, atroava Higden, "um camponês se veste como um proprietário rural, um proprietário rural como um cavaleiro, um cavaleiro como um duque, e um duque como rei".[545] O cronista de Westminster via uma ameaça ainda mais perniciosa — Spice Girls medievais por todo lado! As inglesas, reclamava o cronista, "vestem roupas tão justas [...] que [têm que usar] uma cauda de raposa pendurada por dentro de suas saias para esconder o traseiro".[546]

No entanto, quase ninguém prestava atenção a essa queixa. À medida que se aproximava a metade do século, a vívida e agradável nação da Inglaterra estava com o humor excelente. O país estava empolgado com seu sucesso militar, abarrotado com despojos da guerra francesa, e, o melhor de tudo, a Inglaterra tinha novamente um rei que podia amar. Eduardo II,[547] o antigo soberano, era um enigma para seu povo. Supunha-se que os reis gostassem de guerras, caçadas, duelos e mulheres, mas os gostos de Eduardo se inclinavam para representações teatrais, artes e ofícios, menestréis — e homens. Em uma cautelosa referência à homossexualidade do rei, um cronista escreveu que Eduardo amava mais o cavaleiro Piers Gaveston do que sua esposa, a linda princesa Isabel, de origem francesa. Em um reino marcado pela derrota militar, pela fome e pelo caos político, Eduardo, que ganhou a reputação de ser "medroso e azarado", perdeu o apoio da nobreza inglesa e, depois de um golpe arquitetado por Isabel e seu amante, Roger Mortimer, morreu da forma mais abominável que se pode imaginar. Segundo a lenda, Eduardo passou seus últimos momentos no mundo com um ferro quente de encanador enfiado em seu ânus.

A única coisa boa que o autor de *O Reinado de Eduardo II* tinha para dizer sobre seu protagonista é que Eduardo era notavelmente rico.

Ele também era muito bonito, uma característica que compartilhava com seu filho e sucessor, mas, sob outros aspectos, Eduardo III era tudo que seu pai não fora: glamouroso, romântico, politicamente hábil — e audacioso. Em 1330, aos 17 anos de idade, Eduardo se apoderou da imaginação da Inglaterra — e vingou a memória de seu pai — ao irromper no quarto de sua mãe e capturar o traiçoeiro Mortimer à ponta de espada desembainhada. "Meu bom filho, meu bom filho, seja gentil com o querido Mortimer",[548] pediu a rainha, enquanto seu amante era levado embora acorrentado. No entanto, foi a vitória contra os franceses em Crécy, em 1346, que transformou Eduardo em um semideus na Inglaterra. Quando o cronista Thomas Walsingham escreveu: "[N]o ano da graça de 1348, parecia aos ingleses que, de certo modo, nascia um novo sol sobre o país",[549] pensava ele sobre a gloriosa manhã de agosto, dois anos antes, quando Eduardo, em um momento shakespeariano, montou sobre seu cavalo em um campo diante de Crécy e, tendo o sol da manhã às suas costas, "cavalgou de fileira a fileira [...] desejando que cada um dos homens tomasse cuidado, [falando] com tamanha suavidade e com uma expressão tão afável e animada que todos que estavam desconsolados tomaram coragem".

Em 1348, o "novo sol" de Walsingham brilhava também sobre uma nação mais estável política e socialmente do que jamais estivera por mais de uma geração — e mais próspera do que se poderia esperar, dadas as terríveis privações dos anos de fome. Em 1348, a demanda pela lã inglesa era tão grande que as ovelhas se tornavam mais numerosas do que a população da Inglaterra — quase oito milhões de ovelhas contra seis milhões de pessoas.[550] E já havia os primeiros sinais de uma economia industrial[551] — na região rural do oeste, na Ânglia Oriental, onde se fabricava tecido, e em Gales e na Cornualha, onde havia a extração de carvão e estanho. Enquanto isso, ao longo dos litorais, as zonas portuárias arborizadas de Bristol, Portsmouth, Londres e Southampton estavam cheias de navios de mastros altos originários de Flandres, da Itália, da Gasconha e das cidades alemãs da Liga Hanseática.

É impossível dizer com exatidão em que momento de 1348 a peste pôs termo à exuberância inglesa, mas, durante os primeiros meses do ano, o país ainda estava em um estado de espírito de que "aqui isso não vai acontecer". Em janeiro e fevereiro, enquanto os cemitérios de Avignon se esgotavam, Eduardo estava em Windsor, redecorando a capela e recatadamente evitando os alemães, que, dizia-se, queriam lhe oferecer a coroa de imperador; enquanto isso, seus súditos desfilavam descaradamente pela região rural da Inglaterra despojos da guerra contra a França. "Não havia mulher de qualquer posição que não tivesse sua cota dos despojos de Calais, Caen e de outros lugares do outro lado do Canal da Mancha",[552] escreveu Walsingham. O que reforçava o estado de espírito segundo o qual "aqui isso não vai acontecer" era o fato de que a peste estava devastando a França, e os ingleses insulares consideravam os franceses esquisitos até mesmo para estrangeiros; segundo o famoso comentário de um escritor inglês do período, o francês típico era efeminado,[553] caminhava de um jeito engraçado e passava tempo demais se preocupando com o cabelo.

Também é difícil dizer com exatidão o que alterou o estado de espírito do país. Talvez tenha sido o começo das chuvas no princípio do verão. Durante a segunda metade de 1348, "dificilmente ocorria um dia sem chuva em algum momento do dia ou da noite".⁵⁵⁴ Talvez, espiando o canal nevoento naquele maio ou junho, os ingleses tenham sentido um agourento estremecimento de pânico. Ou talvez, mais simplesmente, no final da primavera — com quase todas as cidades do lado francês do canal exibindo uma bandeira negra da peste — tivesse ficado impossível ignorar o perigo, mesmo para um povo insular, acostumado a se considerar uma raça única.

O verão de 1348 foi, como o verão de 1940, durante a Batalha da Bretanha, um tempo de comovedora retórica das "costas contra a parede". "A vida dos homens sobre a Terra é a guerra",⁵⁵⁵ declarou em julho o bispo de York. Um mês depois, o bispo de Bath e de Wells alertou seus compatriotas de que o Apocalipse estava próximo. "A catastrófica pestilência do Oriente chegou a um reino vizinho [a França], e devemos temer muito que, a não ser que rezemos devota e incessantemente, uma pestilência similar estenda seus galhos venenosos para dentro deste reino."⁵⁵⁶

Não sabemos quantas pessoas seguiram o conselho do bispo, mas, não importando quantas tenham sido as orações oferecidas pelos ingleses ao céu no chuvoso verão de 1348, elas não foram suficientes. Durante os dois anos seguintes, a Inglaterra passaria pela pior catástrofe de sua longa existência como nação. Nas palavras do dramaturgo elisabetano John Ford, entre 1348 e 1350,

Uma notícia se amontoava imediatamente sobre a outra
*A respeito de morte e morte e morte e morte.*⁵⁵⁷

Durante aqueles dois anos, talvez 50% da Inglaterra tenham sido consumidos pela mortandade.⁵⁵⁸*

---

* As estimativas do número de mortos vitimados pela peste na Inglaterra variam. Em *A History of Bubonic Plague in the British Isles* (Londres: Cambridge University Press, 1970, p. 8), J. F. D. Shrewsbury, bacteriologista inglês, sugeriu a cifra muito improvável de 5%. A cifra consensual, conforme apresentada por John Hatcher em *Plague, Population and the English Economy, 1348-1350* (Londres: Macmillan, 1977, p. 25), se encontra entre 30% e 45%. Mas o medievalista Christopher Dyer acredita que os indícios da época indicam uma taxa de mortalidade próxima dos 50%. Dyer está praticamente certo.

Para o monge irlandês John Clynn, parecia que o fim do mundo havia chegado. Escrevendo naquele ano do Juízo Final de 1349, Clynn declarou: "Esperando entre os mortos a chegada da morte [...], coloquei no papel o que de fato ouvi e verifiquei [...] no caso de alguém ainda estar vivo no futuro."[559] Considerado o nível de medo, boato e confusão comuns no verão de 1348, é provavelmente inevitável que os relatos da época descrevam o *Y. pestis* desembarcando vários pontos diferentes ao longo da costa inglesa, incluindo Bristol, no oeste, Southampton e Portsmouth, ao longo da costa do Canal da Mancha, e até mesmo o norte da Inglaterra.* Contudo, a maioria das evidências históricas aponta para Melcombe,[560] um pequeno porto na costa sudoeste do canal, como o mais provável ponto de desembarque inicial. Melcombe é mencionado com mais frequência do que qualquer outro porto nos textos do período, incluindo a crônica da Abadia de Malmesbury, de acordo com a qual "em 1348, perto da festa de [...] São Tomás, o Mártir [7 de julho], a cruel pestilência, detestável a todas as eras futuras, chegou de países de além-mar na costa sul da Inglaterra, no porto chamado de Melcombe, em Dorset". A *Crônica do Franciscano* também diz que "em 1348, [...] dois navios [...] atracaram em Melcombe, em Dorset, antes do solstício de verão [...]. Eles contaminaram os homens de Melcombe, que foram os primeiros a ser infectados na Inglaterra".

Hoje em dia, Melcombe é parte de Weymouth, um agradável balneário do Canal da Mancha, repleto de arquitetura do período da Regência,** esplêndidas lojas litorâneas, penhascos elevadíssimos e história. Um memorial do Dia D, no porto, celebra os milhares de jovens norte-americanos que partiram dali em uma manhã chuvosa de 1944, rumo às praias da Normandia; e uma placa perto das docas celebra a partida, em 1628, de John Edincott, fundador da colônia de Salem e primeiro governador da Nova Inglaterra. Entretanto, o momento mais famoso da história da cidade talvez tenha ocorrido na margem norte do Wey, rio que atravessa a cidade moderna

---

* Também há relatos conflitantes sobre o dia da chegada da peste. Entre as datas citadas nas crônicas, encontram-se 23 de junho, 24 de junho, 7 de julho, 1º de agosto e 15 de agosto.
** Período (1811-1820) em que a Inglaterra viveu sob a regência de Jorge, príncipe de Gales, posteriormente Jorge IV, tio da rainha Vitória e um dos monarcas mais detestados da História britânica. (N. T.)

e dá nome a Weymouth. Na Idade Média, a nivelada planície aluvial acima da margem norte era ocupada pela cidade de Melcombe, nome que significa "vale em que se encontrou leite", ou, mais simplesmente, "vale fértil", e que aparentemente surgiu com os durotriges, a tribo celta que ocupou a costa de Dorset.

Nos anos 1340, Melcombe parece ter sido maior e mais próspera do que a Weymouth medieval,[561] que se espremia na estreita faixa de terra entre a margem sul do Wey e os escarpados penhascos de Dorset — uma posição que lhe conferia a aparência de estar sempre a ponto de tombar no Canal da Mancha. Melcombe se orgulhava de possuir uma frota de navios maior do que a de Weymouth, um movimentado bairro comercial ao longo da rua Bakeres — assim como um dos homens mais ricos do condado de Dorset, Henry Shoydon, que, em 1325, pagara espantosos 40 xelins em impostos. Um mapa do século XIV mostra que, na época de Shoydon, Melcombe também tinha um molhe, onde os navios visitantes descarregavam as mercadorias. Apesar de ser difícil imaginar hoje, na rica e moderna Weymouth — cercada de turistas japoneses tirando fotos, adolescentes vestindo camisetas e jovens casais elegantes vindos de Londres —, em uma manhã do verão de 1348, quando o céu estava carregado de chuva, um ou vários navios atracaram no molhe carregados de "morte e morte e morte".

O navio — ou navios — provavelmente voltava de Calais, a cena de um recente combate encarniçado entre franceses e ingleses.* Depois de ameaçar Paris no começo de agosto de 1346 e derrotar uma força francesa muito maior, em Crécy, Eduardo seguiu para o norte e atacou Calais, uma cidade murada de cerca de 20 mil habitantes sobre o que restara da ponte de terra que ligava a Bretanha ao continente antes do final da última Era Glacial. À medida que os combates em torno da cidade degeneraram em um cerco brutal, a pequena Melcombe, não pela última vez, encontrou-se arrastada para grandes eventos maiores do outro lado do canal. Uma ordem real remanescente de 1346 mostra Eduardo requisitando 20 navios e 246 marinheiros

---

* Uma fonte do período declara que o navio que contaminou Melcombe viera da Gasconha, mas, dado o baixo volume de comércio entre as duas regiões, a alegação parece improvável.

da cidade para apoiar as forças inglesas em Calais.⁵⁶² Alguns homens de Melcombe podem até mesmo ter estado presentes, um ano depois, para testemunhar um dos momentos mais gloriosos da História Francesa. Um comitê composto dos principais cidadãos de Calais, os Seis Burgueses, apareceu no acampamento inglês e ofereceu suas vidas se Eduardo concordasse em poupar seus concidadãos.⁵⁶³ O cronista Jean le Bel comenta que os ingleses ficaram tão comovidos com a bravura dos burgueses, que "não havia um lorde ou cavaleiro [...] que não estivesse chorando de pena".

Mesmo que Melcombe não tenha sido exatamente a primeira cidade inglesa a ser contaminada pela pestilência, as ligações com Calais devem tê-la colocado bem perto de ser a segunda ou a terceira. Tudo que sabemos sobre a peste sugere que a cidade francesa estaria absolutamente intoxicada pelo contágio no verão de 1348. Em primeiro lugar, espremida e murada, Calais havia acabado de sair de um cerco de 11 meses e, portanto, teria uma abundância de sujeira, ratos e pessoas subnutridas quando o *Y. pestis* chegou no verão de 1348. Além disso, os ingleses mandavam para casa imensas quantidades de despojos "liberados" da guerra contra a França. "As damas inglesas eram vistas orgulhosas, passeando com vestidos franceses"⁵⁶⁴ naquele verão, e os lares ingleses estavam cheios de "peles, travesseiros, [...] roupa branca de cama e mesa, roupas e lençóis" franceses. Inevitavelmente, algumas das mercadorias "liberadas" enviadas para a Inglaterra deviam estar carregando pulgas contaminadas. Além disso, ratos portadores da peste muito provavelmente entraram de mansinho nos porões de alguns dos navios de Melcombe que fugiam de Calais.

Como quer que a pestilência tenha chegado, no fim do verão de 1348 os únicos sons que se ouviam em Melcombe eram o ruído da chuva sobre os telhados de palha e o estrépito das repetidas pancadas das ondas tentando escalar os penhascos. O único fragmento de informação que temos sobre o destino da cidade é por meio de dedução. No começo da década de 1350, Eduardo declarou que a ilha de Portland, imediatamente ao sul, "tão despovoada [...] na recente pestilência, que os habitantes remanescentes não são o bastante para protegê-la contra nossos inimigos estrangeiros".⁵⁶⁵

A subsequente incorporação de Melcombe por Weymouth sugere que seu sofrimento foi ainda mais severo. É improvável que a orgulhosa população da cidade tivesse concordado em ser incorporada pela menor e historicamente menos importante Weymouth, a não ser que Melcombe tivesse se tornado fraca demais para sustentar a si própria.

A falta de um registro documental em Melcombe é incomum. Como observa o historiador Philip Ziegler, os registros ingleses da época "forneceram descrição mais detalhada do progresso da Peste Negra do que os [de] qualquer outro país".[566] No que se refere ao sofrimento das pessoas, os documentos — testamentos, escrituras, registros de feudos, anotações clericais e transferências de propriedades — não são particularmente esclarecedores, mas propiciam um guia iluminador sobre o deslocamento e o comportamento do *Y. pestis*. A partir do padrão de mortes nos registros, por exemplo, fica claro quão astuciosamente a peste explorou a melhoria na rede de comunicações da Inglaterra, incluindo as novas redes de estradas que ligavam Londres, no leste, a Coventry, no centro do país, e Bristol, no oeste, assim como as redes fluviais, que transportavam grande parte do comércio interno. As novas balsas e pontes — e o cavalo, que estava substituindo o melancólico boi como meio de transporte de cargas — também ajudaram a aumentar a mobilidade do *Y. pestis*.

Conforme Ziegler percebera, a precisão do ataque inicial da peste no sudoeste da Inglaterra se assemelhava a uma campanha militar.[567] Para que se compreenda o desenrolar desse ataque é necessária uma aula elementar de Geografia. A costa oeste da Inglaterra tem a forma de um porco galopante visto de perfil. O norte de Gales forma a orelha caída do porco, o centro de Gales é seu focinho, e o Canal de Bristol, abaixo de Gales, é o espaço entre a mandíbula do porco e sua perna, galopante, estendida. A perna, que penetra o Atlântico, engloba o sudoeste da Inglaterra. Em seu lado oceânico, a região se estende pela costa do Canal de Bristol até Land's End, na Cornualha, o ponto mais a oeste da Inglaterra; e, do lado do Canal da Mancha, acima da ponte de trás da Cornualha e na direção leste, até os condados vizinhos do canal: Devon e Dorset, onde se localiza Melcombe.

No verão de 1348-49, uma linha de frente da pestilência, movendo-se para o norte, a partir de Melcombe, e uma segunda, movendo-se por terra em direção a leste, a partir do Canal de Bristol (que fora contaminado no final do verão) se cruzariam, e tudo que se encontrava dentro da perna galopante ficaria preso em um bolsão de peste.

A costa de Dorset é cheia das paisagens do ensimesmado Heathcliff* — charnecas varridas pelo vento, céus cinzentos e melancólicos, nuvens que se movem furiosamente, recifes agitados e enormes penhascos esbranquiçados como giz, alguns deles tão escarpados que parecem ter sido separados da Europa continental a golpes de machado. Aqui e ali, aninhadas entre rochas, vento e mar, encontram-se dezenas de cidadezinhas costeiras como Melcombe e suas vizinhas: Poole, Bridport, Lyme Regis, Wareham e West Chickerell. Na Idade Média, todas essas cidades eram lugarejos soporíficos onde os mesmos duzentos ou trezentos conjuntos de genes perseguiam uns aos outros durante séculos e onde o ritmo da vida diária era inalterável como o mar e o céu. No chuvoso outono de 1348, essa previsibilidade começou a ruir. Os registros laicos proporcionam breves vislumbres do inicial avanço da peste ao longo da costa sudoeste, mas as listas eclesiásticas — especialmente os meticulosamente atualizados registros clericais das mortes — oferecem o panorama mais seguro.

Nos registros clericais, se não na vida real, a Peste Negra começa como um clássico romance inglês de suspense, talvez um livro de Agatha Christie chamado *Quem Está Matando os Padres da Costa da Inglaterra?*. Em outubro — alguns meses depois da chegada do *Y. pestis* a Melcombe** —, West Chickerell, ao norte, e Warmwell e Combe Kaynes, a leste, repentinamente perderam padres; em novembro, a onda de mortes de padres se estende até

---

* Personagem principal do romance *O Morro dos Ventos Uivantes* (1847), clássico da Literatura Inglesa escrito por Emily Brontë. (N. T.)
** A estação, o verão, e o intervalo de dois a três meses entre a chegada do *Y. pestis* em julho, e as primeiras notícias das fatalidades, em outubro, sugerem que a peste chegara à Inglaterra em sua forma bubônica — "sugerem", porque o intervalo pode ter sido causado por um atraso no relato das mortes.

as vizinhas Bridsport, East Lulworth e Tynham, e, em dezembro, a Settisbury, também vizinha, que tem de nomear três padres antes de encontrar um que não esteja prestes a morrer na cidade. John le Spencer foi nomeado para um posto clerical em Settisbury em 7 de dezembro de 1348; três dias depois, foi substituído por Adam de Carelton, que, por sua vez, foi substituído, em 4 de janeiro, por Robert de Hoven. Nos últimos dois meses de 1348, a escassamente habitada região de Dorset teve que preencher 32 vagas clericais[568] — 15 em novembro e 17 em dezembro, uma taxa de substituição surpreendente. E as mortes de sacerdotes foram apenas o começo.

Por toda a costa sudoeste, no calamitoso outono de 1348, os viventes se reuniam sob a chuva para enterrar os mortos. Em Poole, a leste de Melcombe, os coveiros trabalhavam ao som atroador das intensas ondas que rebentavam próximo ao Baiter, um pontal arenoso convertido em cemitério litorâneo. Em 1348 e no começo de 1349, a pequena Poole parece ter enterrado a melhor parte de si na areia do canal. Cento e cinquenta anos depois, ainda havia tantas construções abandonadas na cidade que Henrique VIII se absteve de suas complicadas histórias amorosas para ordenar sua reforma. Séculos depois, os habitantes locais ainda apontavam o Baiter e deleitavam os visitantes com histórias do terrível outono de 1348, quando a morte e a chuva uivavam sobre a cidade.[569] A oeste de Melcombe, em Bridport, que era famosa por fazer os melhores cordames náuticos da Inglaterra, os habitantes enterraram seus mortos com uma obstinada devoção ao legalismo britânico. Para se certificar de que todas as mortes eram apropriadamente registradas e citadas, no inverno de 1348-49 Bridford dobrou a sua totalidade normal de bailios de dois para quatro.[570] Os registros eclesiásticos também destacam o que pode ter sido a primeira transição abrupta de um lugar para outro feita pela pestilência. Em novembro e dezembro, um súbito surto de mortes de padres em Shaftesbury, no centro de Dorset, indica que a peste agora se espalhava para o norte, por meio da chuva incessante, em uma rota terrestre que a faria atravessar as florestas cheias de cervos, se espalhar pelas fazendas de criação de ovelhas mais para o norte de Dorset e entrar na região central da Inglaterra.

* * *

No século XVII, Clevedon, Bridgwater e outras cidadezinhas ao longo do Canal de Bristol seriam o último bocado de relva que os escravos africanos viram a caminho das Índias Ocidentais. Mas, no cinzento e úmido agosto de 1348, a lamentação e o sofrimento viajavam na direção oposta — não para fora, em direção ao Atlântico, mas canal acima, em direção a Bristol. Em uma manhã de garoa em algum momento entre 1º. e 15 de agosto — os cronistas discordam sobre a data —, um navio contaminado, ou navios, provavelmente de Dorset, mas possivelmente da Gasconha, atracou no porto de Bristol. Pouquíssimo depois disso, a cidade, o maior porto marítimo do oeste da Inglaterra, literalmente explodiu. "A cruel morte precisou de apenas dois dias para irromper sobre toda a cidade [...]. Era como se a morte súbita houvesse escolhido [as pessoas] antecipadamente",[571] escreveu o monge Henry Knighton.

Essa era a segunda linha de frente do *Y. pestis*, e ele rapidamente transformou Bristol em um ossuário. "A peste devastava com tamanha intensidade",[572] diz um escritor, "que os vivos mal conseguiam enterrar os mortos [...]. Naquele período", ele acrescenta, "a grama chegou a vários centímetros de altura na Rua Alta e na Rua Larga".*

Segundo o *Little Red Book*, uma lista de funcionários do governo local, 15 dos 52 conselheiros de Bristol morreram em 1349, uma taxa de mortalidade de quase 30%. No entanto, registros clericais remanescentes sugerem que o clero de Bristol pode ter sofrido de forma muito mais cruel; uma série de registros mostra que 10 dos 18 postos clericais tiveram que ser preenchidos em 1349 — uma taxa de mortalidade de cerca de 55%. O historiador da cidade estima que entre 35% e 40% de Bristol tenham perecido na mortandade.[573]

Abaixo do porto marítimo, na cidade de Bridgwater, no Canal de Bristol, o Natal de 1348 foi de uma desolação inimaginável.[574] O moinho de água local estava parado desde novembro, quando William Hammond,

---

* *High street* e *Broad street* eram nomes comuns para as primeiras ruas das povoações inglesas, como ainda hoje confirma a *Broadway*, em Nova York. (N. T.)

o moleiro, havia morrido, e as chuvas do outono haviam transformado o solo — que ficava no nível do mar — em torno da cidade em um pântano, destruindo as plantações e dificultando as atividades. Então, durante o Natal, quando Bridgwater rezava pela salvação, a peste teve um acesso de fúria e matou pelo menos 20 moradores de um feudo próximo.

Ao norte de Bristol, em Gloucester,[575] angustiados funcionários municipais ordenaram que o portão da cidade fosse fechado e que todos os moradores do porto marítimo fossem banidos da cidade. Entretanto, no final do outono, quando a pestilência subiu a estrada de Bristol — cansada, faminta e ansiosa por sair da chuva —, a quarentena se mostrou tão inútil quanto fora em Catânia, no ano anterior. Em 1350, alguém rabiscou o epíteto de Gloucester na parede de uma igreja: "Angustiada, desabitada, confusa. Só sobrevivem os farrapos de um povo."

Em algum momento entre novembro de 1348 e janeiro de 1349, a linha de frente da pestilência em Bristol — agora se estendendo por uma rede de estradas que seguiam para o leste através dos condados do centro-sul da Inglaterra na direção de Londres — e a linha de frente litorânea — que avançava de Dorset para o norte, rumo à região central do país — tiveram seus caminhos cruzados.

Enquanto o bolsão da peste se fechava repentinamente, o tempestuoso bispo Ralph de Shrewsbury fez aquele que seria um dos pronunciamentos mais famosos da mortandade. Não era exatamente o discurso "lutaremos contra eles nas praias", de Churchill,* mas o bispo Ralph, cuja diocese de Bath e Wells se localizava cercada na extremidade leste do bolsão da peste, era, ele próprio, um mestre da oratória. Em janeiro, quando até mesmo os esperançosos haviam perdido a esperança, o bispo levantou os ânimos por toda a diocese com um anúncio espantoso:

"Desejando, como é nosso dever, proporcionar a salvação das almas e trazer de volta de seus caminhos pecaminosos os que se desviaram [...].

---

* Famoso discurso que Churchill, recém-eleito primeiro-ministro da Inglaterra, proferiu em junho de 1940, responsável por uma considerável elevação do moral da população da Inglaterra durante a Segunda Guerra Mundial. (N. T.)

[D]eclaramos que aqueles que agora estão doentes ou que no futuro adoecerão [...] se [...] não puderem contar com os serviços de um sacerdote, devem fazer uma confissão uns para os outros como se permite nos ensinamentos dos apóstolos [...]."[576]

Alguns parágrafos depois, Ralph conferia outro direito, ainda mais extraordinário, aos leigos — ou, melhor, aos poucos que ainda sobreviviam. O bispo disse que, na impossibilidade de se encontrar um sacerdote, "o sacramento da Eucaristia [a Sagrada Comunhão] pode ser administrado por um diácono [leigo que ajuda nas funções eclesiásticas]".

A extraordinária decisão do bispo de dar aos fiéis o direito de administrar os sagrados sacramentos nascia do desespero. A diocese de Bath e de Wells perderia quase metade de seu número total de sacerdotes durante a mortandade[577] e, conforme salientava o pronunciamento de Ralph, os perigos de ministrá-los aos doentes haviam aumentado tanto, que não se podia encontrar um padre vivo que estivesse "disposto, quer por zelo, quer por devoção, ou por um estipêndio, a assumir os [deveres da] assistência pastoral".

Infelizmente, a coragem pessoal do bispo não estava inteiramente à altura de sua poderosa retórica. No final de janeiro, enquanto a peste saltitava pelas ruas de Bath, ele se retirou para a relativa segurança de seu feudo na rural Wiveliscombe. A bem da verdade, era uma prática normal de Ralph passar o inverno no feudo. Além do mais, em 1349 ele esteve longe de ser a única personalidade eminente a fazer uma longa visita ao interior da Inglaterra. O próprio Eduardo III passou os primeiros meses de 1349 na região rural do sudoeste e em torno de Windsor — muito amedrontado, aparentemente, já que mandara buscar relíquias sagradas em Londres.[578] Entretanto, a decisão de Ralph de abandonar Bath provavelmente contribuiu para o incidente desagradável que ocorrera no final do ano.

Em dezembro, enquanto a peste perdia forças, ele decidiu visitar a cidadezinha de Yeovil para celebrar uma missa de ação de graças. No entanto, depois de um ano de "morte e morte e morte", os cidadãos aparentemente ficaram incomodados com a visão do rosado e gorducho Ralph entrando a cavalo na cidade diante de um séquito consideravelmente amplo e deslumbrante. Depois que o bispo desaparecera no interior da igreja local, uma turba enfurecida se reuniu em uma praça próxima. Vozes foram elevadas; punhos, agitados; armas, brandidas; e denúncias, feitas. Depois, repentinamente, a multidão correu para a igreja. O *Register* do bispo de Bath, uma espécie de diário oficial, descreve o restante da história. "Certos filhos da perdição, [armados com] uma miríade de arcos, flechas, barras, pedras e outras espécies de armas",[579] irromperam igreja adentro, "ferindo furiosamente muitíssimos [...] dos servos de Deus" e, depois, "eles [nos] encarceraram [...] na reitoria da referida igreja até, no dia seguinte [ao ataque] dos vizinhos, devotos filhos da Igreja [...] libertarem-nos [...] de nossa prisão".

Voltando para Wiveliscombe, Ralph, irritadíssimo, ordenou que Walter Shoubuggare, Richard Weston, Roger Le Taillour e John Clerk, cidadãos de Yeovil — bem como outros "filhos da perdição" —, fossem excomungados. Os homens foram obrigados a "circular a igreja da paróquia [...] nos domingos e dias de festa [...] de cabeça e pés nus [...]",[580] com ar de penitência. Além disso, na missa solene, tinham de segurar uma vela "de cera com cerca de 450 gramas" até a cera quente derreter em suas mãos. Talvez, a recordação do cemitério de Yeovil — "poluído por intensas efusões de sangue" — estivesse começando a assombrar o bispo ou talvez ele tenha começado a se sentir culpado por passar o inverno em Wiveliscombe. Seja qual for a razão, logo depois de divulgar a ordem de excomunhão, Ralph a revogou. "Para que [...] o ensinamento [de] Cristo não seja diminuído e a devoção [...] a Deus não se enfraqueça", escreveu ele a um vigário em Yeovil, "suspendemos a mencionada proibição."

Em Oxfordshire, o condado a leste da diocese de Ralph, a peste causou tamanha devastação, que os documentos remanescentes têm uma atmosfera de fim de mundo. Em 1359, ouvimos que não se podem mais coletar os impostos no vilarejo de Tilgarsley, porque ele está deserto desde 1350;[581] no vizinho feudo de Woodeaton,[582] ouvimos que depois "da mortandade de homens [...] mal restaram dois arrendatários [...] e que eles teriam partido não fosse o irmão Nicholas de Upton [...] ter feito um acordo com eles". Em Oxford, que perdeu três prefeitos durante a peste, os poucos documentos remanescentes incluem uma petição de um funcionário da universidade e uma estimativa de óbitos. O funcionário reclama "que a universidade está arrasada e fragilizada pela pestilência [...] de modo que sua propriedade mal pode ser mantida ou protegida".[583] A estimativa de mortes vem de um antigo chanceler, o impetuoso Richard Fitzralph, bispo de Armagh. Em 1357, o bispo escreveu que costumava haver "na Universidade de Oxenford* [...] trinta mil estudantes [...] e agora [em 1357] há menos de seis mil".[584] Como a própria cidade de Oxford, muito menos a universidade, não teria sido capaz de manter 30 mil almas, o bispo estava certamente exagerando. Apesar disso, verdadeiro era o fato de que uma enorme quantidade de pessoas havia morrido. O relato mais confiável sobre o que aconteceu em Oxford talvez venha de um erudito do século XVIII, segundo o qual, quando a peste chegou, no outono de 1348, "aqueles que tinham terras e casas no campo se refugiaram [embora também tenham sido atingidos lá], e aqueles que ficaram para trás foram quase totalmente arrasados. As portas das escolas foram fechadas, as agremiações e os salões foram abandonados, e quase ninguém ficou para tomar posses ou [...] para enterrar os mortos".[585]

O que esses relatos deixam de fora são os detalhes da vida cotidiana naquele outono: o incessante crepitar da chuva nos telhados de palha, o baque abafado das pás nos cemitérios das igrejas, as lamentações de crianças sem pais e de pais sem filhos, e, nos campos encharcados para além dos, na Inglaterra, vilarejos do sul da Inglaterra, as carcaças de milhares de ovelhas e vacas que apodreciam. Perdas em massa de animais foram comuns durante a mortandade, mas, a se julgar pelos relatos do período, elas atingiram uma intensidade especial. "No mesmo ano [da pestilência]",[586] escreveu um cronista, "houve uma grande gafeira [epidemia] entre as ovelhas por todo o reino com tanta intensidade que, em um único local, morreram cinco mil ovelhas, e os corpos estavam tão decompostos que nenhum animal terrestre ou pássaro tocaria neles."

As mortes de animais na Inglaterra parecem ter sido causadas por peste bovina e fascíola hepática, doenças de animais de rebanho que se beneficiam com o clima úmido. Em 1348 e 1349, sua disseminação foi provavelmente

---

* Grafado conforme se encontra no texto do bispo de Armagh. (N. T.)

ainda mais facilitada devido à falta de pastores que cuidassem dos rebanhos ameaçados. Contudo, em outros lugares, as mortes podem ter sido parte da pestilência. Em Florença, cães, gatos, galinhas e bois morreram durante a peste e, como os humanos, muitos tinham bubões. O mais assombroso relato de uma mortandade animal vem de um historiador árabe medieval, segundo o qual no Uzbequistão, leões, camelos, javalis selvagens e lebres, "todos caíam mortos nos campos, atacados pelo carbúnculo".[587]

Na Inglaterra, como em outros países, uma das poucas coisas que proporcionavam uma medida de proteção contra a pestilência eram os privilégios. As casas de pedra dos ricos eram menos vulneráveis à infestação por ratos,* e a aristocracia e a pequena nobreza tinham geralmente melhor saúde.[588] Na verdade, a maior parte das pessoas de 50 anos de idade dos tempos modernos invejaria o soberbo porte físico de Bartholomew Burghersh, cavaleiro e diplomata do tempo de Eduardo III. Quando Burghersh morreu, no final da meia-idade, tinha ainda um corpo esguio e musculoso, ombros largos, todos os dentes e nenhum sinal de osteoartrite, característica comum dos esqueletos medievais. Segundo uma estimativa, apenas 27% da Inglaterra rica e aristocrática morreram durante a mortandade, em oposição aos 42% a 45% dos padres do país e 40% a 70% do campesinato.[589]

Entretanto, como notava um poema da época, ninguém — nem mesmo os bem-nascidos — estava imune à pestilência universal:

Cetro e Coroa
Têm de cair
E no pó tornar-se iguais
À foice e à pá tortas e inúteis.[590]

---

* Essa é uma questão polêmica. Indícios da Terceira Pandemia indicam que as casas de pedra podem ser penetradas por ratos. Mas, mesmo que essas casas fossem permeáveis, eram menos permeáveis do que as cabanas de taipa dos camponeses.

Sudeste da Inglaterra, início do outono de 1348

Ao longo dos extensos cais da Bordeaux medieval abundavam fardos de lã, pacotes de produtos agrícolas, barris de vinho da Borgonha e, em um dia do início de agosto de 1348, uma loura princesa da Inglaterra, Joana Plantageneta, filha mais nova de Eduardo III.[591] Com seu rosto com formato de coração e um ar de segurança digno da realeza, Joana deve ter parecido um milagre para os exaustos estivadores franceses que trabalhavam nos cais. Durante semanas, eles viram apenas a morte em decorrência da peste; agora, repentinamente, ali em meio a eles estava um conto de fadas da realeza, completado por quatro navios ingleses com bandeiras esplêndidas, um lisonjeiro, menestrel espanhol — presente do prometido de Joana, o príncipe Pedro de Castela —, uma centena de arqueiros vestidos nobremente e dois dos criados mais elevados dos funcionários de Eduardo, Andrew Ullford, calejado veterano das guerras contra a França, e Robert Bourchier, advogado e diplomata.

Pouco se sabe sobre a visita da princesa a Bordeaux, a não ser pelo fato de que ela parou ali a caminho da Espanha, onde se casaria com o príncipe Pedro no outono, e que, na manhã de sua chegada, o prefeito, Raymond de Bisquale, estava à espera no cais para alertar a ela e a seu séquito nupcial sobre a presença da peste. Sabemos também que os ingleses repeliram o aviso, embora não saibamos por quê. A leviandade da princesa pode provavelmente ser atribuída à sua idade. Membros da realeza aos 15 anos de idade devem ser ainda mais inclinados a se considerar imortais do que os jovens comuns dessa idade. No entanto, a imprudência dos dois membros mais do séquito real, Bourchier e Ullford, é mais incompreensível. Talvez, depois de ter sobrevivido a Crécy, onde os ingleses estavam em minoria, de quatro ou cinco para um, Ullford tivesse desenvolvido suas próprias ilusões de imortalidade. Ou talvez o prefeito de Bisquale tenha causado nele e em seu colega iminente, Bourchier, a impressão de ser um daqueles francesinhos irrelevantes, com um cabelo bagunçado e um andar engraçado.

Os dois altos funcionários da Coroa deveriam ter sido mais prudentes.

No dia 20 de agosto, Ullford teve uma morte terrível causada pela peste, aliviada apenas com uma bela vista. As últimas horas do antigo soldado transcorreram no Château de l'Ombrière, um suntuoso castelo plantageneta que dava vista para o porto de Bordeaux. Vários outros membros do séquito nupcial também morreram, incluindo, em 2 setembro, a princesa Joana,[592] que deixou para trás a lembrança de uma gargalhada juvenil e um vestido de casamento não utilizado, feito de cerca de 130 metros de *rakematiz*: uma valiosa seda grossa bordada a ouro. O que a princesa não deixou para trás foi o corpo. Em outubro, Eduardo ofereceu uma imensa quantia ao bispo de Carlisle[593] para que ele fosse à pestilenta Bordeaux recuperar o corpo da princesa, mas não sabemos se o prelado realmente chegou a visitar a cidade. De qualquer modo, o corpo de Joana nunca foi recuperado. O historiador Norman Cantor acredita que isso se deve ao fato de ele ter sido queimado em outubro, quando o prefeito de Bisquale ordenou que se incendiasse o porto. Destinado a impedir a disseminação da doença, o fogo fugiu ao controle e destruiu diversas construções próximas, incluindo, observa o professor Cantor, o Château de l'Ombrière, onde morrera a princesa Joana.

Em 15 de setembro, quando Eduardo II escreveu ao rei Alfonso, pai de Pedro, para informá-lo da morte de Joana, o semideus inglês soava como qualquer pai que jamais tentara compreender uma coisa tão incompreensível quanto a morte de uma criança. "Nenhum outro ser humano poderia se surpreender se estivéssemos internamente desolados pela ferroada da dor, pois somos também humanos. Mas nós, que depositamos nossa fé em Deus [...] damos-Lhe graças por um dos membros de nossa família, livre de toda mácula, a quem amamos com o amor absoluto, tenha sido enviado para o Paraíso, a fim de reinar entre os coros das virgens, onde pode, feliz, interceder por nossas ofensas perante Deus."[594]

Enquanto Eduardo escrevia, uma nova metástase estava se desenvolvendo no sul da Inglaterra. Durante o outono, a peste apareceu em Wiltshire, o condado imediatamente a leste de Dorset, e depois, quase simultaneamente, nos vizinhos a leste de Wiltshire: Hampshire e Surrey. Uma ocorrência circunstancial pode ter contribuído para Southampton, na costa de Wiltshire, ser a fonte dos novos surtos.[595] Navios que vinham da França, incluindo os de Bordeaux, visitavam o porto quase diariamente. Contudo, como não há indícios de morte entre os sacerdotes de Southampton até o mês de dezembro,[596] também parece possível que esse novo ataque da peste tenha se originado em Dorset — talvez de Melcombe o *Y. pestis* tenha se espalhado tanto para o leste quanto para o norte.

Tudo que podemos dizer com certeza setecentos anos depois é que, no outono de 1348, as pessoas dos condados a leste de Dorset sabiam que a morte estava prestes a surgir diante delas. Em 24 de outubro, o bispo William Edendon, cuja diocese de Winchester, em Hampshire, estava diretamente no caminho do dano, divulgou um alerta sinistro. Evocando os lamentos de Raquel, em Mateus 2:18,* o bispo declarou: "Ouviu-se um grito em Ramá [...]. Relatamos angustiados as sérias notícias [...] de que esta peste cruel deu início a um [...] ataque feroz à área costeira da Inglaterra [...]. Estamos tomados pelo pavor de que [...] esta doença monstruosa possa atacar qualquer parte de nossa cidade ou diocese."[597]

Em 17 de novembro, com a peste agora uivando diante das fronteiras de Hampshire, o bispo Edendon aproveitou a ocasião para lembrar os fiéis da "radiante luz eterna que brilha [...] no escuro coração do sofrimento humano".** Em uma segunda declaração, o bispo afirmou que, enquanto "a doença e a morte prematura muitas vezes advêm do pecado [...] pela cura das almas, sabe-se que esta espécie de doença [a peste] pode cessar". Não há registro de quantos dos fiéis conseguiram extrair esperança das palavras do bispo.

Como as infelizes famílias de Tolstoi, durante o primeiro inverno da pestilência as cidadezinhas do sul da Inglaterra começaram a se extinguir, cada uma ao seu modo. No mês de maio seguinte, enquanto um sol de primavera aquecia as lajes cinzentas de Stonehenge, o único som que se podia ouvir na propriedade do feudo de Carleton, perto de Wiltshire, era o canto dos pássaros. Os moinhos de água de Carleton estavam parados, suas terras não

---

* Em Ramá se ouviu uma voz, lamentação, choro e grande pranto: Raquel chorando os seus filhos, e não querendo ser consolada, porque já não existia.
** Citação do romance *A Peste*, do filósofo e romancista Albert Camus. (N. T.)

eram mais aradas, e 12 de suas cabanas cobertas com palha estavam vazias. Os anos de 1348 e 1349 talvez tenham sido os mais silenciosos no interior da Inglaterra desde que seu território teve seus primeiros habitantes. No priorado de Ivychurch, perto da fronteira de Wiltshire-Hampshire, 12 de seus 13 cônegos estavam mortos. Mal podemos imaginar o sentimento do sobrevivente, James de Grundwell,[598] mas, em março de 1349, ele provavelmente achava estranho não acordar ao som da chuva batendo no telhado e dos gemidos dos monges moribundos que ecoavam pelos úmidos corredores do monastério. Eduardo acreditou que a sorte de Grundwell valia tanto uma promoção quanto uma menção em um despacho real: "Saiba que, como [...] todos os outros cônegos da mesma casa, em que até aqui houvera uma comunidade de 13 cônegos regulares, morreram [...], nomeamos James de Grundwell responsável pelos bens, testemunhando o bispo ser ele um homem capaz e decente."

Em Winchester, antiga capital da Inglaterra, um problema altamente familiar gerou uma severa divisão em janeiro de 1349. Preocupada com os corpos não enterrados "infectando" o ar — e portanto espalhando a pestilência —, os leigos quiseram cavar uma vala comum fora da cidade; mas o clero, liderado pelo bispo Edendon, resistiu. A vala comum ficaria em solo não consagrado, e as pessoas enterradas nesse solo poderiam ser relegadas no Dia da Ressurreição. Em 19 de janeiro, o bispo Edendon tentou abrandar o descontentamento popular a respeito da posição da Igreja quanto aos enterros com outra declaração. Havia boas-novas, declarou o bispo. "[O] Sumo Pontífice [...] havia [...], em função da iminente grande mortandade, concedido a todas as pessoas da diocese [...] uma indulgência plenária no momento da morte se partissem de boa-fé."[599] Contudo, com pilhas de corpos por enterrar em todo lugar, a Winchester secular perdera a paciência com as promessas repetidas dos religiosos. Alguns dias depois do anúncio do bispo, a raiva a respeito da vala comum explodiu em violência. Um grupo de cidadãos atacou um monge enquanto este realizava uma missa fúnebre.[600]

Depois do ataque, a Igreja se curvou à vontade popular e ordenou que os cemitérios existentes na cidade fossem expandidos e que novos locais para enterros fossem abertos na região rural. No entanto, o bispo Edendon, que tinha uma daquelas mentes que mantiveram a Igreja Católica em atividade durante os últimos dois milênios, não estava disposto a deixar os habitantes da cidade ficarem com a última palavra nessa disputa. Como parte da expansão dos cemitérios, ele anunciou que um trecho da terra da diocese utilizado por mercadores locais como mercado e feira por mais de um século seria convertido em cemitério. Além disso, o bispo também aplicou uma multa de 40 libras à cidade de Winchester por usurpar os bens da diocese.[601]

Durante o inverno de 1348-49, enquanto "cada alegria [...] cessava [...] e cada som de felicidade [...] silenciava", talvez metade de Winchester tenha morrido. A diocese, que incluía o condado vizinho de Surrey, tinha uma das taxas de mortalidade mais altas da Inglaterra; 48,8% do clero dotado de benefício eclesiástico — ou assalariado — pereceu.[602] Os números da cidade de Winchester são menos precisos,[603] mas, em 1377, uma população pré-peste de oito mil a dez mil pessoas estava reduzida a pouco mais de duas mil. Nem todas as oito mil pessoas eram vítimas da peste, mas um historiador acredita que um número de mortos de quatro mil para Winchester é "conservador".[604] Outras partes do condado de Hampshire também se tornaram "moradas do horror e um verdadeiro deserto" durante o primeiro inverno da pestilência. Em Crawley, a peste matou tantas pessoas que o vilarejo só voltou a atingir sua população pré-peste de quatrocentas pessoas em 1851, cinco séculos depois.[605]

Em Southampton, onde os italianos iam comprar lã inglesa e os franceses entregar vinho, relatos da época indicam que até 66% do clero dotado de benefício eclesiástico podem ter morrido no primeiro inverno da peste.[606] A Ilha de Hayling, perto de Portsmouth, também sofreu terrivelmente. "Como a maior parte da [...] população morrera enquanto a peste se alastrava",[607] Eduardo III declarou em 1352: "[...] os habitantes estão oprimidos e a cada dia caem terrivelmente na mais abjeta pobreza."

Embora alguns vilarejos tenham desaparecido completamente durante a Peste Negra, uma das maiores lendas inglesas — segundo a qual centenas de vilarejos foram eliminados durante a pestilência — revelou-se parcialmente um mito. Pesquisas recentes indicam que muitos dos vilarejos "perdidos" na verdade sucumbiram a uma aterosclerose financeira; outros, apesar de terem recebido um empurrãozinho final da mortandade em seu desaparecimento, estavam já tão fracos economicamente, que sua morte era inevitável. No entanto, a lenda dos vilarejos perdidos devido à peste não é totalmente falsa. Aqui e ali, na verdejante e agradável região rural da Inglaterra, encontra-se uma estranha ruína — um muro desmoronando ou um caminho coberto de mato — que ainda ecoa do tempo em que, em todas as partes do território, havia "morte sem lamentação, casamento sem afeto, carestia sem pobreza e fuga sem escapatória".608

Sem sombra de dúvida, o inglês médio encontrou a mortandade tão assustadora quanto o florentino ou o parisiense médios, mas um traço fleumático e autossuficiente da personalidade inglesa manteve exaltações como as de Winchester e Yeovil e quarentenas como as de Gloucester relativamente incomuns. Para cada "filho da perdição" inglês tomado pelo medo havia uma dúzia de John Ronewyks: homens sensatos e reservados que ignoraram o perigo e continuaram tranquilamente fazendo seu trabalho. Como observou um historiador inglês: "Com seus amigos e parentes morrendo às pencas, [...] com toda espécie de relação humana transformada em um perigo pela possibilidade do contágio, o inglês medieval manteve obstinadamente seu jeito habitual".609

Ronewyks era *reeve* — ou administrador — do Hundred de Farnham, um dos mais de 40 feudos pertencentes à diocese do bispo Edendon, de Winchester. Pouco se sabe sobre a vida pessoal de John, mas, por intermédio de documentos do período, podemos ter uma ideia de sua voz e de seu rosto. Tais quais os falantes modernos de espanhol ou de alemão, os ingleses medievais pronunciavam suas vogais longas; portanto, quando John dizia à leiteira de Farnham *"I have a liking for the moon"*, ele teria dito

---

* O chamado *middle English*, o inglês médio — antes do que se convencionou chamar de *great vowel shift*, uma grande mudança do sistema vocálico que se estende até o século XVI e molda a moderna pronúncia da língua —, pronunciava as vogais de forma muito mais parecida com o

"*I hava leaking for the moan*".* John também se vestiria de forma pouquíssimo atraente; seu guarda-roupa consistia provavelmente em uma peça de quatro itens básicos: breecches (roupa de baixo), calções, uma camisa e um *kirtle*, um sobretudo de múltiplas utilidades. Nas noites em que planejava uma visita à leiteira, a mãe de John teria passado sua única camisa com uma "pedra polida", um objeto chato e pesado que ela primeiramente esquentaria no fogo. Como muitos de seus contemporâneos, John provavelmente dormia nu. Esse difundido hábito medieval deve ter facilitado consideravelmente o trabalho da *X. cheopis*, a pulga do rato, e da *P. irritans*, a pulga humana.

Farnham, a propriedade que John administrava, localizava-se no território de Champion, na Inglaterra. A região, que se estende do sul da Escócia ao sul da Inglaterra, é uma das áreas mais férteis do mundo. Apenas a Ucrânia e algumas partes do oeste do Canadá e dos Estados Unidos têm a mesma combinação de bons solos e tempo ameno. Hoje em dia, grande parte do território de Champion está repleto de avenidas e mercadinhos, mas, na época de John, a região era um vasto mar dourado de trigo e cevada, disseminada com organizadas fileiras de árvores e pitorescas pequenas vilas compostas de 30 a 40 famílias. As casas eram todas praticamente iguais — telhado de palha, estrutura de madeira e paredes de taipa —, e cada vila era sua própria pequena ilha no vasto e oscilante mar de cereais.

No verão de 1347 — o verão anterior à peste —, a vida em Farnham estava melhor do que havia sido em décadas. O bispo Edendon podia ser uma figura irascível, mas no século XIV suas propriedades bem administradas estavam entre os poucos lugares da Inglaterra onde os rendimentos das safras estavam novamente voltando a se aproximar dos níveis do século XIII.[610] Também havia mais carne fresca e mais cerveja nas mesas da vila, e muitas das incômodas antigas obrigações feudais estavam começando a desaparecer. De certa forma, 1066 estava mesmo sendo vingado. À medida que a metade do século se aproximava, o inglês vernacular, a língua das

---

que nelas lê um brasileiro. Nesse exemplo, onde o inglês moderno diz *have*, com um som parecido com o nosso *é*, eles diriam um *a*; onde hoje se ouve *ai*, no verbo *like*, ouviríamos um *i*; e onde hoje ouvimos um *u*, em *moon*, ouviríamos um *o* longo. A frase citada significa algo como "Tenho afeição pela lua" ou "A lua me agrada". (N. T.)

pessoas comuns, como John, estava substituindo o francês, a língua falada pelos conquistadores normandos em 1066 e língua oficial da aristocracia e do governo ingleses. No século XIV, o erudito John Trevisa salientou que, naqueles dias, os aristocratas ingleses, muitos deles de sangue normando, "não [sabiam] mais francês do que seu calcanhar esquerdo".

Com milhares de acres e três ou quatro mil almas sob sua responsabilidade, John Ronewyks estava, de fato, administrando um agronegócio de bom tamanho. Um livro do século XI, chamado *Gerefa*, lista as principais tarefas de um *reeve*, como a administração agrícola e a manutenção da propriedade, mas também se esperava que um homem como John soubesse como tudo funcionava no feudo e ajudasse a coletar os aluguéis, os impostos e os pagamentos devidos ao senhor feudal. No entanto, *Gerefa* nada dizia sobre os problemas que John começou a enfrentar no outono de 1348, quando a pestilência chegou a Farnham.

A escolha do momento feita pelo *Y. pestis* para a sua entrada é interessante. Farnham fica a leste de Dorset e Wiltshire, perto da fronteira entre Hampshire e Surrey, mas o feudo registrou suas primeiras mortes devido à peste mais ou menos ao mesmo tempo que esses condados ocidentais. Essa escolha do momento levanta duas possibilidades: ou Surrey foi contaminada independentemente — talvez pelo mar — ou, de outro modo, os homens da época, como o bispo Edendon, podem ter subestimado quão velozmente a peste se espalhava ao longo da costa. Em 24 de outubro, enquanto o bispo anunciava seu alerta de "Ramá" em Winchester, cerca de 30 a 50 quilômetros a *leste*, Farnham já tinha ou estava prestes e ter seus dois primeiros casos de peste. Os registros do feudo para o ano de 1348 mostram que dois arrendatários morreram em outubro.[611] Em novembro, houve mais três mortes e, em dezembro, oito. Em janeiro, o número de mortos caiu para três e, em fevereiro, para um. A combinação de chuva, tempo frio e essa incursão acelerada ao longo da gélida costa inglesa havia fatigado o *Y. pestis*. Em junho, a taxa de mortalidade ainda se mantinha em uma morte por mês, mas depois, em pleno verão, quando os campos estavam dourados de trigo e os celeiros do feudo ecoavam o zumbido das moscas, o *Y. pestis* reapareceu. À medida que julho se convertia em agosto, "pessoas que um dia estavam cheias de felicidade eram, no dia seguinte, encontradas mortas".

Do outono de 1348 ao de 1349, o primeiro ano da pestilência, 740 pessoas morreram em Farnham[612] — uma taxa de mortalidade de cerca de 20%. À medida que o segundo inverno se aproximava, as pessoas, sem dúvida, torciam por outro, alívio temporário, mas, desta vez, revigorada pelo ar fresco do verão e pelo sol da região rural, a pestilência continuou suas formas de matança ao longo do tempo frio. Do outono de 1349 ao de 1350, mais quatrocentos habitantes morreram. Quando o *Y. pestis* finalmente deixou Farnham, no começo de 1351, a mortandade aniquilara quase 1.400 pessoas do feudo. Como temos apenas uma estimativa aproximada da população de Farnham, é difícil chegar a um percentual, mas um estudioso que analisou os registros acredita que mais de um terço e talvez até metade do feudo tenha morrido.[613]

Em muitas outras partes da Europa, a morte em uma escala tão ampla levou a um grande caos e a uma desorganização social. Mas, a não ser pelos gemidos que ecoavam pelas vilas do feudo em agradáveis noites de verão e pelo número de pessoas trajando negro nas igrejas aos domingos, a vida exterior em Farnham parecia ter mudado muito pouco. Durante o primeiro ano da pestilência, as colheitas foram feitas no tempo certo e nas quantidades normais. O castelo do bispo Edendon recebeu sua série de reparos anuais e os pequenos lagos tiveram novamente sua limpeza anual. Uma amiga de John, a leiteira, até mesmo fez seus habituais seis *cloves* de manteiga (um *clove* equivale a cerca de 3 a 3,6 quilos); e, depois da colheita, os afortunados ceifadores de feno receberam um bônus de cerca de 180 litros de aveia. No Natal, os serviçais do castelo do bispo ganharam seus tradicionais três jantares das festas.

Durante o inverno de 1348-49, Farnham passou por seus primeiros transtornos econômicos devido à peste. À medida que se intensificava a insuficiência de trabalhadores, os custos da mão de obra subiram estratosfericamente, ao passo que o preço dos animais de fazenda despencou. "Um homem podia comprar um cavalo anteriormente avaliado em quarenta xelins por meio marco,* um belo boi gordo por quatro xelins e uma vaca por 12 *pence*",[614]

---

* O marco valia 13 xelins e quatro *pence*. (N. T.)

escreveu um autor do período. A intensa queda dos preços dos animais tinha sua origem em uma estipulação da lei feudal que voltou para assombrar donos de propriedades durante a pestilência. Quando um arrendatário morria, o senhor feudal tinha direito ao melhor animal de carga do falecido como pagamento de uma taxa de óbito. Normalmente, o *heriot*, como se chamava tal taxa, era um benefício para os senhores feudais, mas estavam morrendo tantos camponeses no inverno de 1348-49, que as propriedades tinham mais animais do que podiam utilizar. John, um administrador arguto, decidiu manter a maioria do gado que se tornara pertencente ao bispo de Edendon até que os preços se estabilizassem, mas ele foi a exceção. Na maioria dos feudos, os animais do *heriot* foram postos no mercado, baixando-se os preços.

Graças à prudência e à firme liderança de John, Farnham prosperou durante o primeiro ano da peste. Os rendimentos chegaram a 305 libras, enquanto os gastos com o trabalho foram de apenas 43 libras.[615]

O segundo ano foi mais difícil. A morte se tornara tão difusa que famílias inteiras estavam agora sendo aniquiladas. Naquele segundo ano, o nome de um arrendatário falecido foi lido em voz alta no tribunal do feudo 40 vezes, e 40 vezes nenhum parente consanguíneo apareceu para reivindicar sua propriedade vaga.[616] Enquanto "a dureza dos dias amortec[ia] a malícia dos homens", os arrendatários sobreviventes, incluindo John, começavam a lavrar duas fazendas, a sua própria e a de um vizinho morto. Em um tempo de morte sem-fim, o casamento praticamente desapareceu. Em 1349, houve apenas quatro casamentos em Farnham.

Em 1350, John Ronewyks tinha tudo em menos quantidade: dinheiro, bom tempo e mão de obra, que agora se tornara perniciosamente cara e muito grosseira. "Nenhum trabalhador ou camponês estava disposto a aceitar ordens de qualquer um, fosse igual, inferior ou superior a ele",[617] escreveu um cronista. Apesar de obstáculos inimagináveis para o autor de *Gerefa* em 1350, como nos anos anteriores, John terminou a colheita dentro do prazo. No terceiro ano da peste, a colheita foi menor do que havia sido em 1349, mas não substancialmente menor. Em 1350, a amiga de John, a leiteira, inclusive fez sua quantidade normal de queijos — 26 no inverno e 142 durante o verão — e de manteiga: oito *cloves*, ou seja, cerca de 22 quilos.[618]

O bispo Edendon deve ter ficado pasmo com a engenhosidade de John. No meio de um dos anos mais sombrios de toda a história da Inglaterra, ele organizou um pequeno exército de lavradores, pedreiros, encanadores, carpinteiros, serradores e cavouqueiros. Em 1350, o feudo do bispo, em Farnham, teve mais que sua costumeira limpeza anual. De alguma maneira, John obteve a magnífica quantia de 22 xelins e cinco *pence* para pagar os inflacionados salários dos trabalhadores.[619]

A coesão social é um fenômeno complexo, mas, aplicada com cuidado — respeitando-se as amplas diferenças de tempo e lugar —, a teoria das Janelas Quebradas sobre o comportamento humano pode esclarecer o nível relativamente baixo de desordem na Inglaterra durante a Peste Negra.

A teoria, que dá forma a uma grande parte do trabalho policial dos dias de hoje, afirma que o ambiente físico suporta o ambiente psicológico da mesma maneira que uma viga suporta um telhado. Por quê? Janelas quebradas, ruas sujas, carros abandonados, vitrines cobertas por tábuas, terrenos cobertos de mato e lixo transmitem a mensagem: "Ninguém está responsabilizado por isso aqui." E, quando a autoridade e a liderança sucumbem, as pessoas se tornam mais inclinadas à ilegalidade, à violência, ao desespero, da mesma forma que um exército derrotado se torna mais inclinado ao pânico se os oficiais falharem em oferecer uma liderança resoluta.

A Inglaterra de 1348 e 1349 se encontrava longe de estar livre do caos emocional, mas John Ronewyks suficientes se apresentaram — para colher as safras, cuidar da terra e dos edifícios, manter os registros, guarnecer os tribunais —, a fim de passar uma sensação de que o país não estava caindo na anarquia, de que a autoridade estava sendo mantida. Sua firme liderança pode ter ajudado a manter a ordem, a autodisciplina e a legalidade em um momento muito difícil.

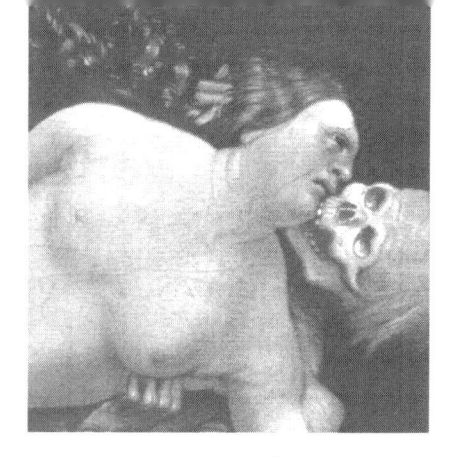

NONO CAPÍTULO

Cabeças para o Oeste, Pés para o Leste

Londres, início do outono de 1348

UMA CAMINHADA NOTURNA PELA LONDRES MEDIEVAL PROVAVELmente levaria apenas cerca de 20 minutos, mas atravessar a cidade durante o dia era outra coisa. Espremidas no estreito 1,6 quilômetro que ficava entre o malcheiroso Rio Fleet (na fronteira oeste) e a Torre de Londres (na fronteira leste) havia de 60 mil a 100 mil almas agitadas e um número no mínimo igual de galinhas, porcos, vacas, cães, gatos, bois, gansos e cavalos barulhentos, assim como inúmeras carroças e carruagens. Toda esta baderna ficava comprimida em caminhos que mal tinham largura suficiente para um homem gordo dar meia-volta. O cronista que descreveu Londres como "entre as majestosas cidades do mundo"[620] devia estar pensando nos encantadores jardins murados e nos largos das igrejas da cidade, mas era mais provável que estivesse simplesmente alucinando, já que, mesmo naquelas ilhas de tranquilidade, o insistente alarido da vida urbana medieval estava a apenas metros de distância. Os sons da cidade começavam, às primeiras luzes do dia, com o dobrar dos sinos, as plangentes vozes dos animais que seguiam para o matadouro e o ranger das carroças da região rural seguindo para o sul, no ar gélido da aurora, em direção a Cheapside, o principal distrito comercial de Londres.[621] Enquanto o sol da manhã se erguia sobre a Catedral de São Paulo, a cidade murada bocejava, escancarava seus portões e os frutos do interior da Inglaterra adentravam a capital, vindos da Travessa da Vaca, da Travessa da Galinha e da Travessa do Galo, nos subúrbios do noroeste — um lugar de "agradáveis campinas planas, atravessadas por águas correntes, que fazem girar as rodas dos moinhos com um barulho divertido".

Nos matadouros e na Rua dos Açougueiros, logo dentro do portão de Newgate no muro de Londres, examinavam-se as mercadorias: açougueiros com aventais manchados de sangue pegavam os grandes animais para o abate; outros produtos seguiam direto para Cheapside, algumas centenas de metros ao sul. Imagine um shopping center onde todos gritam, ninguém toma banho, os dentes da frente são uma raridade e a música local vem do matadouro estrada acima e você terá Cheapside, a coleção de tipos humanos mais ocupada, mais lúbrica e mais barulhenta da Inglaterra medieval. A rua servia de lar para mais de quatro mil barracas de mercado, centenas de músicos e mendigos, um sem-número de velhacos, canalhas e inumeráveis *gannocks*, taberneiros e mercadeiros — assediando as moças das cervejarias. Pode ser verdade, como afirmava o cronista, que "os cidadãos de Londres eram renomados, mais do que todos os outros, por seus 'bons modos'",[622] mas nenhum desses londrinos de bons modos vivia em Cheapside.

Sendo o principal centro do comércio de Londres, Cheapside era também o lugar a que as pessoas iam para ver e ser vistas. Na primavera de

1348, um visitante podia encontrar Geoffrey Chaucer,* aos oito anos de idade, ou Sir Walter Manny, um dos grandes capitães de Eduardo, dando um passeio, ou John Rykener, que mais tarde ficaria famoso como prostituta, com o nome de Eleanor.[623] Segundo um relato da Associação de Londres, em uma noite depois da peste, Rykener "foi descoberto, em trajes femininos [...] em uma barraca perto da Travessa Soper, cometendo atos execráveis, indizíveis e ignominiosos com um certo John Britby". Britby aparentemente confundiu Rykener com uma mulher e, quando descobriu seu engano, concluiu que ninguém era perfeito.

Se Cheapside pulsava com as atividades sanguinolentas do matadouro, as enfumaçadas ruelas da capital palpitavam com o ritmo resoluto da vida industrial. "Eles me enlouquecem com o barulho de suas pancadas",[624] um morador reclamava dos ferreiros, que — juntamente com os curtidores, tingidores, ourives e prateiros — produziam uma grande parte dos artigos manufaturados da cidade. No entanto, as ferrarias, bastante difamadas, davam uma contribuição à vida: o carvão vegetal, a madeira e o recente carvão mineral que empregavam em seu trabalho eram aromáticos, e o empestado ar de Londres precisava desesperadamente de odores perfumados. Mesmo para os padrões medievais, as condições sanitárias da cidade eram aterradoras. Periodicamente o Rio Fleet, principal lugar de despejo de lixo da cidade, ficava entupido com os dejetos de dezenas de *garderobes*, ou banheiros particulares, que se alinhavam às margens do rio como sentinelas incontinentes, e as fossas sanitárias de Londres estavam tão cheias que um cidadão desafortunado, Richard, o Ancinheiro,[625] se afogou de fato em uma delas. Eduardo III reclamava que "[o] ar da cidade é imensamente corrompido [...] e [há] os fedores mais degradantes".[626] Contudo, o principal perigo dos dejetos de Londres não era o fato de cheirarem mal, mas sim o fato de que atraíam ratos portadores de doenças.

Depois de Cheapside, o lugar mais ocupado de Londres era a margem do Tâmisa. "A esta cidade, de todas as nações [...] sobre a face da Terra, mercadores exultam ao trazer em navios suas mercadorias."[627] Pelo menos uma vez,

---

* Autor de *Contos da Cantuária*, uma das obras mais importantes da literatura inglesa. (N.T.)

o cronista não estava exagerando. A distância, as fileiras de uma espécie de guindaste com pescoço de avestruz e os navios de mastros altos que se estendiam para o cinzento céu londrino sobre o porto pareciam uma floresta primitiva; de mais perto, a mata de madeira e velas se revelava habitada por uma suada tribo de estivadores estridentes e desbocados que se aglomeravam ao longo das docas descarregando especiarias da Itália, vinho da Gasconha, sedas da Espanha, roupas de cama e mesa da França e madeira, peles, ferro e cera da Escandinávia. À noite, o porto adotava, entretanto, uma outra aparência. Ele se tornava o Reino do Rato. Enquanto Londres dormia, milhares de roedores, famintos, com o focinho úmido, se contorcendo no ar fresco da noite, seguiam os fétidos odores e saíam dos navios atracados, ao longo das docas, entrando na cidade escurecida mais adiante.

Em 1348, assim que um viajante que seguia para o sul atravessava a Ponte de Londres, única ponte sobre o Tâmisa, ele estava fora da cidade e dentro de Southwark, um pequeno subúrbio miserável, de ruas estreitas, pequenas oficinas, criminosos insignificantes e sexo pelos becos.[628] Quando Londres proibiu a prostituição, aquelas que a praticavam na capital se mudaram para Southwark, onde se tornaram conhecidas como "gansos de Winchester", em homenagem ao único ornato arquitetônico da cidade, o parque do bispo de Winchester.

O outro importante subúrbio de Londres, Westminster, ficava entre 1,5 e 2,5 quilômetros a oeste da ponte e era famoso por sua ilustre abadia e pelo Palácio de Westminster (residência do rei), assim como por ser um refúgio para malfeitores. Desde o século XI, quando a vila se tornara sede da Coroa inglesa, Westminster testemunhara muitos momentos dramáticos, mas nenhum de igual gravidade ao de setembro de 1348, quando a pestilência avançava para o interior de Londres, oriunda de Bristol e Oxford, e, ao longo da costa, de Wiltshire e Hampshire. Naquele mês de setembro, podemos imaginar cenas enormemente dramáticas no Palácio de Westminster: Eduardo III e seus ministros examinando mapas angustiadamente, escrivães redigindo ordens impetuosamente, mensageiros correndo de gabinete a gabinete e cavaleiros que chegavam informando aos berros as últimas notícias sobre as linhas de frente de Hampshire, Bath e Winchester.

Durante a grande mortandade, a Inglaterra continuou sendo governada energicamente. Os tribunais reais e o *Exchequer* (o Tesouro) permaneceram abertos, os coletores de impostos arrecadaram os impostos e o diligente rei continuou de olho em tudo, dos franceses aos salários crescentes, que ele congelara em 1349 e, novamente, em 1351. Contudo, a resposta inicial de Eduardo à mortandade não teve sua firmeza característica.[629] O mês de setembro de 1348 encontrou o rei em um silêncio meditativo e melancólico. Provavelmente, a perda da princesa Joana, que morrera no começo daquele mês, pesava imensamente sobre ele, mas um historiador inglês, o professor William Ormrod, acredita que de início Eduardo — e seus ministros — subestimou os perigos da pestilência. Durante o outono, comenta o professor Ormrod, o governo parece ter ido de um extremo a outro: da apatia e indiferença a algo semelhante ao pânico. Em dezembro, Eduardo se retirou para a região rural; logo depois disso, mandou que fossem buscar suas relíquias em Londres e ordenou o cancelamento da sessão do Parlamento marcada para janeiro de 1349.

Segundo a maioria dos relatos do período, a peste chegou à capital no início de uma chuvosa manhã de novembro, mas sua procedência permanece desconhecida. Geoffrey le Baker, um escrivão de Oxfordshire, sugere que a cidade foi contaminada pela linha de frente de Bristol da pestilência; no relato de Le Baker, a epidemia se espalhou para o leste através dos condados do centro-sul da Inglaterra até "Oxford e Londres".[630] Uma invasão pelo trajeto de Kent, condado costeiro ao sul de Londres, também é uma possibilidade. Contudo, como Londres parece ter sido contaminada antes da região rural que a cerca,[631] a origem mais provável da infecção é a marítima. Um navio visitante pode ter depositado o bacilo da peste nas docas do Tâmisa, e dali o *Y. pestis* lançou um ataque aos locais mais variados.

De forma surpreendente para a cidade de Shakespeare e Dickens, Londres não produziu grandes cronistas da peste à altura de Agnolo di Tura e Giovanni Boccaccio. Mas a sugestiva descrição que Thomas Vincent faz de Londres durante um surto posterior da peste indica como pode ter ficado a cidade nos terríveis inverno e primavera de 1349. "Agora, há uma solidão melancólica", escreveu Vincent. "As lojas estão fechadas, [...] as pessoas se tornaram escassas, pouquíssimos caminham pelas ruas [...] e há um profundo silêncio em quase todo lugar. Se alguma voz se pode ouvir, são os grunhidos dos moribundos e o fúnebre dobre para os que estão prontos a serem levados a seus túmulos." Daniel Defoe, que sobrevivera à Grande Peste de Londres (1665) quando criança, evoca um quadro ainda mais terrível da vida cotidiana na cidade. "Em algumas pessoas", escreveu Defoe, "os inchaços da peste [...] ficavam tão dolorosos [...] [que], incapazes de suportar o tormento, elas [...] se jogavam pela janela. Outras, incapazes de se conter, davam razão à sua dor com urros incessantes. Gritos tão altos e tão lamentáveis eram ouvidos quando caminhávamos pelas ruas, que, ao pensarmos neles, sentimos uma pontada no coração."[632]

No entanto, as únicas pessoas que sabem em primeira mão o que aconteceu na Londres da Peste Negra são os mortos; e, não muito tempo atrás, eles foram entrevistados por um grupo de arqueólogos britânicos. Na metade dos anos 1980, enquanto o tráfego da hora do *rush* zumbia sobre suas cabeças, os arqueólogos desceram até uma vala comum da peste a dezenas de metros abaixo da superfície da cidade moderna. Se a capacidade de enterrar dignamente seus mortos é uma medida de uma sociedade civilizada, então a comprovação da vala comum da peste sugere que a civilização se manteve em Londres.

A mistura de caixões, mortalhas, túmulos individuais e fossos no mesmo lugar indica que, nos dias em que a mortandade era pequena, fez-se um esforço para se cumprirem os ritos tradicionais dos sepultamentos;[633] as pessoas recebiam túmulos individuais e alguma forma de funeral. Mesmo nos dias em que as carroças com corpos voltavam cheias e não havia tempo para rituais, os corpos não eram simplesmente jogados de qualquer maneira em uma vala. Algumas das vítimas da peste nos fossos estavam enterradas em caixões e com mortalhas, e todas estavam posicionadas da mesma forma: lado a lado, a cabeça para o oeste, os pés para o leste. Pode-se até mesmo ter sido feito um esforço para separar as vítimas da peste por idade e gênero. Quando os arqueólogos escavaram a parte do meio em um fosso, centenas de crianças londrinas olharam para o céu da Inglaterra pela primeira vez em setecentos anos.

O carvão e as cinzas que foram encontrados em muitos caixões e mortalhas também atestam a ordem e a organização da civilização. Como as cinzas e o carvão podem ajudar a diminuir o processo de putrefação, pode ser que, nos dias em que a mortandade era grande, em vez de simplesmente jogar os cadáveres em um mar de cotovelos, joelhos e nádegas para cima, os coveiros tenham empilhado as vítimas da peste para um sepultamento apropriado no dia seguinte. Outra possibilidade é que os cadáveres foram preservados porque um sistema de triagem foi posto em operação. Isto de fato ocorreu durante a Grande Peste de 1665, quando os corpos foram transportados através da cidade até os cemitérios.

Para determinar quantos londrinos pereceram, também é necessário entrevistar os mortos em outro, mais famoso, local de enterro. Em 1348, Ralph Stratford, bispo de Londres, "comprou um pedaço de terra chamado Terra de Ninguém", a noroeste da cidade, entre as "agradáveis campinas planas" de West Smithfield. Um ano depois, Sir Walter Manny,[634] famoso veterano das guerras contra a França, expandiu o local, adquirindo "treze acres e uma vara* adjacente [...] à chamada 'Terra de Ninguém'". Esse local em Smithfield é, de longe, o maior cemitério da Peste Negra em Londres, mas a sua verdadeira extensão é uma questão de controvérsia há séculos.

Robert de Avesbury, que trabalhara como escrevente do arcebispo da Cantuária, declarou que a pestilência "ganhou tanta força [em Londres] que, entre a Festa da Purificação da Virgem Maria [2 de fevereiro de 1349] e a Páscoa [12 de abril], mais de duzentos corpos foram enterrados quase diariamente no novo cemitério construído próximo de Smithfield".[635] Um historiador do século XVI chamado John Stow alega que, em seu tempo, o cemitério ostentava a inscrição: "Tendo uma grande peste assolado o ano de 1349 d.C., este cemitério foi consagrado; onde [...] foram enterrados mais de 50 mil corpos das vítimas".[636] O cemitério de Smithfield havia muito desaparecera devido ao crescimento da cidade, mas, mesmo se presumindo que a memória de Stowe fosse excelente, o número de 50 mil corpos enterrados parece espantosamente alto. Levando em consideração que a Londres medieval tinha uma população de 100 mil pessoas (a mais alta das estimativas atuais), quando fossem incluídos os mortos pela peste enterrados nos mais de cem cemitérios regulares da cidade, a taxa geral de mortalidade em

---

* Medida linear equivalente a 5,029m. (N. T.)

Londres teria de ficar na faixa de 65% a 80% — o que é extremamente improvável. Presuma-se que Londres tivesse uma população de 60 mil ou 70 mil habitantes — a mais baixa das estimativas atuais —, e a cidade estaria virtualmente despovoada em agosto de 1349. Como os estatísticos medievais eram dados a extraordinários voos,* provavelmente o que o autor queria dizer era que muitas pessoas foram enterradas em Smithfield. Uma estimativa recente coloca em 17 mil ou 18 mil a população do cemitério, e a mortalidade geral de Londres em 20 mil a 30 mil, sendo 30 mil o número mais provável.[637] Se a Londres medieval abrigava 70 mil pessoas, uma estimativa razoável, isso representaria uma taxa de mortalidade próxima de 50%.

Alguns historiadores acreditam que a peste em Londres pode ter seguido o padrão de Avignon — pneumônica no inverno e bubônica na primavera e no verão —, apesar de não haver indícios concretos a esse respeito. As fontes da época são mais úteis para a questão sobre aqueles que morreram. Em Londres, o *Y. pestis* parece ter matado com uma indiferença igualitária,[638] tirando a vida de nada menos do que dois arcebispos da Cantuária, John Offord e seu sucessor, Thomas Bradwardine, e diversos membros da casa real, incluindo o médico do rei, Roger de Heyton, e o obstinado guardião da princesa Joana, Robert Bourchier, que escapara à peste em Bordeaux apenas para morrer em Londres. Em um acesso de frenesi antissindicalista, a peste também eliminou os líderes de muitas das poderosas associações comerciais da cidade, incluindo oito diretores da Companhia dos Talhadores, seis diretores da Companhia dos Chapeleiros e quatro diretores da Companhia dos Ourives.

A peste também matou 27 monges da Abadia de Westminster, e o número teria sido 28 se o exaltado e irritadiço abade Simon de Bircheston não tivesse fugido para sua propriedade em Hampshire — em vão. Durante

---

* Além de uma imaginação excessivamente fértil, outro motivo de tamanha imprecisão dos estatísticos medievais é o fato de que seus cálculos eram, muitas vezes, feitos com algarismos romanos. Tente multiplicar CCXLIV por MCIX e você terá uma noção do problema. Só depois que os algarismos arábicos ganharam preferência é que se tornou possível somar, subtrair, dividir e multiplicar com facilidade e precisão. (George Gordon Coulton, *The Black Death* [Londres, 1929], p. 29.)

a sua movimentação impetuosa pela costa da Inglaterra, a peste parou em Hampshire e matou o abade.

Nos meses em que a pestilência diminuía, Cheapside ficou vazia, e o matadouro silenciou enquanto os fazendeiros começavam a boicotar a capital com medo do contágio. Havia agora tão poucas pessoas que, mesmo com o boicote, o segundo Cavaleiro do Apocalipse, a Fome, não podia se estabelecer. Um levantamento para a taxação tributária de 1377 estimava a população da capital pós-Peste em 35 mil pessoas.[639]

Caso os avaliadores fiscais tivessem examinado o estado moral de Londres, teriam descoberto que ele também havia despencado subitamente. John de Reading, um monge de Westminster, observou que, nos anos que se seguiram à pestilência, os padres, "negligenciando sua profissão de fé e sua regra, [...] cobiçavam coisas do mundo e da carne".[640] O sarcástico Henry Knighton registrou que muitas mulheres bem-nascidas "desperdiçavam seus bens e abusavam de seus corpos".[641] Um declínio moral semelhante era evidente em outras partes da Europa e do Oriente Médio pós-Peste. "A civilização", registrou o escriba muçulmano Ibn Khaldun, "tanto no Oriente quanto no Ocidente, recebeu a visita de uma peste destruidora [...]. Ela devorou muitas das coisas boas [...] e as aniquilou [...]. A civilização decresceu com o decréscimo da humanidade [...]. O mundo inteiro mudou."[642]

Em *On Thermonuclear War* (Sobre a Guerra Termonuclear), um dos estudos mais abrangentes já realizados sobre os efeitos de uma guerra nuclear, o estrategista Herman Kahn declara: "Estudos objetivos indicam que, mesmo que o grau de tragédia humana seja muito maior em um mundo pós-guerra, esse aumento não eliminará a possibilidade de vidas normais e felizes para a maioria dos sobreviventes."[643] O cenário deixado pela peste sugere que a avaliação do doutor Kahn sobre a vida pós-apocalíptica pode estar um tanto quanto correto. Os sobreviventes da mortandade de fato reconstruíram suas vidas e suas sociedades, mas, como observa o poema "A Peste Negra de Bergen", a lembrança daquilo por que tinham passado jamais os abandonou:

> *Visões que para sempre assombram a alma*
> *Envenenando a vida até o final da vida.*[644]

Escrevendo logo após a Primeira Guerra Mundial, James Westfall Thompson, psiquiatra da Universidade de Chicago, percebeu vários paralelos entre a Geração Perdida da Grande Guerra e a geração que vivenciou a Peste Negra. "A alegria superficial, ainda que febril, a inclinação à devassidão, a desenfreada onda de extravagância, a gula — todos estes fenômenos [são] facilmente explicáveis nas condições do choque e do trauma da Grande Guerra",[645] declarava o doutor Thompson, e todos têm paralelos no comportamento da geração da peste.

Ânglia Oriental, primavera de 1349

Em um mapa, a costa leste da Inglaterra forma uma linha moderadamente reta, de Yorkshire a Wash, uma grande baía localizada naquilo que os vitorianos chamavam de Oceano Germânico (também conhecido como o Mar do Norte). Abaixo de Wash, a costa repentinamente incha, como uma cabeça irrompendo por uma parede; essa ilusão cartográfica é a Ânglia Oriental.

Talvez porque o oceano e o céu pareçam sempre convidativos, a região é, há muito tempo, um ponto de partida para os irrequietos. No século XVII, colonos de Norfolk e Suffolk, os dois condados da Ânglia Oriental, ajudaram a colonizar a Nova Inglaterra, levando consigo não apenas muitos topônimos locais, incluindo Yarmouth, Ipswich, Lynn (em Massachusetts), Norwich e Norfolk (em Connecticut), mas também a forma de falar que deu origem ao sotaque de Boston.* Contudo, muito antes de a Ânglia Oriental descobrir o Novo Mundo, ela havia descoberto como fazer florescer um meio nada promissor.[646] Nos anos anteriores à peste, os camponeses do

---

* Os bostonianos são frequentemente considerados esnobes por outros norte-americanos devido ao seu sotaque. (N. T.)

ambiente mais fértil do território de Champion observaram, estupefatos, seus pares que viviam ao longo do Oceano Germânico transformarem um território de solos bastante arenosos, céus encobertos e fazendas pequenas e nada rentáveis na região mais intensamente cultivada da Inglaterra.

No século XIV, os habitantes da Ânglia Oriental que não administravam uma fazenda fabricavam tecidos, a principal indústria da região. Em centenas de cidades e vilas ao longo de Norfolk e Suffolk, o *twack!* do pisoeiro e suas varas ecoavam do nascer ao pôr do sol. Encarregado de limpar e engrossar a lã antes de ela ser fiada, o pisoeiro tomava emprestadas suas técnicas da fabricação de vinhos e da Inquisição. Um pisoeiro passava metade do dia em um cocho cheio de água, pulando sobre uma pilha de lã, e a outra metade batendo alucinadamente a lã com uma vara de madeira até que ela ficasse com o grau necessário de clareza e espessura.*

Às vésperas da peste, a Ânglia Oriental havia se tornado a área mais populosa da Inglaterra, e seu principal centro comercial, Norwich[647] — o sufixo "*wic*", como em Nor*wic*h e Ips*wic*h, é uma antiga designação para local de comércio —, tornara-se a segunda cidade do reino, com uma população de talvez 20 mil pessoas, muitas delas descendentes dos povos que viviam no outro lado do Oceano Germânico. Na época dos antigos romanos, os violentos saxões invadiam essa região com tanta frequência, que os legionários a chamavam de Litoral Saxão, e os saxões foram substituídos, nos séculos IX e X, pelos viquingues, ainda mais violentos. Entretanto, o mais violento conquistador da história da Ânglia Oriental não chegara de dracar (ou navio-dragão), mas de carreta (de duas rodas), carroça ou alforje. Em algum momento em torno dos idos de março de 1349, o *Y. pestis* surgiu na estrada a partir de Londres, e, quando foi embora, a Ânglia Oriental, como Florença, Siena e Avignon, havia vivenciado o equivalente a um evento termonuclear.

* * *

---

* Na época da mortandade, os moinhos de água estavam começando a fazer grande parte do trabalho dos pisoeiros.

Apesar de muitas regiões da Inglaterra terem sofrido terrivelmente durante a mortandade, é difícil evitar a ideia de que no leste do país, em geral, e na Ânglia Oriental, em particular, o sofrimento atingiu uma nova e terrível intensidade. Era quase como se, desorientado pela carnificina nas ruas estreitas e fétidas de Bristol, Londres e Winchester, o *Y. pestis* tivesse esquecido a primeira regra de sobrevivência para uma doença infecciosa: deixar alguns sobreviventes para trás, a fim de que possam manter a cadeia de contágio. Na maior parte da Inglaterra, as mortalidades causadas pela peste parecem ter ficado entre 30% e 45%; nos condados ao longo do Oceano Germânico, a média pode ter estado mais perto de 50% e, em alguns lugares ao longo da costa, até mais alta. O doutor Augustus Jessop, historiador vitoriano, autor do que continua sendo a análise mais abrangente da Ânglia Oriental, escreveu que "no final de 1350, mais da metade da população [...] havia sido eliminada. [E] se alguém acrescentasse que *muito mais* [grifo nosso] da metade havia morrido, eu não me inclinaria a discutir".[648]

Em 1377, a população de Norwich havia diminuído de um ápice anterior de cerca de 20 mil pessoas para menos de seis mil. Como em Winchester e Londres, nem todos os habitantes mortos foram vitimados pela peste, mas o holocausto na cidade foi tão grande que, durante séculos depois dele, a Peste Negra assombrou a memória da cidade. Em 1806, um historiador escreveu que, em 1349, Norwich "estava na fase de maior florescimento que já vivenciara e era mais populosa do que jamais voltou a ser".[649] A grandiosa Yarmouth, principal porto marítimo da Ânglia Oriental, também sofreu durante séculos as marcas da peste. Em um relatório do século XVI, redigido para Henrique VII, quase se pode ouvir o vento assobiando pelas ruas vazias. "A maior parte [...] das moradias [...] de [Yarmouth]",[650] escrevem os autores, "estava desolada e se prostara em absoluta ruína e degradação."

O fato de o vale do Stour, na região sul de Suffolk, estar entre os primeiros lugares da Ânglia Oriental a serem atingidos embasa a teoria de que Londres teria sido a fonte do contágio. A capital fica a apenas 65 a 70 quilômetros ao sul. Embora esses quilômetros fossem consideravelmente mais longos em 1349 do que são hoje, ainda parece estranho encontrar os camponeses de Conrad Pava, uma propriedade rural de tamanho médio no vale, discutindo terras e dotes — como mostram os registros do tribunal do feudo — quando o ano começava.[651] As pessoas certamente pensavam sobre a pestilência. Na verdade, com Londres tão perto, provavelmente elas pensavam em poucas outras coisas. Talvez naquele janeiro sombrio, os habitantes tenham encontrado alívio ao discutir as questões tradicionais da vida no feudo.

No momento em que o tribunal do feudo se reuniu novamente, em março, a mortandade se tornara impossível de ignorar. Os nomes de nove vítimas da peste — seis homens e três mulheres — são incluídos nos registros do tribunal. Um número tão grande de mortes em um espaço de tempo tão pequeno deve ter dado origem a esperanças de que o pior tivesse passado, mas o pior não havia sequer começado. No dia 1º de maio, quando o tribunal do feudo se reuniu para sua terceira sessão do ano, 15 novas mortes haviam sido registradas — 13 homens e duas mulheres. Sete dos falecidos não haviam deixado herdeiros; em Conrad, como em Farnham, famílias inteiras foram eliminadas. No verão de 1349, enquanto Londres enterrava seus últimos mortos, a mortandade atingira seu ápice no feudo, produzindo mais vítimas. No dia 3 de novembro, na última reunião do tribunal daquele ano, registraram-se 36 novas mortes; desta vez, 13 dos falecidos não haviam deixado herdeiros. Em seis meses, 21 famílias em feudo com talvez 50 familiares haviam sido eliminadas.[652]

Em abril, no vilarejo de Heacham, em Norfolk, perto da costa oeste do Oceano Germânico, a pestilência invadiu a vida de Emma Goscelin com a casualidade de uma bala perdida.[653] Um mês antes, enquanto *o Y. pestis* viajava para o norte sob o que restara de um céu de final de inverno, Emma e seu marido, Reginald Goscelin, estavam envolvidos em uma encarniçada disputa a respeito do dote de Emma. Os registros do tribunal não são claros sobre o motivo da disputa — talvez Reginald fosse um gastador que esbanjava o dinheiro de Emma com as garotas das cervejarias locais. Seja lá o que ele tenha feito, Emma estava irritada o bastante para levá-lo ao tribunal. A audiência do caso Goscelin *versus* Goscelin estava marcada para ocorrer em um tribunal do feudo em Heacham, no dia 23 de abril de 1349, e Emma não pretendia ir sozinha ao tribunal. Os registros indicam que diversas testemunhas haviam concordado em declarar sob juramento a seu favor. Naquela primavera, se Reginald pensara, provavelmente, que sua vida não poderia ficar pior, ele estava errado. No dia 23 de abril, Emma teve que dizer à corte que o malcomportado Reginald estava morto, assim como todas as suas testemunhas.

Em Norwich, o epicentro da tempestade, o número de mortos logo começou a ultrapassar o de vivos. "Pense nos sobreviventes", escreve o doutor Jessop com apenas um leve toque da hipérbole vitoriana, "caminhando [pelos] becos imundos, [...] recuando para a entrada de suas casas, a fim de dar passagem às carroças com os mortos, [...] [sendo] empurrados por leprosos e réprobos."[654] "Pense", continua ele, "nos cemitérios da cidade: carretas (de duas rodas) despejando sua carga composta de cadáveres durante todo o dia, virando-os em valas enormes preparadas para recebê-los; o fedor da putrefação pairando pelo ar [...] [as pessoas] tropeçando nas carcaças apodrecidas [...] respirando, enquanto isso, a infectada exalação do ar corrompido."[655]

Como no restante da Inglaterra, na Ânglia Oriental a ordem se manteve, apesar de ter havido quantidade suficiente de uma apocalíptica falta de leis para justificar a afirmação de G. B. Neibuhr de que "em épocas de peste [...] o lado bestial e diabólico da natureza humana domina".[656] Provavelmente, ninguém ilustra melhor a afirmação de Neibuhr do que William, o padre de um só dia, um clérigo de má conduta que roubava seis dias da semana e celebrava a missa no sétimo.[657] Entre os que se irritaram com William estava Matilda de Godychester, que perdera sua bolsa e um anel na floresta de Epping. Depois, Matilda disse a um tribunal que se considerava feliz por ter escapado com vida. Igualmente ativo no período posterior à peste foi o vigarista Henry Anneys, cuja especialidade — esquemas para evitar o pagamento de impostos — iria se sentir em casa nos dias de hoje. Certo dia, no começo dos anos 1350, Henry apareceu na porta de Alice Bakeman, que também não era um exemplo de virtude.[658] Ouvindo dizer que Alice queria evitar o pagamento de um *heriot*, ou imposto sobre a morte, em relação a certa propriedade que havia herdado, o insinuante

Henry lhe propôs um negócio — um de seus melhores esquemas de impostos em troca de uma das melhores vacas leiteiras de Alice. Henry ficou com a vaca, e Alice, com o esquema, mas, infelizmente — talvez previsivelmente —, as autoridades tributárias perceberam o engodo, e Alice teve de pagar o *heriot*.

William Sigge era tão reles quanto Henry Anneys astuto. Os crimes de William incluíam retirar o chumbo do telhado de um vizinho morto, roubar potes e panelas da cabana de um outro vizinho morto e alterar a fronteira da fazenda de um terceiro vizinho morto, a fim de estender seu próprio terreno. Por justiça, Catherine Bugsey, ela sim, que também se aproveitava dos mortos, deveria ter morrido, pelo menos dez vezes seguidas;[659] a especialidade de Catherine era roubar roupas das vítimas da peste. Mas, quando fora presa com sua mais recente aquisição, um gibão de couro, Catherine era a saúde em pessoa.

Depois da Peste de Justiniano, no século VI, o historiador Procópio observou: "Seja por acaso ou por desígnios da Providência [a pestilência] rigorosamente poupava os mais perversos."[660]

Na Ânglia Oriental, parece que a história se repetiu.

Poucos aspectos do conhecimento sobre a mortandade são mais controversos do que a questão sobre se os padres morreram em números mais altos ou mais baixos do que a população em geral. Alguns historiadores acreditam que a mortandade foi mais alta entre o clero porque os padres, como um grupo, eram mais velhos e, se realizavam suas tarefas conscienciosamente, ficavam supostamente mais expostos ao risco. Outros estudiosos acreditam que, como os clérigos tinham alimentação e abrigo melhores, podem ter morrido em números ligeiramente menores do que os da população em geral. Mesmo se adotarmos a segunda opinião, as taxas de mortandade eclesiástica no condado de Lincoln, ao norte da Ânglia Oriental, são tão altas que uma taxa geral de mortos de 55% para o condado parece provável. Apenas na cidade de Lincoln, 60% do clero beneficiado — ou assalariado — morreram; na vila de Candleshoe, 59%; em Gartree, 56%; enquanto em outra vila, Manlake, teve uma das taxas de mortandade eclesiástica mais altas da Inglaterra: impressionantes 61%.[661]

Apesar das perdas sofridas pelo clero, a peste fragilizou a autoridade e o prestígio da Igreja institucionalizada. Em certo grau, isso era um subproduto da desilusão. Durante mil anos, a Igreja havia se apresentado como representante de Deus sobre a Terra. Entretanto, a pestilência geral mostrara que ela era tão impotente, tão distante do perdão de Deus quanto qualquer outra instituição da sociedade medieval.

Clérigos proeminentes tentaram se livrar da impotência da Igreja por meio de uma racionalização que conotava a Peste Negra como uma oportunidade de salvação. "Deus Todo-Poderoso usa o trovão, o relâmpago e outros desastres [...] para fustigar os filhos que deseja redimir",[662] declarava o sempre impetuoso bispo Ralph de Shrewsbury. Uma outra racionalização comum era conotar a peste como uma punição necessária e justa para uma humanidade perversa. "Ó vós de pouca fé [...] não vos haveis arrependido de vossos pecados [...] portanto mandei contra vós os sarracenos e os povos pagãos, o terremoto, a fome, as bestas [...] etc. etc.",[663] alertava a Carta Celeste, um dos documentos públicos de maior circulação durante a Peste Negra. Mas nenhuma das racionalizações foi integralmente bem-sucedida. A Europa emergiu da peste ainda como uma sociedade crédula, mas, depois de uma jornada de quatro anos pelo âmago da desgraça, as pessoas já não acreditavam mais totalmente da mesma maneira.

Outra coisa que não ajudou a oposição da Igreja foi uma inclinação a culpar as vítimas, hábito particularmente nítido entre o clero inglês. "Observemos o que está ocorrendo agora",[664] declarou o bispo de Rochester. "Nós [ingleses] não somos firmes na fé. Nós não somos respeitáveis diante dos olhos do mundo; pelo contrário, somos, dentre todos os homens, os mais falsos e, por consequência, não somos amados por Deus." Henry Knighton não poderia ter concordado com mais intensidade, embora, na opinião de frei Knighton, eram as tietes dos torneios dos cavaleiros que provocavam a ira de Deus contra os ingleses. A peste, escreveu ele, era consequência dos grupos de belas jovens que corrompiam a moral pública, assistindo aos torneios com roupas provocativas. Confessadamente, Knighton era um grande ranzinza. Ao observar que a pestilência matara 140 franciscanos em Marselha, ele não resistiu em acrescentar: "E que belo trabalho!"[665] Mas mesmo John de Reading, normalmente solene, ficava um pouco perturbado quando o assunto era a tolice dos ingleses. "E não é de admirar",[666] declarava John, em uma passagem que descrevia a chegada da peste, "dada a falta de compreensão dos ingleses, que eles tenham continuado apegados a uma série insana de roupas bizarras sem perceberem o mal que surgiria disso."

Outro fator decisivo no declínio da Igreja foi o estado do clero após a peste e, novamente, essa tendência foi, em particular, nítida na Inglaterra. Depois da Peste Negra, havia muito menos sacerdotes para consolar ou prestar auxílio aos paroquianos, e, como muitos clérigos talentosos haviam morrido, a liderança eclesiástica se deteriorou. "Naquela época", escreveu Knighton, "havia tamanha carência de padres, que muitas igrejas ficaram sem os ofícios divinos, missas, matinas, vésperas, sacramentos e elementos sacramentais." Para aumentar o problema dos postos clericais mais escassos, havia a ganância de muitos sobreviventes. "Dificilmente se podia conseguir um capelão para servir a uma igreja por menos de 10 libras ou 10 marcos", diz Knighton. "[E]nquanto antes da pestilência, quando havia uma grande quantidade de padres, qualquer um conseguiria um capelão por 5 ou até mesmo quatro marcos."[667] A baixa qualidade dos clérigos novatos também gerava desilusão. Muitos dos substitutos eram ou muito jovens e mal treinados, como em Norwich, onde 60 clérigos "embora apenas frades" eram empurrados para cargos vagos,[668] ou homens de meia-idade igualmente mal treinados, muitos deles viúvos que não tinham uma verdadeira vocação.

Em muitos casos, também, o clero se deixou envolver pelo espírito da "Geração Perdida". Nos anos posteriores à peste, a disciplina eclesiástica se negligenciou, e a santidade decaiu. Um cronista franciscano reclamava que "as Ordens monásticas, e em particular as mendicantes, começaram a ficar simultaneamente frágeis e negligentes, tanto na piedade quanto na erudição com que até aquele momento haviam se destacado".[669]

Contudo, foi o comportamento dos padres durante a peste, e não depois dela, o que pode ter exercido o efeito mais negativo sobre a Igreja. Isso pode parecer estranho, dada a taxa de mortalidade de 42% a 45% entre os padres das paróquias inglesas, mas pode haver uma explicação imediata. Enquanto a maioria dos clérigos permaneceu em seus postos, muitos clérigos realizaram suas tarefas de forma menos heroica. "O quadro que se vislumbra ",[670] escreve Philip Ziegler, "[...] é o de um clero que cumpria suas tarefas diárias, mas com relutância e certa timidez, expondo-se, portanto, ao pior dos perigos, mas perdendo o direito ao respeito que deveria merecer. Acrescentem-se a isso poucos exemplos famosos de padres abandonando seus rebanhos [...] e pode-se formar certa ideia do motivo pelo qual a Igreja estabelecida emergira da Peste Negra com a sua credibilidade tão diminuída."

Norte da Inglaterra, primavera de 1349

Acima da Ânglia Oriental, a Inglaterra se estreita, como se concentrasse suas energias para a colisão com os rudes vizinhos escoceses. Teoricamente, esse estreitamento, que mantém o mar muito próximo, no norte, deveria ter tornado a região vulnerável a um ataque marítimo, mas, pelo menos inicialmente, o *Y. pestis* parece ter chegado ao norte por terra, talvez com um grupo de refugiados de Londres, talvez em uma carreta de grãos. Tudo que se sabe com certeza é que em uma tediosa manhã de 1349, enquanto um sol de primavera se elevava sobre a catedral, York, principal cidade do norte, com uma população de quase 11 mil habitantes, começou a se extinguir.[671]

Os condados setentrionais — Lancashire (na costa oeste), Yorkshire (no leste) e, acima deles, Cumberland e Durham — tiveram muito tempo para contemplar seu destino. A pestilência levou dez meses para chegar à região. Enquanto isso, os habitantes tinham pouco a fazer, exceto arar os campos, ouvir os rumores do sul e meditar sobre as palavras de William Zouche, bispo de York. "Deus Todo-Poderoso",[672] atroava o bispo, "às vezes permite que aqueles que ama sejam castigados para que sua força possa permanecer completa devido à efusão de estado de graça em um tempo de enfermidade espiritual."

Durante o inverno e a primavera de 1349, enquanto o restante da Inglaterra se contorcia em agonia, a natureza, como se estivesse esperando um novo e importante hóspede, estava ocupada, preparando o norte para a chegada do *Y. pestis*. No último dia de 1348, uma forte chuva de inverno inundou as paróquias do oeste de York; depois, alguns dias antes do Domingo de Páscoa, um terremoto sacudiu a Abadia de Meaux, também em Yorkshire. Se a experiência moderna serve de guia, ambos os eventos podem ter facilitado o trabalho do *Y. pestis,* destruindo os hábitats dos roedores e fazendo com que os ratos locais fugissem para os lugares onde viviam os seres humanos.

Em comparação com as áreas urbanas de Lincoln e Norfolk, a cidade de York escapou de forma relativamente rápida. As perdas clericais chegaram a 32%, 10% ou mais, abaixo da média nacional dos padres de paróquias e quase 30% abaixo das perdas em Lincoln.[673] A Abadia de Meaux não teve tanta sorte.[674] A peste levou 40 de seus 50 monges e irmãos leigos, incluindo seis vítimas — entre elas, o abade — em um único e terrível dia: 12 de agosto de 1349. Embora as abadias, com sua totalidade de corpos sujos, comida não jogada fora e corredores úmidos, fossem ímãs para ratos e pulgas, o cronista de Meaux parecia inclinado a pensar que presságios malignos também agiam no monastério. Em particular, ele menciona a morte recente de um par de gêmeos siameses,[675] que eram "separados do umbigo para cima [...] e cantavam juntos de forma muito agradável" na cidade vizinha de Kingston-on-Hull. Segundo o cronista, "pouco antes da pestilência", os gêmeos haviam morrido da forma mais triste que se possa imaginar. Quando um deles faleceu, "o sobrevivente o segurou em seus braços durante três dias". E, considerando-se o que aconteceu em Hull, talvez a morte dos gêmeos houvesse sido realmente um presságio.

Eduardo III era absurdamente implacável em relação aos impostos — em certa ocasião, ele enviara sete cobradores para um posto, até que finalmente encontrou um que a peste não conseguiu matar[676] — mas a pestilência deixou a cidade natal dos gêmeos, Hull, em tamanho estado de depredação, que até mesmo o rei sentiu piedade. "Considerando-se a perda e a destruição que nossa cidade de Kingston-on-Hull sofreu",[677] ele decidiu devolver a Hull certos impostos.

Apesar da taxa de mortandade relativamente baixa de York, as perdas totais do condado de Yorkshire se alinhavam ao padrão nacional de uma média de 40% a 50%. Para o oeste, *o Y. pestis* pode ter sido mais letal. No século XIV, Lancashire, que faz fronteira com o Mar da Irlanda, era uma das regiões menos povoadas da Inglaterra, mas uma contagem posterior à peste, em dez paróquias locais,[678] chegou a uma taxa de mortandade de mais de 13 mil pessoas. Em Derbyshire, ao sul, o mais eloquente conjunto de estatísticas sobre a mortandade se encontra na igreja de uma pequena paróquia onde uma placa marca o encontro da família Wakebridge com a sua aniquilação no verão de 1349.[679]

18 de maio, Nicholas, irmão de William
16 de julho, Robert, irmão de William
5 de agosto, Peter, pai de William, e Joan, irmã de William
10 de agosto, Joan, esposa de William, e Margaret, irmã de William

O próprio William sobreviveu à pestilência.

Outro William, o empreendedor William de Liverpool,[680] vendo oportunidades onde os outros viam apenas miséria, concluiu que 1349 era o ano ideal para inaugurar uma funerária. Documentos da Lancashire medieval mostram que William "fez com que um terço dos habitantes de Everton [uma cidade de Lancashire] fosse levado até sua funerária depois da morte", presumivelmente para serem enterrados a um certo custo.

Durham e Cumberland, os dois condados mais setentrionais da Inglaterra, estavam acostumados à morte a esmo. Durante mais gerações do que qualquer um poderia lembrar, eles serviram como a linha de frente de uma série de guerras predatórias contra os escoceses, que os ingleses, expansionistas, conseguiam derrotar, mas jamais conquistar completamente. Em 1352, exausta pela guerra e devastada pela peste, Carlisle, a principal cidade de Cumberland, teve seus impostos perdoados, porque, segundo um decreto real, a cidade estava "desgastada mais do que o normal pela pestilência". Em Durham, uma onda de agitações parece ter varrido o condado no verão de 1349. Há relatos de camponeses se recusando a pagar multas[681] e se recusando a assumir as terras de moradores mortos, mas não está claro se as recusas eram atos isolados ou parte de algum movimento organizado e maior. Na falta de informações confiáveis, temos que deduzir o estado de espírito na fronteira a partir de uma imagem, a imagem de um camponês solitário e louco que, nos anos após a peste, vagava pelas vilas e caminhos da região, gritando o nome de sua mulher e os de seus filhos mortos pela peste.[682] Diz-se que o homem irritava imensamente a população.

Os escoceses, ainda vivendo sob a impressão de que a peste era um fenômeno inglês, estavam se divertindo bastante no verão de 1349. "Rindo de seus inimigos [...] [e] jurando 'pela horrenda morte da Inglaterra'",[683] eles reuniram, em março de 1350, um grande exército na floresta de Selkirk, perto da fronteira inglesa, "com a intenção de invadir o reino inteiro". Mas, antes que o ataque pudesse ser iniciado, "a mão vingadora de Deus" atravessou a fronteira e dissipou os escoceses que ali se reuniam com "uma morte repentina e selvagem".

Henry Knighton gostou ainda mais de Selkirk do que dos 140 franciscanos mortos em Marselha. "Dentro de um curto espaço de tempo",[684] escreveu, "cerca de cinco mil [escoceses] morreram, e o restante, tanto os fortes quanto os fracos, decidiu se retirar para seu próprio país. Mas os ingleses, seguindo-os, surpreenderam-nos, e muitos foram mortos." Os escoceses que haviam voltado levaram a peste para casa consigo, mas o *Y. pestis* não se deu tão bem no terreno acidentado e no clima mais frio das Terras Altas. Um terço da Escócia pode ter morrido ou talvez menos.[685] Qualquer que tenha sido a exata taxa de mortalidade, ela foi menor do que a da Inglaterra.

Para os galeses, que já estavam sob o jugo da Inglaterra, a pestilência trouxe o fim da esperança, mas não da poesia. No desesperador inverno de 1349, enquanto o *Y. pestis* se projetava nas fronteiras de Gales, ao norte do Canal de Bristol, o poeta Jeuan Gethin escreveu: "Vemos a morte chegando entre nós como uma fumaça negra, uma peste que elimina os jovens, um fantasma sem raízes que não tem piedade das belas faces. Como sou infeliz com o *xelim* [bubão] na axila; ele está se infiltrando, terrível, onde quer que surja, uma cabeça que causa dor e provoca um grito alto, um fardo levado sob os braços, uma dolorosa protuberância inflamada, um caroço branco [...]."[686]

Além da poesia, sabe-se muito pouco sobre a mortandade em Gales, a não ser que ela afetou tanto os colonos ingleses — ou "Englishry" — nas terras baixas, quanto os nativos — os "Welshry" — que viviam nos montes cobertos de névoa. Sabemos também que, à medida que a peste ganhava força, a região rural de Gales se enchia de homens insensíveis, como Madoc Ap Ririd[687] e seu irmão Kenwric, que "foram à noite, durante a pestilência, até a casa de Aylmar depois da morte da esposa deste e levaram dessa mesma casa uma jarra de água e uma bacia, no valor de um xelim [...] [e que também] roubaram três bois de John le Parker e três vacas, no valor de seis xelins".

Na Irlanda, que pode ter sido contaminada no final do verão de 1348 através de Bristol, relatos da época indicam que a pestilência realmente viu diferença entre estrangeiros e nativos. Geoffrey le Baker observou que, lá, a peste "reduziu os habitantes ingleses em grandes números, mas os nativos irlandeses que viviam nas montanhas e nos planaltos mal foram tocados".[688] Esta observação ecoa em um relato de 1360 preparado para Eduardo III; seus autores observam que a pestilência "foi tão grande e tão horripilante entre os ingleses [...] mas não entre os irlandeses". Um historiador irlandês do século XVII,[689] talvez tendo ainda frescas em sua mente as atrocidades dos seguidores de Cromwell, escreveu que, enquanto a pestilência "gerou uma enorme destruição entre os ingleses [...] para aqueles que eram verdadeiros irlandeses de nascimento e habitavam as regiões montanhosas, ela mal reservou uma saudação".

A tendência anglo-irlandesa de se agrupar em cidades costeiras provavelmente os tornou mais vulneráveis. A peste parece ter desembarcado primeiro na costa leste, em Howth ou Dalkey,[690] duas pequenas ilhas perto do porto de Dublin,* e depois ter se espalhado rapidamente para Dublin e para

---

* Dalkey é de fato uma ilha, que também dá nome a uma pequena cidade próxima. Howth, no entanto, é o nome de uma península e de seu promontório. (N. T.)

o porto vizinho de Drogheda, a cerca de 30 quilômetros acima da costa, o *Y. pestis* não poderia ter escolhido melhores locais de desembarque. Usando a aglomeração das pequenas vilas e cidades em torno de Dublin como uma ponte humana, a pestilência rapidamente saltou para o interior, mais escassamente populoso. Em dezembro de 1348, Kildare, Leath e Mouth — três condados em torno da capital — estavam contaminados, e, no final do verão de 1349, a peste estava em Clare e Cork, na costa oeste.

Um historiador calcula a taxa de mortalidade entre os anglo-irlandeses em 35% a 45%;[691] os irlandeses nativos, provavelmente, sofreram menos, embora não se saiba ao certo quanto. Qualquer que tenha sido sua taxa de mortalidade, houve sofrimento mais do que suficiente na Irlanda em 1348 e 1349.

A frase final do manuscrito de John Clynn, o monge irlandês que escrevera "esperando entre os mortos que venha a morte", foi redigida por outro monge. Ela diz: "E aqui parece que o autor morreu."[692]

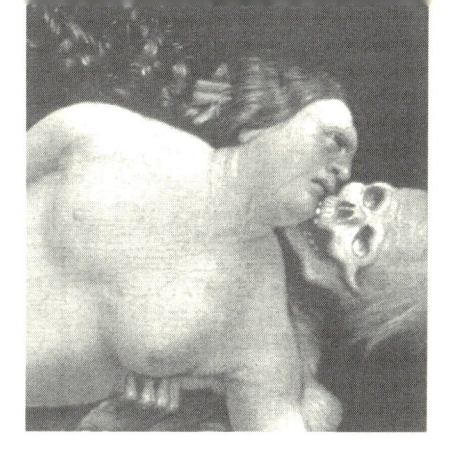

DÉCIMO CAPÍTULO

O Primeiro Amor de Deus

Lago de Genebra, setembro de 1348

EM UMA MANHÃ DE SETEMBRO DE 1348, ENQUANTO AS PEQUENAS VILAS do sul da Inglaterra se extinguiam sob uma chuva do outono, um pequeno navio singrava a superfície azul-prateada do Lago de Genebra. Sob a luz da manhã, as arrebatadoras vastidões de céu, mar e montanha em torno do barco pareciam a tela de fundo de *A Cavalgada das Valquírias*,* mas agora não

---

* *A Cavalgada das Valquírias* é uma das quatro partes (*O Ouro do Reno, A Cavalgada das Valquírias, Siegfried* e *O Crepúsculo dos Deuses*) do drama lírico *O Anel dos Nibelungos*, grandiosa tetralogia de Richard Wagner. (N. T.)

havia enormes deusas nórdicas no lago, mas apenas alguns sonolentos cidadãos locais, defendendo-se do frio da manhã com uma garrafa de vinho — e um cirurgião chamado Balavigny, que estava sentado sozinho na proa do barco usando um *Judenhut* afunilado, um chapéu de judeu.

A Grande Mortandade ocasionou um dos mais perversos surtos de violência antissemita da história europeia. Os primeiros *pogroms* no sul da França, em abril de 1348, haviam sido atos tradicionais de violência da Semana Santa, mas durante o verão, enquanto a pestilência varria a Europa com uma força incessante, os ataques mudaram de caráter. Com medo e irracionalidade em toda parte, os judeus, acusados de todos os pecados, eram agora acusados de fomentar a pestilência. Na metade de setembro, quando o cirurgião Balavigny foi preso na cidade de Chillon, perto do lago, a acusação de envenenamento de poços já havia se tornado uma condenação — e a condenação havia se tornado uma conspiração judaica internacional, completada por um mentor (um sinistro rabino espanhol chamado Jacó), um exército de agentes secretos e um objetivo tão perverso que enchia de temor e apreensão o coração de qualquer cristão. Os judeus estavam contaminando os poços porque tinham como objetivo dominar o mundo.

Durante o verão, a conjunção de antissemitismo, paranoia e trabalho de investigação medieval havia gerado uma descrição detalhada do plano e do veneno judeu distribuído pelos agentes do rabino Jacó, incluindo sua embalagem e seu funcionamento. Segundo um dos conspiradores, "se alguém que estiver sofrendo os efeitos do veneno entrar em contato com outra pessoa, especialmente enquanto estiver suando, ela será contaminada".[693] Em Chillon, onde Balavigny foi interrogado depois de sua prisão, as autoridades locais também haviam obtido informação sobre os agentes que distribuíam o veneno e a carta que o rabino Jacó enviara aos coconspiradores. Segundo outro coconspirador, a carta ordenava que o destinatário, "sob pena de excomunhão e pela obediência que devia à Lei judaica, colocasse o veneno nos maiores poços públicos [...]".[694]

Quando os detalhes do plano lhe foram descritos em seu primeiro interrogatório, em 15 de setembro, o cirurgião Balavigny deve ter se sentido como Alice depois de atravessar o espelho, embora Alice nunca tenha sido "submetida a um interrogatório". Esta expressão era um eufemismo medieval para a tortura, e os interrogadores, em Chillon, parecem ter considerado seu trabalho com Balavigny como um exemplo particularmente importante da arte da tortura. Uma anotação nos registros do cirurgião alardeia que, depois de ser apenas "brevemente submetido a um interrogatório", no dia 15, o cirurgião confessou livre e fastidiosamente sua cumplicidade no envenenamento dos poços, e que em uma entrevista posterior, no dia 19, Balavigny revelou os nomes de seus comparsas sem sequer ser "submetido a um interrogatório".[695]

Não se sabe ao certo quanto tempo depois dos inquéritos o cirurgião foi levado através do Lago de Genebra para Clarens, o destino da viagem de barco daquela manhã, mas não pode ter sido mais de uma semana. O objetivo da viagem já é mais claro: no começo do verão, o papa Clemente VI denunciara energicamente a perseguição aos judeus. "Recentemente", declarou ele, "[...] chegou ao nosso conhecimento por notoriedade pública — ou, mais precisamente, infâmia — que muitos cristãos estão colocando a culpa pela peste [...] em envenenamentos executados por judeus instigados pelo demônio, e que, devido à sua exaltação, mataram muitos judeus, sem fazer distinção de idade ou sexo."[696] Em uma atmosfera como essa, os carcereiros de Balavigny provavelmente pensaram ser prudente obter provas materiais da culpa do cirurgião. Foi assim que naquela brilhante manhã de setembro, enquanto a chuvosa Londres esperava pela mortandade, frei Morellet contava os mortos em Paris, e Matteo Villani chorava lágrimas de amargura por seu irmão Giovanni, morto pela peste em Florença, o cirurgião Balavigny e seus sonolentos guardas do burgo içaram as velas rumo a Clarens em busca de provas imaginárias para um crime imaginário.

Podemos apenas imaginar o que passava pela cabeça de Balavigny, sentado encolhido na proa do barco, observando o sol lamber os últimos vestígios da névoa da manhã como se fosse o glacê de um bolo, mas o estado de espírito do cirurgião não pode ter sido muito diferente do de Primo Levi* ao chegar a Auschwitz, em uma desolada manhã polonesa, cerca de seiscentos

---

* Primo Levi (1919-1931) foi um escritor italiano que esteve preso em Auschwitz. Suas memórias sobre o Holocausto o tornaram mundialmente conhecido. (N. T.)

anos depois. "Não há condição humana mais desprezível do que esta",[697] escreveu Primo Levi. "[...] Eles nos retiraram os sapatos, as roupas e até mesmo os cabelos; se falarmos, não ouvirão [...] [e], se ouvirem, não compreenderão." Nos campos, Primo Levi descobriu que, quando um homem perdia tudo, ele com frequência acabava por "perder-se". Se uma medida de se perder é aderir à demência de seus carrascos, quando o cirurgião Balavigny chegou a Clarens, ele havia atravessado o espelho. Quando lhe perguntaram se a fonte de uma vila lhe parecia familiar, Balavigny respondeu que sim, "esta é a fonte onde coloquei o veneno".[698] E, quando um dos habitantes de um burgo, um arguto notário chamado Henri Gerard, encontrou um trapo próximo à fonte, o cirurgião "confirmou que era o [...] pano em que o veneno estivera guardado".

Três semanas depois de perder-se, o cirurgião perdeu a vida. No começo de outubro, Balavigny foi queimado na fogueira.

Nós vamos
Não pergunte: aonde?
Nós vamos
Disseram que fôssemos
Desde os dias dos pais dos nossos pais
Abraão foi, Jacó foi,
Eles todos precisavam ir,
Ir para uma terra, ir de uma terra,
Todos eles curvados
Através do caminho inteiro do viajante...[699]

As milenares peregrinações dos judeus começaram como acabaram: no Holocausto. Entre 66 d.C., quando os judeus da Palestina se rebelaram contra Roma na Grande Revolta, e 70 d.C., quando o vitorioso estandarte imperial foi cravado sobre as ruínas do Monte do Templo, 1.197 mil judeus foram mortos ou vendidos como escravos, segundo Tácito.[700] Na verdade, durante um certo tempo depois da Revolta, dizia-se que em Roma era mais barato comprar um judeu do que um cavalo. Em 128 d.C., "quase toda a

Judeia fora destruída" novamente. Para a segunda revolta, o historiador Dion Cássio calcula a carnificina em 985 vilas e cidades, e 50 fortificações destruídas, 580 mil judeus mortos em combate e "inúmeros deles aniquilados pela fome, pelo fogo e pela espada". Dion Cássio e Tácito, provavelmente, exageraram em relação às perdas judaicas, mas não enormemente.[701] Os sessenta anos entre 70 d.C. e 130 d.C. arrancaram o âmago da Palestina judaica. Visitando Jerusalém no século IV, São Jerônimo descobriu que a memória daqueles anos ainda pesava sobre a terra. A respeito dos judeus remanescentes, São Jerônimo escreveu: "Um povo triste [...] mulheres pequenas e decrépitas, idosos cheios de trapos e de anos de vida, mostrando tanto nos corpos quanto nos trajes a ira do Senhor."[702]

Setecentos anos depois, Benjamin de Tudela,[703] um negociante itinerante de pedras preciosas que gostava de aventuras, recolheu a história da Diáspora. Em 1183, Benjamin começou uma odisseia pelas comunidades judaicas da Europa e do Oriente Próximo. Visitou Constantinopla, onde descobriu que nenhum judeu, não importando a sua riqueza, tinha permissão para andar a cavalo, "a não ser pelo rabino Solomon, o Egípcio, que é o médico do rei". Na Espanha, Benjamin descobriu judeus que não apenas andavam a cavalo, mas também cavalgavam com impetuosidade cavalheiresca, vestidos como emires, com sedas refinadas e turbantes cheios de joias, atuavam como embaixadores e administradores e se tornaram médicos, eruditos e filósofos renomados. Em Crisa, no Monte Parnaso, o negociante de pedras preciosas encontrou uma colônia de fazendeiros judeus com chapéus de palha suando sob o sol do Mediterrâneo; em Aleppo, sopradores de vidro judeus com exagerados músculos faciais; em Brindisi, tingidores com as mãos manchadas; e, em Constantinopla, curtidores que poluíam as ruas do bairro judeu com as emanações de seu trabalho. Mas, no todo, as comunidades da Diáspora que Benjamin descreveu em seu *Livro de Viagens* eram de caráter mercantil e muitas vezes bem pequenas.

No colapso da população geral no começo da Idade Média, os judeus sofreram de forma desproporcional. De oito milhões no século I[704] — quase 10% do Império Romano —, seus números caíram para um milhão e meio no tempo de Benjamin.* A Espanha, lar da maior e mais próspera comunidade judaica da Europa medieval, pode ter tido entre 100 mil e 150 mil judeus, mas a devota e impetuosa comunidade asquenaze da Alemanha mal chegava a 25 mil.[705] No entanto, onde quer que estivessem, os judeus da Diáspora eram costumeiramente mais prósperos e mais bem educados do que seus vizinhos cristãos.

Em *World on Fire* (*Mundo em Chamas*), livro recente sobre a globalização, Amy Chua, especialista da Universidade de Yale, observa que, em muitos países modernos do Terceiro Mundo, uma pequena e hábil elite supranacional age frequentemente como intermediária em relação à economia global.[706] No moderno sudoeste da Ásia, os chineses expatriados representam esse papel; na África Subsaariana dos dias de hoje, os libaneses. Na Alta Idade Média, quando as taxas de alfabetização e ensino da Matemática entre os cristãos estavam próximo de zero, os judeus, comparativamente bem-educados, exerceram um papel semelhante na Europa. "Em função de sua experiência no comércio e seu conhecimento superior de mercadorias, preços e transações financeiras, sua versatilidade em línguas e a dispersão de seus membros, a sociedade judaica ocupou uma posição de destaque no comércio internacional",[707] escreveram os especialistas Mordechai Breuer e Michael Graetz. Na verdade, o papel comercial dos judeus na primeira metade da Idade Média foi tão destacado que muitos mandados de privilégios e ordenações continham a formulação *judaei et ceteri mercatores* — "judeus e outros mercadores".[708]

Nos séculos IX e X, os negociantes judeus estavam nos mercados de pimenta da Índia, nos mercados de seda de Samarkanda e Bagdá, nos mercados de escravos do Egito (onde vendiam escravos pagãos, chamados de "Canaties") e nas vastas e desertas extensões da Rota da Seda, montados em

---

* Como a maioria das estatísticas medievais, esta tem várias versões. Embora um milhão e meio de judeus seja a cifra consensual, as estimativas da população judaica medieval se situam entre um mínimo de 400 mil (da especialista italiana Anna Foa) e um máximo de dois milhões e meio (do historiador Norman F. Cantor). (Anna Foa, *The Jews of Europe After the Black Death*, trad. Andrea Grover [Berkeley: University of California Press, 1992], p. 87; Norman F. Cantor, *In the Wake of the Plague: The Black Death and the World It Made* [Nova York: Free Press, 2001], p. 150.)

camelos carregados de joias e especiarias. Em uma carta a seu famoso irmão — o filósofo Moses Maimônides —, o mercador Davi Maimônides descreveu a morte de um desses intrépidos negociantes itinerantes judeus. "O maior infortúnio que me aconteceu em toda a minha vida, pior do que todo o restante, foi a morte de [meu colega]",[709] escreveu Davi. "Louvada seja a sua lembrança; [ele] se afogou no Mar da Índia levando consigo muito dinheiro que pertencia a mim, a ele e a outros [...]. Era bem versado no Talmude, na Bíblia e conhecia bem a gramática [hebraica], e minha alegria nesta vida era olhar para ele."

Se a vida de um negociante podia ser perigosa, também podia ser bem lucrativa. No primeiro milênio, os padrões de vida dos judeus estavam tão acima da média europeia que "a expressão 'Idade das Trevas' [...] serve tão pouco para o período medieval judeu quanto para o Império Bizantino",[710] observam os especialistas Breuer e Graetz. O comércio deixou alguns judeus não meramente ricos, mas fabulosamente ricos. Quando Aarão de Lincoln morreu, foi necessário criar uma seção especial do English Exchequer (o Tesouro inglês) apenas para contabilizar a sua fortuna,[711] e um judeu-francês chamado Elias de Vesoul, antecipando os Rotschild, construiu um vasto império bancário e comercial já no século XI. Contudo, até mesmo homens como Aarão e Elias levavam a vida apreensiva e insegura dos proscritos. Após a morte de Aarão, a Coroa Inglesa se apropriou de quase toda a sua fortuna; de Abraão de Bristol, outro rico judeu-inglês que foi preso em 1268, a Coroa arrancou um dente por dia, até que ele concordasse em depositar dez mil moedas de marco nos cofres reais.[712]

O antissemitismo que custou os dentes de Abraão tinha suas bases, acima de tudo, na Teologia. Os primeiros padres da Igreja culpavam os judeus por tantos pecados que, entre os séculos III e VIII, um novo gênero literário, *Adversus Judaeos*, foi criado para descrever todos eles.[713] Um exemplo inicial do gênero, *Uma Resposta aos Judeus*, acusava o povo judeu de renegar a Deus e adorar falsos ídolos, falsas imagens; outro exemplo inicial, *Ritmo contra os Judeus*, acusava-os de trocar Deus-Pai por um bezerro e Deus-

Filho por um ladrão. Outras obras da tradição *Adversus Judaeos* incluíam *Sobre o Sabá*, *Contra os Judeus*, que acusava os judeus de vulgaridade e materialismo, *Oito Orações contra os Judeus*, que iguala o judeu a um animal teimoso mimado pela bondade e pelo excesso de tolerância, e *Manifestação contra os Judeus*, que iguala Jerusalém a Sodoma e Gomorra. *Homilias contra os judeus* declara que os gentios incircuncisos são o novo Povo Escolhido, um tema também presente em *Livros de Testemunhos contra os Judeus*, apesar de essa obra conseguir o seu objetivo com mais qualidade literária. Utilizando a parábola de Jacó e de suas duas esposas, *Livros de Testemunhos Judeus* apresenta Lia, a mais velha, com sua deficiência nos olhos, como a materialização da sinagoga, e a bela esposa mais jovem, Raquel, como o símbolo da Igreja Triunfante. *Contra Judaeos* também emprega imagens bíblicas, embora com a finalidade de chegar ao âmago da discussão teológica com os judeus. *Contra Judaeos* apresenta Caim como símbolo do povo judeu, e Abel, o irmão que ele matou, como símbolo de Cristo.

Em sua forma mais suave, o início da cristandade medieval expressava seus ressentimentos teológicos contra os judeus como um protesto: o povo judeu rejeitou Cristo, a Luz e o Caminho. Em uma formulação mais austera, os ressentimentos adquiriram a ameaça de uma acusação: apesar de reconhecerem a divindade de Cristo, os judeus o rejeitaram, porque ele era pobre e humilde. E, em sua forma mais causticante, os ressentimentos se transformaram em uma condenação por homicídio: os judeus eram os assassinos de Cristo.

Fatores políticos e sociais também ajudaram a estimular o antissemitismo ao longo das épocas. Assim, nas décadas que se seguiram à morte de Cristo, os judeus-cristãos, ansiosos por separar sua nova religião de suas raízes no Templo, iniciaram um ataque a suas contrapartes ortodoxas, ataque que ficou cada vez mais extenso com o passar das décadas. Desse modo, no Livro de Marcos, o primeiro dos Evangelhos, escrito em torno de 68 d.C., associa-se Satã aos escribas. No Evangelho de Lucas, escrito dez anos depois, o "maligno" se tornara um segmento mais amplo da sociedade judaica, mas o alvo ainda são grupos individuais, como os "sumos sacerdotes e os chefes do Templo". Mas, no momento em que João escreve, em torno de 100 d.C., os aliados de Satã haviam se tornado simplesmente "os judeus". A expressão "os judeus" aparece 71 vezes em João, comparada a um total de 16 vezes em Mateus, Marcos e Lucas.[714]

Os fiéis judeus muitas vezes respondiam na mesma moeda aos judeus-cristãos. "Que os *minim* [os hereges] pereçam instantaneamente; que sejam apagados do Livro da Vida e não sejam contados entre os justos",[715] diz a oração *Shemoneh Esrei*.* As lideranças ortodoxas também desqualificavam Jesus, como filho ilegítimo de um soldado romano chamado Panthera,[716] denunciavam seus milagres como truques e a Ressurreição como um embuste.

À medida que o cristianismo se tornava não judeu, a rivalidade religiosa substituiu o conflito grupal como instrumento do antissemitismo. Especialmente durante a Alta Idade Média, as autoridades da Igreja ficaram alarmadas com a quantidade de cristãos atraídos pelos ensinamentos judaicos. São João Crisóstomo, flagelo dos "judaizantes" — cristãos atraídos pelos ensinamentos judeus —, declarou: "Sei que muitos têm os judeus em alta estima e consideram seu modo de viver digno de respeito no momento atual. É por isso que me apresso em arrancar pela raiz essa ideia funesta [...]. Um lugar onde se exibe uma prostituta é um prostíbulo. Além disso, a sinagoga não é apenas um prostíbulo e um teatro, ela é também um antro de ladrões e um local de animais selvagens."[717] Outro antissemita seminal, o bispo do século IX Agobardo de Lyon, acreditava que cristãos que partilhavam o pão com judeus corriam o risco de tentação espiritual. Agobardo viveu exatamente o suficiente para ver realizada uma de suas fantasias mais paranoicas. Em uma viagem a Roma, nos anos 820, Bodo, confessor de Luís, o Piedoso, filho e sucessor de Carlos Magno, fugiu para a Espanha, converteu-se ao judaísmo e se casou com uma judia.[718]

A respeito do ímpio Bodo, o sucessor de Agobardo em Lyon, o dispéptico arcebispo Âmulo, vociferava: "Agora, ele vive na Espanha, [...] sua figura barbada se agacha nas sinagogas de Satã e se reúne a outros judeus na blasfêmia contra Cristo e Sua Igreja."[719]

---

* As *Dezoito Bênçãos*, oração central da liturgia judaica. (N. T.)

Nos séculos que prepararam o caminho para a Peste Negra, o antissemitismo também se tornou uma ferramenta útil para financistas e idealizadores de nações. Em 1289, a Gasconha, sob o controle da Inglaterra, expulsou seus judeus e confiscou suas propriedades.[720] No ano seguinte, 1290, a Coroa Inglesa se virou contra os judeus nativos. Eduardo I, avô de Eduardo III, ordenou a expulsão dos judeus da Inglaterra e o confisco de seus bens, embora, sendo há muito tempo o alvo favorito do Tesouro inglês, os judeus não tivessem muito que se pudesse confiscar. Em meados do século XIII, quando o Tesouro extorquira Aarão de York, recebeu mais de 30 mil moedas de marco; no momento da expulsão de 1290, juntos, os judeus de 11 das principais cidades inglesas mal conseguiram levantar um terço dessa soma.

Na França, onde os sentimentos contra os judeus se expressavam tradicionalmente em alto grau, a monarquia usou uma política de expulsão para ganhar apoio popular e enriquecer.[721] Expulsos em 1306, os judeus foram readmitidos em 1315, expulsos novamente em 1322, trazidos de volta mais uma vez em 1359 e expulsos, novamente, em 1394.

Um dia, no final do século IV, uma mulher parou em um cais, em Cartago, e, "enlouquecida de desgosto", observava enquanto um navio singrava ao longo do horizonte, levando nele tudo que ela amava e sempre amaria.[722] O nome da mulher era Mônica, e havia em relação a ela mais do que um toque da personalidade da matriarca dominadora. Seria um exagero dizer que Santo Agostinho jamais teria se tornado Santo Agostinho sem a autoritária e sufocante Mônica, mas, se ela não fosse tão inelutável e controladora, o jovem pagão dissoluto poderia ter se afundado na vida mundana de Milão por mais uma década, antes de abraçar o cristianismo em 387.

Como Churchill, outro homem com uma mãe exigente, Santo Agostinho também falava sem parar; suas palavras, registradas por uma equipe de copistas sempre presentes, chegaram a preencher quase cem livros, incluindo duas obras de importância histórica. Trata-se da autobiográfica *Confissões*, uma das únicas vezes em que o som de uma voz pessoal se faz ouvir na Idade Média — "Fechei os seus olhos e fui agitado por uma grande tristeza", escreveu Santo Agostinho sobre a morte de sua mãe — e *A Cidade de Deus*, que ajudou a definir a política cristã em relação aos judeus por quase um milênio. Quando o filósofo Moses Mendelssohn, no século XVIII, exclamava que, sem a "ideia brilhante e adorável [de Santo Agostinho], nós [os judeus] teríamos sido exterminados há muito tempo",[723] ele estava se referindo a *A Cidade de Deus*.

Embora *A Cidade de Deus* e os outros escritos "judaicos" de Santo Agostinho esbocem todos os conhecidos argumentos do antissemitismo cristão, a inovação de Santo Agostinho foi acrescentar um "mas" no fim da acusação tradicional. Na visão de Santo Agostinho, os judeus tinham um papel destinado por Deus; Ele pretendia que eles "testemunhassem" um Cristianismo Triunfante.* E, como os judeus tinham que permanecer judeus para cumprir o papel, o "mas" de Santo Agostinho era o equivalente de um bilhete para a sobrevivência — o único bilhete desse tipo que o cristianismo primitivo concedeu a uma minoria dissidente. Como havia observado Jacob Neusner: "O judaísmo resistiu no Ocidente por dois motivos. Primeiro, o cristianismo queria perdurar, e, segundo, Israel, o povo judeu, queria também. O destino do paganismo no século IV mostra a importância do primeiro dos dois fatores."[724]

Durante os quase setecentos anos da influência do "mas" de Santo Agostinho, o vírus do antissemitismo se manteve em uma forma atenuada. Mesmo antissemitas cruéis como Agobardo de Lyon raramente falavam em conversão em massa, expulsão em massa ou extermínio em massa. Os séculos IX e X foram um período de relativas paz e prosperidade para os judeus europeus, especialmente na Espanha e na Alemanha, onde imigrantes da Itália setentrional estabeleceram os primeiros povoados asquenazes.[725] De fato, Luís, o Piedoso, líder do Império Carolíngeo — o maior império de seu tempo —, era conhecido como amigo dos judeus, assim como havia sido seu pai, Carlos Magno. Contudo, a mente humana não consegue manter duas ideias contraditórias por tanto tempo. Em consequência disso, depois da virada do milênio, a complexa formulação de Santo Agostinho — "Odeie os judeus, respeite os judeus" — cedeu seu lugar à formulação mais simples: "Odeie os judeus." Em 1007, houve perseguições na França e, em 1012, conversões forçadas na Alemanha; depois, em 1096, um apocalipse. Ao longo

---

* Santo Agostinho imaginava que, vendo realizadas as profecias do Antigo Testamento, no Fim dos Tempos os judeus aceitariam Jesus por conta própria.

de vários séculos, os nomes dos judeus massacrados durante os *pogroms** dos Cruzados em 1096 seriam lidos em voz alta, nas manhãs de sábado, nas sinagogas da Europa.

Os *pogroms* começaram em Rouen. Gritando: "Partimos para declarar guerra aos inimigos de Deus, e aqui, em meio a nós, residem os [...] assassinos de nosso Redentor",726 um grupo de Cruzados percorreu as ruas da cidade, matando judeus. Em Speyer e Colônia, a ação resoluta de um bispo local conseguiu evitar um massacre generalizado, mas em Mainz, que tinha um bispo fraco e cidadãos insensíveis, a carnificina foi terrível. Enquanto uma força de cruzados rompia a muralha da cidade, a comunidade judaica local se reuniu no pátio do palácio do bispo. O rabino Solomon bar Simson descreve o que aconteceu em seguida: "A uma só voz, todos gritaram: 'Não precisamos mais esperar; o inimigo já está diante de nós. Apressemo-nos a nos oferecer em sacrifício diante de Deus' [...]. As mulheres dotaram a sua fragilidade de força e mataram seus próprios filhos e filhas; e depois se mataram. Muitos homens também concentraram as forças e mataram suas esposas, filhos e bebês. A mais delicada e doce das mulheres assassinou o filho que era a sua alegria. [Depois] todos se ergueram, tanto homens quanto mulheres, e mataram uns aos outros [...]: Que os ouvidos que isso escutam e escutam coisas como isso murchem, pois quem jamais ouviu ou viu coisas iguais a isso...".727 Em Worms, a comunidade judaica recitava a antiga oração *Shema*.** "Escuta, ó Israel, o Senhor, nosso Deus, o Senhor é Um",728 enquanto caíam sob as espadas dos Cruzados. Posteriormente, os mortos foram despidos e arrastados dali.

Em Trier, onde a Torá fora mutilada e pisoteada, uma bela jovem judia escarnecia dos Cruzados saqueadores.729 "Quem quer que deseje cortar minha cabeça por medo da Pedra, que venha e faça." Para dar ênfase ao que dizia, a jovem esticava o pescoço desafiadoramente. Antes disso, dois líderes judeus locais haviam sido mortos por causa de um escárnio parecido. Mas, segundo um cronista judeu, a jovem "era formosa e encantadora [...] e os incircuncisos não desejaram tocá-la". Disseram à escarnecedora que ela

---

* Talvez não seja unicamente uma coincidência o fato de um dos motivos favoritos da arte da propaganda nazista ter sido Hitler em uma reluzente armadura de Cruzado.
** Literalmente, "Ouça". (N. T.)

seria poupada se concordasse em se converter, mas, atrelada à sua fé, como os judeus de Mainz, ela escolheu um martírio suicida.

Os *pogroms* em Mainz, Worms e Trier foram uma das primeiras expressões de um cristianismo novo, mais militante. A *Civitas Dei** — ou o Estado Divino[730] — surgiu da onda de intenso pietismo que varreu a Europa na Idade Média Central. A metáfora dominante do novo Estado era o corpo: exatamente como seus vários membros formam um todo orgânico, assim também faz — ou deveria fazer — a sociedade cristã. Inspirada por essa visão corporativa, a furiosa espada da ortodoxia se abateu sobre minorias dissidentes, tais como os hereges albigenses do sul da França e os judeus. Muitos aspectos do antissemitismo moderno datam do período da *Civitas Dei*.

Por exemplo, a figura ameaçadora do judeu de nariz aquilino, que Chaucer descrevia como "odiado por Cristo e todos os seus companheiros",[731] aparece pela primeira vez em pinturas da Crucificação no século XII. As acusações libelo de sangue,** outra famosa invenção antissemita, também são criação do século XII. Dois dias antes do Pessach*** de 1144, o corpo de um aprendiz de peleteiro chamado William foi encontrado terrivelmente mutilado em um bosque perto de Norwich, na Ânglia Oriental. Após ouvir que William, cuja cabeça foi raspada e "perfurada por inúmeras punhaladas", havia sido visto vivo pela última vez entrando na casa de um judeu, sua mãe, Elvira, acusou a comunidade judaica local pelo assassinato. Duas moças da vila, que trabalhavam para famílias judaicas locais, apresentaram-se, então, para fornecer provas corroborativas. As moças disseram que um grupo de judeus raptara William atrás da sinagoga, amordaçara-o, furara sua cabeça com espinhos e o amarrara a uma cruz.

Lentamente, começou a crescer uma lenda em torno do desafortunado William, que logo foi santificado por seus serviços ao cristianismo. Primeiro na Ânglia Oriental, depois na Inglaterra e, então, por toda a cristandade, circula-

---

* Como é conhecida, em latim, *A Cidade de Deus*, de Santo Agostinho. (N. T.)
** Acusação de cunho sensacionalista segundo a qual uma pessoa (ou grupo) participa do sacrifício de outras pessoas. Alega-se frequentemente que o sangue das vítimas desses sacrifícios é utilizado em rituais macabros. Segundo consta, as crianças são o maior alvo desses supostos sacrifícios. (N. T.)
*** A Páscoa dos judeus. (N. T.)

ram histórias sobre o assassinato ritualístico de um menino cristão durante o Pessach.[732] Na maioria das versões do boato, dizia-se que as matanças eram uma representação da crucificação de Cristo, mas, em uma história repetitiva particularmente estranha, alegava-se que os judeus matavam crianças cristãs para aliviar sofrimentos provocados por hemorroidas.[733] Supostamente, todos os judeus sofriam de hemorroidas desde que gritaram para Pilatos: "Que o seu sangue caia sobre nós e nossos filhos." E, segundo sábios judeus, o único alívio conhecido para essa condição era o sangue dos cristãos.

Alguns anos depois da morte de William, um judeu apóstata chamado Theobald de Cambridge acrescentou um novo peso às acusações caluniosas de matanças, um peso que repercutiria através dos *pogroms* da Peste Negra e mais além. William, disse Theobald, foi vítima de uma conspiração judaica internacional. "Foi estabelecido [pelos judeus], nos tempos antigos, que a cada ano eles devem sacrificar um cristão em alguma parte do mundo [...] por desprezo e desrespeito a Cristo." Antecipando outro aspecto dos *pogroms* da Peste Negra, Theobald também colocava o poderoso rabinato espanhol no cerne da conspiração. "Por esse motivo, os líderes e rabinos dos judeus que vivem na Espanha se reúnem [a cada ano] [...] eles sorteiam entre todos os países habitados pelos judeus [...] e o lugar sorteado tem de cumprir o dever [de matar uma criança cristã]."[734] Em 1934, a publicação nazista *Der Stürmer* ainda estava reciclando as acusações caluniosas de matanças. A revista consagrou edição inteira ao assassinato ritualístico de crianças cristãs.

O começo do século XIII viu outro importante marco do antissemitismo. No Quarto Concílio de Latrão, em 1215, as autoridades da Igreja decretaram que "judeus e sarracenos de ambos os sexos em todas as províncias cristãs e em todos os momentos devem ser marcados [...] separados das outras pessoas pela característica de suas roupas".[735] Dessa medida surgiu o distintivo amarelo da Coroa Francesa, que se tornou a estrela amarela do Estado nazista o *Judenhut* do cirurgião Balavigny, que parecia um pires de cabeça para baixo, o chapéu verde pontudo dos judeus-poloneses e as tiras de tecido no formato de um tablete que os judeus-ingleses usavam cruzadas no peito.[736]*

---

* No entanto, o povo judeu não foi o único povo a ser diferenciado por um código de vestimenta especial. Leprosos e vários outros grupos também tinham que usar roupas distintivas.

À medida que o antissemitismo se intensificava, pequenas humilhações se tornaram fatos cotidianos para muitos judeus.[737] Em Turim, os judeus que fossem apanhados nas ruas durante a primeira nevada do ano eram alvo de bolas de neve, a não ser que pagassem um resgate de 25 ducados. Em Pisa, estudantes comemoravam a Festa de Santa Catarina capturando o judeu mais gordo que pudessem encontrar e obrigando a comunidade judaica local a pagar seu peso em doces.

O historiador Norman Cantor pensa que uma liderança interna incompetente pode ter aumentado os sofrimentos dos judeus. "Que os judeus foram vítimas é óbvio",[738] diz o professor Cantor. "Que a liderança de sua elite intelectual pode ter piorado as coisas é algo que não vem sendo investigado adequadamente." O rabino Solomon ben Abraão podia ser a prova número 1 do argumento do professor Cantor sobre a liderança incompetente.

O desafeto do rabino Solomon era Maimônides, o maior pensador judeu da Idade Média. Na visão do rabino, o *Guia dos Perplexos* e a *Mishneh Torah* (um código da Lei judaica) de Maimônides estava repleto de ideias aristotélicas, e Aristóteles, acreditava fervorosamente o rabino, era prejudicial para os judeus. Concordando com ele, o conservador rabinato asquenaze da França setentrional apoiou a acusação de Solomon contra Maimônides. Contudo, na Provença e na Espanha, regiões com tradições de tolerância e cosmopolitismo, o rabinato ficou do lado de Maimônides.

Segundo relatos da época, o rabino Solomon ficou tão ofendido com a posição dos liberais mediterrâneos, que se voltou para os líderes da Inquisição, o braço da Igreja que impunha a ortodoxia cristã, em busca de auxílio. Além desse ponto, a história se torna sombria. Um dos liberais mediterrâneos declara que, sentindo-se ofendido, Solomon entregou as obras de Maimônides aos inquisidores para serem inspecionadas. "Observai", acredita-se que o rabino tenha dito aos inquisidores, "a maior parte de nosso povo é composta de incrédulos e hereges, pois foram desviados do caminho pelas palavras do rabino Moses do Egito [Maimônides], que escreveu livros heréticos. Agora, enquanto estais exterminando os hereges dentre vós, exterminai também nossas heresias".[739]

No entanto, o liberal estava provavelmente tentando desacreditar o rabino Solomon. O rabino pode ter tido um "coração incircunciso", como acusou um crítico, mas não era estúpido. Não há prova de que ele tenha entregado as obras de Maimônides a um grupo hostil da Igreja. Apesar disso, há um elemento de verdade no "espírito" da acusação do liberal. Intrigados pelas queixas do rabino contra Maimônides, os inquisidores começaram a ler cuidadosamente outras obras religiosas judaicas. Como era de prever, não demorou muito para que encontrassem uma obra que considerassem ofensiva.

Em 1240, oito anos depois da controvérsia em relação a Maimônides, ocorreu um segundo confronto; desta vez, no entanto, tratava-se de um texto fundamental do judaísmo, o Talmude, e o confronto foi entre cristãos e judeus. As duas figuras centrais da querela foram Nicholas Donin, um judeu convertido que se tornara franciscano*, que levou o negligenciado Talmude ao conhecimento do Vaticano, e o rabino Yehiel ben Joseph, que defendeu o livro em um famoso debate com Donin em 1240.

Na maioria dos relatos do evento, o rabino Yehiel surge como um defensor hábil e astuto. Em um momento do debate, Donin pergunta: "Não é verdade que o Talmude insulta Jesus?" "Sim", responde o rabino Yehiel. "O Talmude desmerece *um* Jesus", mas depois, referindo-se ao então rei da França, Luís IX, ele acrescenta: "Nem todo Luís nascido na França é o rei da França. Nunca ocorreu dois homens terem nascido na mesma cidade, terem recebido o mesmo nome e terem morrido da mesma forma? Há muitos casos assim."[740]

O rabino Yehiel também teve que aceitar o argumento de Donin de que o Talmude proibia os judeus de se misturarem com os cristãos. Mas, novamente, ele foi capaz de superar em estratégia o seu oponente. Ele lembrou aos superiores do debate que a Lei cristã também desencorajava a relação

---

* Na Espanha medieval, os debates entre cristãos e judeus também cobriam temas não religiosos. Os tópicos incluíam questões como: "Por que os cristãos tendem a ter pele clara e boa aparência, enquanto os judeus tendiam a ser escuros e feios?" A resposta judaica a esse paradoxo tinha duas partes. Primeira, as mulheres cristãs faziam sexo durante a menstruação e, portanto, tinham maior tendência a passar a vermelhidão do sangue para os seus filhos, e, segunda, os gentios frequentemente "faziam sexo cercados de belas pinturas e [assim tendiam a] dar à luz sua semelhança." (Paul Johnson, *A History of the Jews* [Nova York: Harper & Row, 1987], p. 218.)

entre cristãos e judeus. Além disso, acrescentou o rabino, apesar dessas separações, na vida cotidiana os dois grupos muitas vezes se misturavam livremente. "Nós [judeus] vendemos gado aos cristãos, temos sociedades com cristãos, nos permitimos ficar sozinhos com eles, damos nossas crianças a amas de leite cristãs."741 Embora o Talmude não pudesse ter tido um defensor mais capacitado, dois anos depois do debate, em 1242, a obra foi condenada por heresia e queimada publicamente em uma praça de Paris.

Durante a Idade Média Central, à medida que crescia o conhecimento a respeito do judaísmo, as atitudes dos cristãos começaram a endurecer. Agora, os judeus não eram meramente "obstinados em sua perfídia", uma acusação antiga; eles também eram uma ameaça de "injúria à Fé Cristã". Esta acusação era nova e, com sua insinuação de subversão, ela abria a porta para políticas que o "mas" de Santo Agostinho ajudara a conter.

Durante o meio século seguinte, houve grandes expulsões de judeus na Inglaterra e na França, conversões forçadas e extermínios em massa.

> *Seria acusar Deus de crueldade pensar que a capacidade judaica de*
> *suportar firmemente o sofrimento poderia prosseguir sem recompensa.*
> *[...] os judeus são oprimidos com os impostos mais pesados, como se a*
> *cada dia tivessem que adquirir novamente o direito de viver [...] se querem*
> *viajar, têm de pagar quantias para ganhar [...] proteção [...]*
> *[e eles] não podem possuir campos ou vinhedos [...]. Portanto, a única*
> *profissão livre para eles é a usura, que apenas aumenta o ódio*
> *dos cristãos contra eles.*
>
> — PEDRO ABELARDO[742]

A Idade Média, berço do estereotípico nariz judeu, foi também o berço do estereotípico agiota judeu. Em "The Treasure and the Law" (O Tesouro e a

---

* "The Treasure an the Law", narrada por um judeu agiota chamado Kadmiel, faz parte do livro de ficção *Puck of Pook's Hill* (1906), de Rudyard Kipling (1865-1936), cujas histórias têm em comum o fato de abordarem episódios da antiga Inglaterra. (N. T.)

Lei),⁷⁴³ uma história sobre a assinatura da Magna Carta, um dos principais documentos da Idade Média, Rudyard Kipling consegue condensar quase todos os clichês medievais sobre o agiota em uma única frase: "A portas fechadas, com velas acesas", os agiotas judeus abandonam seus trapos e sua ranzinzice e decidem os destinos do mundo com seu conhecimento secreto daquele "poderoso rio subterrâneo", o ouro. No entanto, a descrição de Pedro Abelardo, pai da Escolástica e amante de Heloísa, está muito mais próxima da verdade. Os judeus medievais se tornavam agiotas por desespero, e não por um desejo de passar as mãos nos "poderosos rios subterrâneos" de ouro.

Durante o crescimento econômico dos séculos XII e XIII, o semimonopólio judeu das habilidades mercantis e financeiras começou a se dissolver e, com ele, seu domínio sobre as profissões tradicionalmente "judias". Cada vez mais o comércio internacional tinha uma face italiana, especialmente uma avara face veneziana e genovesa, enquanto que em casa o comércio e as finanças se tornaram o domínio de flamengos, florentinos, alemães e lombardos, cuja reputação pela falta de escrúpulos era lendária. Para um povo necessitando de uma nova profissão, a agiotagem oferecia muitos atrativos. Ela não requeria viagens nem a propriedade de terras — atividades restritas aos cristãos. E o dinheiro, sendo uma "mercadoria" de alta mobilidade, podia ser transportado com facilidade em caso de expulsão. E o mais importante de tudo: no que se referia aos juros, as leis medievais favoreciam efetivamente os judeus. Embora os cristãos ignorassem frequentemente a proibição, emprestar dinheiro em busca de lucro contrariava o Direito Canônico, mas não contrariava a Lei judaica. A usura era permitida, desde que o cliente não fosse judeu.

Para um povo sob pressão econômica, a agiotagem também prometia o alívio de lucros consideráveis. Na Borgonha, um agiota podia cobrar até 87% de juros;⁷⁴⁴ em outras partes da França, mais de 170%. Portanto, um empréstimo de 140 florins, feito em 1334 por Guillaume, senhor feudal de Dracé, gerou a seu agiota 1.800 florins quando foi pago.⁷⁴⁵ Alguns judeus viam as altas taxas de juros como uma forma de se vingar de um opressor odiado, assim como ganhar dinheiro. "Não se deve beneficiar um idólatra [...] [mas sim] causar-lhe tanto prejuízo quanto seja possível sem se desviar do caminho da retidão",[746] declarou Levi ben Gershom. Contudo, a maioria dos homens que se tornaram agiotas o fazia pela necessidade de ganhar a vida. "Se estamos condenados a viver no meio das nações e não podemos ganhar nossa vida de qualquer outra forma, a não ser negociando dinheiro com eles, a cobrança de juros, portanto, não é proibida", declarou um erudito judeu medieval.

A agiotagem personalizou o antissemitismo de uma forma que a doutrina da Igreja nunca conseguira; ela levou o ódio aos judeus para dentro das casas e o transformou em algo íntimo, pessoal e perverso.* O fazendeiro camponês e o cavaleiro rústico comuns pouco sabiam sobre Agobardo de Lyon, mas sabiam das taxas de juros de 90% e 100%, e do que representaria para eles o confisco de seu gado; também sabiam, por boatos, que, se deixassem de pagar um empréstimo, o agiota venderia suas esposas para prostíbulos. Apesar de muitas das coisas ditas sobre os agiotas serem claramente caluniosas, a cobrança de empréstimos não é uma atividade planejada para ressaltar o que há de melhor em qualquer pessoa. Segundo o historiador Norman Cohn, "os agiotas judeus reagiam com frequência à insegurança e à perseguição desdobrando sua impiedade".[747]

À medida que o mundo cristão ficava cada vez mais hostil, os judeus se voltaram para os príncipes, reis, bispos e conselhos municipais em busca de proteção, mas essas alianças tinham um elemento fáustico. Com frequência um governante, avesso a aumentar os impostos, usava a comunidade judaica local para "sugar" o povo. Os agiotas judeus recebiam permissão para cobrar uma taxa de juros alta e para usar os tribunais reais para cobrar os empréstimos que não estivessem sendo pagos,[748] mas, então, o "protetor" confiscava seus lucros, deixando que os judeus enfrentassem o ressentimento do povo. Muitas vezes, as alianças tinham também o efeito infeliz de transformar os judeus em substitutos da autoridade local. Portanto, embora alguns ataques antissemíticos fossem motivados pela raiva provoca-

---

* Há certas dúvidas sobre quão comum era a agiotagem entre os judeus medievais. Mas o rabino Joseph Colon, que viveu um século depois da peste, diz que os judeus da Itália e da França mal sabiam outra profissão.

da pelas altas taxas de juros, outros eram expressões de raiva contra um bispo ou príncipe locais, que eram poderosos demais para serem atacados diretamente. À medida que crescia o antissemitismo populista, a violência física se transformava em uma ocorrência diária. Em Speyer, uma multidão atacou uma judia chamada Minna, cortando fora seus lábios e polegares; no leste da França, Jacob Tam foi ferido cinco vezes na cabeça como reparação aos ferimentos que os judeus haviam infligido a Cristo.[749]

Os *pogroms* também se tornaram mais comuns. Houve grandes surtos de violência antissemítica em 1146, 1189, 1204, 1217, 1288, 1298 e 1321.[750] O último deles, o *pogrom* de 1321, foi digno de nota por ter sido uma espécie de ensaio para a violência antissemítica da Peste Negra. Muitas das características que marcaram os *pogroms* de 1348 e 1349 também estiveram presentes em 1321. Houve os mesmos boatos a respeito de uma conspiração internacional anticristã e as mesmas multidões carregando tochas na Semana Santa. Os dois *pogroms* também começaram de forma semelhante. Em ambos os casos, eles foram incitados por acusações de envenenamento de poços e, em ambos os casos, inicialmente as acusações não se dirigiam aos judeus, mas a outros elementos marginalizados da sociedade medieval — leprosos, criminosos, vadios e até mesmo ingleses.

Para um cronista francês, o ano de 1321 foi digno de nota, principalmente por eventos meteorológicos impressionantes. Houve uma grande nevasca em fevereiro, outra antes da Quaresma e, no final da primavera, uma forte chuva. Quase que de forma intercalada, como se tais coisas fizessem parte da ordem natural dos fatos, o cronista acrescentou que, entre a primeira e a segunda nevascas, os leprosos da França foram exterminados.[751]

Um relato de um inquisidor dominicano, Bernard Gui, é mais acessível. Os extermínios foram provocados pela descoberta de uma conspiração dos leprosos para derrubar a Coroa Francesa. "Pode-se ver como os cristãos saudáveis desprezam a nós, pessoas doentes",[752] alega-se que um dos líderes do golpe teria dito quando os conspiradores se reuniram, secretamente, em Toulon para eleger um novo rei da França e indicar um novo grupo de barões e condes. Não se sabe exatamente como a conspiração veio à tona pela primeira vez, mas, na Semana Santa de 1321, em quase todo lugar do sul da França ouvia-se a mesma história; os leprosos, "doentes de corpo e mente", estavam envenenando poços e fontes locais. Assustado, Filipe V, "o Comprido", ordenou prisões em massa. Os leprosos que confessassem cumplicidade na conspiração seriam imediatamente queimados na fogueira; os que declarassem inocência seriam torturados até confessar e, depois, queimados na fogueira. As leprosas grávidas poderiam dar à luz antes de ser queimadas,[753] mas não houve concessões para as leprosas que já tinham filhos. Em Limoges, um cronista viu leprosas arrancando recém-nascidos dos berços e caminhando para a fogueira com os bebês nos braços.

Quase imediatamente, a população chegou à conclusão de que os judeus também estavam envolvidos na conspiração. Este veredicto popular se baseava em uma associação de ideias de culpabilidade. Como os leprosos, que usavam uma capa cinza ou preta e carregavam um chocalho de madeira, os judeus também tinham de se vestir de forma diferenciada. Além disso, os dois grupos eram considerados ardilosos. Conforme lembrava aos distraídos uma inscrição no Cemitério dos Santos Inocentes, em Paris: "Cuidado com a amizade de um lunático, de um judeu, de um leproso."[754] Os dois grupos também eram odiados, embora, depois da recente Grande Fome, os judeus fossem provavelmente mais odiados devido à sua agiotagem. Havia outra conexão importante, embora nenhuma acusação formal a mencionasse: a riqueza. Os judeus, que, apesar de sua posição econômica vulnerável, ainda controlavam uma quantidade substancial de capital privado, e os asilos de leprosos, cujos tesouros se enchiam com contribuições e doações, eram alvos lucrativos. Para as turbas, parecia ser aquela rara oportunidade de prosperar e ao mesmo tempo fazer o bem. No começo de junho, até mesmo antes de terem começado as prisões em massa de leprosos, a população começou a atacar os judeus. Um cronista relata que, em uma manhã de verão, um grupo de 1600 judeus caminhou para uma fogueira perto de Toulon cantando "como se caminhassem para uma festa de casamento". Perto de Vitry-le-François, 40 judeus preferiram cortar a própria garganta a cair nas mãos dos cristãos. Em Paris, a comunidade judaica local teve que pagar 150 mil *livres* como dinheiro para a sua proteção; alguns judeus parisienses foram mortos mesmo assim.

A Coroa francesa foi atraída aos *pogroms* no final do verão, graças à assustadora "descoberta" de um pacto secreto entre judeus, muçulmanos e leprosos.[755] O acordo foi revelado pela primeira vez no começo de junho, durante um eclipse solar em Anjou e Touraine. Durante um período de quatro horas, no dia 26, o sol vespertino pareceu intumescido e terrivelmente empanturrado, como que explodindo de sangue; depois, durante a noite, horripilantes manchas negras escresparam a lua, como se as crateras de seu rosto repleto de acne tivessem virado pelo avesso. Certa de que o mundo estava chegando ao fim, na manhã seguinte a população atacou os judeus. Durante o tumulto, descobriu-se uma cópia do pacto secreto, escondida em um baú na casa de um judeu chamado Bananias. Escrito em hebraico e adornado com um selo de ouro que pesava o equivalente a 19 moedas de florim, o documento era decorado com uma gravura de um judeu — embora a figura pudesse ser de um muçulmano — defecando na face do Cristo crucificado.

Ao ler uma cópia traduzida do pacto, Filipe V ficou horrorizado. O governante muçulmano de Jerusalém, por intermédio de seu emissário, o vice-rei da Granada islâmica, estava estendendo ao povo judeu a mão da paz e da amizade eternas. O gesto era ocasionado pela recente descoberta da Arca da Aliança, perdida, do Antigo Testamento, e das tábuas de pedra nas quais Deus havia gravado a Lei com Seu dedo. Ambas as relíquias foram encontradas em perfeito estado no deserto do Sinai e haviam despertado nos muçulmanos, que as descobriram, um desejo de ser circuncidados, se converterem ao judaísmo e devolverem a Terra Santa aos judeus. No entanto, como isso deixaria milhões de muçulmanos palestinos sem teto, o rei de Jerusalém queria que os judeus lhe dessem em troca a França. O culpado proprietário da casa, Bananias, disse às autoridades francesas que, depois da oferta muçulmana, os judeus da França elaboraram o plano de envenenar os poços e contrataram os leprosos para executá-lo.

Depois de ler a tradução e diversos documentos comprobatórios, incluindo uma carta altamente incriminadora do rei muçulmano da Tunísia,

Filipe ordenou a prisão de todos os judeus da França por "cumplicidade [...] em provocar a morte do povo e dos súditos do rei". Dois anos depois, todos os sobreviventes judeus do terror praticado pelo rei foram exilados do país.

Os *pogroms* de 1348 também foram alimentados por boatos de envenenamento de poços e conspirações secretas, e, como em 1321, levou algum tempo para que os rumores fossem atribuídos aos judeus.

O primeiro *pogrom* da Peste Negra, em 13 de abril de 1348, foi um tradicional ato de violência da Semana Santa agravado pela pestilência. Os europeus medievais sabiam que, sempre que algo de ruim acontecia com eles, os judeus deviam ser responsabilizados. Na noite do dia 13, várias dezenas de judeus foram arrastadas de suas casas em Toulon* e assassinados em meio ao brilho da luz das tochas e ao som de passos pesados pela cidade. Na manhã seguinte, enquanto os corpos mutilados dos mortos secavam ao sol da primavera, já circulavam boatos sobre o envenenamento de poços ao longo do sul da França, mas até então os boatos ainda não estavam ligados aos judeus. Em 17 de abril, em uma carta a altos funcionários do governo espanhol que haviam escrito, pedindo informações sobre a pestilência, André Benezeit, vigário de Narbonne, afirmava que a peste tinha duas causas: alinhamentos planetários desfavoráveis e envenenamentos. Em volta de Narbonne, disse o vigário, mendigos, vagabundos e os "inimigos do Reino da França" — em outras palavras, os ingleses — estavam ajudando a espalhar a peste com poções secretas.[756]

Uma semana antes, altos funcionários do governo francês haviam dado informações semelhantes[757] a Pedro, o Cerimonioso, rei de Aragão. Segundo os funcionários, a peste, que ainda não atingira a Espanha, era disseminada por um veneno que se espargia na água, na comida e "nos bancos em que os homens se sentam e põem seus pés". Nessa versão do boato, os

---

* Toulon ficava na Provença, e a Provença não fora atingida pela ordem de exílio de 1322, já que a região ficava fora do controle direto da Coroa francesa. Sua governante era a rainha Joana, um facho de tolerância. Depois dos *pogroms* de abril e maio de 1348, Joana reduziu os impostos aos judeus.

envenenadores eram descritos como homens que se passavam por peregrinos e frades, e não por mendigos e vagabundos. Dada a atmosfera histérica do sudoeste da Europa naquela primavera, não é de surpreender que o músico Louis Heyligen tivesse ouvido boatos semelhantes em Avignon. No final do mês, Heyligen escreveu a amigos em Flandres que "alguns homens desventurados foram descobertos com certos pós e [justa ou injustamente, sabe Deus] foram acusados de envenenar os poços, resultando que homens angustiados agora se recusam a beber aquela água. Muitos são queimados por esse motivo e são queimados diariamente."[758]

No final da primavera, quando o *Y. pestis* entrou na Espanha, irrompeu nova série de *pogroms*. Em Cervera, 18 pessoas foram mortas,[759] e em Tárrega, "no décimo dia do mês de Av", uma multidão de cristãos, aos gritos de "Morte aos traidores!", assassinou trezentos judeus. Em 17 de maio, dois meses depois da chegada da peste a Barcelona, 20 judeus morreram em uma bizarra briga de rua. Depois de um pouco da palha do telhado de uma construção judia ter caído sobre um cortejo funerário que passava, os enlutados enfurecidos atacaram o edifício e mataram diversos de seus ocupantes. Apesar das 15 mil mortes devido à peste em Barcelona, na Espanha e no sul da França, os judeus foram mortos pelo "pecado" de serem judeus, e não por terem contaminado os poços. "Sem qualquer razão, eles [os cristãos] ferem, atacam e até mesmo matam os judeus",[760] concluiu um relatório de 1354 sobre os *pogroms* em Aragão.

Mas, ao norte dos Pireneus, os boatos continuavam.

[...] rios e fontes
Que eram claros e limpos.
Eles envenenaram em muitos lugares.[761]

Durante a primavera e o princípio do verão, diversos grupos passaram por provas para o papel de "envenenador", mas a história já havia ordenado quem ficaria com o papel. Apesar da sedução dos leprosos, do charme dos mendigos e da novidade dos ingleses e dos peregrinos, certo tropismo na alma europeia sempre a levava de volta aos judeus.

Em julho, a pestilência, os judeus e as acusações de envenenamento de poços finalmente se deram as mãos em Vizille, pequena cidade-mercado logo depois das fronteiras orientais da França medieval. No começo do mês, nove judeus, possivelmente filhos e filhas de refugiados que fugiram para Vizille depois que a Coroa francesa expulsara seus judeus em 1322, foram julgados por contaminar os poços locais.[762] O destino dos acusados é desconhecido, mas, naquele verão, vários outros judeus no leste da França foram queimados por envenenamento de poços.

Em 6 de julho, em uma bula papal, Clemente VI declarou que "não pode ser verdade que os judeus [...] sejam a causa [...] da peste [...], pois [ela] atinge os próprios judeus".[763] Contudo, com a morte chegando por todas as estradas e entrando em todas as portas, poucas pessoas estavam propensas a se deixarem convencer. A Europa precisava desesperadamente de um vilão — alguém que ela pudesse agarrar pela garganta e esganar, vingando-se por suas mães plangentes e suas crianças mortas, pelas imundas covas comuns encharcadas pela chuva e pelas cidades supliciadas. De Vizille, os *pogroms* se espalharam para o nordeste, ao longo da sombria região rural da França, na direção da Suíça. Em muitos lugares, os boatos sobre os envenenamentos de poços chegaram meses antes da peste, mas isso em nada contribuiu para diminuir a sua força. Identificar os judeus com os envenenamentos dava às pessoas uma sensação de fortalecimento.[764] Cada vez mais, em vilas e terras desbravadas na floresta, os homens e as mulheres diziam uns aos outros: talvez, se matarmos todos os judeus, a peste não chegue até a nossa vila. E, mesmo se a peste realmente chegasse, com os judeus mortos pelo menos as dívidas para com os agiotas judeus seriam eliminadas. Mais tarde, depois que a violência diminuiu, um cronista escreveria que o "veneno que matara os judeus foi sua riqueza".[765]

Alguns líderes determinados defenderam suas comunidades judaicas, mas outros, temendo que a população se voltasse contra eles, saíram do caminho e permitiram que a multidão desse vazão ao seu medo e à sua fúria.

Amadeus VI, governante de Saboia, a região em torno do Lago de Genebra, escolheu o meio-termo. Amadeus não queria multidões enfurecidas jogando judeus nos poços de Saboia, como as multidões estavam fazendo no leste da França; por outro lado, ele não queria parecer indiferente ao sentimento popular. Amadeus resolveu seu dilema com uma tradicional manobra burocrática: ordenou uma investigação. No final do verão de 1348, 11 judeus locais, incluindo o cirurgião Balavigny e uma mulher chamada Belieta, foram presos e interrogados na cidade de Chillon, perto do Lago de Genebra.

Uma transcrição do interrogatório de Belieta[766] — ou, mais precisamente, interrogatórios, já que ocorreram dois — ainda existe. Em 8 de outubro, quando fora entrevistada pela primeira vez, Belieta admitiu conhecimento da conspiração, mas não sua cumplicidade. No "meio do verão passado", disse ela a seus interrogadores, um conspirador lhe entregara um pacote de veneno, mas ela desobedeceu à sua ordem de "pôr o veneno nas fontes", entregando-o, em vez disso, a um "Mamson e sua esposa, para que eles o fizessem".

No seu segundo interrogatório, em 18 de outubro, Belieta foi mais direta. Desta vez, confessou que de fato havia feito "o que lhe haviam ordenado"; ela pusera o veneno nas "fontes, para que as pessoas [que] usavam a água ficassem doentes e morressem"; Como Bona Dies, um judeu de Lausanne, que fora colocado no ecúleo* durante quatro noites e quatro dias, Belieta pode ter sofrido mais do que se pode suportar. A transcrição de seu primeiro interrogatório diz que ela havia sido apenas "brevemente submetida a um interrogatório", mas a transcrição do segundo não tem esses detalhes. Também é possível que Belieta estivesse tentando proteger seu filho, Aquetus, outro suposto "conspirador", que não estava se saindo bem nos interrogatórios. Ela pode ter tido a esperança de que, caso confessasse, as autoridades poupariam Aquetus. Eles não o pouparam.

Debilitado mental e fisicamente, depois de ter sido "submetido a um interrogatório em grau moderado", alguns dias depois Aquetus, combalido, disse a seus interrogadores "que, por sua alma, os judeus mereciam muitíssimo morrer e que, de fato, ele não tinha desejo de permanecer vivo, pois ele mesmo realmente merecia muitíssimo morrer".[767]

Os interrogatórios em Chillon foram um momento altamente decisivo para os *pogroms*.[768] Embora "provas documentais" sobre os envenenamentos de poços já tivessem começado a circular na Alemanha e na Suíça, ambas

---

* Ver nota na página 157. (N. T.)

amplamente livres da peste no princípio do outono de 1348, um considerável segmento da opinião abalizada continuava cético. Repercutindo a bula de Clemente, os questionadores perguntavam: "Se os judeus estão envenenando poços e fontes, por que eles morrem da peste como todo mundo?" Quem quer que tenha preparado as transcrições das "confissões" dos prisioneiros de Chillon — e as confissões foram transcritas, e as transcrições tiveram grande circulação — era um mestre da propaganda. Decididas, convincentes e ricamente detalhadas, elas continham o tipo de instantes e detalhes humanos prováveis de convencer um sofisticado leitor medieval. Por exemplo, depois de envenenar uma fonte em sua vila natal, Thonon, o cirurgião Balavigny supostamente vai para casa e "proíbe expressamente sua mulher e seus filhos de usarem a fonte, sem lhes dizer por quê":[769] exatamente o tipo de comportamento que se esperaria de um marido e pai consciencioso.

Descrevendo uma recente visita a Veneza, outro conspirador da região do Lago de Genebra, um negociante de seda chamado Agimetus[770] relembra a qualidade da água onde "espalhara um pouco de veneno". Era "um poço ou cisterna de água fresca perto da casa dos [...] alemães". Também foi atribuída a Agimetus a agenda lotada de um terrorista internacional. Depois de deixar Veneza, ele vai às pressas para o sul, rumo à Calábria e à Apúlia, a fim de envenenar poços, e, depois, rumo a Toulouse, para mais envenenamentos.

A noção de conspiração é reforçada pela repetição de certos nomes nas transcrições.[771] Há, por exemplo, diversas referências a encontros diante do "portão superior de Villeneuve", uma cidade próxima de Montreux, onde "os principais membros da comunidade judaica sempre discutem suas questões", e a um agente secreto intimidador chamado Provenzal, que diz a um conspirador medroso: "Você vai pôr o veneno [...] naquela fonte ou será pior para você." Outro personagem recorrente é o gentil rabino Peyret, que diz a Agimetus, quando ele está prestes a seguir para a Itália: "Chegou a nossos ouvidos que você vai a Veneza para comprar mercadorias. Aqui está um saquinho de veneno [...]. Coloque um pouco nos poços."

O misterioso mentor do complô, o rabino Jacó de Toledo, continua sendo uma presença misteriosa nas transcrições, mas, graças a mil anos de ensinamentos cristãos, todo leitor já sabia sua aparência. De nariz aquilino, ombros curvados, barba negra, quando o rabino falava de seu plano para que os judeus dominassem o mundo, o "poderoso rio subterrâneo" de ouro ecoava em sua voz.

Na Europa germanófona, a reação às transcrições de Chillon — e a outros documentos incriminatórios — foi rápida e violenta. "No curso de um ano, ou seja, entre o Dia de Todos os Santos [1º de novembro] de 1348 e o Dia da Festa de São Miguel [29 de setembro] de 1349, todos os judeus entre Colônia e a Áustria foram mortos, inclusive queimados",[772] escreveu Heinrich Truchess, cônego de Constança.

Em novembro, pouco mais de um mês depois que Balavigny, Belieta, seu filho, Aquetus, e Agimetus terem sido executados, os *pogroms* começaram na Alemanha. As cidades de Solden, Zofingen e Stuttgart mataram seus judeus em novembro; e Reutlingen, Haigerloch e Lindau mataram os seus em dezembro. Quando janeiro começou, frio e resplandecente ao longo do Reno, foi a vez de Speyer. Os judeus que não haviam se imolado em suas casas foram perseguidos pelas ruas gélidas e intensamente golpeados até a morte com lanças, machados e foices. Isso aconteceu com tanta frequência que os corpos, não enterrados, se tornaram um problema de saúde pública. "O povo de Speyer [...]",[773] escreveu um cronista, "temendo que o ar fosse contaminado pelos corpos nas ruas [...] encerrou-os em barris de vinho e os lançou no Reno." Mais abaixo no rio, em Basel, o conselho municipal fez uma tentativa tíbia de proteger a comunidade judaica local, mas, quando uma multidão protestara contra o exílio de diversos nobres antissemitas, o conselho perdeu a coragem. Basel passou o período natalino de 1348 construindo uma *death house** de madeira em uma ilha no Reno. Em 9 de janeiro de 1349, a comunidade judaica local foi conduzida para dentro do lugar. Estavam todos lá, exceto as crianças que haviam aceitado o batismo e aqueles que estavam escondidos. Depois de a última vítima ter sido empurrada para dentro da construção e a porta ter sido trancada, ela foi incendiada. Enquanto as chamas galgavam o céu azul-cobalto, os gritos e orações dos moribundos eram levados pelo rio e adentravam as ruas cinzentas de Basel.

---

* Edifício ou dependência de prisão onde os condenados à morte aguardam a execução. (N. T.)

Em fevereiro, quando os *pogroms* chegaram a Estrasburgo,[774] um penetrante vento de inverno soprava sobre o Reno. O prefeito, um rígido nobre chamado Peter Swaber, era um homem de consciência e determinação.

"Se os judeus estão envenenando os poços", disse ele a uma multidão enfurecida, "tragam-me as provas". O conselho municipal apoiou o prefeito, e funcionários públicos de Colônia mandaram uma carta de encorajamento, mas, no fim, tudo que Swaber tinha a oferecer ao povo de Estrasburgo era a oportunidade de agir corretamente, enquanto seus oponentes podiam prometer a liberação das dívidas com os judeus e o acesso a propriedades judaicas. Em 9 de fevereiro, um governo mais afinado com a vontade popular derrubou Swaber e os que o apoiavam. Cinco dias depois, em 14 de fevereiro, sob um sol de inverno sem brilho, os judeus de Estrasburgo foram "quase desnudados pela multidão", enquanto eram levados "rumo a seu próprio cemitério, para dentro de uma casa preparada para ser queimada". Nos portões do cemitério, "a juventude e a beleza de diversas mulheres incitaram certa comiseração; e elas foram arrancadas das mãos da morte contra sua própria vontade". Mas as belas jovens e os convertidos foram os únicos judeus que viram o pôr do sol em Estrasburgo naquele Dia de São Valentim. Quem tentou escapar do fogo foi perseguido pelas ruas e assassinado. Segundo uma estimativa, metade da população judaica de Estrasburgo — novecentos de 1.884 pessoas — foi exterminada no cemitério.[775]

Algumas semanas depois, os judeus de Constança foram "levados para os campos ao pôr do sol [...]. [A]lguns seguiam para as chamas dançando, outros cantando, o restante chorando".[776] Em Brandemburgo, os judeus foram queimados numa grelha como carne. "Esses judeus obstinados [...] ouviam a sentença aos risos e saudavam sua execução com hinos de louvor", lembrou uma testemunha ocular, segundo o qual "eles não apenas cantavam e riam sobre a grelha, mas também, em sua maioria, pulavam e soltavam gritos de alegria e, portanto [...] suportavam a morte com grande firmeza". Em Erfurt, onde os *pogroms* foram executados com menos determinação, um líder chamado Hugk, o Alto, teve que advertir os indolentes: "Por que estão parados? Vão [...] procurem os judeus e os surrem bastante."

Em Nordhausen, o *Landgrave** Frederick da Turíngia-Meissen também teve que endurecer os fracos. "Em nome do louvor e da honra de Deus e do bem da cristandade", o *Landgrave* advertiu o hesitante conselho municipal, "queimem os judeus imediatamente."

Segundo o cônego Truchess, "depois de iniciada, a queima dos judeus continuou cada vez mais intensa [...]. Foram queimados em 21 de janeiro [de 1349] em Messkirch e Waldkirch [...] e em 30 de janeiro em Ulm, em 11 de fevereiro em Uberlingen [...] na cidade de Baden em 18 de março e, em 30 de maio, em Radolfzell. Em Mainz e Colônia, eles foram queimados em 23 de agosto [...]".[777]

"E assim, em um ano", escreveu o cônego, "como já disse, todos os judeus entre Colônia e a Áustria foram queimados. E, na Áustria, aguarda-os o mesmo destino, pois são amaldiçoados por Deus [...]. Poderia crer que o fim dos hebreus houvesse chegado se o tempo profetizado por Elias e Enoque estivesse agora completo, mas, como ainda não está completo, é necessário que alguns sejam preservados".

O cônego era mais otimista do que Jizchak Katzenelson, que, antes de seu assassinato em Auschwitz, em 29 de abril de 1944, escreveu um poema chamado "Canção do Último Judeu":

> *Nem um único foi poupado. Terá sido*
> *justo, ó Céus? E, se justo, para quem?*
> *Para quem?*[778]

---

* Nobre que, na Alemanha medieval, tinha jurisdição sobre uma grande área. (N. T.)

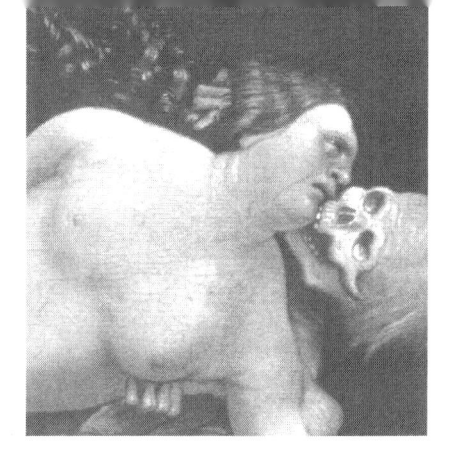

DÉCIMO PRIMEIRO CAPÍTULO

"Ó Vós, Homens de Pouca Fé"

MUITO ANTES DE A PESTILÊNCIA TER ALCANÇADO O RENO, BARRIS com judeus mortos flutuavam a jusante, para as cabeceiras do rio, acima do Lago Constança. A peste não chegou com força à Europa Central[779] antes do inverno de 1348-49, oito meses depois de os rumores sobre os envenenamentos de poços terem começado e seis meses depois de os primeiros judeus serem executados em Vizille. A pestilência parece ter penetrado a Europa Central através dos Bálcãs, dominados por Veneza.[780] Na Idade Média, a costa adriática da Croácia era o lar de dezenas de milhares de cidadãos exilados da governante de "metade e um quarto do Império Romano". Split — ou Spalato, como era chamada pelos venezianos — parece ter sido a primeira cidade da região a ser atingida. No dia de Natal de 1347, ou por volta dessa data, uma galera veneziana, "empurrada do oriente por uma tempestade" e equipada com um poder de destruição suficiente para aniquilar a costa adriática de ponta a ponta, visitou Split. No mês de abril seguinte, atraídas pelo cheiro de morte no ar da primavera, alcateias das montanhas abandonaram seus covis íngremes sobre a cidade e desceram para Split, a fim de atacar os sobreviventes.

Em 13 de janeiro de 1348, uma segunda importante colônia veneziana, Dubrovnik — ou Ragusa, como era conhecida —, foi contaminada. Em um posterior surto da peste, a cidade ganharia fama como criadora da quarentena. Na primavera de 1348, Dubrovnik estabeleceu outro costume singular, apesar de menos imitado. Com a extinção assomando, no começo de junho as autoridades municipais ordenaram que todos os cidadãos fizessem um testamento. A agonia na cidade era tão grande que a notícia sobre sua calamidade se espalhou pelo Adriático e pelos desfiladeiros alpinos até a Alemanha, onde, posteriormente naquele ano, funcionários públicos enviariam uma carta de condolências aos sobreviventes, exprimindo sua solidariedade pela "terrível mortandade que reduzira enormemente a população".[781] Durante o verão, a Ístria, mais ao norte da costa balcânica, fora atingida. Então, em agosto, depois de a morte ter feito tudo que podia fazer, o *Y. pestis* disse adeus aos Bálcãs e se moveu para o norte, entrando na Hungria, Áustria e Alemanha.

Tradicionalmente, as histórias sobre a Peste Negra na Alemanha começam em um dia quente de junho de 1348, quando uma visita surpresa do *Y. pestis* mata "1.400 da melhor classe social dos habitantes" na cidade bávara de Mühldorf. Tudo na história está correto, a não ser, talvez, o dígito final da data. Aparentemente com intenção de escrever um 9, o cronista acabou escrevendo um 8.[782] Em 29 de junho de 1348, o suposto dia do massacre de Mühldorf, os indícios de que dispomos sugerem que o *Y. pestis* estava escarranchado em quase todas as vias de acesso à Alemanha, mas ainda fora do país. Uma linha de frente da peste corria para o leste, através da França, outra, para o norte, através da Suíça, e uma terceira para o oeste, vindo dos Bálcãs, através da Áustria.⁷⁸³ Por um certo período daquele outono, pareceu que a linha de frente austríaca iria penetrar a Alemanha medieval antes do final de 1348. Em outubro, depois de atravessar o Passo de Brenner, nos Alpes, a linha de frente chegou exatamente a oeste de Innsbrück; a Baviera estava a apenas algumas dezenas de quilômetros ao norte, mas, em vez de continuar, o *Y. pestis* parou repentinamente e montou acampamento para o inverno.

Durante os meses seguintes, enquanto a Peste Negra reordenava suas forças ao longo das fronteiras alemãs do Mar Báltico à Baviera e ao Reno, a população, apreensiva, esperava e observava. Sem dúvida, a maioria esperava que o ataque, quando ele finalmente ocorresse na primavera, viesse da Áustria. Em abril ou maio, a peste, descansada e revigorada, levantaria acampamento de Innsbrück e se estenderia os últimos 45 quilômetros ao norte, entrando na Baviera. Mas, segundo o historiador Ole Benedictow, que reconstruiu minuciosamente os movimentos da Peste Negra através da Europa, a primeira penetração no território alemão aconteceu no oeste. Em maio de 1349, um navio de transporte de tropas ou suprimentos, ou um viajante, levaram o *Y. pestis* Reno acima, a partir da Basileia — onde, apesar das medidas antissemíticas do inverno, a peste estava causando uma grande devastação — até a pequena cidade alemã de Lichtenau.

Alguns historiadores afirmaram que a Alemanha sofrera relativamente pouco durante a Peste Negra. Mas as estatísticas disponíveis — e, reconhecidamente, elas são bem menos detalhadas do que as da Inglaterra — indicam que a taxa de mortalidade nacional estava no mesmo nível que a dos vizinhos da Alemanha. Estrasburgo e Mainz sofreram mortandades terríveis, assim como Hamburgo, onde até dois terços da população podem ter morrido, e Bremen, onde a contagem dos mortos, reconhecidamente, atingira 70%. Em Erfurt, dizem que 12 mil pessoas teriam morrido, e em Mainz, 11 mil. Para efeito de comparação, Frankfurt, que fora atingida posteriormente a outras cidades alemãs, escapou relativamente de leve: duas mil mortes em 72 dias. Ninguém sabe a taxa de mortalidade na cidade báltica de Lubeck, onde a peste, descendo rapidamente da Escandinávia, abrira uma nova linha de frente setentrional contra a Alemanha no verão de 1349. Mas, no ano seguinte, o número de testamentos em Lubeck aumentou cerca de 2.000%.[784]

Na primavera de 1350, a região rural da Alemanha tinha uma aparência agreste e desesperançada que não seria vista novamente na Europa Central até a primavera de 1945. Um cronista fala de "homens e mulheres, levados ao desespero, perambula[ndo] de um lado para outro como que enlouquecidos [...] [de] gado solto desacompanhado pelos campos, [de] lobos [descendo] das montanhas para atacar carneiros e ovelhas [e] agindo de forma absolutamente inédita". Ao contrário de seus irmãos dos Bálcãs, os lobos alemães, "como que alarmados diante de algum aviso invisível, deram as costas e fugiram de volta para a vastidão".

Em Viena, que fora contaminada na primavera de 1349 e onde um em cada três rostos teria desaparecido no fim do ano, surgiu a lenda da *Pest Jungfrau*, uma maligna deusa da peste que emergia da boca dos mortos sob a forma de um jato brilhante de chama azul, e que precisava apenas erguer a sua mão para aniquilar os vivos. Há poucos relatos de testemunhas oculares da Viena dos tempos da Peste Negra, mas o relato de um certo Abraham Santa Clara, que sobrevivera a uma reincidência da peste na cidade, nos proporciona alguma ideia de como era a vida na capital austríaca em maio e junho de 1349. Santa Clara escreve sobre "crianças pequenas [que] foram encontradas agarradas ao seio de suas mães mortas", e sobre uma menininha impetuosa que, enquanto sua "mãe morta era colocada na carroça de duas rodas [...] tentava acompanhá-la à força e, com sua fala balbuciante, continuava a gritar 'Mamãe, mamãe', marejando os olhos dos rudes e empedernidos carregadores de cadáveres".[785]

Ao devastar a Europa Central, a Peste Negra parece ter agitado alguma região subterrânea lá no fundo da agitada alma teutônica. Já tendo originado os *pogroms*, a região agora originava um outro fenômeno bizarro: os Flagelantes.

"Uma raça sem cabeça",[786] escreveu o frade dominicano Henrici de Hervordia sobre os Flagelantes, que se espalhara pela Europa Central como uma selva exótica no final de 1348 e 1349, trazendo consigo um erotismo excitante e o espectro da salvação a um povo que se desenvolveu cansado da morte e do medo. Descrevendo uma autoflagelação, um praticante narrou como havia "retirado toda a sua roupa" e fustigado seu "corpo, braços e pernas até jorrar sangue". Depois, em um êxtase de dor e regozijo, ele caiu de joelhos em sua fria cela de monge e "nu e coberto de sangue", tremendo sob o ar gelado, "rez[ou] para que Deus eliminasse seus pecados".[787]

O talento dos Flagelantes foi transformar essa autoviolência carregada de erotismo em um teatro público. Durante a mortandade, trupes de 50 a 500 Flagelantes caminhavam pela paisagem da Europa Central e da Europa Setentrional, levando sua paixão de sangue, dor e redenção para as multidões. Em cada nova cidade ou vila a trupe anunciava sua chegada com um forte coro de canto gutural. Enquanto o som de uma "doce melodia" se elevava acima da linha das árvores como um "Anjo Rumo ao Paraíso", os sinos da igreja tocavam, janelas se abriam, pessoas corriam para as ruas. Rapidamente, formava-se uma multidão na praça da cidade. À medida que o canto se aproximava, os habitantes da cidade davam-se as mãos e começavam a balançar para a frente e para trás no ritmo da música. Então, exatamente quando os tímpanos dos habitantes estavam a ponto de explodir com o estrondo das vozes que se aproximavam, uma parede de brilhantes bandeiras púrpuras e douradas surgiu na extremidade da praça da vila. Quando foram vistos os Flagelantes — descalços, encapuzados e trajando capas brancas com uma cruz vermelha na frente e outra atrás —, gritos de "Salvem-nos!" surgiam da multidão. Alguns espectadores choravam, mulheres quase desmaiando uniam as mãos no peito, algumas pessoas estendiam seus mortos na praça para uma bênção. Se a cidade tinha alguns judeus, eles se escondiam; os Flagelantes eram intensamente antissemitas. Enquanto a trupe caminhava para a igreja local, com seus brilhantes galhardetes ondeando e batendo ao vento, os membros cantavam:

Erguei as mãos sobre a cabeça
Para que Deus possa de nós remover a peste,
E agora erguei também os braços
Para que a misericórdia de Deus recaia sobre nós.[788]

Dentro da igreja, os caminhantes despiam o torso, preparando-se para a primeira parte da cerimônia flagelante, uma caminhada penitencial. Enquanto os membros andavam em círculos em volta do adro da igreja, em dois lado a lado, cada homem chicoteava violentamente seu próprio torso nu até que ficasse "inchado e roxo".[789]

"Ahhh!", exclamava a multidão, quando a trupe caía repentinamente, "como que atingida por um relâmpago". No chão, cada homem assumia a posição do pecado individual de que era mais culpado:[790] os adúlteros deitavam de bruços; os assassinos, de costas; os perjuros, de lado, com três dedos esticados acima da cabeça. Esta parte da *performance* terminava com o mestre dos Flagelantes passando entre os homens caídos, fustigando o mar de carne ensanguentada e suada a seus pés com um flagelo que um autor do período descreveu como "uma espécie de bastão do qual pendiam três rabos com grandes nós". Cada nó continha "cravos pontudos como agulhas",[791] e cada cravo tinha "cerca do tamanho de um grão de trigo". Enquanto o mestre açoitava os homens deitados de bruços, um dos espinhos ocasionalmente entrava "tão fundo na carne que só [podia] ser retirado com um segundo puxão violento e repentino".

O ponto mais importante de cada *performance* era a flagelação coletiva. Seguindo ordens do mestre, a trupe formava um círculo em torno de três membros escolhidos como espécies de animadores. Enquanto os homens começavam a se bater ritmadamente nas costas e no peito, os animadores exortavam Flagelantes individuais a usar o chicote com mais intensidade, dando início a desenfreadas competições de autoviolência. Gradualmente, o Antigo Hino dos Flagelantes se elevava da multidão:

> *Vinde aqui por penitência completamente bem,*
> *Portanto, escapamos do ardente inferno.*
> *Lúcifer é um ser perverso,*
> *Incendeia com piche sua presa.*[792]

De tempos em tempos, a trupe caía e se levantava; depois de cada interrupção, a flagelação se tornava mais intensa, chegando a um ritmo frenético e percussivo. Depois que o círculo de homens, posteriormente, havia caído ao chão pela última vez, os habitantes passavam por entre as figuras ensanguentadas e soluçantes, molhando os lenços nas feridas em carne viva e vertendo sangue. Então, enquanto os espectadores passavam no rosto o sangue dos Flagelantes, ouviam o mestre ler a Carta Celeste.⁷⁹³

Pelo que se dizia escrita por Deus e colocada sobre o altar da Igreja do Santo Sepulcro, em Jerusalém, em 1343*, a carta era um severo alerta para uma humanidade pervertida: "Ó vós, filhos dos homens, vós, homens de pouca fé, [...] Não vos arrependestes de vossos pecados nem guardastes meu Domingo Santo [...]. Portanto, enviei contra vós os sarracenos e os pagãos [...] terremoto, fome, bestas; serpentes, ratos e gafanhotos; granizo, relâmpago e trovão [...] água e dilúvios." Alguns parágrafos depois, a carta avisava que males ainda maiores estavam por vir, caso não houvesse arrependimento: "Portanto, pensei em exterminar a vós e a todas as criaturas da Terra; mas, em nome de minha Santa Mãe, em nome dos santos querubins e serafins [anjos] que suplicam por vós dia e noite, concedi um prazo maior. Mas vos juro [...], se não guardardes Meu Domingo, enviarei sobre vós bestas selvagens jamais vistas, converterei em trevas a luz do Sol [...] e cobrirei de névoa as suas almas."

Muito antes da Idade Média, os índios do Brasil, que se açoitavam nos genitais, e os antigos espartanos, que se açoitavam no corpo inteiro, eram entusiastas da autoflagelação.⁷⁹⁴ Mas, enquanto os espartanos associavam a prática à fertilidade, no mundo medieval o objetivo da flagelação era aplacar a ira divina.⁷⁹⁵ Monges italianos do século XI, que estavam entre os primeiros praticantes da Idade Média, usavam a flagelação para expiar pecados pessoais: castigando-se por seus desvios, o pecador poderia deter a mão vingativa de Deus.

---

* A Carta Celeste original foi descoberta no século XIII. Em 1343, segundo a lenda, um anjo deixou uma versão revisada e atualizada da carta na mesma igreja de Jerusalém onde se havia encontrado a carta original.

A flagelação como expiação do pecado coletivo começou em 1260, quando a Itália fora assolada por uma terrível série de epidemias, guerras e insuficiência das safras. Convencidos de que Deus, irado, estava punindo uma humanidade pecaminosa, trupes de Flagelantes cobertos de cicatrizes e queimados pelo sol começaram a caminhar pela devastada região rural da Itália.[796] Dentro de um ano, a região rural da Alemanha também já estava cheia de bandos de homens andarilhos, que se açoitavam enquanto caminhavam. Ao norte dos Alpes, o movimento adquiriu uma organização, rituais e cânticos.[797]

A ramificação italiana dos Flagelantes acabou caindo sob o controle da Igreja, mas a ramificação alemã, que tinha uma profunda tendência anárquica, resistiu à autoridade clerical e foi banida em 1262. Contudo, sempre que ocorria um grande desastre, bandos de Flagelantes alemães, cantando hinos, apareciam repentinamente, igualmente a Lázaro, do nada; como em 1296, quando uma fome terrível atingiu a região do Reno, e novamente em 1348, ano em que a peste assolou a Baviera.

Segundo a lenda, os Flagelantes da Peste Negra surgiram de um alinhamento planetário na "terceira hora depois da meia-noite do dia 12 de março de 1349". Segundo consta, algumas semanas depois — às três da manhã de 29 de março, para sermos precisos —, "mulheres gigantescas da Hungria foram para a Alemanha, [...] despiram-se publicamente e, ao som de todos os tipos de curiosos cânticos, flagelaram-se com varas e açoites afiados".[798]

Quaisquer que sejam suas verdadeiras origens, o movimento Flagelante da Peste Negra, como seu predecessor do século XIII, encontrou na Alemanha seu verdadeiro lar espiritual.[799] Depois de construir uma base nas partes central e meridional do país, o movimento rapidamente se espalhou para o exterior; primeiro, para o restante da Europa germanófona; depois, para a França, Flandres, Holanda e, finalmente, em 1350, para a hostil cidade de Londres. Os fleumáticos e insulares ingleses pareceram intrigados diante da visão de homens seminus, publicamente "fustig[ando] de forma cruel seus [...] corpos [...] ora rindo, ora chorando".[800] Qual seria a próxima ideia desses estrangeiros? Quase se pode ver o cronista Thomas Walsingham sacudindo a cabeça enquanto escrevia: "Fazem tais coisas de forma desajuizada."

O movimento, que se chamava Irmandade dos Flagelantes e Confraria da Cruz, demonstrava um considerável grau de organização.[801] Antes de se juntar aos Flagelantes, o candidato tinha que obter a permissão de sua cônjuge e concordar em fazer uma confissão completa de todos os pecados que cometera desde os sete anos de idade. Os novos membros também tinham que prometer se chicotear três vezes por dia durante 33 dias e oito horas, o tempo que cada Flagelante passava em peregrinação. As peregrinações eram, na verdade, marchas, e sua cronologia estava ligada à vida terrena de Cristo — 33 anos e um terço. No entanto, como era proibido que os peregrinos tomassem banho, fizessem a barba ou trocassem de roupa, as colunas de Flagelantes que marchavam de uma cidade a outra se transformavam frequentemente em vetores da peste. Além de se lavar, era proibido aos Flagelantes dormir em uma cama ou praticar sexo. Na verdade, se um Flagelante simplesmente falasse com uma mulher durante a marcha, ele seria açoitado pelo mestre da trupe, que encerraria o açoite com as palavras: "Erga-se pela honra do imaculado martírio e, daqui em diante, proteja-se do pecado."

Inicialmente, os Flagelantes agiram com um limite de autocontrole. Contudo, o movimento começara com uma implícita mensagem anticlerical — os padres são desnecessários para a salvação —, e, à medida que a mortandade piorava, e, com ela, a desilusão com a Igreja, aquela mensagem implícita se tornou explícita. Cada vez mais os Flagelantes começaram a se ver não como padecedores altruístas que se penitenciavam por uma humanidade perversa, mas, sim, como uma poderosa hoste de santos gloriosos com poderes divinamente concedidos, incluindo a capacidade de expulsar demônios, curar os doentes e ressuscitar os mortos. Os membros se gabavam de cear com Cristo e conversar com a Virgem Maria; falava-se até mesmo em aumentar as peregrinações para 33 anos e um terço. Violentamente anticlericais, os membros interrompiam missas, retiravam padres das igrejas, saqueavam propriedades eclesiásticas, difamavam a Santa Eucaristia e condenavam a hierarquia.

Uma mudança demográfica pode ter apressado essa mudança para o radicalismo.[802] À medida que os membros mais conservadores do movimento morriam ou eram expulsos, os Flagelantes ficavam cada vez mais jovens, mais pobres, mais imorais, mais inexperientes, mais anticlericais e mais antissemitas. Por um instante, em março de 1349, os *pogroms* pareceram estar prestes a cessar, mas, durante a primavera, à medida que os Flagelantes se espalhavam através da Alemanha, a violência antissemita era novamente iniciada. Colunas de Flagelantes matavam judeus onde quer que os encontrassem, incluindo Frankfurt, onde a chegada de peregrinos inspirou um dos mais sangrentos *pogroms* da mortandade.[803] O bairro judeu local foi saqueado, seus habitantes foram mortos e seus bens foram roubados.

O povo parecia incapaz de se cansar dos Flagelantes. Em 1349, Estrasburgo serviu de anfitriã a uma nova peregrinação a cada semana, durante seis meses,[804] e Tournai viu uma peregrinação começar poucos dias depois de a outra ter começado. Do meio de agosto ao meio de outubro de 1349, 5.300 Flagelantes, segundo consta, atravessaram a cidade. Contudo, a Europa oficial, sentindo o potencial revolucionário do movimento, estava muito menos entusiasmada.[805] Os magistrados de Erfurt fecharam a cidade para os bandos de Flagelantes, enquanto Filipe VI da França declarou toda a região a oeste de Troyes como zona livre de Flagelantes, e Manfredo da Sicília ameaçou matar qualquer membro do movimento que simplesmente pusesse os pés em seu domínio. Apesar do insolente anticlericalismo de seus membros, Clemente VI parecia disposto a tolerar o movimento — pelo menos, de início. Tratava-se provavelmente de apenas um gesto de relações públicas, mas, quando uma trupe de Flagelantes passara por Avignon na primavera de 1348, Louis Heyligen relata que "o papa participou de algumas dessas procissões".[806]

O momento crítico ocorrera no começo do outono de 1349, quando um relatório preparado por um erudito da Sorbonne, chamado Jean de Fayt, chegou à mesa de Clemente VI. Espantado com o seu conteúdo, ele divulgou uma provocativa denúncia contra o movimento. "Anteriormente, os Flagelantes, sob a máscara da devoção, derramaram o sangue dos judeus [...] e com frequência também o de cristãos [...]. Ordenamos, portanto, a nossos arcebispos e sufragâneos [...], assim como aos leigos, que se mantenham distantes da seita e jamais voltem a manter relações com ela."[807]

Um ano depois, os Flagelantes "haviam desaparecido tão subitamente quanto haviam surgido, como fantasmas noturnos ou espíritos zombeteiros".

Os Flagelantes e os *pogroms* nunca se estenderam muito além do âmago da Europa, mas a peste penetraria quase todos os cantos do continente, cristãos ou não. No verão de 1349, ela chegou à Polônia, onde o rei Casemiro,[808] influenciado por sua bela amante judia, Esther, ofereceu asilo aos judeus que estavam fugindo da perseguição na Europa Central. As comunidades que os refugiados estabeleceram permaneceriam intactas até a Segunda Guerra Mundial.

No outro lado da Europa, a peste se estendeu para o oeste, até as margens atlânticas da Península Ibérica.[809] A ilha de Maiorca, a cerca de 160 quilômetros da costa mediterrânea, era um importante centro de distribuição para a disseminação da peste pela Espanha. Um relato informa que um navio saído de Marselha levara a peste para a ilha no penoso dezembro de 1347; se for verdade, a narrativa levanta a possibilidade de que a ilha tenha sido contaminada por um membro da pequena frota da morte, que o músico Louis Heyligen diz ter deixado uma trilha de contágio ao longo da costa meridional da Europa, em cujo "horror mal se pode acreditar e muito menos descrever". De Maiorca as movimentadas rotas costeiras de frotas mercantes rapidamente levaram a peste para as praias da Espanha continental. Em março, Barcelona e Valência foram contaminadas, embora, julgando-se pelos relatos da época, os cidadãos de ambas as cidades tenham permanecido sem saber do contágio até o começo de maio.

No mesmo mês de maio, um navio de Maiorca que seguia para o sul, em direção ao Estreito de Gibraltar, transportou a Peste Negra para Almería, uma cidade principal de Granada, na extremidade sul da Península Ibérica, último baluarte islâmico na Espanha. A Lei Islâmica afirmava que, como apenas Deus decidia quem viveria e quem morreria, nada havia a se fazer no caso da peste, exceto esperar que Ele fizesse o Seu julgamento. Contudo, os cidadãos de Almería sentiram aparentemente que não havia nada de anti-islâmico em dar uma ajudinha a Deus. Vigorosas medidas profiláticas evitaram que a peste atingisse a cidade até o outono. Enquanto a pestilência se movimentava rapidamente ao longo da próspera costa espanhola, em direção a Gibraltar, o rei Alfonso de Castela,[810] que estava sitiando a fortaleza muçulmana, foi aconselhado a fugir para um lugar seguro. No entanto, o rei, que dois anos antes perdera, em decorrência da peste, uma futura nora — a princesa Joana da Inglaterra —, insistiu em permanecer com seu exército. Em 26 de março de 1350, Sexta-Feira da Paixão, Alfonso se tornou o único monarca europeu a morrer vitimado pela peste. Em 1350, a outra casa real da Espanha, Aragão (falando em termos básicos, Aragão ocupava o que hoje é a Espanha mediterrânea, Castela e a Espanha atlântica) também teve diversas mortes. Em maio, o rei Pedro perdeu uma filha em decorrência da peste — em outubro, a esposa.

Há certos indícios de que a altamente letal forma septicêmica da peste estivesse em atividade na Espanha. Há várias descrições que soam como os sintomas da doença, e várias histórias espanholas da peste giram em torno de mortes quase imediatas, que é uma característica da peste septicêmica. Uma dessas histórias pode ser encontrada na crônica do velho abade Gilles li Muisis.

A história se refere a um clérigo francês que visitara a Espanha contaminada em uma peregrinação. Em um início de noite, ele se deteve um uma pequena estalagem do país, onde ceou com a proprietária, viúva, e suas duas filhas, e, depois, reservou um quarto para passar a noite.[811] Ao despertar na manhã seguinte, o francês encontrou a estalagem vazia. Intrigado, chamou a estalajadeira. Ao não obter resposta, tentou chamar primeiro uma e depois a outra filha. Mais uma vez, nada. Finalmente, o francês chamou o criado da família. Silêncio pela quarta vez. Agora, profundamente perplexo, ele começou a revistar a estalagem.

Encontrando outro hóspede, o francês perguntou pela estalajadeira, pela sua família e pelo criado. "Todos mortos, senhor", replicou o outro convidado. "Os quatro foram contaminados pela peste no meio da noite e morreram quase imediatamente."

O relato do médico Ibn Khatimah, de Granada, sugere que a peste pneumônica também estava em atividade na Espanha. Para o médico muçulmano, as duas características marcantes da doença eram o contágio e uma tosse acompanhada de sangue.

A costa atlântica de Portugal marcou o limite mais ocidental do avanço da peste, e, quando a doença chegou às praias arenosas da região, ela estava perdendo força. Com exceção da cidade de Coimbra, Portugal foi pouco afetado.

Três outros locais da Europa supostamente também escaparam em grande escala da devastação da Peste Negra: a Polônia, o Reino da Boêmia (basicamente a atual República Tcheca) e uma região abandonada, composta de Flandres e do sul da Holanda. Contudo, novas pesquisas sugerem que, como o hóspede perfeito, o *Y. pestis* não considerava que houvesse, na Europa, lugares pequenos ou desimportantes para visitar.

A Polônia, como a Alemanha, foi comprimida por um cerco como que o de um polvo.[812] Em julho de 1349, a primeira onda da peste entrara no país perto de um dos *playgrounds* favoritos da História, a cidade polonesa de Danzig, onde a Segunda Guerra Mundial (e, mais tarde, o Movimento Solidariedade) foi iniciada. Em uma série de ataques repetidos, a Peste Negra tomou o país a partir do sul, através de uma linha de frente da doença que avançava para o norte pela Hungria, vinda da costa balcânica, dominada pelos venezianos, e do leste por meio de uma arremetida a partir da Rússia. Depois, em 1351, exatamente quando os sobreviventes diziam uns aos outros que o pior havia passado, o *Y. pestis* enviou uma quarta linha da frente através do rio Oder, vinda de Frankfurt, para conduzir uma operação de limpeza. Não há números confiáveis da mortandade na Polônia, mas notavelmente, como na Inglaterra e na França, o custo da mão de obra no campo subiu muito depois da peste, devido a uma tremenda escassez de recursos humanos.

A suposta imunidade da Boêmia também foi recentemente questionada.[813] Durante muito tempo, presumiu-se que o reino havia sido poupado das piores devastações da Peste Negra, por causa de sua distância das rotas comerciais que levavam a peste através do âmago da Europa, mas este ponto de vista vem sendo contestado ultimamente. Segundo o professor Benedictow, nas décadas anteriores à Peste Negra a Boêmia, com sua lucrativa indústria de mineração, sua fulgurante capital, Praga e uma ativa população de um milhão e meio de habitantes, era uma das regiões mais prósperas e movimentadas da Europa, exportando estanho e prata e importando sal (para conservação da carne) e ferro (para fazer instrumentos agrícolas).

Como no caso da Polônia, não dispomos de números confiáveis para a mortandade na região. Mas, como prova de que a Peste Negra devastou o reino, que foi contaminado em algum momento de 1349 ou 1350, o professor Benedictow cita uma história da *Crônica de Praga*. Ela se refere à visita que um grupo de alunos da Boêmia, estudando em Bolonha, fez ao reino nos últimos dias da peste. Segundo o relato, os "alunos [...] viram que na maioria das cidades e castelos [...] restavam poucas pessoas com vida, e em alguns deles, estavam todos mortos. Em muitas casas, também, aqueles que haviam escapado com vida estavam tão enfraquecidos pela doença, que uma pessoa não conseguia dar a outra um gole de água, nem ajudá-la de qualquer forma, e assim o tempo passava sob grande aflição e angústia [...]. Em muitos lugares, também, o ar estava mais infectado e era mais letal do que comida envenenada, devido à corrupção dos corpos, já que não havia restado alguém que os enterrasse".

Recentemente, também houve uma contestação crítica à terceira região "poupada", a parte meridional da Holanda e de Flandres, mas aqui os revisionistas obtiveram menos sucesso. Uma grande quantidade de dados locais indica que, em comparação com seus vizinhos, as duas áreas sofreram taxas de mortandade relativamente baixas.[814] Até mesmo o professor Benedictow, profundamente cético quanto ao tema das regiões poupadas, admite que "a Holanda não sofrera perdas tão grandes durante a Peste Negra quanto a Itália ou a Inglaterra".

Pode haver uma explicação para esse "milagre". Flandres, que teve uma taxa de mortandade relativamente baixa durante a Peste Negra, de 15% a 25%, e o sul da Holanda perderam grandes quantidades de crianças durante a Grande Fome,[815] e isso pode ter deixado as duas regiões com menos adultos vulneráveis quando a peste atacou — ou seja, adultos com o sistema imunológico deficiente devido à exposição inicial à fome.

Contudo, como uma afirmação geral, é justo dizer que quase nenhuma área da Europa escapara completamente da Peste Negra. Além de cobrir o continente de leste a oeste, em 1350, a peste também o cobriria de norte a sul.

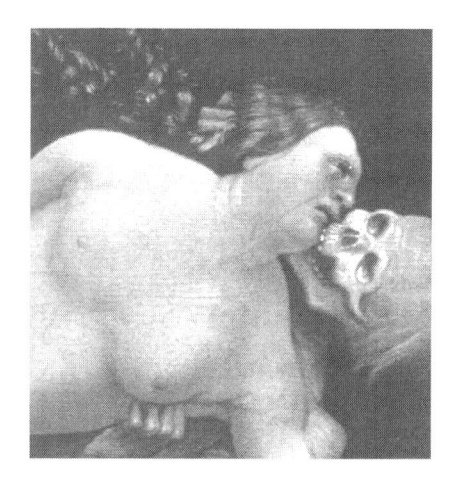

DÉCIMO SEGUNDO CAPÍTULO

"Apenas o Fim do Começo"

EM MAIO DE 1349, ENQUANTO A FEITURA DE TESTAMENTOS atingia seu ápice na pestilenta Londres e os judeus de Estrasburgo observavam o *shivah** por seus mortos, nas amplitudes do "Oceano Germânico" varridas pelo vento, um espumante mar de primavera levava a peste para o norte, em direção à Escandinávia, onde ela completaria sua circunavegação da Europa com uma arremetida final através da Noruega e da Suécia antes de desaparecer de volta na vastidão da Rússia. Reza a lenda que a Noruega foi contaminada por um navio mercante inglês, que havia partido de

---
* Luto de sete dias observado quando da morte de um parente próximo. (N. T.)

Londres em algum momento do final de abril e em seguida foi visto um mês depois, encalhado em um banco de areia perto de Bergen com toda a sua tripulação morta.[816] Mas Oslo, outra importante cidade da Noruega, pode ter sido contaminada primeiro. E, embora um navio mercante tenha realmente levado a peste para Bergen, a tripulação ainda estava viva quando ele chegou ao porto, embora não tivessem muito mais tempo de vida. Segundo o *Anuário do Jurista*, uma crônica escandinava medieval, "Naquele momento, um navio partira da Inglaterra com muitas pessoas a bordo. Ele entrou na baía de Bergen e descarregou um pouco do que levara. Depois, todas as pessoas que estavam no navio morreram. Assim que as mercadorias do navio foram levadas para a cidade, os seus habitantes começaram a morrer. Depois disso, a pestilência assolou toda a Noruega".

A Escandinávia apresentava formidáveis desafios para o *Y. pestis*. Escassamente povoada, na Idade Média a região ficava além do fim do mundo; tinha pouco a oferecer no que diz respeito a ruas abarrotadas ou cidades densamente habitadas. No desolado norte, a peste teria que se transformar em um feroz animal carniceiro, sobrevivendo da ocasional família de fazendeiros, do peculiar cavaleiro rústico com seu cão e das vilas de pescadores situadas acima de um fiorde. Ainda mais formidável do que a população escassa era o clima hostil. Na Escandinávia, os verões são um piscar de olhos, e os invernos, perpétuos e rigorosos. De acordo com isso, durante muito tempo os historiadores presumiram que a peste pneumônica predominara na região. E, de fato, várias fontes medievais nórdicas descrevem o que parece ser a peste pneumônica. Declara o *Anuário do Jurista*: "As pessoas não sobreviviam mais do que um ou dois dias com agudas pontadas de dor. Depois disso, começavam a vomitar sangue."[817] No entanto, o professor Benedictow acredita que a sazonalidade dos surtos, o padrão da disseminação e o grau de letalidade apontam conjuntamente para a peste bubônica como a forma predominante da doença na Escandinávia.[818] Segundo, ele argumenta, o que fontes como o *Anuário* descrevem é a peste pneumônica *secundária* à peste bubônica — ou seja, casos da doença em que os bacilos da peste se disseminam por metástase dos nódulos linfáticos para os pulmões.

A resposta para o enigma escandinavo pode se encontrar na teoria russa da peste das marmotas, com seu tropismo para os pulmões. Sob esse aspecto, vale a pena compararmos dois surtos recentes de *Y. pestis*.[819] Em 1991, quando a peste irrompeu perto de focos de marmotas na China, quase metade das vítimas passou a desenvolver a peste pneumônica. Em comparação, no Vietnã, onde predominam os ratos, a epidemia do período de guerra dos anos 1960 foi quase exclusivamente bubônica — uma taxa de 98%.

Bubônica ou pneumônica, a pestilência se espalhou pela Escandinávia com sua ferocidade habitual. Alguns meses depois de James de Grundwell, único sobrevivente da visita da peste ao priorado de Ivychurch, na Inglaterra, ter sido elevado à posição de abade, sua contraparte norueguesa, um padre que fora o único clérigo sobrevivente na diocese de Drontheim,[820] foi elevado à posição de arcebispo. Depois de causar danos descomunais em Bergen, a peste praticamente aniquilou a isolada vila montanhesa de Tusededal. Meses depois de a pestilência ter se extinguido, um grupo de salvamento chegara à vila e encontrara apenas um sobrevivente, uma menininha que havia se tornado tão selvagem, por causa de sua existência solitária, que os homens a chamaram de Rype — pássaro selvagem.[821]

A partir da Noruega, a peste arremeteu para o leste, pelo interior da Escandinávia, até a Suécia, onde, em 1350, o estrepitoso rei Magno II tornou público um alerta tonitruante, apesar de tardio. "Deus", declarou Magno, "devido aos pecados dos homens, assolou o mundo com este grande castigo de morte súbita. Por esse motivo, a maioria das pessoas do território a oeste de nosso país [isto é, a Noruega] está morta. [A peste] está agora [...] se aproximando de nosso Reino da Suécia."[822] Para afastar a ameaça e apaziguar Deus, furioso, Magno ordenou que às sextas-feiras fosse dia de jejum (apenas pão e água eram permitidos) e os domingos sem calçados (os suecos foram obrigados a ir à igreja descalços). Mas assim como matava italianos, ingleses e franceses, que evitavam as janelas que abriam para o sul e inalavam substâncias aromáticas, o *Y. pestis* matou os suecos com ou sem calçados, mas nas sextas-feiras em jejum e nos sábados de comilança. Entre os mortos estavam os dois irmãos do rei: Knut e Hacon.

Em suas viagens através da Eurásia, a pestilência havia encontrado toda espécie de fenômenos ecológicos. Ela tinha visto montanhas desmoronarem em lagos (na China), espécies de plumas de cinzas vulcânicas engolirem o sol do meio-dia (na Itália e na China), enchentes torrenciais tragando vilas (na China, na França, na Alemanha), nuvens de gafanhotos com três milhas alemãs de distância (na Polônia e na China), tsunamis provocados por maremotos altos como a torre de uma catedral (no Chipre) e céus que despejavam chuva durante seis meses (na Inglaterra). Mas, ao se aproximar da costa da Groenlândia, o *Y. pestis* encontrou uma nova maravilha da natureza. Erguendo-se do gélido mar coberto de branco, ele encarou acima de si monstruosas falésias de gelo prateado tremeluzindo na clara e penetrante luz do sol de uma nova pequena Era Glacial.

Saindo da Escandinávia, uma linha de frente da peste atravessou o Mar Báltico e entrou novamente na Rússia.[823] Atacando Novgorod, o *Y. pestis* viajou para o sul, agarrando-se às rotas comerciais, tal qual um cego que tateia o caminho por um longo corredor, até, finalmente, as douradas cúpulas moscovitas com formato de cebola terem surgido da planície russa. Em linha reta, a capital russa, que fora devastada por uma terrível epidemia em 1352, fica a apenas cerca de 1.130 quilômetros ao norte de Caffa, de onde o *Y. pestis* havia zarpado rumo à Sicília vários anos antes. Tendo fechado o elo, o carrasco descansou.

Em uma manhã magnífica, a cristandade despertou e descobriu que a peste tinha ido embora. A vida e a alegria, por tanto tempo negadas, exigiram o que lhes era devido. Os sobreviventes beberam até se embriagarem, fornicaram loucamente, gastaram seu dinheiro em excesso, comeram como glutões, vestiram-se de forma extravagante.[824] Na Inglaterra, os artesãos começaram a usar seda e cintos com fivelas de prata, e ignoraram um decreto real que proibia as classes mais baixas de comer carne e peixe mais de uma vez por dia. Em Orvieto, onde quase metade da cidade estava enterrada nas valas comuns da peste, os casais copulavam na grama recém-colocada sobre as valas. Na França, "os homens se tornaram mais mesquinhos e cúpidos". E, por toda parte, os sobreviventes se regozijavam com a repentina abundância de uma coisa que, havia poucos meses, parecia tão frágil, tão perecível —

o tempo: maravilhoso, glorioso e infinito tempo. Tempo para a família, tempo para o trabalho. Tempo para contemplar um céu do entardecer. Tempo para comer, beber e fazer amor. "Há três coisas que um homem pode dizer apropriadamente que lhe pertencem",[825] declara um personagem em uma obra do humanista florentino Leon Battista Alberti. Quando um companheiro lhe pergunta quais são, o personagem de Alberti responde: sua fortuna, seu corpo "e uma coisa realmente preciosíssima".

"Incrível, o que é?", pergunta o companheiro.

"O tempo, meu caro Lionardo", responde o personagem de Alberti.

O surto de lascívia pós-Peste desapontou, apesar de não surpreender moralistas como Matteo Villani, o austero irmão de Giovanni, morto em decorrência da peste. Era mais uma prova — como se Matteo viesse a precisar de outras provas — da maldade inata do homem. "Pensava-se",[826] escreveu ele depois da peste, "que as pessoas que Deus, em Sua graça, preservara com vida [...] se tornariam melhores, mais humildes, virtuosas e católicas, evitando as iniquidades e os pecados, e transbordando de amor e caridade umas pelas outras. Mas [...] o contrário aconteceu. Os homens [...] se entregaram aos comportamentos mais desvairados e sórdidos [...]. Enquanto chafurdavam na ociosidade, sua dissolução os levou ao pecado da glutonaria, a banquetes, tavernas, comidas finas e jogos de azar. Entraram de cabeça na lascívia." Agnolo di Tura, que morava em Siena, onde ainda estavam contando os mortos, proporcionou uma descrição mais sucinta do estado de espírito da Europa pós-Peste: "Ninguém conseguia impedir a si mesmo de fazer alguma coisa."[827]

A alegria morbidamente emotiva era o verniz muito tênue que cobria um pesar intenso e permanente, e uma sensação de transtorno. Em 1349, enquanto a peste se dispersava da Itália, Petrarca, pesaroso, escrevia a seu amigo Louis Heyligen: "A vida que temos é um sono; tudo que fazemos, sonhos. Somente a morte interrompe o sono e nos desperta. Desejaria ter despertado antes disto."[828]

Petrarca iria conseguir o que desejava. Antes de a mortandade finalmente acabar, haveria dezenas de milhões de mortos a mais para se chorar, mas, naquele momento, a Europa estaria na sombra do Iluminismo e o poeta, morto há muito tempo.

A peste de Moscou, em 1352, foi, para tomar emprestada uma expressão de Churchill, não "o fim [da peste] ou nem sequer o começo do fim, mas apenas o fim do começo".

Mal podemos imaginar com que peso no coração um cronista inglês escreveu as seguintes palavras: "Em 1361, uma grave pestilência* e uma mortandade entre os homens começaram no mundo inteiro."[829] Mal haviam se passado 11 verões entre a Peste Negra e a *pestis secunda*, como foi chamado o segundo surto da doença. A nova epidemia, que começara em 1361, marcou o começo de uma longa onda de mortes causadas pela peste, que prosseguiria ao longo de mais de três séculos. Se ela não tivesse ocorrido imediatamente à sombra da Peste Negra, nos dias de hoje a segunda pestilência seria tratada por si mesma como uma tragédia de proporções épicas.[830] Na região rural da Normandia, 20% da população morrera; em Florença, já reduzida pela Peste Negra, a mortandade também chegara a 20%. Na Inglaterra, as perdas entre a baixa nobreza, possuidora de terras, foram quase equivalentes às de 1348-49, cerca de 25% a mais. No entanto, para os autores da época, o que deixou maior impressão foi menos a abrangência da *pestis secunda* do que as suas vítimas.

Para as pessoas que sobreviveram a ela, a *pestis secunda* pareceu atacar desproporcionadamente os jovens. De fato, muitos dos autores da época se referiram ao surto de 1361 não como a *pestis secunda*, mas sim como "Peste das Crianças" ou "la mortalité des enfauntz".[831] O cirurgião Guy de Chauliac, que ainda exercia a Medicina em 1361 e tinha um dos olhos clínicos mais aguçados da Idade Média, disse que "uma multidão de meninos e poucas mulheres foram atacadas".[832] A opinião da ciência moderna considera que

---

* Significativamente, John de Reading comenta que o ressurgimento da peste na Inglaterra, na primavera de 1361, foi acompanhado de catástrofes ecológicas. Segundo John, houve "uma prejudicial seca [...] e por causa da falta de chuva houve grande escassez de comida e de feno". As escassezes devem ter levado roedores contaminados para os lares e celeiros em busca de comida. (John de Reading, extraído de *The Black Death, Manchester Medieval Sources*, traduzido e organizado por Rosemary Horrox [Manchester: University of Manchester Press, 1994], p. 87.)

nenhum grupo populacional tem qualquer suscetibilidade especial à peste.[833] Mas, como o *tarabagan* nascido em um ano de surto de fertilidade, as crianças que nasceram depois da Peste Negra podem não ter tido uma oportunidade de adquirir a imunidade temporária que adquirem os sobreviventes que foram expostos ao *Y. pestis*.

A *pestis secunda* foi seguida pela *pestis tertia* de 1369. Depois disso, durante os vários séculos que se seguiram, a Europa mal chegaria a vivenciar uma década inteira sem que a peste estivesse em algum lugar do continente. Apenas na Holanda, houve epidemias em 1360-62, 1362-64, 1368-69, 1371-72, 1382-84, 1409, 1420-21, 1438-39, 1450-54, 1456-59, 1466-72, 1481-82, 1487-90 e 1492-94.[834]

No entanto, a peste do Renascimento, como é às vezes chamada a onda de pestilência posterior à Peste Negra, diferia de sua predecessora em muitos aspectos cruciais.[835] Embora tenha havido exceções catastróficas ocasionais, como a Grande Peste de Londres, de 1665, ao longo dos séculos o *Y. pestis* gradualmente perdeu em ferocidade. Os surtos se tornaram de natureza local, enquanto, em média, as taxas de mortandade encolheram para 10% a 15%. As pestilências dos séculos XV e XVI também foram diferentes em outros aspectos. Se sintomas pneumônicos como a expectoração de sangue haviam persistido, ninguém mais escreveu sobre ou falou a seu respeito; os surtos de peste posteriores parecem ter sido amplamente de características bubônicas, e, como na Terceira Pandemia, de natureza sazonal; elas atacavam no verão, e não no ano todo, e se moviam no passo lento da Terceira Pandemia. Em vez de saltar de uma cidade para outra, elas rastejavam de bairro em bairro. O contágio continuou sendo uma característica proeminente, mas, em vez de passar aleatoriamente de uma pessoa para outra, a peste, em suas versões posteriores, atingia grupos específicos — isto é, moradores de uma viela ou ruela, digamos, ou membros de uma família que dormiam na mesma cama ou usavam as mesmas roupas.

A antropóloga Wendy Orent tem uma interessante teoria sobre os motivos da mudança. A doutora Orent compartilha a teoria russa de que as cepas da peste se tornaram, ao longo do tempo, específicas de determinadas espécies; ou seja, a letalidade, a velocidade de transmissão e outras características de uma determinada cepa da peste são formadas por sua interação com uma determinada espécie de anfitriões — daí a peste das marmotas hospedeira; portanto, a peste das marmotas é, sob certos aspectos, diferente da peste dos ratos, em função de o *Y. pestis* ter tido histórias diferentes com as duas espécies. A doutora Orent formula a hipótese de que, em algum momento dos anos 1320 e 1330, depois de a peste das marmotas ter sido transmitida para os humanos, o *Y. pestis* se reinventou como uma doença humana. "A Peste Negra se tornou, em um sentido limitado e de curto prazo, uma doença humana",[836] diz ela, "grande parte dela passando de pulmão para pulmão [embora] e talvez às vezes ratos e pulgas também transmitissem a doença."

Contudo, como a versão humana da peste representava um beco sem saída biológico — ela era tão letal que corria o risco de aniquilar a sua população de hospedeiros — a doutora Orent acredita que depois da Peste Negra o *Y. pestis* voltou a suas raízes como uma doença de ratos, e, desse modo, muitos dos sintomas da peste que haviam intrigado historiadores e cientistas durante séculos — como o mau cheiro das vítimas da peste, a inflamação gangrenosa da garganta e dos pulmões e o vômito e a expectoração de sangue — desapareceram com ela. "Não há dúvidas de que [o rato e a pulga] exerceram o principal papel na transformação da peste em uma ameaça constante, ainda que um pouco menos violenta, durante os séculos seguintes",[837] afirma a doutora Orent. A natureza da população europeia de roedores oferece algum apoio para sua tese. A Europa não tem o tipo adequado de população de roedores selvagens para manter focos permanentes da peste;[838] o *Y. pestis* precisa do calor e da umidade de um abrigo para sobreviver; e os roedores europeus não cavam o tipo de abrigos de que o patógeno precisa para seu sustento. No período pós-Peste Negra, o fardo de sustentar a cadeia de contaminação ficou com o rato-preto e seu primo, o rato doméstico marrom, nenhum dos dois idealmente preparado para propiciar focos da peste. Na verdade, os surtos realmente catastróficos da peste do Renascimento, como a epidemia que atingira Marselha em 1720, podem não ter sido obra

A GRANDE MORTANDADE 319

de roedores europeus, mas sim ter vindo de uma forma de peste transportada para a Europa a partir do Mediterrâneo oriental ou do Oriente Médio.

Nas palavras de *Piers Plowman*, uma das mais famosas obras literárias da Baixa Idade Média, o século que se seguiu à Peste Negra foi um tempo de[839]

febres e diarreias
Tosses e convulsões, cólicas e dores de dente
[...] Carbúnculos e tumores e males ardentes
[...] úlceras e pestilências

No entanto, a grande torrente de doenças que afligiu a Europa após a Peste Negra não era apenas obra do *Y. pestis*. Por todo o continente, os efeitos da persistente peste crônica estavam combinados a ondas recorrentes de varíola, gripe, disenteria, tifo e, talvez, antrax. Às vezes, várias doenças atacavam ao mesmo tempo. Na Inglaterra, na França e na Itália, por exemplo, a *pestis secunda* fora acompanhada por um grande surto de varíola.[840] Às vezes, uma doença surgia sozinha. Nos anos 1440, uma grande onda de varíola — ou peste vermelha, como a doença era conhecida — varreu o norte da França, ceifando ainda mais vidas do que um recente surto de peste bubônica. Duas décadas depois, uma epidemia de varíola matou 20% da população de uma cidade inglesa. A gripe, outra grande posterior ceifadora de vidas da Idade Média, produziu enormes mortandades. Em 1426-27, uma grande epidemia de gripe varreu a França, os Países Baixos, a Espanha e o leste da Inglaterra, onde pode ter matado até 7% da população. Outra grande doença do período, o suor maligno* — ou o suor da Picardia —, surgiu seis vezes entre 1485 e 1551, principalmente na região em torno do Canal da Mancha; muitas vezes, quando o "suor" se extinguia, 10% da população havia morrido. O saneamento precário também produzira uma onda de febres entéricas transmitidas pela água, especialmente a disenteria intestinal ou "diarreia

---

* Moléstia infecciosa de caráter epidêmico que assolou a Inglaterra nos séculos XV e XVI. (N. T.)

sangrenta", e a diarreia infantil, que o historiador Robert Gottfried acredita que pode ter tido uma relevante contribuição para a taxa de mortandade infantil de talvez 50% na Idade Média. Em 1473, a Ânglia Oriental, já assolada pela peste e pela gripe, perdera entre 15% e 20% de sua população adulta em decorrência da disenteria.[841]

O século XV também assistira ao surgimento de "doenças modernas", como o tifo, que se originara na Índia, e a sífilis, cujas origens continuam fonte de debates. A gonorreia, ou *"French pox"*,* há muito tempo a doença venérea clássica, continuou a debilitar exércitos e perturbar reis. Eduardo IV da Inglaterra, depois de uma campanha na França, reclamara que "muitos homens [...] caíam vítimas da luxúria das mulheres e por ela eram corroídos, e seus pênis apodreciam e caíam, e eles morriam".[842]

No século entre 1347 (quando a peste chegara à Sicília pela primeira vez) e 1450, as estimativas da perda populacional europeia ficam de 30% a 40%[843] até 60% a 75%[844] — um colapso demográfico da escala da Baixa Idade Média. Florença encolhera dois terços — de 120 mil pessoas, em 1330, para 37 mil[845] — e a Inglaterra, talvez, na mesma escala.[846] O leste da Normandia pode ter sofrido de forma ainda mais intensa;[847] entre o último quarto do século XIII e o último quarto do século XIV, a população da região diminuiu entre 70% e 80%.**

Conforme acontece com frequência depois de uma catástrofe demográfica, imediatamente após a Peste Negra houve um grande aumento na taxa de natalidade. Como muitos de seus contemporâneos, o monge francês Jean de Venette ficou espantado com a quantidade de mulheres grávidas nas ruas. "Por toda parte", diz ele, "as mulheres concebiam mais facilmente do que de costume. Nenhuma se revelou estéril; pelo contrário, havia mulheres

---

* Varíola francesa. Talvez pela falta da associação histórica com a França, como a que o texto logo passa a fazer, no português esse nome parece não ter sido utilizado. (N. T.)
** É importante registrar que mais ou menos no mesmo período, 1200 a 1400, a população da China caiu pela metade — de aproximadamente 120 milhões para 60 milhões.

grávidas para onde quer que se olhasse. Várias deram à luz gêmeos, e algumas a trigêmeos vivos."[848]* Na verdade, o historiador John Hatcher argumenta que, caso a recuperação demográfica pós-Peste Negra tivesse continuado de forma ininterrupta, a Europa já teria reposto, nos anos 1380, seus 25 a 30 milhões de mortos vitimados pela peste.[849]

Os motivos para o colapso da recuperação demográfica são complexos. O mais evidente é a torrente de doenças; na verdade, houve tantas doenças contagiosas no século que se seguiu à Peste Negra, que o período é às vezes chamado de "Idade de Ouro das bactérias". Contudo, as doenças, por si sós, não eram o único redutor demográfico. O segundo deles pode ter sido o fato de que as variadas doenças interagiam umas com as outras e, ainda mais importante, o modo como interagiam com os ciclos de recorrência da pestilência. A professora Ann Carmichael acredita que um dos motivos por que os surtos de gripe e varíola provocaram tantas mortes é o fato de que os doentes, especialmente os muito idosos e os muito jovens, estavam privados de medidas básicas capazes de salvar suas vidas, como a entrega de alimentos e cuidados sanitários normais, porque a peste havia matado quem cuidaria deles.[850]

Uma "carência de nascimentos" também pode ter contribuído para o declínio demográfico.[851] No século que se seguiu à Peste Negra, os padrões reprodutivos parecem ter mudado; as mulheres começaram a se casar mais jovens, e, paradoxalmente, aquelas que se casam antes dos 20 anos tendem a ser menos férteis no decorrer da vida do que as que se casam mais tarde. As recorrentes ondas de doenças também contribuíram para diminuir a quantidade de pais em potencial.

À medida que a população diminuía, o caráter da sociedade medieval começou a mudar. Para começar, a morte precoce se tornou quase que uma certeza. "Que eu saiba", diz o historiador David Herlihy, "nos bons anos do século XIII, as expectativas de vida eram de 35 a 40 anos. As brutais

---

* De Venette diz que outra singularidade do grande aumento da taxa de natalidade foi o fato de que "quando começaram a surgir os dentes das crianças nascidas depois da peste, elas revelavam comumente ter apenas 20 ou 22 [dentes], em vez dos normais 32".

epidemias do fim do século XIV rebaixaram esses números para menos de 20 anos."[852] À medida que a população começava novamente a se estabilizar, em torno do ano de 1400, acredita o professor Herlihy, as pessoas podem ter começado a viver até cerca de trinta anos. Contudo, como as altas taxas de mortalidade de bebês e crianças em geral da Idade Média tinham um efeito distorcivo, as expectativas de vida no mundo real não eram tão desoladoras quanto os números do professor Herlihy as fazem parecer. Em torno de 1370 ou 1380, um saudável menino camponês de 12 anos de idade em Essex, na Inglaterra, ainda tinha 42 anos de vida pela frente.[853] Em outras palavras, o menino podia esperar viver até os 54 anos. Mas, graças às recorrentes ondas de doenças, no começo do século XV esse número havia caído para 51 anos e, na metade do século, para 48 anos. Em menos de cem anos, o menino havia perdido cerca de 14% de seu curto período de tempo de vida. Apesar das vantagens de uma dieta melhor e de melhores habitações, a nobreza inglesa se saía pouco melhor. Em 1400, o nobre inglês médio vivia oito anos a menos do que seu bisavô vivera em 1300.[854]

A sociedade pós-Peste Negra também era uma sociedade envelhecida. Um dos traços paradoxais do crescimento demográfico negativo é que, à medida que a população diminui, sua idade mediana* aumenta. Isso está ocorrendo na Europa dos dias de hoje. Segundo a revista *The Economist*, se a atual tendência demográfica se mantiver — ou seja, se a taxa de natalidade europeia se mantiver igual ou um pouco abaixo das taxas de substituição do número de mortos —, em 2050 a idade mediana do continente será de impressionantes 52 anos.[855] Os números referentes à Baixa Idade Média mostram um quadro similar. Em 1427, Florença tinha a mesma porcentagem de pessoas na casa dos 60 anos de uma nação ocidental moderna com baixa taxa de natalidade — 15%.[856] Ainda mais sugestivos são os números do Convento de Longchamp, perto de Paris.[857] Em 1325, a porcentagem de freiras do convento que tinham 60 anos ou mais já era alta — 24%. Em 1402, depois de meio século de doenças epidêmicas, o número subira para 33%.

---

* Apesar de a distinção não ser tão comum em textos não técnicos em português, o autor se refere realmente à idade *mediana*, diferente da idade *média*. (N. T.)

Ainda mais impressionante é o fato de que, nos quase 80 anos entre 1325 e 1402, a porcentagem das freiras de Longchamp entre 20 anos e 60 anos — ou seja, a porcentagem que estava nos anos mais produtivos, mais importantes da vida — havia diminuído de quase 50% para 33%.

As consequências da Peste Negra só podem ser adequadamente compreendidas contra esse pano de fundo de uma diminuição populacional intensa, crônica, e da falta de uma mão de obra jovem e vigorosa. Uma das consequências que mais chamam a atenção é um intenso declínio da infraestrutura física do continente. Em torno de 1400, a Europa estava começando a se assemelhar à Roma medieval: havia volumosos bolsões de sobreviventes cercados de campos não cultivados, cercas não consertadas, pontes não reparadas, fazendas abandonadas, pomares cobertos de vegetação, vilas com metade dos habitantes e construções que desmoronavam, e, pairando sobre tudo, o opressivo silêncio. Na verdade, a deterioração física do continente se tornou tão acentuada que chegou a entrar no vocabulário cultural da era pós-Peste Negra. Uma das frases cotidianas que os estudantes ingleses do século XV tinham que traduzir para o latim era: "[O]ntem, o telhado de uma casa velha quase caiu em cima de mim."[858]

Outra consequência da crônica escassez de trabalhadores foi que o custo da mão de obra — e o custo de tudo que era fruto da mão de obra — subira de forma impressionante. Matteo Villani, que, além de moralista, era um esnobe, reclamava que "as criadas [...] querem no mínimo 12 florins por ano, e as mais arrogantes entre elas querem 18 ou 24 florins, e [...] artesãos sem importância que trabalham com as mãos querem três vezes [...] o pagamento normal, e todos os trabalhadores da terra querem bois e [...] sementes, e querem trabalhar nas melhores terras e abandonar as outras".[859] cerca de 1.600 quilômetros ao norte, o monge inglês tagarela Henry Knighton bufava que "todos os bens essenciais estavam tão caros que algo que anteriormente custava um *penny* agora custava quatro ou cinco *pence*".[860] Do outro lado do Canal da Mancha, na França, os preços estavam tão altos que Guillaume de Machaut escrevera um poema sobre a inflação:

> *Pois muitos certamente*
> *Ouviram o que comumente se diz,*
> *Como em mil trezentos e quarenta e nove*
> *De cada cem restaram só nove.*
> *Assim, deu-se que por falta de gente*
> *Muitas fazendas esplêndidas não foram aradas,*
> *Ninguém lavrou os campos,*
> *Amarrou os fardos de cereais e colheu as uvas,*
> *Alguns pagaram o salário triplicado,*
> *Mas para um contestador vinte* [não bastavam],
> *Já que tantos estavam mortos* [...].[861]

Em torno de 1375, os preços dos alimentos começaram a se estabilizar novamente e, depois, a cair, à medida que a demanda por bens alimentícios diminuía entre a população. Isso gerou outra frase que os estudantes ingleses do século XV deveriam traduzir para o latim: "Homem nenhum hoje vivo [...] consegue se lembrar de já ter visto trigo ou ervilhas ou milho ou qualquer outro alimento [...] mais barato do que vemos agora."[862] No entanto, o preço de quase tudo, exceto a comida, continuou a subir ou se estabilizou em um nível elevado — e isso provocou na estrutura social europeia uma mudança tão inédita que um estupefato cronista a descreveu "como uma inversão da ordem natural".

Nos 50 anos posteriores à Peste Negra, houve uma troca de posições entre os tradicionais vencedores e os perdedores da economia medieval.[863] Os novos perdedores — a baixa aristocracia proprietária de terras — começaram a ver sua riqueza retalhada pela tesoura dos preços baixos dos alimentos e do alto custo da mão de obra; os novos vencedores — as pessoas das camadas mais baixas — viram seu único bem vendável — a mão de obra — subir espantosamente de preço; e, com ele, subia seu padrão de vida. Aqui, Matteo Villani novamente de nariz empinado: "As pessoas comuns, em razão da abundância e da superfluidade que encontraram, não queriam mais trabalhar nos seus ofícios de costume; elas queriam os alimentos mais caros e mais finos [...] enquanto as crianças e as mulheres comuns se vestiam com todos os belos e custosos trajes das pessoas ilustres que estavam mortas."[864] Na estrada que levava a Siena, Agnolo di Tura, recém-casado novamente e prosperando, também reclamava da cobiça das classes mais baixas. O antigo sapateiro declarou que "os trabalhadores da terra e dos pomares, em função de suas grandes extorsões e salários, destruíram totalmente as fazendas dos cidadãos de Siena".[865]

Muitas vezes, foram os camponeses os maiores vencedores entre os pobres. A servidão, em declínio antes da mortandade, começava agora a desaparecer completamente. Na segunda metade do século XIV, um homem podia simplesmente se levantar e abandonar um feudo, assegurando-se no conhecimento de que, onde quer que viesse a se estabelecer, alguém o contrataria; por outro lado, o camponês podia empregar seu novo poder para conseguir reduções no arrendamento ou obter a liberação de obrigações feudais odiadas, como o *heriot* — ou imposto sobre a morte — de um senhor feudal sob grande pressão. E, como agora havia muita e exuberante terra cultivável à disposição, o camponês, muitas vezes, podia escolher sua própria terra. No meio século que se seguiu à Peste Negra, os rendimentos das safras aumentaram não porque a agricultura tivesse melhorado, mas porque agora apenas as melhores terras eram cultivadas. Uma medida da nova prosperidade camponesa foi uma mudança nos padrões de herança. Antes da Peste Negra, as posses dos camponeses eram tão reduzidas que não havia terra suficiente para ninguém, exceto para o filho mais velho. Em 1450, os camponeses eram frequentemente prósperos o bastante para deixar um pedaço de terra para todos os seus filhos — incluindo, cada vez mais, as suas filhas.[866]

A escassez de mão de obra beneficiou até mesmo os trabalhadores itinerantes, que iam de um feudo a outro, realizando qualquer trabalho que encontrassem. Naquele tempo, como hoje, o salário e as condições de trabalho de um trabalhador migrante o colocavam na base da pirâmide econômica. Mas, no verão de 1374, um trabalhador migrante chamado Richard Tailor sentiu que um novo dia estava nascendo para homens como ele. Portanto, no dia 3 de julho, quando seu empregador, William Lene, oferecera o que Tailor achou que era um pagamento inadequado para o seu trabalho no arado,

Tailor de fato disse a Lene: "Pegue esse trabalho e o enfie..."[867] Indo embora no começo do período da colheita, Tailor ganhou mais nos dois meses seguintes, agosto e setembro de 1374, do que o salário anual que Lene lhe havia oferecido — 15 *xelins* contra meros 13 *xelins* e 4 *pence*.

As mulheres também foram proeminentes vencedoras econômicas na nova ordem social. A escassez de mão de obra abriu possibilidades em ocupações masculinas tradicionalmente bem pagas, como a de ferreiro ou estivador, embora as mulheres que trabalhassem nessas ocupações não recebessem tanto quanto os homens que trabalhavam nas mesmas ocupações e o trabalho, por si só, pudesse ser perigoso. Em 1389, em uma estrada perto de Oxford, uma estivadora chamada Joan Edwaker foi morta quando sua carroça tombou e ela foi morta ao ser esmagada.[868] Um caminho mais típico para um emprego era o avanço profissional em um campo tradicionalmente feminino. As fabricantes de tecidos, por exemplo, muitas vezes ascendiam dos postos de mal pagas cardadoras de lã até a tecelãs mais bem pagas. Em 1450, até a fabricação de cerveja — que sempre fora uma atividade predominantemente feminina — tornara-se praticamente *toda* feminina. Além disso, muitas viúvas assumiram tanto lojas quanto negócios familiares — e não raramente os administraram melhor do que seus maridos falecidos. O *Y. pestis* se revelou de certo modo um feminista.

O poeta que escreveu

> *O mundo está mudado e transtornado,*
> *Ele está quase de pernas para o ar*
> *Comparado aos dias de um passado remoto,*[869]

habilmente deu voz às sensações dos perdedores econômicos da era pós-Peste Negra: os magnatas proprietários de terras. Apanhados entre os preços em queda das terras — um subproduto da diminuição dos preços dos alimentos — e a elevação dos custos da mão de obra, muitos senhores feudais simplesmente abandonaram suas terras. Arrendando suas propriedades, eles passaram a viver do dinheiro arrecadado. Magnatas mais ligados à terra tentaram lograr êxito mudando para formas de cultivo que dependessem de menos mão de obra. Abandonando os grãos, eles se concentraram nas ovelhas e no gado bovino. Contudo, na média as classes dominantes estavam muito mais interessadas em enfiar o gênio da mudança social de volta na garrafa do que em alugar suas propriedades ou encontrar maneiras de contornar os custos elevados. Depois da mortandade, "os grupos dominantes se defenderam temporariamente e empregaram o poder do Estado para defender os interesses dos ricos das formas mais descaradas", afirma[870] o historiador Christopher Dyer.

Em 1349, e novamente em 1351, Eduardo III congelou os salários em níveis anteriores à peste; novas leis também tornaram ilegal recusar um emprego ou romper um contrato de trabalho. Em 1363, um novo conjunto de leis suntuárias proibiu a seda, as fivelas de prata e os casacos forrados com pele de que os camponeses passaram a gostar tanto — bem como qualquer outro item de vestuário que passasse a impressão de esnobismo ou pretensão. Para absorver algo da renda extra das classes mais baixas, no fim dos anos 1370 o imposto do voto foi estendido a grupos previamente isentos, como trabalhadores não especializados e criados. Em 1381, a contrariedade diante de tentativas de se reinstaurarem os "dias de um passado remoto" ajudou a detonar a Revolta Camponesa.

Os conflitos entre os magnatas proprietários de terras e o campesinato dotado de nova força também levaram a distúrbios e rebeliões no continente. Na França, houve insurreições em 1358, 1381 e 1382, e, em Gent, em 1379.[871]

A agricultura não foi a única indústria a sofrer com a crônica escassez de mão de obra. Em 1450, a Europa industrializada produzia menos mercadorias do que em 1300.[872] Particularmente afetada de forma intensa foi a principal indústria da Idade Média, a indústria de tecidos, dominada pelos flamengos, que se sustentava com a produção de tecidos baratos para um mercado em ascensão. Depois da Peste Negra, muitas vezes não havia um número suficiente de consumidores para gerar um mercado em grande escala. Além disso, os gostos haviam mudado. À medida que as pessoas ficavam mais bem situadas na vida, a demanda pelo tecido flamengo simples e acastanhado caiu, favorecendo roupas mais vívidas e sofisticadas.

A queda dos índices populacionais também teve um relevante efeito na inovação tecnológica.[873] A intensa diminuição da força de trabalho foi uma força motriz para o desenvolvimento de invenções que poupavam o trabalho em muitos campos, incluindo a produção de livros. Durante os séculos XIII e XIV, a demanda por livros cresceu constantemente, impulsionada por uma crescente classe de mercadores, profissionais com formação universitária e artesãos. Mas fazer um livro, na Idade Média, era um empreendimento que dava muito trabalho; eram necessários diversos copistas, e cada um deles escrevia uma parte do livro, chamada de caderno. No período de baixos salários, antes da peste, esse método ainda era capaz de gerar um produto com um preço razoável, mas não no período de salários elevados que se seguiu à peste. Surge Johann Gutenberg, um ambicioso e jovem gravador de Mainz, na Alemanha. Em 1453, quase no centenário da mortandade, Gutenberg apresentou ao mundo sua prensa de livros com tipos móveis. A escassez crônica de mão de obra também gerou inovações na mineração — novas bombas de água permitiam que um número menor de mineiros cavasse minas mais profundas — e na indústria de pesca, na qual novos métodos de salga e armazenamento de peixes permitiram que as frotas de navios pesqueiros cada vez menores dos tempos posteriores à peste ficassem mais tempo no mar. Na indústria naval, os construtores encontraram maneiras de aumentar o tamanho dos navios e, ao mesmo tempo, reduzir o tamanho das tripulações. A escassez de mão de obra e os salários altos também levaram a mudanças na natureza da guerra. À medida que subiam os salários dos soldados, a guerra ficava mais cara. Isso levou ao desenvolvimento das armas de fogo. Armas como o mosquete e o canhão significavam que esse novo soldado bem pago era capaz de colocar estrépito nos ataques militares.

Houve também diversas inovações na profissão médica, que, como a Igreja, emergiu da peste com seu prestígio afetado.[874] Uma delas foi uma ênfase maior na Medicina prática, clinicamente orientada, uma mudança que se refletiu na crescente influência dos cirurgiões e no declínio da influência dos médicos com formação universitária, que sabiam muito de Aristóteles, mas não sobre hérnias e unhas. Os textos de anatomia também começaram a ficar mais precisos à medida que as autópsias se tornavam mais comuns. Nas novas escolas de Medicina, houve uma mudança de ênfase, privilegiando-se as ciências médicas práticas.

Essas mudanças ajudaram a preparar o cenário para o que hoje se chama de método científico. Cada vez mais, depois da Peste Negra, o médico — em vez de chegar a uma conclusão empregando apenas a razão — estabelecia uma teoria, a testava, na comparação com os fatos observáveis, e analisava rigorosamente os resultados para ver se a sustentavam.

Na era pós-Peste Negra, o hospital também começou a caminhar em direção à sua forma moderna.[875] O principal objetivo do hospital pré-peste era isolar os doentes — a fim de removê-los da sociedade, para que não desagradassem ou contagiassem as pessoas. "Quando alguém doente dava entrada em um hospital, era tratado como se estivesse morto", declara o professor Gottfried. "Seus bens passavam por uma desapropriação, e, em muitas regiões, rezava-se quase como que uma missa de réquiem por sua alma." Depois da peste, os hospitais pelo menos tentavam curar os doentes, embora os pacientes auspiciosos o suficiente para saírem saudáveis de um hospital da Baixa Idade Média devessem provavelmente mais aos bons genes e à sorte do que ao tratamento médico. Uma notável inovação póspeste foi o sistema de alas: os pacientes com determinadas doenças começaram a ser hospitalizados juntos. Pacientes com ossos quebrados eram postos em uma ala, e os que tinham doenças degenerativas, postos em outra.

A Peste Negra também exerceu um papel importante no surgimento dos sistemas de saúde pública.[876] Uma das primeiras inovações nesse campo foi o conselho municipal de saúde, como o que Florença e Veneza haviam fundado em 1348 para fiscalizar a higiene e o enterro dos mortos. Mais tarde, os conselhos se sofisticariam. Em 1377, Veneza estabeleceu a primeira quarentena pública em sua colônia adriática de Ragusa (Dubrovnik). O leprosário, ou casa da peste, uma criação florentina, foi outro dos marcos iniciais da saúde pública. Eles eram parte hospital, parte asilo e, não poucas vezes, parte prisão.

A Europa pós-Peste Negra começou também a desenvolver novas ideias sobre como as doenças se espalhavam. Provavelmente, não foi por acaso que a primeira teoria sistemática sobre o contágio tenha sido desenvolvida por Giovanni Fracastoro, um médico profissional do sistema de saúde pública de Florença.[877]

A peste também fora um desafio para a educação superior medieval.[878] Cambridge fundou quatro novas faculdades: Gonville Hall, em 1348, Trinity Hall, em 1350, Corpus Christi, em 1352, e Clare Hall, em 1362, enquanto Oxford criou duas novas escolas, Canterbury e New College. Depois da peste, Florença, Praga, Viena, Cracóvia e Heidelberg também fundaram novas universidades. Em muitos casos, os alvarás para a fundação das escolas refletiam sua origem deturpada. Muitos mencionam a decadência do estudo e a escassez de educadores religiosos depois da peste como o motivo de sua fundação.

O longo século de morte que se seguiu à peste medieval também teve um efeito profundo no sentimento religioso. As pessoas começaram a ansiar por uma relação mais intensa e pessoal com Deus. Uma expressão do novo estado de espírito foi o que o professor Norman F. Cantor chamou de "privatização do cristianismo".[879] As *chantries* (capelas particulares), que sempre haviam sido comuns entre a nobreza, agora se tornaram comuns entre mercadores abastados, famílias de profissionais e até mesmo artesãos, que começaram a construir capelas privadas com a ajuda de suas guildas. Outra expressão da "privatização" era a crescente popularidade do misticismo. Em um período de "tragédia arbitrária e inexplicável", muitas pessoas buscaram criar sua própria ligação isolada com Deus.

À medida que se intensificava o sentimento religioso, os testamentos dos ricos começaram a se assemelhar a relatórios corporativos celestiais. Poucos se aventuraram tão longe do campo da "contabilidade celestial" quanto Sir Walter Manny, cujos bons trabalhos incluíam a aquisição de um cemitério londrino e a construção de uma capela em uma de suas terras para que os monges rezassem pelos mortos em decorrência da peste. (Em um surto posterior, a capela se tornou um dos mais famosos marcos londrinos, a Charterhouse). Contudo, era raro o homem rico que morria sem deixar para trás dinheiro suficiente para custear orações vitalícias pelo repouso de sua alma imortal.

A ascensão do sentimento religioso foi acompanhada por uma desilusão cada vez mais profunda em relação à Igreja. Na maior crise da Idade Média, a Igreja se mostrara tão inútil quanto qualquer outra instituição da sociedade medieval. Além disso, ela tinha perdido muitos de seus melhores padres, e os que haviam sobrevivido se comportaram, muitas vezes, de maneiras que envergonhavam a vida religiosa. Em 1351, enquanto a primeira onda da peste estava se dispersando, um crítico escreveu uma furiosa acusação contra o clero. "Sobre o que vocês podem pregar ao povo?",[880] perguntava ele. "Se for sobre a humildade, vocês mesmos são os mais orgulhosos do mundo, arrogantes e inclinados à pompa. Se for sobre a pobreza, vocês são os mais avaros e cúpidos, [...] se for sobre a castidade — mas nos calaremos a esse respeito." O crítico era o papa em exercício, Clemente VI, um homem que, por suas próprias inclinações pelas coisas do mundo, não se impressionaria com facilidade. Nas décadas que se seguiram a 1351, a ordenação de meninos mal treinados — a idade para a ordenação foi reduzida de 25 para 20 anos — e de viúvos sem vocação denegriu ainda mais a reputação do clero. Como observou William Langland em *Piers Plowman*, a única característica digna de nota dos novos recrutas do clero parecia ser a cobiça:

> *Vigários e padres de paróquias reclamaram com o bispo*
> *Que suas paróquias estavam empobrecidas desde a época da pestilência*
> *E pediram licença e permissão para em Londres morar*
> *E cantar réquiens em troca de estipêndios, pois agradável é o*
> *dinheiro* [...][881]

Dado o volume de críticas dirigidas à Igreja, talvez não deva ser uma surpresa o fato de que inúmeros novos movimentos heréticos tenham se tornado atuantes no período pós-Peste Negra, incluindo os anticlericais lolardos, uma seita inglesa que atacava a liderança eclesiástica e até mesmo questionava o benefício espiritual da missa.[882] No entanto, seria uma simplificação excessiva alegar, como alguns estudiosos o fizeram, que os fracassos da Igreja durante a Peste Negra levaram inexoravelmente à Reforma Protestante. O estabelecimento do protestantismo no norte da Europa, como outros movimentos históricos amplos e complexos, teve várias causas na sua origem. Tudo que ia da libido de Henrique VIII aos objetivos políticos dos príncipes alemães que apoiaram Martinho Lutero contribuiu para a Reforma Protestante. A conclusão mais segura a que podemos chegar a respeito da contribuição da peste é que, promovendo a insatisfação em relação à Igreja, ela criou um solo fértil para a mudança religiosa.

Há uma relação mais clara entre a recorrência da peste e das epidemias entre 1350 e 1450 e a cultura da obsessão pela morte na Baixa Idade Média. Alguns dos temas daquele período, como a dança da morte e o *túmulo transi*,* são anteriores à peste. Mas foi necessário um período de morte em massa para transformar essas práticas macabras em importantes fenômenos culturais. Como observou o historiador Johan Huizinga, em sua obra clássica *O Declínio da Idade Média*, "nenhuma outra época deu tanta ênfase [...] à ideia da morte".[883] Huizinga poderia ter acrescentado também que nenhuma outra época fez tão pouco para suavizar a imagem da morte. O homem da Baixa Idade Média não apenas esperava a morte, mas também esperava morrer a grande custo e de forma abominável. Um caso específico é a escultura que adorna o *túmulo transi* (do verbo latino *transire* "falecer") do cardeal Jean de Lagrange, em Avignon.[884] Ela representa sem piedade o cardeal moribundo; sua boca está aberta, seus olhos, cavos, as faces, afundadas; suas costelas se erguem de seu corpo seco como um contorno litorâneo montanhoso. A inscrição sob a escultura lembra ao transeunte: "Somos um espetáculo para o mundo. Que os grandes e humildes, por nosso exemplo, vejam a que estado se encontrarão inexoravelmente reduzidos, seja qual for sua condição, idade, sexo. Por que, então, pessoa miserável, enche-se de orgulho? Você é pó e ao pó retornará, cadáver apodrecido, guloseima e refeição para os vermes."

---

* O *transi* era uma estátua fúnebre, componente do monumento de uma sepultura, que representava o falecido depois da morte, normalmente reclinado e coberto por uma leve mortalha, em variados graus de decomposição. (N. T.)

A transitoriedade da vida também era o tema de *Os Três Vivos e os Três Mortos*,[885] uma história que ecoa em boa parte da arte e da literatura da Baixa Idade Média. A história, que tinha várias versões, tem como tema central um encontro entre os vivos e os mortos. Depois do encontro, cada um dos três participantes vivos se retira, meditando sobre uma conclusão moral diferente. Um homem é lembrado de que o verdadeiro propósito desta vida é se arrepender e se preparar para a outra vida. Outro, abalado pela visão e pelo cheiro da morte, perde-se em pensamentos a respeito do aqui e agora; enquanto e o terceiro homem, como o primeiro, atenuado pelo encontro, faz um sermão a respeito da natureza transitória das glórias terrenas.

A Dança da Morte, outro tema cultural popular do período, oferecia uma mensagem diferente.[886] Ela apresenta a morte como um grande nivelador social — uma democrata alegre, fantasmagórica e saltitante que insiste em dançar com todos os convidados da festa, não importando quanto sejam ricos ou pobres, nobres ou de origem humilde. As possibilidades dramáticas da *Dança da Morte* fizeram com que ela fosse um dos temas favoritos dos pintores, poetas e dramaturgos do período, que muitas vezes utilizavam o tema para expressar seu ponto de vista a respeito da ordem social da Baixa Idade Média. Desse modo, em diversas representações, mostra-se um trabalhador dando as boas-vindas à morte como alívio de seu trabalho penoso, enquanto os ricos e poderosos, atados aos prazeres terrenos, afastam-se horrorizados da sorridente figura encapuzada quando ela lhes estende a mão para uma dança. Ao contrário dos *túmulos transi* e de *Os Três Vivos e os Três Mortos*, *A Dança da Morte* pode ter sido originada durante a mortandade. Uma fonte, as *Grands-Chroniques* do abade de St. Denis, em Paris, sugere que o tema surgiu a partir de um encontro, em 1348, entre dois monges da abadia e um grupo de dançarinos. Quando perguntados por que dançavam, um homem teria respondido: "Vimos nossos vizinhos morrerem e os vemos morrer diariamente, mas como a peste não entrou em nossa cidade, esperamos que nossos divertimentos a mantenham longe, e é por isso que dançamos."

Outra história remonta as origens da dança da morte a uma recorrência da peste ao longo do Reno, em 1374. Segundo um cronista alemão, durante o surto, grupos de vítimas, com cerca de quinhentas pessoas, realizavam danças que terminavam com os dançarinos caindo ao chão e implorando que os espectadores pisoteassem seus corpos. Presumia-se que o pisoteamento realizasse uma cura. Contudo, como as vítimas da peste, muitas vezes, tinham dificuldade de simplesmente se manterem de pé sem auxílio, a história tem o leve cheiro de apócrifa.

Apesar de todo o terrível sofrimento que a peste infligiu, ela pode ter salvado a Europa de um futuro indefinido, de mera subsistência.

No outono de 1347, quando a Peste Negra havia chegado à Europa, o continente estava preso em um impasse malthusiano. Depois de dois séculos e meio de rápido crescimento demográfico, o equilíbrio entre população e recursos se tornara muito rígido. Em quase todos os lugares, os padrões de vida estavam caindo ou estagnando; a pobreza, a fome e a desnutrição eram generalizadas; a mobilidade social era rara; a inovação tecnológica se continha; e novas ideias e formas de pensar eram denunciadas como perigosas heresias. Naquela manhã de outono em que a frota genovesa da peste atracara no porto de Messina, uma espessa camada de um gel solidificado cobriu a Europa, imobilizada.

As altas taxas de mortalidade da Peste Negra e o período de doenças recorrentes ajudaram a dar fim à paralisia e permitir que o continente retomasse seu ímpeto. Uma população menor significava uma parcela maior de recursos para os sobreviventes — e, também muitas vezes, uma utilização mais prudente dos recursos. Depois da peste, as terras cultiváveis de baixo rendimento foram utilizadas de forma mais produtiva, como pastagens, e os moinhos, anteriormente utilizados em grande escala para moer grãos, eram agora aplicados em uma maior extensão, incluindo a pisoagem, à produção de tecidos e o corte da madeira. A inventividade humana também florescia à medida que as pessoas buscavam maneiras de substituir o potencial humano pelo potencial das máquinas. "Uma economia mais diversificada, uma utilização mais intensificada do capital, uma tecnologia e um padrão de vida mais poderosos — estas parecem ser as características proeminentes da economia da Baixa Idade Média",[887] afirma o historiador David Herlihy. "A peste, em suma, pôs fim ao impasse malthusiano [...], que ameaçava manter a Europa presa a seus hábitos tradicionais por um futuro indefinido."

Por mais horrendo que possa ter sido um século de morte impiedosa, a Europa emergiu do ossuário da pestilência e das epidemias purificada e renovada — como o sol depois da chuva.

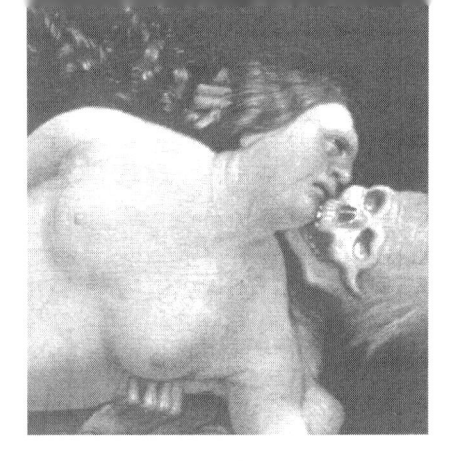

POSFÁCIO

Os Negadores da Peste

DURANTE OS ÚLTIMOS 20 ANOS, UM PEQUENO MAS VEEMENTE GRUPO de estudiosos vem desafiando a visão tradicional da Peste Negra como uma pandemia de peste. A controvérsia das "origens", como pode ser chamada, foi iniciada em 1984, quando Graham Twigg, respeitado zoólogo britânico, publicou *The Black Death: A Biological Reappraisal* (A Peste Negra: Uma Reavaliação Biológica). Desde então, obras como *The Biology of Plagues* (A Biologia das Pestes), de Susan Scott, socióloga britânica, e de seu colega, o biólogo Christopher J. Duncan, e *The Black Death Transfomed* (A Peste Negra Transformada), de Samuel K. Cohn, professor de História Medieval da Universidade de Glasgow, mantiveram acesa a controvérsia. Na falta de uma expressão melhor, esses autores — e aqueles que os apoiam — podem ser chamados de Negadores da Peste,[888] já que acreditam que a mortandade foi causada por uma outra doença, e não a peste.

Os argumentos dos Negadores da Peste contra o *Y. pestis* podem ser reduzidos a dois pontos básicos. A primeira e mais fraca parte de seu argumento envolve suas teorias prediletas sobre o que mais poderia ter causado a peste medieval. O antrax, candidato do zoólogo Twigg,[889] jamais atingiu uma comunidade humana de forma epidêmica e não produz bubões (embora as vítimas do antrax desenvolvam furúnculos negros). O candidato do professor Cohn é uma misteriosa Doença X,[890] a que ele não dá nome, mas acredita que tenha provavelmente entrado em extinção. Scott e Duncan são os que vão mais longe entre todos, defendendo de forma implausível que muitas das piores epidemias da história ocidental, da Peste de Atenas, no século V a.C., à Peste Negra, foram causadas por uma doença semelhante ao ebola, que eles chamam de peste hemorrágica.[891]

A segunda parte dos argumentos dos Negadores contra o *Y. pestis* é bem mais verdadeira. Nossa moderna compreensão da peste se baseia nos estudos abrangentes que foram realizados durante a Terceira Pandemia. Nas décadas da virada entre os séculos XIX e XX, Alexandre Yersin identificou o bacilo da peste, Paul-Louis Simond, um cientista francês, detectou o mecanismo rato-pulga que transporta a doença, e a Comissão sobre a Peste na Índia, criação do Raj* britânico e uma das maiores conquistas da Medicina vitoriana, compilou um perfil do *Y. pestis* com um inédito grau de detalhamento. Membros da comissão estudaram o papel que exerciam o clima, o saneamento, a densidade populacional e — em alguns relatórios da comissão — a situação nutricional relacionada à disseminação do bacilo da peste e de seus vetores, o rato e a pulga do rato. Os membros da comissão também examinaram os meios de transporte e as mercadorias que mais frequentemente

---

* Domínio. Palavra hindi, derivada do sânscrito *raja* ("rei"), que, por sua vez, está relacionada ao latim *rex*. (N. T.)

estavam associados à movimentação da doença — previsivelmente, os grãos se revelaram um grande ímã para os ratos.

Como os Negadores da Peste se apressam em salientar, a doença que emergiu das descobertas da comissão tem pouca semelhança com a doença descrita nas crônicas da Peste Negra. Um caso específico já mencionado são as taxas de disseminação imensamente diferentes das duas pandemias. Enquanto a Peste Negra virtualmente saltou sobre a Europa, às vezes viajando de três a quatro quilômetros por dia, a peste da Terceira Pandemia se movia com relativa lentidão, cobrindo de 16 a 32 quilômetros por ano. Outra diferença-chave é a impressionante variação das taxas de mortalidade. Como uma doença que havia matado pelo menos um terço da população em um aparecimento (a Peste Negra) poderia matar menos de 3% da população em uma ocasião posterior? Algumas das outras discrepâncias que os Negadores da Peste citam incluem:

- *Diferenças de sintomas*. O cardeal Francis Aidan Gasquet, o grande estudioso da Peste Negra na Inglaterra vitoriana, estava entre os primeiros especialistas a chamar a atenção para essa diferença. Escrevendo na época da Terceira Pandemia, o cardeal observava que os relatos contemporâneos da "peste oriental comum ou peste bubônica" raramente mencionavam quatro sintomas a que os cronistas da Peste Negra se referiam com frequência. Os quatro eram: uma "(1) inflamação gangrenosa da garganta e dos pulmões, (2) dores intensas na região do peito, (3) vômito e expectoração de sangue e (4) o odor pestilento oriundo dos corpos e do hálito dos doentes".[892]

  Acrescente-se o contágio à lista de sintomas do cardeal e se terá uma descrição quase perfeita da doença que o frei Michele da Piazza descrevera saindo aos trambolhões das galeras genovesas em Messina. "O hálito espalha a infecção [...], e parecia que as vítimas eram atingidas todas de uma vez pela doença [...] e, por assim dizer, destroçadas por ela. [...] [Elas] tossiam sangue violentamente e, depois de três dias de vômito incessante, para o qual não havia cura, morriam".[893]

A descrição da Peste Negra feita por Louis Heyligen também contém a lista de sintomas do cardeal. "A doença é tripla em sua infecção",[894] escreveu Heyligen, "[...] primeiramente, os homens padecem em seus pulmões e em sua respiração, e quem quer que tenha os pulmões corrompidos ou até mesmo levemente atingidos não tem qualquer chance de escapar ou viver mais do que dois dias [...]. Muitos cadáveres foram [...] dissecados e se descobriu que todos aqueles que morreram assim [...] haviam tido os pulmões infectados e expectorado sangue [...]".

Ecoando o cardeal Gasquet, os Negadores da Peste observam que nenhuma descrição da Terceira Pandemia, seja ela escrita pela Comissão sobre a Peste na Índia ou por outros cientistas ocidentais, contém uma lista de sintomas comparável à do frei Michele e à de Heyligen, e isso inclui o sintoma do contágio, já que, até se tornar pneumônica, a peste moderna se transmite pelo rato e pela pulga, e não de pessoa para pessoa.[895]

Descrições do bubão de fato aparecem em relatos tanto da Terceira Pandemia quanto da Peste Negra. Mas, como nota o professor Cohn, um importante Negador da Peste, os relatos medievais e modernos sobre a peste descrevem diferentemente o bubão.[896] Na peste moderna, em 55% a 75% do tempo, o bubão se desenvolve na virilha e, em 10% a 20% do tempo, no pescoço. Como o tornozelo é a parte do corpo mais acessível às pulgas, esse padrão faz sentido. Contudo, esse não é o padrão descrito por muitos cronistas da Peste Negra. Os relatos do século XIV costumam localizar o bubão em partes mais altas do corpo: atrás das orelhas, por exemplo, ou na garganta, regiões difíceis para um inseto alcançar, mesmo um inseto que pode saltar cem vezes a sua própria altura.

- *Mortes de ratos.*[897] Como a pulga do rato, a *X. cheopis* não salta para os humanos antes de a população de ratos local estar praticamente aniquilada; um surto de peste humana, teoricamente, deveria ser precedido por uma enorme mortandade entre os ratos. E, durante a Terceira Pandemia, a prática seguiu normalmente a teoria. As mortandades de ratos anteriores à peste eram comuns. Contudo, as referências a elas são extremamente raras na literatura da Peste Negra. Alguns estudiosos tentaram explicar a omissão alegando que ratos mortos eram tão comuns nas ruas medievais que os cronistas acreditaram que não eram dignos de nota. Dizendo com delicadeza, essa teoria parece ser extremamente improvável. Se uma epidemia da escala da Peste Negra fosse causada por uma peste de ratos, as ruas ficariam cobertas de ratos mortos até a altura dos joelhos dos transeuntes e as pessoas teriam percebido e escrito sobre esse fato.

- *Incidência da peste pneumônica.* A doença descrita por frei Michele, Louis Heyligen e outros cronistas medievais soa como uma variante da peste pneumônica e, a julgar pelas frequentes referências a pessoas expectorando sangue e a uma excessiva facilidade de contágio nos primeiros relatos da peste, a doença pneumônica parece ter sido muito comum nos primeiros seis a 12 meses da Peste Negra, até mesmo nas regiões em que o clima lhe seria hostil, como o sul do Mediterrâneo. Em comparação, em surtos modernos da doença, a peste pneumônica é incomum. Alguns estudiosos alegam que até 15% a 25% dos casos modernos da peste se "tornam pneumônicos". Mas, no Vietnã, apenas 2% dos casos relatados se tornaram pneumônicos.[898]

- *Clima.* Toda a questão em torno da peste e do clima é complicada. Os surtos da peste durante a Terceira Pandemia costumavam refletir a sensibilidade dos vetores, o rato e a pulga.[899] Os surtos eram raros durante a estação quente indiana, quando o clima era muito quente e seco, mas comuns antes e depois dessa estação, quando a umidade subia e as temperaturas moderavam — criando condições favoráveis à *X. cheopis*. Em comparação, a Peste Negra parecia ser, em larga escala, imune a efeitos climáticos.[900] Embora os surtos fossem ligeiramente mais comuns em climas quentes, como observam os Negadores da Peste Scott e Duncan, em algumas regiões da Europa a mortandade atingiu o ápice em dezembro e janeiro. Na verdade, o *Y. pestis* matou quase tantas pessoas na gélida Groenlândia quanto na temperada Siena.

Antes de nos voltarmos para as réplicas daqueles que poderíamos chamar de Defensores da Peste, grupo que inclui a maioria dos historiadores e quase todos os microbiologistas, deve-se fazer uma menção a duas descobertas recentes de uma equipe de cientistas franceses. Diagnosticar uma doença a partir de uma lista de sintomas em uma crônica medieval ou em um tratado médico — uma das estratégias favoritas dos Negadores da Peste — é uma tarefa plena de dificuldades e imprecisões. O carbúnculo de um médico pode ser o furúnculo da peste de um outro. Ainda mais importante: os indícios escritos ignoram o fato de que as doenças, como as pessoas, mudam frequentemente com o tempo. O sarampo e a sífilis têm hoje uma aparência e um comportamento muito diferentes daqueles que tinham quando surgiram pela primeira vez entre a população europeia.

O DNA é uma ferramenta de diagnóstico muito mais confiável. Com isso em mente, no fim dos anos 1990, uma equipe de paleomicrobiologistas removeu polpas dentárias de cadáveres enterrados em duas valas comuns da peste no sul da França e as submeteram a testes. Uma das valas era do período da Peste Negra; a outra, de uma recorrência posterior da peste. Em uma série de trabalhos publicados nos *Proceedings of the National Academy of Sciences* (Atas da Academia Nacional de Ciências), os pesquisadores franceses relataram ter encontrado o DNA do *Y. pestis* nas duas amostras.[901] O trabalho dos franceses precisa ainda ser confirmado por pesquisadores em outros laboratórios — o último passo para a aceitação científica —, mas Didier Raoult, o principal pesquisador do estudo desse DNA, tem confiança nas descobertas da equipe. A "Peste Negra medieval foi a peste", diz ele categoricamente.

* * *

Mas que tipo de peste?

Adotar o ponto de vista russo e descrever a Peste Negra como um surto da peste das marmotas ajudaria a explicar muitas das discrepâncias que incomodam os Negadores da Peste. Por exemplo, o tropismo para os pulmões ocasionado pela peste das marmotas explicaria a incidência aparentemente alta da doença pneumônica — mesmo nos climas quentes, onde a temperatura não teria favorecido sua transmissão. Além disso, a peste das marmotas é a única forma de peste dos roedores que é contagiosa; as marmotas transmitem a peste como os humanos, através de uma versão das marmotas para a tosse.[902]

É claro que a peste das marmotas ainda é a peste das marmotas. Mas, se a doutora Wendy Orent estiver correta, e em algum momento a doença das marmotas evoluiu para uma forma humana distinta, dada sua herança genética, uma peste "humanizada" como essa poderia muito bem produzir sintomas como dor no peito, expectoração de sangue e, à medida que os pulmões e a garganta se tornassem gangrenosos e corrompidos, um odor fétido no corpo e no hálito. Uma versão humanizada do *Y. pestis* também explicaria a ausência das mortes entre os ratos. Uma condição desse tipo se transmitiria como o frei Michele e Louis Heyligen descrevem a transmissão da Peste Negra, diretamente de uma pessoa para outra, através da respiração, embora fosse muito provável que outras formas de transmissão também tivessem se desenvolvido. Portanto, a doutora Orent acredita que a *P. irritans*, a pulga humana,[903] teria exercido papel importante na transmissão de uma peste "humanizada".

Como seus colegas russos, muitos microbiologistas norte-americanos rejeitam os argumentos dos Negadores da Peste, mas por motivos diferentes. A maioria dos cientistas norte-americanos não aceita a teoria russa de cepas da peste específicas a cada "hospedeiro" — ou seja, que a letalidade de uma específica cepa do *Y. pestis* seja moldada por sua história evolucionária com determinadas espécies de roedores. O bacilo da peste tem apenas entre 15 mil e 20 mil anos de idade, afirma o professor Robert Brubaker, decano dos pesquisadores norte-americanos da peste. Em termos evolucionários, o doutor Brubaker acredita que isso não é tempo suficiente para que o bacilo tenha evoluído muito além da sua forma original.[904]

Na opinião do doutor Brubaker e da maioria de seus colegas, a Peste Negra e a Terceira Pandemia foram exemplos clássicos da peste trazida por ratos. Sob o ponto de vista norte-americano, as diferenças entre os dois surtos podem ser amplamente explicadas em termos de fatores externos. Um dos mais importantes desses fatores externos são os níveis muito diferentes de conhecimento que estavam à disposição dos médicos do século XIV e do final do século XIX. Pela observação direta, os europeus medievais sentiram que a peste era afetada por fatores como o saneamento, a nutrição e a movimentação de mercadorias e pessoas, mas este conhecimento prático estava vinculado a crenças sobre a importância da astronomia, dos miasmas e dos humores corpóreos.

"No final do século XIX".[905] declara o doutor Brubaker, "os médicos e os cientistas compreendiam os princípios do contágio [...][e] tinham um bom conhecimento prático sobre como as doenças infecciosas se transmitem e sobre as medidas necessárias para se salvaguardar a saúde pública." Um subproduto dessa nova compreensão foi que *insights* com setecentos anos de idade agora puderam ser transformados em efetivas estratégias de saúde pública. A comissão municipal de saúde da Florença da Peste Negra pode ter tido pouco sucesso com suas medidas sanitárias, mas "os membros da Comissão sobre a Peste na Índia acreditavam que eram capazes de evitar a catástrofe impondo controles eficientes sobre as condições sanitárias públicas e hospitalares",[906] afirma a historiadora e médica Ann Carmichael, da Universidade de Indiana.

Medidas sanitárias eficientes também exerceram um papel importante no controle de surtos da peste em Hong Kong e em Cantão em meados dos anos 1890. Contudo, nessas localidades os médicos citaram duas outras medidas que ecoavam da Peste Negra como sendo também importantes — nutrição adequada e cuidados apropriados com os doentes.[907]

Vale mencionar que, quando medidas como o controle rígido das condições sanitárias falharam, como aconteceu em Bombaim durante um surto da doença em 1897, a peste da Terceira Pandemia rapidamente começou a se comportar como a peste do tempo da Peste Negra. Em um hospital de Bombaim, que um membro da comissão da peste caracterizou como pleno de "fadiga, miséria, imundície, pobreza e superlotação",[908] a taxa de mortalidade chegou a 64,5% na primavera de 1897. O professor Cohn pode estar correto ao dizer que nenhum surto da Terceira Pandemia produziu mortes na escala da Peste Negra, mas, nos terríveis meses entre agosto de 1896 e fevereiro de 1897, Bombaim perdeu 19 mil pessoas em decorrência da doença.

Uma moderna interpretação de outro aspecto das medidas sanitárias — a higiene pessoal — também pode ajudar a explicar por que, se a Peste Negra fora um surto da peste dos ratos, houve tão poucas mortes de ratos. Dadas as condições de higiene do corpo humano medieval, é muito provável que a *P. irritans*, que se alimenta do sangue de pessoas, e não do de roedores, tenha representado um importante papel na transmissão da peste de pessoa para pessoa.[909]

Os Negadores da Peste argumentam há muito tempo que a picada da *P. irritans*, ao contrário da *X. cheopis*, transmite um número pequeno demais de bacilos da peste para que ela venha a ser um eficaz vetor da doença. No entanto, essa fraqueza pode não ter importado durante a Peste Negra. Qualquer que tenha sido sua forma, a peste medieval era extraordinariamente virulenta; as concentrações muito elevadas de bacilos no sangue humano podem ter transformado até mesmo vetores fracos entre os insetos em eficientes transportadores da peste. Além disso, não se sabe com clareza se a pulga humana é um vetor assim tão fraco da doença. Observadores tão distintos quanto o general Ishii (inventor da bomba da peste japonesa), a Inteligência do Exército dos Estados Unidos e Giovanni Boccaccio já testemunharam sobre a eficiência da *P. irritans* como portadora da doença. Os dois porcos que Boccaccio descreveu caindo mortos depois de fuçar em trapos quase certamente foram mortos pelas picadas da *P. irritans*, que é uma pulga de suínos e de humanos.

Talvez o testemunho mais convincente da efetividade da pulga humana como vetor da peste venha do doutor Kenneth Gage, chefe da Divisão da Peste dos Centros de Controle de Doenças. A partir de sua experiência pessoal no combate à doença nas modernas África, Ásia e América do Sul, o doutor Gage ficou convencido de que a pulga humana exerce um papel importante, mas subestimado, na transmissão da peste.

A parte mais fraca da teoria da "Peste Negra como uma doença unicamente transmitida por rato" envolve a incidência aparentemente muito alta da forma pneumônica da doença. Infecções pneumônicas secundárias ocorrem na peste bubônica, mas, pelo menos na experiência moderna, apenas raramente. O estudioso francês Jean-Noël Biraben levanta a hipótese de que o clima excepcionalmente frio do século XIV pode ter sido especialmente "amistoso" para a forma pneumônica. O problema com a teoria de Biraben é que, ao sul dos Alpes, o clima ainda era quente quando a Peste Negra chegara.[910]

Uma explicação possível para a alta taxa da Peste Negra "pneumônica" é que duas cepas da doença estavam ativas em 1348 e 1349. O surto da peste pneumônica na Manchúria, em 1911, surgiu das marmotas. No entanto, a epidemia ocorreu no meio da peste bubônica da Terceira Pandemia, que fora originada por ratos. Será que algo semelhante ocorrera na Peste Negra? Outra possibilidade é que, durante os anos de meados do século XIV, o *Y. pestis* tenha passado por uma essencial mudança evolucionária, conforme sugere a doutora Orent.

A medievalista e médica Ann Carmichael também tem uma teoria sobre a peste medieval, teoria que se aplica não apenas à alta incidência da doença pneumônica, mas também, de forma mais ampla, ao motivo pelo qual, em muitos índices clínicos epidemiológicos, ela parece tão diferente da Terceira Pandemia. "Pode ter havido algo fundamentalmente distinto a respeito da natureza do mundo pré-moderno",[911] afirma a doutora Carmichael, "algo que não compreendemos e que não pode ser reproduzido hoje, nem mesmo em regiões do Terceiro Mundo."

Contudo, quanto a uma coisa podemos ter certeza.

O microbiologista Didier Raoult está correto; a Peste Negra foi um surto de peste.

NOTAS

Primeiro Capítulo: Oimmeddam

1. Ibn Battuta, em W. Heyd, *Histoire du commerce du Levant au moyen age*, vol. 2 (Leipzig: O. Harrassowitz, 1936), pp. 172-74.
2. J. R. S. Phillips, *The Medieval Expansion of Europe*, 2ª ed. (Oxford: Clarendon Press, 1998), p. 238.
3. Eileen Power, *Medieval People* (Nova York: Harper & Row, 1963), p. 42.
4. Steven A. Epstein, *Genoa and the Genovese, 958-1528* (Chapel Hill: University of North Carolina Press, 1996), p. 166.
5. Phillips, *The Medieval Expansion of Europe*, p. 100.
6. W. Heyd, *Histoire du commerce du Levant*, pp. 170-74. Ver também: G. Balbi e S. Raiteri, *Notai genovesi in Oltremare Atti rogati a Caffa e a Licostomo* (Gênova: 1973), seção 14; R. S. Lopez, *Storie delle Colonie Genovese nel Mediterraneo* (Bolonha: 1930).
7. J. F. C. Hecker, *The Epidemics of the Middle Ages*, trad. B. G. Babington (Londres: Trübner, 1859), pp. 12-15.
8. Sir Henry H. Howorth, *History of the Mongols, from the 9th to the 19th Century*, vol. 2 (Londres: 1888), p. 87.
9. Gabriele de Mussis, citado em Stephen D'Irsay, "Defense Reactions During the Black Death", *Annals of Medical History* 9 (1927), p. 169.

10 Louis Heyligen, "Breve Chronicon Cleric Anonymi", excerto de *The Black Death: Manchester Medieval Sources*, trad. e org. Rosemary Horrox (Manchester: Manchester University Press, 1994), pp. 41-42.

11 Phillips, *The Medieval Expansion of Europe*, p. 102.

12 René Grousset, *Empire of the Steppes: A History of Central Asia* (New Brunswick, NJ: Rutgers University Press, 1970), p. 249.

13 Francesco Balducci di Pegolotti, em R. S. Lopez e Irving W. Raymond, *Medieval Trade in the Mediterranean World: Illustrative Documents Translated with Introductions and Notes* (Nova York: Columbia University Press, 1955), pp. 355-58.

14 A. A. Vasiliev, *The Goths in the Crimea* (Cambridge, MA: Mediaeval Academy of America, 1936), p. 48.

15 Gabriele de Mussis, "Historia de Morbo", em Horrox, *The Black Death*, p. 17.

16 Ibidem, p. 16.

17 Heyligen, "Breve Chronicon Cleric Anonymi", em Horrox, *The Black Death*, p. 42.

18 Michael W. Dols, *The Black Death in the Middle East* (Princeton: Princeton University Press, 1977), p. 40.

19 Ibidem, p. 41.

20 William H. McNeill, *Plagues and Peoples* (Nova York: Anchor Books, 1976), p. 173.

21 Dols, *The Black Death in the Middle East*, p. 41.

22 Jean-Noël Biraben, *Les hommes et la peste en France et dans les pays européens et méditerranéens*, vol. 1 (Paris: Mouton & Co., 1975), pp. 49-55.

23 J. Stewart, *Nestorian Missionary Enterprise: The Story of a Church on Fire* (Edimburgo: T. & T. Clark, 1928), p. 198.

24 Robert S. Gottfried, *The Black Death: Natural and Human Disaster in Medieval Europe* (Nova York: Free Press, 1983), p. 36.

25 Ole J. Benedictow, *The Black Death, 1346-1353: The Complete History* (Woodbridge, Suffolk: Boydell Press, 2004), p. 50.

26 De Mussis, "Historia de Morbo", em Horrox, *The Black Death*, p. 17.

27 Benedictow, p. 52.
28 citado em Philip Ziegler, *The Black Death* (Nova York: Harper & Row, 1969), p. 16.
29 David E. Stannard, "Disease, Human Migration and History", em *The Cambridge World History of Human Disease* (Cambridge: Cambridge University Press, 1993), p. 35.
30 Robert R. Brubaker, "The Genus *Yersinia*", *Current Topics in Microbiology* 57 (1972): p. 111.
31 Harold Foster, "Assessing the Magnitude of Disaster", *Professional Geographer* 28 (1976): pp. 241-47.
32 David Herbert Donald, "The Ten Most Significant Events of the Second Millennium", em *The World Almanac and Book of Facts* (Mahwah, NJ: Primedia, 1999), p. 35.
33 Jack Hirshleifer, *Disaster and Recovery: the Black Death in Western Europe*, preparado para a Seção de Análises Técnicas da Comissão de Energia Atômica dos Estados Unidos (Los Angeles: RAND Corporation, 1966), pp. 1-2.
34 Ziegler, *The Black Death*, p. 230. Ver também: Maria Kelly, *A History of the Black Death in Ireland* (Stroud, Gloucestershire: Tempus, 2001), p. 41; "The Black Death in the Middle Ages", *Dictionary of the Middle Ages*, org. Joseph R. Strayer (Nova York: Charles Scribner, 1982), p. 244; Horrox, *The Black Death*, p. 3; William Naphy e Andrew Spicer, *The Black Death and History of Plagues, 1345-1730* (Stroud, Gloucestershire: Tempus, 2000), pp. 34-35.
35 Francesco Petrarca, "Carta de Parma", em Horrox, *The Black Death*, pp. 248-49.
36 Gottfried, *The Black Death*, p. 35.
37 Ibn Khaldun, em Dols, *The Black Death in the Middle East*, p. 67.
38 McNeill, *Plagues and Peoples*, p. 174.
39 Naphy e Spicer, *The Black Death and History of Plagues*, p. 35.
40 M. G. L. Baillie, "Putting Abrupt Environmental Change Back into Human History", em *Environments and Historical Change*, org. Paul Slack (Oxford: Oxford University Press, 1998), pp. 52-72. Ver também Bruce M. S. Campbell, "Britain 1300", *History Today*, junho de 2000.

41 Comunicação pessoal, doutor Ken Gage, chefe da Divisão de Controle de Pestes, Centros para o Controle e Prevenção de Doenças, Centros para o Controle de Doenças dos Estados Unidos.
42 M. G. L. Baillie, "Marking in Marker Dates: Towards an Archeology with Historical Precision", *World Archeology* 23, n? 2 (outubro de 1991): 23.
43 Gottfried, *The Black Death*, p. 34.
44 Comunicação pessoal, M. G. L. Baillie, professor da Escola de Arqueologia e Paleoecologia da Queen's University, Belfast.
45 Robert Pollitzer, *Plague* (Genebra: Organização Mundial da Saúde, 1954); L. Fabian Hirst, *The Conquest of Plague: A Study of the Evolution of Epidemiology* (Oxford: Clarendon Press, 1953); Wu Lien-Teh et al., *Plague: A Manual for Medical and Public Health Workers* (Xangai, Weishengshu National Quarantine Service, Xangai Station, 1936); Wu Lien-Teh, *A Treatise of Pneumonic Plague* (Genebra: 1926); Comissão de Pesquisa da Peste, "On the Seasonal Prevalence of Plagues in India", *Journal of Hygiene* 8 (1900): 266-301; Comissão de Pesquisa da Peste, "Statistical Investigation of Plague in the Punjab, Third Report on Some Factors Which Influence the Prevalence of Plague", *Journal of Hygiene* 11 (1911): 62-156.
46 David Herlihy, em *The Black Death and the Transformation of the West*, org. Samuel K. Cohn, Jr. (Cambridge, Mass.: Harvard University Press, 1997), p. 34.
47 Herlihy, em *The Black Death and the Transformation of the West*, p. 34.
48 William Chester Jordan, *The Great Famine: Northern Europe in the Fourteenth Century* (Princeton: Princeton University Press, 1996), pp. 118, 147.
49 Jean-Pierre Leguay, *La rue au Moyen Age* (Paris: Éditions Ouest-France, 1984).
50 Giovanni Boccaccio, *The Decameron*, trad. G. H McWilliam (Londres: Penguin Books, 1972), p. 308.
51 Terence McLaughlin, *Coprophilia, Or a Peck of Dirt* (Londres: Cassell, 1971), p. 19.
52 Benedictow, *The Black Death, 1346-1353*, pp. 33, 34.

53 "The Report of the Paris Medical Faculty, October 1348", em Horrox, *The Black Death*, p. 158.
54 "Tractatus de pestilentia", em *Archive für Geschichte der Medizin*, org. Karl Sudhoff (Berlim: 1912), p. 84.
55 Henry Knighton, "Chronicon Henrici Knighton", em Horrox, *The Black Death*, p. 130.
56 Graham Twigg, *The Black Death: A Biological Reappraisal* (Londres: Batsford Academic and Educational, 1984), p. 21.
57 Robert R. Brubaker, "*Yersinia pestis*", em *Molecular Medical Microbiology*, org. M. Sussman (Londres: Academic Press, 2001), pp. 2.033-2.058.
58 Robert Perry e Jacqueline D. Fetherstone, "*Yersinia pestis* — Etiologic Agent of the Plague", *Clinical Microbiology Review* 10, n.º 1 (janeiro de 1997): p. 58.
59 Benedictow, *The Black Death, 1346-1353: The Complete Story*, p. 26.
60 Comunicação pessoal, com o doutor Kenneth Gage, chefe da Divisão de Controle de Pestes, CDC.
61 Benedictow, p. 28.
62 Ibidem, p. 26.
63 Jon Arrizabalaga, "Facing the Black Death: Perceptions and Reactions of University Medical Practitioners", em *Practical Medicine from Salerno to the Black Death*, org. Luis Garcia-Ballester, Robert French, Jon Arrizabalaga e Andrew Cunningham (Cambridge: Cambridge University Press, 1994), pp. 242-43.
64 Samuel K. Cohn, Jr., *The Black Death Transformed: Disease and Culture in Early Renaissance Europe* (Londres: Arnold, 2002), p. 104.
65 J. Clairborne Stephens et al., "Dating the Origin of the CCR5-Δ32 AIDS-Resistance Allele by the Coalescence of Haplotypes", *American Journal of Human Genetics* 62 (1998): 1507-15. Ver também: Cohn, *The Black Death Transformed*, p. 250.
66 "The Report of the Paris Medical Faculty, October 1348", em Horrox, *The Black Death*, p. 158.
67 "Letter of Edward III to Alfonso, King of Castile", em Horrox, *The Black Death*, p. 250.

68 W. Rees, "The Black Death in England and Wales", *Proceedings of the Royal Society of Medicine*, vol. 16 (parte 2 [1920]): 134.

69 Em *Annalium Hibernae Chronicon*, org. R. Butler (Dublin: Irish Archaeological Society, 1849), p. 37.

70 Marchionne di Coppo Stefani, *Cronica fiorentina*, org. Niccolo Rodolico, RIS, XXX/1 (Città di Castello: 1903).

71 Agnolo di Tura del Grasso, "Cronaca sense attribuita ad Agnolo di Tura del Grasso", em *Cronache senesi*, org A. Lisini e F. Iacometti, RIS, XV/6 (Bolonha: 1931-37), p. 555.

72 Posturas Municipais de Pistoia, 1348, citadas em Horrox, *The Black Death*, pp. 195-203.

73 Crônica de Neuburg, em Ziegler, *The Black Death*, p. 84.

74 Thomas Walsingham, *Historia Anglicana 1272-1422*, H. T. Riley (org.), 2 vols., Rolls Series, 1863-64, vol. 1, p. 275.

75 Hecker, p. 13.

Segundo Capítulo: "Eles São Monstros, Não Homens"

76 R. S. Lopez e Irving W. Raymond, *Medieval Trade in the Mediterranean World: Illustrative Documents Translated with Introductions and Notes* (Nova York: Columbia University Press, 1955), pp. 355-58.

77 J. R. S. Phillips, *The Medieval Expansion of Europe* (Oxford: Clarendon Press, 1998), p. 100.

78 René Grousset, *Empire of the Steppes: A History of Central Asia* (New Brunswick, N.J.: Rutgers University Press, 1970), p. 249.

79 William de Rubruck, *The Mission of Friar William of Rubruck: His Journey to the Court of the Great Khan Möngke, 1253-1255*, trad. Peter Jackson (Londres: Hakluyt Society, 1990), pp. 89-90.

80 René Grousset, *Histoire de l'Asie* (Paris: 1922), p. 130.

81 Ibn Battuta, em *Cathay and the Way Thither: Being a Collection of Medieval Notices of China*, trad. e org. Coronel Sir Henry Yule (Londres: Hakluyt Society, 1913-16), p. 94.

82 Robert Marshall, *Storm from the East: From Genghis Khan to Khubilai Khan* (Berkeley: University of California Press, 1994), p. 121.
83 J. Stewart, *Nestorian Missionary Enterprise: The Story of a Church on Fire* (Edimburgo: T. & T. Clark, 1928), p. 7.
84 Eileen Power, "The Opening of the Land Routes to Cathay", em *Travel and Travellers of the Middle Ages*, org. Arthur Percival Newton (Londres: K. Paul, Trench, Trubner & Co., 1926), p. 147.
85 Rubruck, *The Mission of Friar William of Rubruck*, p. 50.
86 Ibidem, p. 229.
87 Power, "The Opening of the Land Routes to Cathay", p. 128.
88 Phillips, *The Medieval Expansion of Europe*, pp. 104-5.
89 Power, "The Opening of the Land Routes to Cathay", p. 137.
90 Ibidem, pp. 140-41.
91 Stewart, *Nestorian Missionary Enterprise*, p. 193. Ver também: Power, "The Opening of the Land Routes to Cathay", pp. 134-35.
92 Howorth, *History of the Mongols*, p. 310.
93 Phillips, *Medieval Expansion of Europe*, p. 99, e Power, "The Opening of the Land Routes to Cathay", p. 142. Ver também: McNeill, *Plagues and Peoples*, p. 163.
94 Hirst, *Conquest of Plague*, p. 189.
95 A. K. Tasherkasoff, *Memories of a Hunter in Siberia*. Wu Lien-Teh et al., *Plague: A Manual for Medical and Public Health Workers* (Xangai, Weishengshu National Quarantine Service, Shanghai Station, 1936), p. 198.
96 Ibidem, p. 7.
97 Wendy Orent, *Plague: The Mysterious Past and Terrifying Future of the World's Most Dangerous Disease* (Nova York: Free Press, 2004), pp. 56-60, 158.
98 Ibidem, p. 58.
99 Wu Lien-Teh, "The Original Home of the Plague", *Japan Medical World* 4, n? 1 (15 de janeiro de 1924): 7. Ver também: Orent, *Plague*, pp. 55-60.
100 Doutor Robert R. Brubaker, professor de Microbiologia da Michigan State University, comunicação pessoal.

101 Mark Achtman et al., "*Yersinia pestis*: The Cause of the Plague Is a Recently Emerged Clone of Yersinia pseudotuberculosis", *Proceedings of the National Academy of Sciences* 46, nº 24 (23 de novembro de 1999): 14.043-48.
102 Brubaker, "*Yersinia pestis*", pp. 2.033-2.058.
103 Samuel K. Cohn Jr., *The Black Death Transformed: Disease and Culture in Early Renaissance Europe* (Londres: Arnold, 2002), p. 132.
104 Robert Perry e Jacqueline D. Fetherstone, "*Yersinia pestis* — Etiologic Agent of Plagues", *Clinical Microbiology Review* 10, nº 1 (janeiro de 1997): p. 52.
105 Thomas W. McGovern, M.D., e Arthur M. Friedlander, M.D., "Plague", em *Military Aspects of Chemical and Biological Warfare* (Washington, DC: Office of the Surgeon General at TNN, 1997), pp. 483-85.
106 Ibidem, p. 485.
107 Perry e Fetherstone, "*Yersinia pestis*", p. 53.
108 Cohn, *The Black Death Transformed*, p. 252.
109 Perry e Fetherstone, "*Yersinia pestis*", p. 52.
110 Hirst, *The Conquest of Plague*, p. 214.
111 Ibidem.
112 Ibidem, p. 217.
113 Graham Twigg, *The Black Death: A Biological Reappraisal* (Londres: Batsford Academic and Educational, 1984), pp. 164-65.
114 Robert S. Gottfried, *The Black Death: Natural and Human Disaster in Medieval Europe* (Nova York: Free Press, 1983), p. 34.
115 Ibidem, p. 14.
116 McNeill, *Plagues and Peoples*, p. 175.
117 Stewart, *Nestorian Missionary Enterprise*, p. 199.
118 Ibidem, p. 193.
119 Ibidem, pp. 212-13.
120 Thomas Butler, *Plague and Other Yersinia Infections* (Nova York: Plenum Medical Book Co., 1983), p. 17.
121 Ibidem, p. 18.
122 William Ernest Jennings, *A Manual of Plague* (Londres: Rebman, 1903), pp. 39-40.

123 Jean-Noël Biraben e Jacques Le Goff, "The Plague in the Early Middle Ages", em *Biology of Man in History*, org. Robert Foster e Orest Ranum (Baltimore: Johns Hopkins University Press, 1975), p. 58.
124 Ibidem.
125 M. G. L. Baillie, "Putting Abrupt Environmental Change Back into Human History", em *Environments and Historical Change*, org. Paul Slack (Oxford: Oxford University Press, 1998), pp. 55-56.
126 Georges Duby, *The Early Growth of the European Economy*, trad. Howard B. Clarke (Ithaca, NY: Cornell University Press, 1974), p. 10.
127 "History of Evagrius Scholastica Ecclesiastica", trad. M. Whitley (Liverpool: University of Liverpool, 2000), pp. 229-33.
128 P. Allen, "The 'Justinianic' Plague in Byzantion", *Revue Internationale des Études Byzantines* 49 (1979): 5-20.
129 Ibidem, p. 12.
130 Biraben e Le Goff, "The Plague in the Early Middle Ages", p. 57.
131 McNeill, *Plagues and Peoples*, pp. 131-32.
132 Gottfried, *The Black Death*, p. 12.
133 "Demography", em Joseph Strayer, org., *The Dictionary of the Middle Ages* (Nova York: Scribner, 1982), p. 140.
134 David Herlihy, "Ecological Conditions and Demographic Changes", em *Western Europe in the Middle Ages* (Boston: Houghton Mifflin, 1977), p. 4.
135 "Demography", em *The Dictionary of the Middle Ages*, p. 140.
136 "Climatology", Ibidem, p. 456.
137 Gottfried, *The Black Death*, p. 25.
138 Herlihy, "Ecological Conditions and Demographic Changes", p. 18.
139 Ibidem, p. 17.
140 "David Levine, *At the Dawn of Modernity: Biology, Culture, and Material Life in Europe After the Year 1000* (Berkeley: University of California Press, 1996), p. 169.
141 "Demography", em *The Dictionary of the Middle Ages*, p. 141.
142 "Demography", Ibidem, p. 141.
143 "Demography", Ibidem.

144 Edward Britton, *The Community of the Vill: A Study in the History of the Family and Village Life in Fourteenth-Century England* (Toronto: Macmillan of Canada, 1977), p. 138.
145 "Demography", em *The Dictionary of the Middle Ages*, p. 140.
146 Joseph e Frances Gies, *Life in a Medieval City* (Nova York: Harper & Row, 1969), p. 86.
147 Power, "The Opening of the Land Routes to Cathay", p. 137.
148 Eileen Power, *Medieval People* (Nova York: Harper & Row, 1963), p. 42.
149 Marshall, *Storm from the East*, p. 97.
150 Phillips, *The Medieval Expansion of Europe*, p. 62.
151 Marshall, *Storm from the East*, p. 88.
152 Power, "The Opening of the Land Routes to Cathay", p. 127.
153 Phillips, *The Medieval Expansion of Europe*, p. 63.
154 Ibidem.
155 Ibidem, p. 60.
156 Marco Polo, em Wu Lien-Teh, *Plague: A Manual for Medical and Public Health Workers*, p. 199.

Terceiro Capítulo: A Véspera do Dia de Finados

157 Edward Britton, *The Community of the Vill: A Study in the History of the Family and Village Life in Fourteenth-Century England* (Toronto: Macmillan of Canada, 1977), p. 138.
158 Ibidem, pp. 11-12.
159 Ibidem, p. 29.
160 Ibidem, pp. 42-43.
161 Barbara A. Hanawalt, *The Ties That Bound: Peasant Families in Medieval England* (Oxford: Oxford University Press, 1986), p. 58.
162 Brian M. Fagan, *The Little Ice Age: How Climate Made History, 1300-1850* (Nova York: Basic Books, 2000), p. 33.
163 David Herlihy, "The Generation in European History", em *The Social History of Italy and Western Europe, 700-1500*, vol. 12 (Londres: Variorum Reprints, 1978), p. 351.

164 Hanawalt, *The Ties That Bound*, p. 110.
165 Christopher Dyer, *Making a Living in the Middle Ages: The People of Britain 850-1520* (New Haven: Yale University Press, 2000), p. 239.
166 Ibidem.
167 Ibidem, p. 236.
168 Ibidem, p. 243.
169 David Herlihy, em *The Black Death and the Transformation of the West*, org. Samuel K. Cohn Jr. (Cambridge, Mass.: Harvard University Press, 1997), p. 38.
170 "Climatology", em *The Dictionary of the Middle Ages*, pp. 454-55. Ver também: Philip Ziegler, *The Black Death* (Harper & Row, 1969), p. 32.
171 "Climatology", em *The Dictionary of the Middle Ages*, p. 455.
172 Fagan, *The Little Ice Age*, pp. 48-49.
173 Ian Kershaw, "The Great Famine and Agrarian Crisis in England, 1315-1322", *Past and Present* 59 (maio de 1975), p. 7.
174 William Chester Jordan, *The Great Famine: Northern Europe in the Fourteenth Century* (Princeton: Princeton University Press, 1996), p. 24.
175 Henry Lucas, "The Great European Famine of 1315, 1316, and 1317", *Speculum* 5 (1930): 348.
176 Ibidem, p. 346.
177 Jordan, *The Great Famine*, p. 143.
178 Ibidem, p. 141.
179 Ibidem, p. 135.
180 Lucas, "The Great European Famine", p. 352.
181 Dyer, *Making a Living in the Middle Ages*, p. 230.
182 John de Trokelowe, em John Aberth, *From the Brink of the Apocalypse: Confronting Famine, War, Plague, and Death in the Later Middle Ages* (Nova York: Routledge, 2000), p. 13.
183 Ibidem, p. 14.
184 Jordan, *The Great Famine*, p. 148.
185 Ibidem, pp. 149-50.
186 Ibidem, p. 271.
187 Dyer, *Making a Living in the Middle Ages*, p. 231.

188 Lucas, "The Great European Famine", p. 360.
189 Aberth, *From the Brink of the Apocalypse*, p. 35.
190 Dyer, *Making a Living in the Middles Ages*, p. 229.
191 Jordan, *The Great Famine*, p. 143.
192 Lucas, "The Great European Famine", p. 367.
193 Jordan, *The Great Famine*, p. 144.
194 Ibidem, p. 144.
195 Aberth, *From the Brink of the Apocalypse*, p. 54.
196 Kershaw, *The Great Famine and Agrarian Crisis*, pp. 20-21. Ver também: Jordan, *The Great Famine*, p. 36.
197 Ibidem, p. 14.
198 Aberth, *From the Brink of the Apocalypse*, pp. 14-15.
199 Dyer, *Making a Living in the Middle Ages*, p. 235.
200 Jordan, *The Great Famine*, p. 148.
201 Giovanni Morelli, em Herlihy, *The Black Death and the Transformation of the West*, p. 33.
202 Simon Couvin, em Herlihy, *The Black Death and the Transformation of the West*, p. 33.
203 Biraben, *Les hommes et la peste en France et dans les pays européens et méditerranéens*, vol. 1 (Paris: Mouton, 1975), pp. 131-32.
204 Cohn, *The Black Death Transformed: Disease and Culture in Early Renaissance Europe* (Londres: Arnold, 2002), p. 32.
205 Jordan, *The Great Famine*, p. 186.
206 S. E. Moore, A. C. Cole et al., "Prenatal or Early Postnatal Events Predict Infectious Deaths in Young Adulthood in Rural Africa", *International Journal of Epidemiology* 28, n? 6 (dezembro de 1999): 1.088-1.095.
207 Jordan, *The Great Famine*, pp. 186-87.
208 Ernest L. Sabine, "City Cleaning in Medieval London", *Speculum* 12, n? 1 (1937): 29.
209 *Stefan's Florilegium*, org. Mark Harris, 19 de maio de 1997, stefan@florilegium.org. Ver também: www.florilegium.org.
210 Ibidem.
211 Hirst, *The Conquest of Plague*, p. 124.

212 Shi Tao-nan, em Wu Lien-Teh et al., *Plague*, p. 12.
213 J. Laurens Nicholes, *Vandals of the Night* (Los Angeles, 1948), pp. 18-19.
214 Robert Pollitzer, *Plague* (Genebra: Organização Mundial da Saúde, 1954), p. 286.
215 Nicholes, *Vandals of the Night*, p. 22.
216 Jaak Panksepp e Jeffrey Burgdorf, "'Laughing' Rats and the Evolutionary Antecedents of Human Joy?", *Physiology and Behavior* 79 (2003): 533-47.
217 Pollitzer, *Plague*, p. 294.
218 F. Audoin-Rouzeau, "Le rat noir (*Rattus rattus*) et la peste dans l'occident antique et médiéval", *Bulletin de la Société de Pathologie Exotique* 92, n.º 5 (1999):125-35.
219 Sabine, "City Cleaning in Medieval London", p. 26.
220 Lucinda Lambton, *Temples of Convenience and Chambers of Delight* (Nova York: St. Martin's Press, 1995), p. 9.
221 Sabine, "City Cleaning in Medieval London", p. 21.
222 *Memorials of London and London Life in the XIIIth, XIVth, and XVth Centuries,* org. H. T. Riley (Londres: Londres, Longmans, Green and Co., 1868), p. 295.
223 Sabine, "City Cleaning in Medieval London", p. 23.
224 Ibidem, p. 30.
225 Ibidem.
226 Philip Ziegler, *The Black Death* (Nova York: Harper & Row, 1969), p. 156.
227 Graham Twigg, *The Black Death: A Biological Reappraisal* (Londres: Batsford Academic and Educational, 1984), p. 102.
228 Ibidem, p. 105.
229 Edward Gibbon, em McLaughlin, *Coprophilia*, p. 7.
230 Ibidem, p. 11.
231 Ibidem.
232 Ibidem, p. 7.
233 Ibidem, p. 86.
234 *Stefan's Florilegium*, org. Mark Harris, 19 de maio de 1997, stefan@florilegium.org.
235 Aberth, *From the Brink of the Apocalypse*, p. 63.

236 Clifford J. Rogers, "The Age of the Hundred Years War", em *Medieval Warfare: A History*, org. Maurice Keen (Oxford: Oxford University Press, 1999), p. 137.
237 Aberth, *From the Brink of the Apocalypse*, p. 63.
238 Rogers, "The Age of the Hundred Years War", p. 136.
239 Aberth, *From the Brink of the Apocalypse*, p. 84.
240 Ibidem, p. 86.
241 Rogers, "The Age of the Hundred Years War", p. 152.
242 Tenente-coronel Lester W. Grant e major William A. Jorgensen, "Medical Support in a Counter-Guerrilla War: Epidemiologic Lessons Learned in the Soviet-Afghan War", *U.S. Army Medical Department Journal*, maio-junho de 1995, pp. 1-11.
243 Doutor Evgeni Tikhomirov, em *Plague Manual: Epidemiology, Distribution, Surveillance and Control*, org. David T. Dennis e Kenneth L. Gage (Genebra: Organização Mundial da Saúde, 1999), pp. 23, 24.
244 L. J. Legters, A. J. Cottingham e D. H. Hunter, "Clinical and Epidemiologic Notes on a Defined Outbreak of Plague in Vietnam", *American Journal of Tropical Medicine and Hygiene* 19, n? 4 (1970): 639-52.
245 Capitão de corveta Frederick M. Burkle Jr., "Plague as Seen in South Vietnamese Children", *Clinical Pediatrics* 12, n? 5 (maio de 1973): 291-98.

Quarto Capítulo: Outono Siciliano

246 Philip S. Ziegler, *The Black Death* (Nova York: Harper & Row, 1969), p. 40.
247 De Mussis, "Historia de Morbo", em *The Black Death: Manchester Medieval Sources*, trad. e org. Rosemary Horrox (Manchester: Manchester University Press, 1994), p. 19.
248 Louis Heyligen, "Breve Chronicon Clerici Anonymi", em Horrox, *The Black Death*, p. 42.
249 Giovanni Villani, citado em Robert S. Gottfried, *The Black Death: Natural and Human Disaster in Medieval Europe* (Nova York: Free Press, 1983), p. 53.

250 Albano Sorbelli, org., *Corpus Chronicorum Bononiensium*, RIS, XVIII/I, 2 vols. (Città di Castello: 1910-38), Crônica B., p. 584.
251 Gottfried, *The Black Death*, p. 38.
252 C. S. Bartsocas, "Two Fourteenth-Century Greek Descriptions of the Black Death", *Journal of the History of Medicine and Allied Sciences* 21, n? 4 (outubro de 1966): 394-95.
253 Ibidem, p. 395.
254 Michael W. Dols, *The Black Death in the Middle East* (Princeton: Princeton University Press, 1977), pp. 36-39.
255 Hecker, *Epidemics of the Middle Ages*, p. 13.
256 Ibidem.
257 Ibidem.
258 Leonardo Sciascia, *La Sicile comme métaphore* (Paris: Editions Stock, 1979), p. 53.
259 Michele da Piazza, "Bibliotheca Scriptorum qui res in Sicilica getas sub aragonum imperio retulere", extraído de Horrox, *The Black Death*, p. 36.
260 Jean-Noël Biraben, *Les hommes et la peste en France et dans les pays européens et méditerranéens*, vol. 1 (Paris: Mouton, 1975), pp. 49-55.
261 Ibidem.
262 Mark Wheelis, "Biological Warfare at the 1346 Siege of Caffa", *Emerging Infectious Diseases* 8, n? 9 (2002): 974-75.
263 Da Piazza, "Bibliotheca Scriptorum", em Horrox, *The Black Death*, p. 36.
264 Ibidem.
265 Ibidem, p. 38.
266 Ibidem, pp. 38-39.
267 Ziegler, *The Black Death*, p. 133.
268 De Mussis, "Historia de Morbo", em Horrox, *The Black Death*, p. 21.
269 Da Piazza, "Bibliotheca Scriptorum", em Horrox, *The Black Death*, p. 39.
270 Ibidem, pp. 38-39.
271 Ibidem, p. 37.
272 Ibidem, p. 41.
273 Ziegler, *The Black Death*, p. 62.

274 Citado em Benjamin Z. Kedar, *Merchants in Crisis: Genoese and Venetian Men of Affairs and the Fourteenth-Century Depression* (New Haven: Yale University Press, 1976), p. 9.
275 Heyligen, "Breve Chronicon Clerici Anonymi", em Horrox, p. 42.
276 J. C. L. Sismondi, *Histoire des Républiques Italiennes du Moyen Age*, vol. 4 (Paris: 1826), p. 11.
277 Em Ziegler, *The Black Death*, p. 44.
278 Hecker, *Epidemics of the Middle Ages*, p. 14.
279 Ziegler, *The Black Death*, p. 45.
280 Genovês anônimo, em *Poete del Duecento*, vol. 1, org. G. Contini (Milão e Nápoles: 1961), p. 751.
281 Biraben, *Les Hommes et la peste en France*, pp. 53-55.
282 Ibidem.
283 Steven A. Epstein, *Genoa and the Genoese, 958-1528* (Chapel Hill: University of North Carolina Press, 1996), p. 211.
284 Ibidem, pp. 211-12.
285 Citado em Kedar, *Merchants in Crisis: Genoese and Venetian Men of Affairs and the Fourteenth-Century Depression*, p. 9.
286 Martino da Canale, em Eileen Power, *Medieval People* (Nova York: Harper & Row, 1963), pp. 43-45.
287 Mario Brunetti, "Venezia durante la Peste del 1348", *Ateneo Veneto* 32 (1909): 295-96.
288 D'Irsay, "Defense Reactions During the Black Death", *Annals of Medical History* 9 (1927), p. 171.
289 Ibidem, p. 297.
290 Ibidem.
291 Robert S. Gottfried, *The Black Death: Natural and Human Disaster in Medieval Europe* (Nova York: Free Press, 1983), p. 48.
292 Francis Aidan Gasquet, *The Black Death of 1348 and 1349* (Londres: George Bell and Sons, 1908), p. 65.
293 Frederick C. Lane, *Venice, a Maritime Republic* (Baltimore: Johns Hopkins University Press, 1973), p. 169.

294 D'Irsay, "Defense Reactions During the Black Death", p. 174.
295 *Cronica di Pisa di Ranieri Sardo*, org. Ottavio Banti, *Fonti per la Storia d'Italia* 99 (1963).
296 Ann G. Carmichael, *Plague and the Poor in Renaissance Florence* (Cambridge: Cambridge University Press, 1986), p. 99.
297 "Gli Ordinamenti Sanitari del Commune di Pistoia contro la Pestilenza del 1348", em *Archivio Storico Italiano*, org. A. Chiappelli, séries 4 e 20 (1887), pp. 8-12.
298 Ibidem, pp. 11-12.
299 Lynn Thorndike, *A History of Magic and Experimental Science*, vol. 3 (Nova York: Columbia University Press, 1931), pp. 237-39.
300 Ibidem, p. 243.
301 Ibidem.
302 William M. Bowsky, "The Impact of the Black Death upon Sienese Government and Society", *Speculum* 39, n° 1 (janeiro de 1964): p. 13.
303 Elizabeth Carpentier, *Une ville devant la peste: Orvieto et la peste noire de 1348* (Paris: 1962), pp. 79-81.
304 Ibidem, p. 135.
305 David Herlihy, "Plague, Population and Social Change in Rural Pistoia, 1201-1430", *Economic History Review* 18, n° 2 (1965): p. 231.
306 Shona Kelly Wray, "Last Wills in Bologna During the Black Plague", tese de doutoramento não publicada (Boulder: University of Colorado, 1998), p. 165.

Quinto Capítulo: A Última Frase de Villani

307 Giovanni Villani, em Ferdinand Schevill, *History of Florence, from the Founding of the City Through the Renaissance* (Nova York: Frederick Ungar, 1961), p. 239.
308 Ibidem.

309 Louis Green, *Chronicle into History: An Essay on the Interpretation of History in Florentine Fourteenth-Century Chronicles* (Cambridge: Cambridge University Press, 1992), pp. 1-20.
310 Ibidem, p. 13.
311 Ibidem.
312 Giovanni Villani, em Schevill, *History of Florence*, p. 222.
313 Giovanni Villani, em Gene A. Brucker, *Florence: The Golden Age, 1138-1737* (Berkeley: University of California Press, 1998), p. 251.
314 Giovanni Villani, em Green, *Chronicle into History*, p. 37.
315 Ibidem, p. 38.
316 Boccaccio, *Decameron*, trad. G. H. McWilliam (Londres: Penguin, 1972), p. 6.
317 Aliberto B. Falsini, "Firenze dopo il 1349; le Consequenze della Pestra Nera", *Archivo Storico Italiano* 130 (1971): p. 437.
318 Giovanni Villani, em Schevill, *History of Florence*, p. 240.
319 Boccaccio, *Decameron*, pp. 14-16.
320 Ibidem, p. 6.
321 Ibidem, p. 11.
322 Ibidem, pp. 8-9.
323 Ibidem, p. 9.
324 Ibidem, p. 9.
325 Ibidem.
326 Ibidem, pp. 9-10.
327 Ibidem, p. 10.
328 Ibidem, p. 12.
329 Giulia Calvi, *Storie di anno di peste...* (Milão: Bompiani, 1984), pp. 108-9.
330 Caroline Walker Bynum, "Disease and Death in the Middle Ages", *Culture, Medicine and Psychiatry* 9 (1985): 97-102.
331 Boccaccio, *Decameron*, p. 7.
332 Ibidem, p. 8.
333 Ibidem.

334 Marchione di Coppo Stefani, *Cronica fiorentina*, org. Niccolo Rodolico, RIS, XXX/1 (Città di Castello, 1903), pp. 229-32.
335 Ibidem, p. 230.
336 Stefani, pp. 229-32.
337 Ibidem, p. 231.
338 Anne G. Carmichael, *Plague and the Poor in Renaissance Florence* (Cambridge: Cambridge University Press, 1986), p. 60.
339 Falsini, "Firenze dopo il 1349", p. 439.
340 Giovanni Villani, em Schevill, *History of Florence*, p. 240.
341 Stefani, *Cronica fiorentina*, p. 230.
342 Citado em Cohn, *The Black Death Transformed*, p. 14.
343 Graham Twigg, *The Black Death: A Biological Reappraisal* (Londres: Batsford Academic and Educational, 1984), p. 139.
344 Cohn, *The Black Death Transformed*, pp. 27-28.
345 J. Michon, *Documents inédits sur la grande peste de 1348* (Paris: J.-B. Baillère et Fils, 1860), p. 46.
346 Francis Aidan Gasquet, *The Black Death of 1348 and 1349* (Londres: George Bell and Sons, 1908), pp. 8-9.
347 Giovanni Villani, em Schevill, *History of Florence*, p. 240.
348 Cohn, *The Black Death Transformed*, p. 2.
349 Twigg, *Black Death*, pp. 220-21. Ver também: Susan Scott e Christopher Duncan, *Biology of Plagues: Evidence from Historical Populations* (Cambridge: Cambridge University Press, 2001), pp. 7, 14, 362-63.
350 Didier Raoult et al., "Molecular Identification by 'Suicide' PCR of *Yersinia pestis* as the Agent of Medieval Black Death", *Proceedings of the National Academy of Sciences* 97, n.º 7 (novembro de 2000): 12800-03.
351 Agnolo di Tura, *Cronaca senese*, org. Alessandro Lisini e F. Iacometti (Bolonha, 1931-37), p. 555.
352 "The Impact of the Black Death upon Sienese Government and Society", *Speculum* 29 (1) (janeiro de 1964), p. 14.
353 William Bowsky, *A Medieval Italian Commune: Siena Under the Nine, 1287-1355* (Berkeley: University of California Press, 1981), p. 6.

354 Agnolo di Tura, *Cronaca senese*, p. 413.
355 Ibidem, p. 490.
356 Ibidem, p. 525.
357 Bowsky, "Impact of the Black Death", p. 4.
358 Ibidem, nota da p. 4.
359 Ibidem, pp. 14-15.
360 Agnolo di Tura, *Cronaca senese*, p. 488.
361 Ibidem, p. 555.
362 Ibidem.
363 Ibidem.
364 Ibidem.
365 Ibidem.
366 Bowsky, "Impact of the Black Death", p. 17.
367 Ibidem, p. 10.
368 Philip Ziegler, *The Black Death* (Nova York: Harper & Row, 1969), p. 58.
369 Ferdinand Gregorovius, *History of the City of Rome in the Middle Ages*, trad. A. Hamilton (Chicago: University of Chicago Press, 1971), pp. 350-55.
370 Ibidem, p. 306.
371 Morris Bishop, *Petrarch and His World* (Bloomington: Indiana University Press, 1963), p. 264.
372 Diana Wood, *Clement VI: The Pontificate and Ideas of an Avignon Pope* (Cambridge: Cambridge University Press, 1989), p. 7.
373 Bishop, *Petrarch and His World*, p. 257.
374 Christopher Hibbert, *Rome: The Biography of a City* (Nova York: Viking Press, 1985), p. 92.
375 Bishop, *Petrarch and His World*, p. 119.
376 Ibidem, p. 122.
377 Gregorovius, *History of the City of Rome*, p. 245.
378 Ibidem, p. 270.
379 Francesco Petrarca, citado em Bishop, *Petrarch and His World*, p. 152.
380 Ibidem, p. 68.
381 Ibidem, p. 64.

382 Ibidem, p. 257.
383 Ibidem, p. 259.
384 Gregorovius, *History of the City of Rome*, p. 274.
385 Bishop, *Petrarch and His World*, p. 260.
386 Ibidem, p. 261.
387 Gregorovius, *History of the City of Rome*, p. 250.
388 Ibidem, p. 289.
389 Ibidem, p. 308.
390 Bishop, *Petrarch and His World*, p. 265.
391 De Mussis, "Historia de Morbo", em *The Black Death: Manchester Medieval Sources*, trad. e org. Rosemary Horrox (Manchester: University of Manchester Press, 1994), p. 23.

Sexto Capítulo: A Maldição do Grão-Mestre

392 Malcolm Barber, *The Trial of the Templars* (Cambridge: Cambridge University Press, 1978), p. 45.
393 Ibidem, p. 3.
394 Ibidem, p. 45.
395 Ibidem.
396 Jonathan Sumption, *The Hundred Years War: Trial by Battle*, vol. 1 (Filadélfia: University of Pennsylvania Press, 1991), p. 23.
397 Barbara W. Tuchman, *A Distant Mirror: The Calamitous 14th Century* (Nova York: Ballantine Books, 1978), p. 42.
398 Barber, *Trial of the Templars*, p. 56.
399 Ibidem.
400 Tuchman, *A Distant Mirror*, p. 43.
401 Guillaume de Nangis, "Chronique latine de Guillaume de Nangis de 1113 à 1300, avec les continuations de cette chronique de 1300 à 1368", em *Société de l'histoire de France*, org. H. Géraud, vol. 1 (Paris: J. Renouard et Cie, 1843), pp. 402-3.

402   Tuchman, *A Distant Mirror*, p. 44.

403   Barber, *Trial of the Templars*, p. 242.

404   Jean Froissart, *The Chronicle of J. Froissart*, org. S. Luce, trad. Sir John Bourchier e Lorde Berners (Londres: D. Nutt, 1901-1903), p. 117.

405   "Summa curiae regis", *Archiv für kunde österreichiche Geschichtsquellen*, vol. 14, org. H. Stebbe (Viena: K. K. Hofund Statsdruckerei, 1855), p. 362.

406   Jean de Jandun, "Traité des louanges de Paris", em *Paris et ses historiens aux XIVe et XVe siècles; documents et écrits originaux recueillis et commentés par Le Roux de Lincy*, org. Le Roux de Lincy (Paris: Imprimerie impériale, 1867), p. 60.

407   Sumption, *The Hundred Years War*, pp. 12-26.

408   Ibidem, p. 14.

409   Tuchman, *A Distant Mirror*, pp. 44-46.

410   Daniel Lord Smail, "Mapping Networks and Knowledge in Medieval Marseille, 1337-1362", tese de doutoramento não publicada (Ann Arbor: Universidade de Michigan, 1994), p. 6.

411   Ibidem.

412   Ibidem, p. 5.

413   Ibidem, p. 53.

414   Jean-Noël Biraben, *Les hommes et la peste en France et dans les pays européens et méditerranéens*, vol. 1 (Paris: Mouton & Co., 1975), pp. 49-55.

415   Heyligen, "Breve Chronica Clerici Anonymi", em *The Black Death: Manchester Medieval Sources*, trad. e ed. Rosemary Horrox (Manchester: University of Manchester Press, 1994), p. 42.

416   Ibidem.

417   Ibidem, p. 15.

418   Ibidem, p. 43.

419   Gilles li Muisis, "Recueil des chroniques de Flandre", em Horrox, *The Black Death*, p. 46.

420   Smail, "Mapping Networks and Knowledge in Medieval Marseille", p. 52.

421   Ibidem, p. 55.
422   Daniel Lord Smail, "Accommodating the Plague in Medieval Marseille", *Continuity and Change* 11, n? 1 (1996): p. 12.
423   Ibidem, p. 30.
424   Ibidem, p. 13.
425   J. Shatzmiller, "Les Juifs de Provence pendant la Peste Noire", *Revue des Études Juives* 133 (1974): 457-80.
426   Jean de Venette, "Chronique Latine de Guillaume de Nangis avec les continuations de cette chronique", em Horrox, *The Black Death*, p. 56.
427   Shatzmiller, "Les Juifs de Provence", p. 471.
428   "Strassburg Urkundenbuch", em Horrox, *The Black Death*, pp. 211-19.
429   Jacob R. Marcus, *The Jew in the Medieval World: A Source Book, 315-1791* (Nova York: JPS, 1938), pp. 49-50.
430   Ibidem.
431   Tuchman, *A Distant Mirror*, p. 41.
432   Shatzmiller, "Les Juifs de Provence", pp. 475-80.
433   T. Moore, *Historical Life of Joanna of Sicily, Queen of Naples and Countess of Provence*, vol. 1 (Londres: Baldwin, Cradock, and Joy, 1824), p. 304.
434   Morris Bishop, *Petrarch and His World* (Bloomington: Indiana University Press, 1963), p. 48.
435   Tuchman, *A Distant Mirror*, p. 43.
436   Ibidem, p. 26.
437   Ibidem, p. 27.
438   Iris Origo, *The Merchant of Prato* (Nova York: Alfred A. Knopf, 1957), p. 8.
439   Eugene Müntz, "L'Argent et le luxe à la cour pontificate d'Avignon", *Revue des Questions Historiques* 66 (1899): 403.
440   Bishop, *Petrarch and His World*, p. 42.
441   Ibidem, p. 45.
442   F. Moore, *Historical Life of Joanna of Sicily*, p. 365.

443 Diana Wood, *Clement VI: The Pontificate and Ideas of an Avignon Pope* (Nova York: Cambridge University Press, 1989), pp. 54, 55.

444 Bishop, *Petrarch and His World*, p. 45. Ver também: Tuchman, *A Distant Mirror*, pp. 27-29.

445 G. Mollat, *The Popes of Avignon, 1305-1378* (Nova York: Harper & Row, 1963), p. 38.

446 Bishop, *Petrarch and His World*, p. 48.

447 Francesco Petrarca, *Prosa*, org. G. Martelloti, P. G. Ricci e E. Carrara (Milão e Nápoles: Riccardi, 1955), p. 120.

448 Bishop, *Petrarch and His World*, p. 48.

449 Ibidem, p. 47.

450 St. Birgitta, em Tuchman, *A Distant Mirror*, p. 29.

451 Ibidem.

452 Francesco Petrarca, "Letter to Posterity", em *Petrarch: The First Modern Scholar and Man of Letters*, trad. James Harvey Robinson (Nova York: G. P. Putnam's Sons, 1898), p. 15.

453 Petrarca em Bishop, *Petrarch and His World*, p. 155.

454 St. Clair Baddeley, *Queen Joanna I of Naples, Sicily and Jerusalem, Countess of Provence, Forcalquier and Piedmont: An Essay on Her Times* (Londres: W. Heinemann, 1893), p. 85.

455 Bishop, *Petrarch and His World*, p. 64.

456 Ibidem, p. 83.

457 *Un ami de Petrarque: Louis Sanctus de Beringen* (Paris e Rome, 1905). Ver também: Andries Welkenhuysen, "La Peste en Avignon (1348), décrite par um témoin oculaire, Louis Sanctus de Beringen", em *Pascua mediaevalia: Studies voor Prof. Dr. J. M. de Smet*, org. R. Lievens et al. (Louvain: 1983), pp. 452-92.

458 E. Nicaise, *La Grande Chirurgie de Gui de Chauliac* (Paris: Ancienne Librairie Germer Baillière, 1890), introdução. Ver também: Jordan D. Haller, "Guy de Chauliac and His Chirurgia Magna", *Surgical History* 55 (1964): 337-43.

459 Albert Camus, *The Plague*, trad. Stuart Gilbert (Nova York: Vintage, 1991), p. 40.

460 Ibidem, p. 58.
461 Heyligen, "Breve Chronicon Clerici Anonymi", em Horrox, *The Black Death*, pp. 41, 42.
462 Guy de Chauliac, em Anna M. Campbell, *The Black Death and Men of Learning* (Nova York: Columbia University Press, 1931), p. 3.
463 J. Enselme, "Glosse sur le passage dans la ville Avignon", *Revue Lyonnaise de Médecine* 18, n? 18 (novembro de 1969): p. 702.
464 Camus, *The Plague*, p. 90.
465 Heyligen, "Breve Chronicon Clerici Anonymi", em Horrox, *The Black Death*, p. 42.
466 Ibidem, pp. 42-44.
467 Francesco Petrarca, citado em R. Crawfurd, *Plague and Pestilence in Literature and Art* (Oxford: Clarendon Press, 1914), pp. 115, 116.
468 Citado em Bishop, *Petrarch and His World*, p. 275.
469 Heyligen, "Breve Chronicon Clerici Anonymi", em Horrox, *The Black Death*, p. 44.
470 Camus, *The Plague*, p. 181.
471 Moore, *Historical Life of Joanna of Sicily*, p. 302.
472 Ibidem, p. 312.
473 Baddeley, *Queen Joanna I of Naples*, p. 110.
474 Luís da Hungria, em Thomas Caldecot Chubb, *The Life of Giovanni Boccaccio* (Port Washington, N.Y.: Kennikat Press, 1969), p. 130.
475 Baddeley, *Queen Joanna I of Naples*, pp. 50-52.
476 Ibidem, p. 43.
477 Chubb, *Life of Giovanni Boccaccio*, p. 131.
478 Luís da Hungria, em Baddeley, *Queen Joanna I of Naples*, p. 61.
479 Ibidem, p. 85.
480 Moore, *Historical Life of Joanna of Sicily*, p. 310.
481 Ibidem, p. 315.
482 Baddeley, *Queen Joanna I of Naples*, pp. 88-89. Ver também: Moore, *Historical Life of Joanna of Sicily*, pp. 309-11.
483 Moore, *Historical Life of Joanna of Sicily*, p. 313.
484 Clemente VI, em Baddeley, *Queen Joanna I of Naples*, p. 91.

485 Ibidem, pp. 92-93.
486 Heyligen, "Breve Chronicon Clerici Anonymi", em Horrox, *The Black Death: Natural and Human Disaster in Medieval Europe* (Nova York: Free Press, 1982), p. 45.
487 Robert S. Gottfried, *The Black Death: Natural and Human Disaster in Medieval Europe* (Nova York: Free Press, 1983), p. 77.
488 Philip S. Ziegler, *The Black Death* (Nova York: Harper & Row, 1969), p. 67.
489 Guy de Chauliac, em Campbell, *The Black Death and Men of Learning*, p. 3.
490 Ibidem, p. 2.
491 Ziegler, *The Black Death*, p. 66.
492 Herman Kahn, *On Thermonuclear War* (Princeton: Princeton University Press, 1961), p. 30.

Sétimo Capítulo: O Neogalenismo

493 Cornelius O'Boyle, "Surgical Texts and Social Concepts: Physicians and Surgeons in Paris, c. 1270 to 1430", em *Practical Medicine from Salerno to the Black Death*, org. L. Garcia-Ballester, Roger French, Jon Arrizabalaga e Andrew Cunningham (Cambridge: Cambridge University Press, 1994), p. 158.
494 Michael McVaugh, "Bedside Manners in the Middle Ages", *Bulletin of the History of Medicine* 71, n.º 2 (1997): 203.
495 Ibidem.
496 Geoffrey Chaucer, "The Physician", no prólogo de *The Canterbury Tales* (Nova York: Penguin Books, 2003).
497 Luis Garcia-Ballester, Introdução, em Garcia-Ballester et al., *Practical Medicine from Salerno to the Black Death*, p. 10.
498 MacVaugh, "Bedside Manners in the Middle Ages", p. 204.
499 Chaucer, "The Physician".
500 McVaugh, "Bedside Manners in the Middle Ages", p. 204.
501 O'Boyle, "Surgical Texts and Social Concepts", pp. 163-64.

502 Pearl Kibre, "The Faculty of Medicine at Paris, Charlatanism, and Unlicensed Medical Practices in the Later Middle Ages", *Bulletin of the History of Medicine* 27, nº 1 (janeiro-fevereiro de 1953): 9.

503 Ibidem, p. 8.

504 O'Boyle, "Surgical Texts and Social Concepts", p. 163.

505 McVaugh, "Bedside Manners in the Middle Ages", p. 208.

506 Ibidem, p. 210.

507 Ibidem, p. 214.

508 Edward J. Kealey, *Medieval Medicus: A Social History of Anglo-Norman Medicine* (Baltimore: Johns Hopkins University Press, 1981), p. 16.

509 Mark D. F. Shirley, "The Mediaeval Concept of Medicine", www.durenmar.de/articles/medicine.html, acessado em 26 de junho de 2004. Ver também: *Hippocratic Writings*, org. G. E. R. Lloyd (Londres: Harmondsworth, Penguin, 1978), p. 262.

510 Paul Slack, "Responses to Plague", de *In Time of Plague*, Arlen Mack, org. (Nova York: New York University Press, 1991), p. 115.

511 "The Report of the Paris Medical Faculty, October 1348", em *The Black Death: Manchester Medieval Sources*, trad. e org. Rosemary Horrox (Manchester: Manchester University Press, 1994), pp. 159-60.

512 Ibidem, p. 161.

513 Ibidem, pp. 161-62.

514 Dominick Palazotto, "The Black Death and Medicine: A Report and Analysis of the Tractaes", tese de doutoramento não publicada (Lawrence: University of Kansas, 1973), p. 28.

515 Anna M. Campbell, *The Black Death and Men of Learning* (Nova York: Columbia University Press, 1931), p. 78.

516 Ibidem, pp. 65-66.

517 Ibidem, p. 27.

518 Ibidem, pp. 67, 68.

519 Bengt Knutsson, "A Little Book for the Pestilence", em Horrox, *The Black Death*, p. 175.

520 Campbell, *The Black Death and Men of Learning*, p. 71.

521 Ibidem, pp. 72, 74.
522 Ibidem, p. 77.
523 Barbara Tuchman, *A Distant Mirror: The Calamitous 14th Century* (Nova York: Ballantine Books, 1978), p. 82.
524 Jonathan Sumption, *The Hundred Years War: Trial by Battle*, vol. 1 (Filadélfia: University of Pennsylvania Press, 1991), p. 500.
525 Jean de Venette, *The Chronicle of Jean de Venette*, trad. Jean Birdsall, org. Richard A. Newhall (Nova York: Columbia University Press, 1953), p. 41.
526 Jonathan Sumption, *The Hundred Years War: Trial by Battle*, vol. 1 (Filadélfia: University of Pennsylvania Press, 1991), p. 519.
527 Jean Froissart, *Stories from Froissart*, org. Henry Newbolt (Nova York: Macmillan, 1899), p. 16.
528 Peter Damouzy, extraído de *Histoire Littéraire de la France*, org. A. Coville, vol. 37 (Paris: 1938), pp. 325-27.
529 Norman F. Cantor, *In the Wake of the Plague: The Black Death and the World It Made* (Nova York: Free Press, 2001), p. 157.
530 De Venette, *Chronicle of Jean de Venette*, p. 51.
531 Michel Félibien, *Histoire de la Ville de Paris*, vol. 1 (Paris: Chez G. Desprez e J. Desessartz, 1725), pp. 380-95.
532 Ian Robertson, *Paris and Versailles* (Nova York: Blue Guides, W. W. Norton, 1989), pp. 60-70.
533 Campbell, *The Black Death and Men of Learning*, pp. 156-57.
534 Raymond Cazelles, *La Société politique et la crise de la Royauté sous Philippe de Valois* (Paris: Librairie des Agencies, 1958).
535 M. Mollat, "La Mortalité à Paris", *Moyen Age* 69 (1963): 502-27.
536 De Venette, "Chronique Latine de Guillaume de Nangis", em Horrox, *The Black Death*, pp. 55-56.
537 Philip Ziegler, *The Black Death* (Nova York: Harper & Row, 1969), p. 79.
538 Samuel K. Cohn Jr., *The Black Death Transformed: Disease and Culture in Early Renaissance Europe* (Londres: Arnold, 2002), pp. 89, 90.
539 Ibidem, p. 89.

540 De Venette, "Chronique Latine de Guillaume de Nangis", em Horrox, *The Black Death*, p. 55.
541 George Deaux, *The Black Death, 1347* (Nova York: Weybright & Talley, 1969), p. 71.
542 L. Porquet, *La Peste en Normandie* (Vive: 1898), p. 77.
543 Augustin Thierry, *Recueil des Monuments inédits de l'Histoire du Tiers Etat*, vol. 1, p. 544.
544 Gilles li Muisis, "Recueil des chroniques de Flandre", em Horrox, *The Black Death*, p. 48.

Oitavo Capítulo: "Dias de Morte sem Lamentação"

545 Ralph Higden, em Maurice Collis, *The Hurling Time* (Londres: Faber & Faber, 1958), p. 42.
546 John de Reading, "Chronica Johannis de Reading et Anonymi Cantuariensis 1346-1367", em *The Black Death: Manchester Medieval Sources*, trad. e org. Rosemary Horrox (Manchester: Manchester University Press, 1994), p. 131.
547 Michael Prestwich, *The Three Edwards: War and State in England, 1272-1377* (Londres: Weidenfeld and Nicolson, 1980), pp. 53-99.
548 Ibidem, p. 113.
549 Thomas Walsingham, p. 20; "Rank to Rank", J. Froissart, em Collis, *The Hurling Time*, p. 29.
550 R. A. Pelham, "The Fourteenth Century", em *An Historical Geography of England Before 1800*, org. H. C. Darby (Cambridge: Cambridge University Press, 1951), p. 240.
551 Christopher Dyer, *Making a Living in The Middle Ages* (New Haven, Conn.: Yale University Press, 2002), p. 215. Ver também: R. A. Pelham, "The Fourteenth Century", pp. 249, 258.
552 Walsingham, em Collis, *Hurling Times*, p. 40.
553 Prestwich, *The Three Edwards*, p. 211.
554 Higden, "Polychronicon", em Horrox, *The Black Death*, p. 62.

555 William Zouche, arcebispo de York, *Historical Letters and Papers from the Northern Registers*, em Horrox, *The Black Death*, pp. 111-12.
556 Ralph de Shrewsbury, "Register of Bishop Ralph of Shrewsbury", em Horrox, *The Black Death*, p. 112.
557 John Ford, *The Broken Heart* (Londres, 1633), Ato V, cena III.
558 Dyer, *Making a Living in the Middle Ages*, p. 272.
559 John Clynn, "Annalieum Hibernae Chronicon", em Horrox, *The Black Death*, p. 84.
560 Grey Friar's Chronicle, "A Fourteenth Century Chronicle from the Grey Friars at Lynn", *English Historical Review* 72 (1957): 274; Abadia de Malmesbury, "Polychronicon", em Horrox, *The Black Death*, p. 63.
561 *Victoria County History, Dorset*, vol. 2 (Londres: Constable, 1908), p. 123.
562 *Victoria County History, Dorset*, vol. 2, p. 186.
563 Jean le Bel, em Collis, *The Hurling Times*, p. 37.
564 Walsingham, em Collis, *The Hurling Times*, p. 41.
565 Francis Aidan Gasquet, *The Black Death of 1348 and 1349* (Londres: George Bell and Sons, 1908), p. 83.
566 Philip S. Ziegler, *The Black Death* (Nova York: Harper & Row, 1969), p. 125.
567 Ibidem, p. 137.
568 Gasquet, *The Black Death of 1348 and 1349*, pp. 90, 91.
569 Ibidem, p. 92.
570 Ibidem.
571 Knighton, "Chronicon Henrici Knighton", em Horrox, *The Black Death*, p. 77.
572 Reverendo Samuel Seyer, *Memoirs Historical and Topographical of Bristol and Its Neighbourhood; from the Earliest Period Down to the Present Time* (Bristol: 1823, impresso para o autor por J. M. Gutch, 1821-23 [1825]), p. 143.
573 Ziegler, *The Black Death*, p. 135.
574 Gasquet, *The Black Death of 1348 and 1349*, p. 195.
575 Geoffrey le Baker, "Chronicon Galfridi le Baker", em Horrox, *The Black Death*, p. 81.

576 Ralph de Shrewsbury, "Register of Bishop Ralph of Shrewsbury", em Horrox, *The Black Death*, p. 128.
577 Ziegler, *The Black Death*, p. 128.
578 W. M. Ormrod, "The English Government and the Black Death of 1348-9", em *England in the Fourteenth Century: Proceedings of the 1985 Harlaxton Symposium*, org. Boydell e Brewer (Woodbridge, Suffolk: Boydell Press, 1986), p. 176.
579 Ralph de Shrewsbury, *The Register of Ralph of Shrewsbury, Bishop of Bath and Wells, 1329-1363*, org. Thomas Scott Holmes (Somerset Record Society, 1896), p. 596.
580 Ibidem, p. 598.
581 Ziegler, *The Black Death*, p. 139.
582 Ibidem, p. 140.
583 Anna M. Campbell, *The Black Death and Men of Learning* (Nova York: Columbia University Press, 1931), p. 162.
584 Richard Fitzralph, em F. D. Shrewsbury, *Bubonic Plague in the British Isles* (Cambridge: Cambridge University Press, 1970), p. 81.
585 Anthony Wood, *History and Antiquities of the University of Oxford*, vol. 1 (Oxford: Impresso para o editor, 1792-96), p. 449.
586 Knighton, "Chronicon Henrici Knighton", em Horrox, *The Black Death*, p. 77.
587 Samuel K. Cohn Jr., *The Black Death Transformed: Disease and Culture in Early Renaissance Europe* (Londres: Arnold, 2002), p. 132.
588 Prestwich, *The Three Edwards*, p. 137.
589 Dyer, *Making a Living in the Middle Ages*, p. 272.
590 Ziegler, *The Black Death*, p. 132.
591 Norman F. Cantor, *In the Wake of the Plague: The Black Death and the World It Made* (Nova York: Free Press, 2001), pp. 32-39.
592 Ibidem, p. 44.
593 Ibidem, p. 48.
594 "Carta de Eduardo III", em Horrox, *The Black Death*, p. 250.
595 Ziegler, *The Black Death*, p. 138.

596 Gasquet, *The Black Death of 1348 and 1349*, p. 131.
597 Bispo William Edendon, "Vox in Rama", em Horrox, *The Black Death*, pp. 116, 117.
598 Gasquet, *The Black Death of 1348 and 1349*, pp. 189, 190.
599 Ibidem, p. 127.
600 W. L. Woodland, *The Story of Winchester* (Londres: J. M. Dent & Sons, 1932), p. 114.
601 Richard Britnell, "The Black Death in English Towns", *Urban History* 21, parte 2 (outubro de 1994): 204.
602 George Gordon Coulton, *Medieval Panorama: The English Scene from Conquest to Reformation* (Cambridge: Cambridge University Press, 1938-39), p. 496.
603 Josiah Cox Russell, *British Medieval Population* (Albuquerque: University of New Mexico Press, 1948), p. 285.
604 Ziegler, *The Black Death*, p. 146.
605 Norman Scott Brien Gras e Ethel Culbert Gras, *The Economic and Social History of an English Village (Crawley, Hampshire) A.D. 909-1928* (Cambridge, Mass.: Harvard University Press, 1930), p. 153.
606 Shrewsbury, *Bubonic Plague in the British Isles*, p. 91.
607 Eduardo III, em Ziegler, *The Black Death*, p. 146.
608 John de Reading, "Chronica Johannis de Reading", em Horrox, *The Black Death*, p. 74.
609 Ziegler, *The Black Death*, p. 133.
610 Dyer, *Making a Living in the Middle Ages*, p. 238.
611 E. Robo, "The Black Death in the Hundred of Farnham", *English Historical Review* 44, n.º 176 (outubro de 1929): 560-72.
612 Ibidem, p. 562.
613 Ibidem, p. 571.
614 Knighton, "Chronicon Henrici Knighton", em Horrox, *The Black Death*, p. 78.
615 Robo, "The Black Death in the Hundred of Farnham", p. 565.
616 Ibidem, p. 566.

617 "Chronicle of Cathedral Priory of Rochester", em Horrox, *The Black Death*, p. 78.
618 Robo, "The Black Death in the Hundred of Farnham", p. 567.
619 Ibidem, p. 568.

Nono Capítulo: Cabeças para o Oeste, Pés para o Leste

620 William FitzStephen, em R. A. Pelham, "The Fourteenth Century", em *Historical Geography of England Before 1800*, org. H. C. Darby (Cambridge: Cambridge University Press, 1951), p. 222.
621 A. R. Myers, *London in the Age of Chaucer* (Norman: University of Oklahoma Press, 1972), pp. 17-23. Ver também: Christopher Dyer, *Making a Living in the Middle Ages: The People of Britain, 850-1520* (New Haven, Conn.: Yale University Press, 2002), pp. 119, 217.
622 FitzStephen, em Pelham, "The Fourteenth Century", p. 222.
623 David Lorenzo Boyd e Ruth Mazo Karras, "'Ut cum muliere': A Male Transvestite Prostitute in Fourteenth-Century London", em *Premodern Sexualities*, org. Louise Fradenburg e Carl Freccero (Londres: Routledge, 1996), pp. 99-116.
624 Myers, *London in the Age of Chaucer*, p. 23.
625 Philip S. Ziegler, *The Black Death* (Nova York: Harper & Row, 1969), p. 154.
626 B. Lambert, *The History and Survey of London and Its Environs from the Earliest Period to the Present Time*, vol. 1 (Londres: Impresso para T. Hughes e M. Jones por Dewick e Clarke, 1806), p. 241.
627 FitzStephen, em Pelham, p. 222.
628 Myers, *London in the Age of Chaucer*, pp. 110-11.
629 W. M. Ormrod, "The English Government and the Black Death of 1348-1349", em *England in the Fourteenth Century: Proceedings of the 1985 Harlaxton Symposium*, orgs. Boydell e Brewer (Woodbridge, Suffolk: Boydell Press, 1986), pp. 175, 176.

630 Le Baker, "Chronicon Galfridi le Baker", em *The Black Death: Manchester Medieval Sources*, trad. e org. Rosemary Horrox (Manchester: Manchester University Press, 1994), p. 81.
631 Ziegler, *The Black Death*, p. 156. Ver também: Horrox, *The Black Death*, p. 10.
632 Thomas Vincent e Daniel Defoe, citados em "A Curse on All Our Houses", *BBC History Magazine* 5, n? 10 (outubro de 2004): 36.
633 Britnell, "Black Death in English Towns", p. 204. Ver também: Duncan Hawkins, "The Black Death and the New London Cemeteries of 1348", *Antiquity* 54 (1990): 640.
634 Hawkins, "The Black Death and the New London Cemeteries", p. 637.
635 Robert de Avesbury, "Robertus de Avesbury de Gestis Mirabilibus Regis Edwards Text", em Horrox, *The Black Death*, pp. 63-64.
636 John Stow, "A Survey of London", em Horrox, *The Black Death*, pp. 266-67.
637 Ziegler, *The Black Death*, pp. 157-58.
638 Ibidem, p. 159.
639 Josiah Russell, *British Medieval Population* (Albuquerque: University of New Mexico Press, 1948), p. 285. Ver também: Pelham, "The Fourteenth Century", p. 233.
640 John de Reading, "Chronica Johannis de Reading", em Horrox, *The Black Death*, p. 75.
641 Knighton, "Chronicon Henrici Knighton", em Horrox, *The Black Death*, p. 130.
642 Ibn Khaldun, em Robert S. Gottfried, *The Black Death: Natural and Human Disaster in Medieval Europe* (Nova York: Free Press, 1983), p. 41.
643 Herman Kahn, *On Thermonuclear War* (Princeton: Princeton University Press, 1961), p. 21.
644 Em Lorde Dufferin, "Black Death of Bergen", *Letters from High Latitudes* (Londres: Oxford University Press, 1910), p. 38.
645 James Westfall Thompson, "The Aftermath of the Black Death and the Aftermath of the Great War", *American Journal of Sociology* 26 (1920-21): 23.
646 Dyer, *Making a Living in the Middle Ages*, p. 167.

647 Ibidem, p. 190.
648 Reverendo Augustus Jessop, "The Black Death in East Anglia", em *The Coming of the Friars, and Other Historical Essays* (Londres: T. Fisher Unwin, 1894), pp. 206-207.
649 Ziegler, *The Black Death*, p. 170.
650 Francis Aidan Gasquet, *The Black Death of 1348 and 1349* (Londres: George Bell and Sons, 1908), p. 152.
651 Jessop, "The Black Death in East Anglia", p. 200.
652 Ibidem, p. 201.
653 Ibidem, p. 202.
654 Ibidem, p. 219.
655 Ibidem, p. 211.
656 G. B. Niebuhr, em Ziegler, *The Black Death*, p. 259.
657 Jessop, "The Black Death in East Anglia", p. 231.
658 Ibidem, p. 232.
659 Ibidem, p. 234.
660 Gasquet, *The Black Death of 1348 and 1349*, p. 251.
661 Hamilton Thompson, "The Registers of John Gynwell, Bishop of Lincoln for the years 1347-1350", *Archeological Journal* 68 (1911): 326.
662 Ralph de Shrewsbury, *The Register of Ralph of Shrewsbury, Bishop of Bath and Wells, 1329-1363*, org. Thomas Scott Holmes (Somerset Record Society, 1896), p. 596.
663 Johannes Nohl, *The Black Death: A Chronicle of the Plague Compiled from Contemporary Sources*, trad. C. H. Clarke (Londres: 1926), p. 231.
664 Thomas Brinton, bispo de Rochester, "The Sermons of Thomas Brinton", em Horrox, *The Black Death*, p. 141.
665 Knighton, "Chronicon Henrici Knighton", em Horrox, *The Black Death*, p. 76.
666 John de Reading, "Chronica Johannis de Reading", em Horrox, *The Black Death*, p. 133.
667 Knighton, "Chronicon Henrici Knighton", em Horrox, *The Black Death*, pp. 78, 79.

668 Gasquet, *The Black Death of 1348 and 1349*, p. 238.
669 Ibidem, p. 251.
670 Ziegler, *The Black Death*, p. 261.
671 Russell, *British Medieval Population*, p. 142.
672 William Zouche, arcebispo de York, "Historical Letters and Papers from the Northern Registers", em Horrox, *The Black Death*, p. 111.
673 Ziegler, *The Black Death*, p. 181.
674 Frei Thomas Burton, "Chronica Monasterii de Melsa", em Horrox, *The Black Death*, p. 68.
675 Ibidem, p. 70.
676 Ormrod, "English Government and the Black Death", p. 178.
677 Ziegler, *The Black Death*, p. 183.
678 Ibidem, p. 184.
679 Horrox, *The Black Death*, pp. 250, 251.
680 Ziegler, *The Black Death*, p. 184.
681 Ibidem, p. 185.
682 Ibidem, p. 186.
683 Knighton, "Chronicon Henrici Knighton", em Horrox, *The Black Death*, p. 78.
684 Ibidem.
685 Ziegler, *The Black Death*, pp. 190, 191.
686 Jeuan Gethin, "The Black Death in England and Wales as Exhibited in Manorial Documents", org. W. Rees, *Proceedings of the Royal Society of Medicine*, 16, parte 2 (1920): 27.
687 Ziegler, *The Black Death*, p. 192.
688 Le Baker, "Chronicon Galfridi le Baker", em Horrox, *The Black Death*, p. 82.
689 Maria Kelly, *A History of the Black Death in Ireland* (Stroud, Gloucestershire: Tempus, 2001), p. 38.
690 Ibidem, pp. 21-42.
691 Ibidem, p. 41.
692 Em Horrox, *The Black Death*, p. 82.

Décimo Capítulo: O Primeiro Amor de Deus

693   Confissão do cirurgião-barbeiro Balavigny, "Strassburg Urkundenbuch", em *The Black Death: Manchester Medieval Sources*, trad. e org. Rosemary Horrox (Manchester: Manchester University Press, 1994), p. 214.
694   Ibidem.
695   Ibidem, pp. 212-14.
696   Papa Clemente VI, "Bull: Sicut Judeis", em Horrox, *The Black Death*, p. 221.
697   Primo Levi, *Survival in Auschwitz: The Nazi Assault on Humanity*, trad. Stuart Woolf (Nova York: Collier Books, 1961), p. 23.
698   Confissão de Balavigny, "Strassburg Urkundenbuch", em Horrox, *The Black Death*, p. 214.
699   Friedrich Heer, *God's First Love: Christians and Jews over Two Thousand Years*, trad. Geoffrey Skelton (Nova York: Weybright and Talley, 1967), p. 5.
700   Paul Johnson, *A History of the Jews* (Nova York: Harper & Row, 1987).
701   Ibidem, p. 148.
702   Ibidem, p. 143.
703   *The Itinerary of Benjamin of Tudela*, org. A. Adler (Londres: 1840).
704   Johnson, *A History of the Jews*, p. 171.
705   *German-Jewish History in Modern Times*, org. Michael A. Meyer e Michael Brenner (Nova York: Columbia University Press, 1996), vol. 1: *Tradition and Enlightenment 1600-1780*, por Mordechai Breuer e Michael Graetz, p. 17.
706   Amy Chua, *World on Fire: How Exporting Free Market Democracy Breeds Ethnic Hatred and Global Instability* (Nova York: Doubleday, 2003).
707   Breuer e Graetz, *Tradition and Enlightenment*, p. 13.
708   Ibidem.
709   *Letters of Medieval Jewish Traders*, trad. S. D. Goitein (Princeton: Princeton University Press, 1973), p. 207.
710   Breuer e Graetz, *Tradition and Enlightenment*, p. 13.

711 James Parkes, *The Jew in the Medieval Comunity* (Nova York: Hermon Press, 1976).
712 Heer, *God's First Love*, p. 85.
713 Dan Cohn-Sherbok, *Anti-Semitism: A History* (Stroud, Gloucestershire: Sutton Publishing, 2002), pp. 36-39.
714 Elaine Pagels, *The Origin of Satan* (Nova York: Vintage, 1995), pp. 99-105.
715 Cohn-Sherbok, *Anti-Semitism*, p. 45.
716 Heer, *God's First Love*, p. 33.
717 São João Crisóstomo, em James Carroll, *Constantine's Sword* (Boston: Houghton Mifflin, 2001), p. 213.
718 Heer, *God's First Love*, p. 60.
719 Ibidem, p. 60.
720 Johnson, *A History of the Jews*, p. 213.
721 Max L. Margolis e Alexander Marx, *A History of the Jewish People* (Filadélfia: Jewish Publication Society, 1927), pp. 399-400.
722 Agostinho de Hipona, *The Confessions*, livro 5, cap. 8, trad. R. S. Pine-Coffin (Nova York: Penguin, 1961), p. 100.
723 Mendelssohn, em Carroll, *Constantine's Sword*, p. 219.
724 Neusner, em Carroll, *Constantine's Sword*, p. 218.
725 Breuer e Graetz, *Tradition and Enlightenment*, p. 15.
726 Ibidem, p. 21.
727 "Chronicle of Solemon bar Simson", *The Jews and the Crusaders: The Hebrew Chronicles of the First and Second Crusades*, trad. e org. Shlomo Eidelberg (Madison: University of Wisconsin Press, 1977), pp. 30-31.
728 Ibidem, pp. 23-24.
729 Carroll, *Constantine's Sword*, p. 247.
730 Jeremy Cohen, *The Friars and the Jews: The Evolution of Medieval Anti-Judaism* (Ithaca: Cornell University Press, 1982), p. 241.
731 Geoffrey Chaucer, em Philip S. Ziegler, *The Black Death* (Nova York: Harper & Row, 1969), p. 99.
732 Johnson, *A History of the Jews*, p. 209.

733 Ibidem, p. 210.
734 Marc Saperstein, *Moments of Crisis in Jewish-Christian Relations* (Filadélfia: Trinity Press International, 1989), p. 22.
735 Cohen, *The Friars and the Jews*, p. 266.
736 Cohn-Sherbok, *Anti-Semitism*, p. 56.
737 Johnson, *A History of the Jews*, p. 214.
738 Norman Cantor, *In the Wake of the Plague* (Nova York: Free Press, 2001), pp. 151-52.
739 Rabino Salomão, em Cohen, *The Friars and the Jews*, p. 54.
740 Ibidem, p. 70.
741 Johnson, *A History of the Jews*, p. 218.
742 Heer, *God's First Love*, p. 68.
743 Rudyard Kipling, em James Parkes, *The Jew in the Medieval Community*, p. 345.
744 Ibidem, p. 373.
745 Ibidem, p. 355.
746 Johnson, *A History of the Jews*, p. 174.
747 Norman Rufus Colin Cohn, *Pursuit of the Millennium* (Fair Lawn, N.J.: Essential Books, 1957), p. 124.
748 Johnson, *A History of the Jews*, p. 174.
749 Margolis e Marx, *A History of the Jewish People*, p. 366.
750 Breuer e Graetz, *Tradition and Enlightenment*, p. 24.
751 Carlo Ginzburg, *Ecstasies: Deciphering the Witches' Sabbath*, trad. Raymond Rosenthal (Nova York: Pantheon, 1991), p. 33.
752 Ibidem, p. 41.
753 Ibidem, pp. 33, 34.
754 Ibidem, p. 38.
755 Ibidem, p. 45.
756 Ibidem, p. 46;
757 David Nirenberg, *Communities of Violence: Persecution of Minorities in the Middle Ages* (Princeton: Princeton University Press, 1996), p. 237.

758 Heyligen, "Breve Chronicon Clerici Anonymi", em Horrox, *The Black Death*, p. 45.
759 Nirenberg, *Communities of Violence*, p. 238.
760 Ibidem, pp. 240, 245.
761 Barbara W. Tuchman, *A Distant Mirror: The Calamitous 14th Century* (Nova York: Ballantine Books, 1978), p. 109.
762 Ginzburg, *Ecstasies*, p. 65.
763 Papa Clemente VI, "Bull: Sicut Judeis", em Horrox, *The Black Death*, p. 222.
764 Ginzburg, *Ecstasies*, p. 65.
765 Margolis e Marx, *A History of the Jewish People*, p. 406.
766 Belieta, "Strassburg Urkundenbuch", em Horrox, *The Black Death*, p. 215.
767 Aquetus, em Horrox, *The Black Death*, p. 216.
768 Cantor, *In the Wake of the Plague*, p. 154.
769 Confissão de Balavigny, "Strassburg Urkundenbuch", em Horrox, *The Black Death*, p. 213.
770 Ibidem, pp. 214-19.
771 Ibidem, pp. 215-17.
772 Heinrich Truchess, "Fontes Rerum Germanicarum", em Horrox, *The Black Death*, p. 208.
773 Cantor, *In the Wake of the Plague*, p. 156.
774 Alfred Haverkamp, "Zur Geschichte Der Juden Im Deutschland Des Spaten Mittelalters Und Der Fruhen Newzeils", em *Judenverflogugen zur Zeil des Schwarzen Todes im Gesellschaftsgefuge deutscher Stadte* (Stuttgart: Hiersmann, 1981), pp. 62-64.
775 Cantor, *In the Wake of the Plague*, p. 157.
776 Johannes Nohl, *The Black Death: A Chronicle of the Plague Compiled from Contemporary Sources*, trad. C. H. Clarke (Londres: 1926), pp. 184-94.
777 Truchess, "Fontes Rerum Germanicarum", em Horrox, *The Black Death*, p. 209.
778 Jizchak Katzenelson, em Heer, *God's First Love*, p. 12.

Décimo Primeiro Capítulo: "Ó Vós, Homens de Pouca Fé"

779 Jean-Noël Biraben, *Les hommes et la peste en France* (Paris: Mouton, 1975), pp. 75-76.

780 Ole J. Benedictow, *The Black Death, 1346-1353: Complete History* (Woodbridge, Suffolk: Boydell Press, 2004), p. 72. Ver também: Francis Aidan Gasquet, *The Black Death of 1348-49* (Londres: George Bell & Sons, 1908), pp. 68-69.

781 Gasquet, *The Black Death of 1348-49*, p. 68.

782 Benedictow, *The Black Death, 1346-1353*, p. 189.

783 Ibidem, pp. 186-200.

784 Philip S. Ziegler, *The Black Death* (Nova York: Harper & Row, 1969), pp. 84-86.

785 Johannes Nohl, *The Black Death: A Chronicle of the Plague Compiled from Contemporary Sources*, trad. C. H. Clarke (Londres: 1926), pp. 34, 35.

786 Henrici de Hervordia, "Chronicon Henrici de Hervordia", em *The Black Death: Manchester Medieval Sources*, trad. e org. Rosemary Horrox (Manchester: Manchester University Press, 1994), p. 150.

787 Norman Cohn, *Pursuit of the Millennium* (Nova York: Oxford University Press, 1970), p. 124.

788 Nohl, *The Black Death*, p. 229.

789 Ibidem, p. 230.

790 Ziegler, *The Black Death*, p. 89.

791 De Hervordia, em Horrox, *The Black Death*, p. 150.

792 Nohl, *The Black Death*, p. 228.

793 Ibidem, p. 231.

794 Ziegler, *The Black Death*, p. 87.

795 Ibidem.

796 Cohn, *Pursuit of the Millennium*, pp. 124-30.

797 Ibidem, pp. 127, 129, 137.

798 Nohl, *The Black Death*, p. 227.

799 Cohn, *Pursuit of the Millennium*, pp. 124-27.
800 Thomas Walsingham, *Historia Anglicana 1272-1422*, em Horrox, *The Black Death*, p. 154.
801 Cohn, *Pursuit of the Millennium*, p. 132.
802 Ziegler, *The Black Death*, pp. 94-95.
803 Ibidem, p. 93.
804 Cohn, *Pursuit of the Millennium*, p. 130.
805 Ibidem, pp. 139-40.
806 Heyligen, "Breve Chronicon Clerici Anonymi", em Horrox, *The Black Death*, p. 44.
807 Nohl, *The Black Death*, p. 239.
808 Norman F. Cantor, *In the Wake of the Plague* (Nova York: Free Press, 2001), p. 163.
809 Benedictow, *The Black Death, 1346-1353*, pp. 77-82.
810 Ziegler, *The Black Death*, p. 114.
811 Li Muisis, "Recueil de Chroniques de Flandres", em Horrox, *The Black Death*, p. 47.
812 Benedictow, *The Black Death, 1346-1353*, pp. 218-21.
813 Ibidem, pp. 221, 224.
814 W. P. Blockmans, "The Social and Economic Effects of the Plague in the Low Countries, 1349-1500", *Revue Belge de Philologie et d'Histoire* 58, 833-63. Ver também: Benedictow, *The Black Death, 1346-1353*, pp. 203-06.
815 David Nicholas, *Medieval Flanders* (Londres: Longman, 1992), p. 226.

Décimo Segundo Capítulo: "Apenas o Fim do Começo"

816 Ole J. Benedictow, *The Black Death, 1346-1353: The Complete History* (Woodbridge, Suffolk: Boydell Press, 2004), pp. 153, 154.
817 Ole J. Benedictow, "Plague in the Late Medieval Nordic Countries", *Epidemiological Studies* (1992): p. 44.
818 Ibidem.

819 Wendy Orent, *Plague: The Mysterious Past and Terrifying Future of the World's Most Dangerous Disease* (Nova York: Free Press, 2004), p. 57.

820 Aidan Gasquet, *The Black Death of 1348 and 1349* (Londres: George Bell & Sons, 1908), p. 77.

821 Philip S. Ziegler, *The Black Death* (Nova York: Harper & Row, 1969), p. 112.

822 Gasquet, *The Black Death of 1348 and 1349*, p. 78.

823 David Herlihy, *Black Death and the Transformation of the West* (Cambridge, Mass.: Harvard University Press, 1997), p. 25.

824 Matteo Villani, em Herlihy, *Black Death and the Transformation of the West*, pp. 46-47.

825 Robert S. Gottfried, *The Black Death: Natural and Human Disaster in Medieval Europe* (Nova York: Free Press, 1983), p. 81.

826 Matteo Villani, em Herlihy, *Black Death and the Transformation of the West*, p. 65.

827 Agnolo di Tura, *Cronaca senese*, org. Alessandro Lisini e F. Iacometti (Bolonha, 1931-1937), p. 566.

828 Petrarca: "Letter from Parma", em *The Black Death: Manchester Medieval Sources*, trad. e org. Rosemary Horrox (Manchester: Manchester University Press, 1994), p. 249.

829 John de Reading, "Chronica Johannes de Reading", em Horrox, *The Black Death*, p. 86.

830 Gottfried, *The Black Death*, p. 130.

831 Knighton, "Chronicon Henrici Knighton", em Horrox, *The Black Death*, p. 85.

832 John Hatcher, *Plague, Population and the English Economy, 1348-1530* (Londres: Macmillan, 1977), p. 30.

833 Ibidem, p. 59.

834 Gottfried, *The Black Death*, p. 133.

835 Orent, *Plague*, pp. 144-45.

836 Ibidem, p. 138.

837 Ibidem, p. 138.

838 Doutor Ken Gage, chefe da Divisão da Peste, Centros de Controle de Doenças dos EUA. Comunicação pessoal.
839 Hatcher, *Plague, Population and the English Economy*, p. 40.
840 Christiane Klapisch-Zuber, "Plague and Family Life", em *The New Cambridge Medieval History*, vol. 6 (Cambridge: Cambridge University Press, 2001), p. 13.
841 "Plagues", em *The Dictionary of the Middle Ages*, org. Joseph Strayer (Nova York: Scribner, 1982), p. 680.
842 Ibidem, p. 683.
843 M. Levi-Bacci, *A Concise History of World Population* (Oxford: Oxford University Press, 1997), pp. 31, 53.
844 "Plagues", em *The Dictionary of the Middle Ages*, p. 681.
845 Anne G. Carmichael, *Plague and the Poor in Renaissance Florence* (Cambridge: Cambridge University Press, 1986), pp. 60, 66.
846 Hatcher, *Plague, Population and the English Economy*, p. 38.
847 David Herlihy, *The Black Death and the Transformation of the West*, org. Samuel K. Cohn Jr. (Cambridge, Mass.: Harvard University Press, 1997), p. 35.
848 Jean de Venette, "The Chronicle of Jean de Venette", em Horrox, *The Black Death*, p. 57.
849 Hatcher, *Plague, Population and the English Economy*, p. 40.
850 Carmichael, *Plague and the Poor*, pp. 93-94.
851 Klapisch-Zuber, "Plague and Family Life", pp. 138-42.
852 Herlihy, *Black Death and the Transformation of the West*, p. 43.
853 Christopher Dyer, *Making a Living in the Middle Ages: The People of Britain, 850-1520* (New Haven: Yale University Press, 2002), p. 275.
854 Klapisch-Zuber, "Plague and Family Life", p. 136.
855 *Economist*, 25 de novembro de 2003, p. 28.
856 Herlihy, *Black Death and the Transformation of the West*, p. 43.
857 Klapisch-Zuber, "Plague and Family Life", p. 137.
858 Dyer, *Making a Living in the Middle Ages*, p. 265.

859 Matteo Villani, *Chronica di Matteo Villani*, ed. I Moutier, livro 1, cap. 5 (Florença: Magheri, 1825), p. 11.
860 Knighton, "Chronicon Henrici Knighton", em Horrox, *The Black Death*, p. 80.
861 Herlihy, *Black Death and the Transformation of the West*, p. 41.
862 Dyer, *Making a Living in the Middle Ages*, p. 266.
863 Ibidem, p. 278.
864 Matteo Villani, *Chronica di Matteo Villani*, livro 1, cap. 4, p. 10.
865 Gottfried, *The Black Death*, p. 148.
866 Ibidem, p. 140.
867 Dyer, *Making a Living in the Middle Ages*, p. 279.
868 Ibidem, p. 267.
869 Ibidem, p. 210.
870 Ibidem, p. 28.
871 Ziegler, *The Black Death*, p. 275.
872 Gottfried, *The Black Death*, p. 140.
873 Herlihy, *The Black Death and the Transformation of the West*, pp. 50-51; Gottfried, *The Black Death*, pp. 142-43.
874 Gottfried, *The Black Death*, pp. 117-223.
875 Ibidem, p. 121.
876 Ibidem, pp. 123-24.
877 Herlihy, *The Black Death and the Transformation of the West*, p. 72.
878 Ibidem, p. 70.
879 Norman F. Cantor, *In the Wake of the Plague: The Black Death and the World It Made* (Nova York: Free Press, 2001), p. 205.
880 Henry Charles Lea, *A History of the Inquisition of the Middle Ages*, vol. 1 (Nova York: Harper & Brothers, 1882-88), p. 290.
881 William Langland, em Ziegler, *The Black Death*, p. 264.
882 Cantor, *In the Wake of the Plague*, p. 207.
883 Johan Huizinga, *The Waning of the Middle Ages: A Study of the Forms of Life, Thought and Art in France and the Netherlands in the Fourteenth and Fifteenth Centuries* (Mineola, N.Y.: Dover Publications, 1999), p. 12.

884 John Aberth, *From the Brink of the Apocalypse: Confronting Famine, War, Plague, and Death in the Later Middle Ages* (Nova York: Routledge, 2001), pp. 230-31.
885 Ibidem, pp. 196-205.
886 Ibidem, pp. 205-15.
887 Herlihy, *The Black Death and the Transformation of the West*, pp. 50-51.

Posfácio: Os Negadores da Peste

888 Cohn, Samuel K., *The Black Death Transformed: Disease and Culture in Early Renaissance Europe* (Nova York: Oxford University Press, 2003); Graham Twigg, *The Black Death: A Biological Reappraisal* (Nova York: Schocken, 1985); Susan Scott e Christopher J. Duncan, *The Biology of Plagues: Evidence from Historical Populations* (Nova York: Cambridge University Press, 2001).
889 Twigg, *The Black Death*, p. 200.
890 Cohn, *The Black Death Transformed*, p. 247.
891 Scott e Duncan, *The Biology of Plagues*, pp. 107-8, 385, 388.
892 Francis Aidan Gasquet, *The Black Death of 1348 and 1349* (Londres: George Bell and Sons, 1908), pp. 8-9.
893 Da Piazza, "Bibliotheca Scriptorum", em *The Black Death: Manchester Medieval Sources*, trad. e org. Rosemary Horrox (Manchester: Manchester University Press, 1994), p. 36.
894 Heyligen, "Breve Chronicon Clerici Anonymi", em Horrox, *The Black Death*, pp. 42-43.
895 Cohn, *The Black Death Transformed*, pp. 41-54; Scott e Duncan, *The Biology of Plagues*, pp. 107-9; Twigg, *The Black Death*, pp. 202-10.
896 Cohn, *The Black Death Transformed*, pp. 64-65.
897 Philip Ziegler, *The Black Death* (Nova York: Harper & Row, 1969), p. 27; Norman F. Cantor, *In the Wake of the Plague: The Black Death and the World It Made* (Nova York: Free Press, 2001), p. 172.
898 Wendy Orent, *Plague: The Mysterious Past and Terrifying Future of the World's Most Dangerous Disease* (Nova York: Free Press, 2004), p. 57.

899 Jeremy Cohen, *The Friars and the Jews* (Ithaca, N.Y.: Cornell University Press, 1982), p. 176.
900 Scott e Duncan, *The Biology of Plagues*, p. 364.
901 Raoult et al., "Molecular Identification by Suicide 'PCR' of *Yersinia pestis*", PNAS 97: 12800-12803.
902 Orent, *Plague*, pp. 56-57.
903 Ibidem, p. 138.
904 Doutor Robert R. Brubaker, professor de Microbiologia da Michigan State University, comunicação pessoal.
905 Ibidem.
906 Anne G. Carmichael, "Plagues and More Plagues", *Early Science and Medicine* 8, n.º 3 (2003): 7.
907 Ibidem.
908 Ibidem.
909 Doutor Ken Gage, chefe da Divisão da Peste, Centros de Controle de Doenças dos EUA, comunicação pessoal.
910 Cohn, *The Black Death Transformed*.
911 Anne G. Carmichael, comunicação pessoal.

AGRADECIMENTOS

GOSTARIA DE AGRADECER A WILLIAM H. MCNEILL, PROFESSOR EMÉRITO DE História da Universidade de Chicago, e a Ann G. Carmichael, professora-associada de História da Universidade de Indiana, a leitura dos originais e as sugestões propostas. Por terem respondido às minhas perguntas sobre Marselha, o período medieval e a Horda Dourada mongol, gostaria de agradecer, respectivamente, aos historiadores Daniel Lord Smail, da Universidade Fordham, Robert Lerner, da Universidade Northwestern, e Uli Schamiloglu, da Universidade de Wisconsin. Por terem respondido e ouvido pacientemente as minhas dúvidas sobre a biologia da peste, tenho uma dívida para com os microbiologistas Robert Brubaker, da Michigan State University, Robert Perry, da Universidade de Kentucky, Stanley Falkow, da Universidade Stanford, Arturo Casadevall, do Albert Einstein Medical College, Christopher Wills, da Universidade da Califórnia, em Davis, e Ken Gage, dos Centros de Controle de Doenças dos EUA. Em relação às informações sobre as mudanças ecológicas no século XIV, M. G. L. Baillie, do Queens College, Belfast, Irlanda, foi uma fonte indispensável, e em relação às informações sobre o clima medieval, Brian Fagan, da Universidade da Califórnia, em Santa Bárbara, foi extremamente prestativo. Também gostaria de agradecer ao arquivista e historiador Guy Fringer por ter sido a primeira pessoa a despertar o meu interesse pela Peste Negra.

Este livro não poderia ter sido escrito sem a ajuda de meus assistentes de pesquisa: a incomparável Laurie Sarney, que consegue encontrar qualquer documento ou referência, por mais obscuros que sejam; minha equipe de alunos graduados da Universidade de Colúmbia: Ed Reno, R. R. Rozos e George Fiske, que ajudaram a me guiar pelos mistérios do latim medieval; e Jennifer Jue-Steuck, que transformou vários arquivos cheios de papéis mal preenchidos e livros em um claro relato de 911 notas. Eu também gostaria de agradecer aos funcionários da Biblioteca Butler, da Universidade de Colúmbia e da Academia de Medicina de Nova York a sua ajuda e assistência.

Este livro também não poderia ter sido escrito sem o apoio pessoal de diversos indivíduos, entre eles Loren Fishman, cuja ajuda foi vital durante os primeiros e difíceis meses de redação, meu primo Timothy Malloy e sua esposa, Maureen, e Elizabeth Weller, que me auxiliaram de forma decisiva em diversas etapas do projeto.

Há três pessoas a que eu gostaria de agradecer em particular: minha agente, Ellen Levine, que acreditou neste projeto desde o início; minha editora na HarperCollins, Marjorie Braman, cuja opinião profissional, apoio incondicional, bom humor e inesgotável paciência tornaram este livro possível e minha esposa, Sheila Weller Kelly, que sofreu junto a mim todas as agonias da autoria deste livro e cujas constantes releituras dos originais e argutas opiniões e sugestões editoriais aumentaram imensamente a qualidade destas páginas.

Todos os erros e equívocos aqui contidos são unicamente meus.

— John Kelly, 20 de agosto de 2004

ÍNDICE

A Cidade de Deus (Santo Agostinho), 277
"A Peste Negra de Bergen", 251
A Respeito do Julgamento do Sol no Banquete de Saturno (Simão de Corvino), 201
Aarão de Lincoln, 273
Aarão de York, 276
Abadia de Bolton, 84
Abadia de Malmesbury, 219
Abadia de Meaux, 261
Abadia de Ramsey, 77
Abadia de St. Denis, 213, 333
Abadia de Westminster, 149, 251
Abelardo, Pedro, 284
Abraão de Bristol, 273
açougueiros, 93, 244
Adam de Carelton, 224
Adversus Judaeos, 273
Afeganistão, soviéticos no, 100-101
África, peste na moderna, 107n
Ágata, Santa, 111-112
Agimetus, 293
agiotagem, 284-286, 287, 291
Agnolo di Tura, 46, 104, 141-147, 247, 315, 323

Agobardo de Lyon, 275-276, 285
Agostinho, Santo, 276-277
agricultura, 55, 324, 327
  Ânglia Oriental, 252-253
  aumento de produtividade na, 67-68
  inovação tecnológica, 67
  pós-Peste Negra, 334
  século XIV, declínio na, 78
AIDS, 38
Alberti, Leon Battista, 314
Alberto, frei, 37
albigenses, 172, 279
alebedrep, 77
Alemanha, 15, 32, 35, 47, 69, 271, 277, 292, 298, 304
  chegada da peste na, 298-300
  conversão forçada dos judeus na, 278
  escassez de alimentos na, 84, 85
  Liga Hanseática, 69
  pogroms na, 293-295
  população da, 68-69
  taxa de mortalidade, 299-300
  transtornos ambientais na, 130, 313
  ver também cidades específicas.
Alençon, conde de, 207

Aleppo, 24, 71, 271
Alexandria, 71
Alfonso de Córdoba, 16
Alfonso, rei de Castela, 232, 308
Allalin, glaciar, 80
Almeria, 307-308
Alta Idade Média, 34, 66-69
Amadeus VI, conde de Savoia, 291
Aminigina (mulher genovesa), 117
Amulo, arcebispo, 276
anatomia, 196, 328
ancinheiros, 95
Andreas da Hungria, 117-118, 186-188
Andree, Silona e Augeyron, 162
Andronikos, príncipe de Bizâncio, 105
Ânglia Oriental, 252-260, 320
animais, 57, 95, 240
    mortes da Peste Negra, 12-13, 138, 139, 229
Anneys, Henry, 257
Ano da Aniquilação. *Ver* Peste Negra.
anos de surtos de fertilidade, 58-59
antídotos, 204
antígenos, 56
Antigo Hino dos Flagelantes, 302
antissemitismo, 16, 167-168, 181, 182, 207, 268, 277-278, 299
    acusação de libelo de sangue, 279-280
    Civitas Dei e moderno, 279-280
    da Igreja Católica Romana, 274
    dos Flagelantes, 301, 306
    fomentado pela rivalidade religiosa, 275
    na França, 46, 169-170, 276, 278
    na Inglaterra, 276, 280
    personalizado pela agiotagem, 285
    Quarto Concílio de Latrão e, 280
    ver também judeus; pogroms.
antrax, 17, 140, 319, 338
apanhadores de cães, 24, 92
aquecimento global, 66-67

aquedutos romanos, 93
Aquetus, 76, 293
ar infectado, 200, 202, 203-204
Aristóteles, 195, 293
Arnauld de Villanova, 198
arqueiros, 97
Asaf-Khan, princesa do Punjab, 88-89
Ásia
    descoberta medieval da, 52
    rotas para a, 53
asquenaze, 271, 277
"Assassinos do Irã", 73
astrologia, 195, 196, 198, 200
Audoin-Rouzeau, F., 92
Auschwitz, 269, 296
Áustria, 15, 47, 296, 298, 299
Austria, Peire, 166
autópsias, 190, 196
autoridade, 195-196
Averróis, 195
Avicena, 195
Avignon, 16, 31, 44, 105, 118, 246, 171-192, 212, 217, 306-307, 333
    antissemitismo em, 182, 184
    chegada da peste em, 180
    "coluna de chamas" sobre, 130
    medidas de proteção adotadas em, 184
    mudança da peste pneumônica para a bubônica em, 191
    padrão da peste em, 250, 298
    pobreza em, 175
    resposta da sociedade em, 182
    taxa de mortalidade em, 180, 191-192
Aycart, Jacme, 162, 164-165

Baardson, Ivar, 80
Bagdá, 74, 272
Baillie, Michael, 107n
Bakeman, Alice, 256
Balavigny, 104, 268-270, 280, 291, 293, 293

Bálcãs, 16, 297-298
Bananias, 288
Banhos de Diocleciano, 96
banhos, 37, 96, 203
Barcelona, 290, 307
Basel, 47, 294
Basileia, 299
Basse, Beatrice, 83
Bath e Wells, 226-227
   ver também Ralph de Shrewsbury.
Baviera, 299
Baviera, duque da, 194
becchini, 134
Becket, Tomás, 37
bedéis, 94-95
Belasagun, 26
Belieta, 292, 293
Benedictow, Ole, 27, 299, 309-310, 312
Benezeit, Andre, 289
Benitio, Antonio de, 68, 117
Benjamin de Tudela, 271
Bento, São Bento XII, papa, 173-174, 179
Bergen, 47, 312, 313
Bessa, Uga de, 165-166
bile amarela, 199
bile negra, 199
Biology of Plagues, The (Scott), 337
Biraben, Jean-Noël, 56n, 346
Bircheston, Simon de, 251
Bishop, Morris, 175, 177
Black Death Transformed, The (Cohn), 337-338
Black Death, The: A Biological Reappraisal (Twigg), 337
Blanche de Navarra, 211
Boccaccio, Giovanni, 37, 131-133, 135, 139, 140, 176, 185, 187, 247, 345
Bodo, 275-276

Boêmia, 309, 310
Bolonha, 125, 210
Bonafos, M., 162
Bonifácio VIII, papa, 129, 171
Book of Travels (Benjamin de Tudela), 271
Bordeaux, 231, 233
Borgonha, 36, 285
boticários, 138
Bourchier, Robert, 231, 232
Bracelli, Giudotto de, 117, 118
Bradwardine, Thomas, 250
Brasil, 303
Bray, Adam e John, 83
Breuer, Mordechai, 272
Bridgewater, 225-226
Brígida da Suécia, Santa, 176
Bristol, 218, 221, 225
Britby, John, 245
Broughton, 69, 75-78, 83, 84, 85, 92, 105
Brubaker, Robert, 55, 56, 140, 344
bubões, 40, 138, 191, 338, 340
Bugsey, Catherine, 256
Burghersh, Bartholomew, 230
Bynum, Caroline Walker, 135

Cabani, Raimondo, 187
Caffa, 19-22, 34, 50, 101, 104, 314
   como origem da peste europeia, 28-29, 113, 120-121
   navios da peste originários de.
   Ver navios da peste.
   cerco de, 23-24, 26-29, 101
   vulnerabilidade ecológica de, 21-22
   chegada da peste em, 26-29
   genoveses em, 19-20, 22-23, 29, 43-44, 74
Calais, 45, 101, 221
Calvi, Giulia, 135
Camarões, 107n
Campbell, Bruce, 16

camponeses, 82, 95, 99, 160, 231, 324
Camus, Albert, 180, 184
"Canção dos Últimos Judeus", 296
canibalismo, 83
Cantor, Norman, 232, 281, 330
caravançarás, 60
cardadoras de lã, 326
Carleton Manor, 233-234
Carlisle, bispo de, 232
Carlos IV, rei da França, 160
Carlos Magno, rei dos francos, 277
Carmichael, Ann, 321, 344, 346
Carpentier, Elizabeth, 124
carruca, arado do tipo, 67
Carta à Posteridade (Petrarca), 176
Carta Celeste, 258, 303
Cartago, 276
carvão, 249
Casimiro, rei da Polônia, 307
Casse, Antoni, 166
Cassiodoro, Flávio, 32
Catânia, 111-112, 129, 226
Catarina de Siena, Santa, 96
catástrofes naturais, 32-33
cavalaria, 97, 99
Cavaleiros de São João, 163
CCR5-D32, 43, 57, 109, 140
Células cancerígenas, 40
Cemitério dos Santos Inocentes, 287
Centros para o Controle de Doenças, Divisão da Peste, 41, 346
Champagne, 69-71
Château de l'Ombrière, 232
Chaucer, Geoffrey, 194-195, 244, 279
Cheapside, 244, 245
chevauchée, 99, 101
Chillon, 47, 168, 291-293
China, 14, 30, 50, 51, 64, 73, 88, 92, 312
  catástrofes ambientais na, 22, 313
  subnutrição na, 33
  mortalidade em decorrência da peste na, 31
  queda da população na, 320n
  epidemia na, 24-25
  peste do século XIX na, 34, 63, 138
Chipre, 32, 114
chacina dos escravos muçulmanos em, 106-107
  terremoto em, 106-107
  transtornos ambientais em, 313
Chirurgia Magna (De Chauliac), 179
Chronicle of Plague, 310
Chua, Amy, 271-272
chuvas, 107n, 129
Chwolson, D. A., 25
cidades, 35-37, 66, 68
  a Medicina como produto das, 195
  higiene das, 87, 92-95, 92n
cirurgiões, 92, 93, 197, 328
cirurgiões-barbeiros, 92, 93, 197
Civitas Dei, 279-280
Clarens, 269-270
Clemente V, papa, 171-172, 173
  morte de, 160
Clemente VI, papa, 148, 150, 151, 179, 180-181
  condena a perseguição aos judeus, 184, 190, 269, 291
  declara Cola usurpador, 153
  e o julgamento da rainha Joana, 188-189, 190
  prodigalidade de, 174-175
Clericus, John, 77
Clerk, John, 228
clima, 341
  mudança no, 59, 66-67, 80-83
  século XIV, 35
Clynn, John, 218, 265
coesão social, 241
Cohn, Samuel K., 139-140, 337-338, 340, 345
Coimbra, 309
Coke, Thomas, 77
Colle, John, 202

Colon, Joseph, 285n
Colonna, família, 114, 149, 151
Colonna, Giovanni, 154, 178, 191
Colonna, Stefano, 147, 152, 153
Columbier, Pons, 166
Columella, 67
comércio europeu com o, 71
comércio, 14, 17, 32, 34, 53, 60, 66, 78, 217
　disseminação dos ratos-pretos, 91-92
　na Peste de Justiniano, 64, 92
　papel dos judeus internacionalmente no, 271-272, 284
　renascimento na Idade Média, 69-71
Comissão de Energia Atômica dos EUA, 30, 121
Comissão sobre a Peste na Índia, 338, 340, 344
Compendium de epidemia per Collegium Facultatis Medicorum Parisius, 200, 210
condições sanitárias, 33, 101, 320, 344-345
　nas cidades, 87, 92-95, 92n
condottieri (mercenários), 36
confissão falsa, 157
Confissões (Santo Agostinho), 276-277
Confraria da Cruz. *Ver* Flagelantes.
conselhos municipais de saúde pública, 329, 344
Consilia contra pestilentium (Gentile da Foligno), 201
Constança, 47, 296
Constança, Lago, 297
Constantinopla, 21, 43, 71, 105, 110, 111, 113, 271
　taxa de mortalidade da Peste de Justiniano em, 65
contágio, 199, 203, 208, 318, 329, 339, 342
Conto do Beleguim (Chaucer), 194-195

Contra Judaeos, 274
conversões forçadas, 278, 284
corrimentos "sangrentos", 320
Cosner, William E., 92, 95
costeggiare, 110
Couvin, Simon, 86
coveiros, 134
Crane, Robert, 77
Crécy, 207n, 210, 216, 220, 232
crianças, 31
　taxa de mortalidade entre as, 320, 321
Crimeia, 15, 19-20
Crisa, 271
Crisóstomo, São João, 275
cristianismo, 275
　privatização do, 330
　ver também Igreja Católica Romana.
Croácia, 297-298
Crônica do Frade Franciscano, 219
Cruzada das Crianças, 161
Cruzadas, Cruzados, 71, 91, 164n
　albigense, 172
　pogroms e, 278
cuidados com os doentes, 345
Cumberland, 260, 262
curandeiros, 194, 196-197
Curdistão, 64

da Piazza, Michele, 107-109, 107n, 110, 111-113, 139, 339, 340, 344
Damouzy, Peter, 207
dança da morte, 332
Dança da Morte, A, 333
Dandolo, Andrea, 119
Dante, 142
Danzig, 309
de Bisquale, Raymond, 231
de Brantome, cavaleiro, 185
de Charney, Geoffroi, 156, 158
de Crusols, Guilelma, 162
de Grundwell, James, 234, 313

de Molay, Jacques, 156-157, 158, 160
   maldição de, 158, 172
De urina non visa (William, o Inglês), 195
de Vaho, Bernard, 158
Decameron (Boccaccio), 37, 131-132, 135
Declínio da Idade Média, O (Huizinga), 332
Defoe, Daniel, 248
delírios, 41
Der Stürmer, 280
Derbyshire, 46, 262
Desastre e Recuperação, 30, 121
Descrição e Remédio para Evitar a Doença no Futuro (Ibn Khatimah), 201
desnutrição fetal, 86-87
Deux, George, 213
diarreia infantil, 320
Diáspora, 271-272
Dies, Bona, 292
Dion Cássio, 270
disenteria, 319, 320
dispensas, 172-173
DNA, 342
doença venérea, 320
Donald, David Herbert, 29
Dong Ha, 101
Donin, Nicholas, 282
Dorset, 223-224, 233
Doutrina das Expedições Bem-sucedidas e das Guerras mais Curtas (Dubois), 99
Draguignan, Bondavin de, 166
Dublin, 46, 264
Dubois, Pierre, 74
Dubrovnik, 298, 329
Duncan, Christopher J., 337, 338, 342
Durham, 93, 260, 262-263
Dyer, Christopher, 218n, 327

É a Ira Divina que Procede a Mortandade Destes Anos?, 201
ebola, vírus, 17
Economist, The, 322
Éden, Jardim do, 52
Edendon, William, 233, 234-235, 236, 237, 239, 241
Eduardo I, rei da Inglaterra, 276
Eduardo II, rei da Inglaterra, 84, 215
Eduardo III, rei da Inglaterra, 15, 37, 46, 94, 95, 104, 129, 160, 207, 216-217, 220, 221, 227, 231, 232, 234, 235, 245, 264, 276, 327
Eduardo IV, rei da Inglaterra, 320
educação superior, 329-330
Edwaker, Joan, 326
Egito, 30, 64, 106, 272
Elias de Vesoul, 272-274
empíricos, 197
enchentes, 32, 107n, 129, 201
encomendas de orações, 330
Endicott, John, 219
envenenamento de poços, 167-169, 168n, 182, 268-269, 286, 287, 289-290, 291-295
enzootia, 57-58
epidemia, 65-66, 85
epizootia, 58
Era Glacial, 55
Erfurt, 84, 296, 299, 306
ergotismo, 85
escala Foster, 29
Escandinávia, 15, 311-313
Escócia, 15, 36, 262, 263
escolas de Medicina, 194, 196, 200, 328
Espanha, 15, 36, 69, 56, 277, 281, 307
   epidemia de gripe na, 319
   padrões da peste na, 308-309
pogroms, 290
espartanos, 303

estepe. *Ver* Eurásia, estepe da.
estepe da Eurásia, 21, 49-51, 55, 64
    mudanças climáticas na, 59
    rotas comerciais através da, 54, 60
estivadores, 326
Estrasburgo, 47, 207, 295, 299, 306
estresse, 99, 100-101
etruscos, 93
Europa,
    declínio da infraestrutura física, 322-323
    Diáspora dos judeus na, 271-272
    doenças contagiosas na, 321
    florestas da, 66, 69
    idade mediana na, 322
    impasse malthusiano na, 334
    mudanças na estrutura social da, 325-326
    padrões de vida, 334
    população da, 36, 68-69, 320, 327-328, 2293
    recuperação populacional da, 320
    ver também países e cidades específicos
Evagrius, 65
exercício, 204
Exército norte-americano, 100, 101, 345
Exército soviético, 100
exércitos, tamanho dos, 97-99
expectativa de vida, 321-322

Faber, João, 197
Faculdade de Medicina de Paris, 196, 197
    recomendações alimentares da, 204, 206
    tratado sobre a peste produzido pela, 193, 200
Faculdade de Navarra, 210
Farnham, 236, 237-241, 255
fascíola, 230

febre aftosa, 17
febre hemorrágica, 140
febres entéricas, 320
Feiticeira de Ryazan, 72
Felicie, Jacqueline, 196-197
Feodósia. *Ver* Caffa
Festa de Santa Catarina, 281
feudalismo, 237, 240
feudo de Woodeaton, 228
Filipe IV (o Belo), rei da França, 156-157, 158, 171-172, 197
    morte de, 160
Filipe V, rei da França, 160, 287, 288-289
Filipe VI, rei da França, 207, 210, 214, 306
filles blanches, 212
    armas de fogo, 328
Fitzralph, Richard, 229
flagelação, 303
Flagelantes, 16, 46-47, 300-307
    antissemitismo dos, 301, 306
    Clemente VI e os, 306-307
    da Peste Negra, 304-307
Flandres, 69, 81-82, 97, 160, 304, 309, 310
    aumento da pobreza em, 80
    como vetores de doenças, 97, 345-346
    escassez em, 85
    padrão de mortalidade em, 87
    pulgas, 32, 33, 34, 38, 56-57, 90, 206, 221
    ver também Pulex irritans; Xenopsylla cheopis.
flebotomia, 204, 205
fleuma, 199
Florença, 15, 46, 123, 127-128, 132, 142, 316
    becchini em, 134
    chegada da peste em, 68, 320
    comissão de saúde pública de, 122

condições sanitárias em, 123
conselho municipal de saúde em, 329, 344
descrição por Boccaccio de, 131-133
Estilo de Morte, 134
fome em, 114
idade mediana em, 322
jantares durante a mortandade em, 137
mortes de animais em, 230
população de, 68, 320
resposta da sociedade à peste em, 132, 135-138
taxa de mortalidade em, 86, 124, 125, 138, 141
valas comuns em, 135, 137
fogo de Santo Antônio, 85
Fome Irlandesa de 1847, 85
fomes, 86, 101, 114, 124
ver também Grande Fome.
Ford, John, 218
Foster, Harold D., 29
Fracastoro, Giovanni, 329
França, 32, 36, 156-157, 158-160, 217, 285, 304, 314, 319
antissemitismo na, 46, 169-170, 276, 278, 280, 281, 288
aumento da pobreza na, 80
epidemia de gripe na, 319
inflação na, 323
leprosos exterminados na, 287
Peste de Justiniano na, 65
peste pneumônica na, 42
pogroms na, 268, 288
população da, 68-69, 160
preços dos alimentos na, 82-83
rebeliões de camponeses na, 327
taxas de mortalidade na, 31
transtornos ambientais na, 313
ver também cidades específicas.
Francesco de Roma, 121

Francisco de Assis, São, 96
Frankfurt, 299, 306, 309
Frederico da Turíngia-Meissen, 296
Froissart, Jean, 158

Gage, Kenneth, 41, 114n, 346
Galeno, 37, 195, 205
Gales, 46, 263-264
Gandulfa, madame, 162
"gansos de Winchester", 246
garderobes, 94
Gaveston, Piers, 216
gavocciolo. *Ver* bubões.
Gêngis Khan, 23, 73
Gênova, 15, 36, 46, 71, 113-118, 122, 163
chegada da peste a, 115-118
em Caffa, 19-20, 104
navios da peste oriundos de. *Ver* navios da peste.
vulnerabilidade de, 115
Gent, 68, 327
Gentile da Foligno, 37, 46, 123, 124, 201, 203, 204, 205
Geoffrey le Baker, 247, 264
Geração Perdida, 252
Gerard, Henri, 270
Gerefa, 237, 241
gérmen de grãos, 91
Gethin, Jeuan, 263
Gibbon, Edward, 96
Gilles li Muisis, 84, 164, 214, 308
Giovanni, duque da Sicília, 112-113
globalização, 21, 271
Gloucester, 226, 236
Glynn, John, 46
Gobi, deserto de, 25, 50, 60, 64, 74
Godychester, Matilda de, 256
Gog e Magog, 51, 73
gonorreia, 320
Gonzaga, Galaezzo, 185
Goscelin, Emma e Reginald, 255

Gottfried, Robert, 320, 329
Grã-Bretanha, 17, 36
    Ver também Inglaterra.
Graetz, Michael, 272
gramaglia, 120
Granada, califa de, 168n
Grande Ciência, 63
Grande Concílio de Veneza, 119, 120
Grande Fome, 82-85, 86, 87, 160, 287, 310
Grande Khan, 52, 52
Grande Mortandade. *Ver* Peste Negra.
Grande Optimum, 66n
Grande Peste de Londres (1665), 248, 317
Grande Revolta, 270
Grandes Chroniques de France, 213
Grandes Limpezas, 69, 78, 82
Grands-Chroniques da Abadia de St. Denis, 333
Grécia, 106, 113
Gregório de Tours, 65
Gregos antigos, 95, 198
gripe, 37, 319, 321
Groenlândia, 30, 48, 67, 81, 342
    transtornos ambientais na, 313-314
Grousset, René, 51
guerra de cerco, 28n
Guerra do Vietnã, 34, 101, 312-313, 341
Guerra dos Cem Anos, 36, 99, 129, 160, 207n
guerra, 34, 36, 101, 114, 328
    civis como alvo, 99-100
    crescente violência da, 99
    mudanças medievais na, 96-100
Gui, Bernard, 287
Guia dos Perplexos (Maimônides), 281
Guilherme de Saliceto, 198
Guillaume de Machaut, 323
Guillaume, lorde da Drácia, 284
Gutenberg, Johann, 328

Guy de Chauliac, 16, 178-179, 181, 190-191, 205, 317
Gylbert, Alota, 76-78
Gylbert, John, 76-78, 85
Gylbert, Reginald, 77

Haerlebech, Jean, 214
Haly Abbas, 195
Hammond, William, 225
Hampshire, 233, 235
Hangzhou, 53, 60, 71
Hatcher, John, 218n, 321
Hayling, ilha, 235
Henrique II, imperador da Alemanha, 150
Henrique VII, rei da Inglaterra, 254
Henrique VIII, rei da Inglaterra, 224, 332
herança, padrões de, 325
heriot, 78, 240, 257, 325
Herlihy, David, 35, 80, 321, 335
Hervordia, Henrici de, 300
Heyligen, Louis, 22, 24, 164, 177-178, 180-182, 184, 190, 191, 289-290, 307, 315, 339, 340, 341, 344
Heyton, Roger de, 251
Higden, Ranulf, 215-216
higiene, 37, 52
    militar, 100-101
    no Império Romano, 95-96
Hipócrates, 195, 199
histeria, 110
History of the Bubonic Plague in the British Isles, A (Shrewsbury), 218n
Hitler, Adolf, 49
HIV, 57
Holanda, 304, 309, 310, 317
Holocausto, 269
Homens sem Cabeça, 51
Homens-cães, 51
Homilias contra os Judeus, 274
Hong Kong, 63, 345

Horseman, William, 83
hospitais, 212, 329
Hôtel-Dieu, 16, 210, 212
Hugk, o Alto, 296
Huizinga, Johan, 332
humores, teoria dos quatro, 195, 199
Hungria, 298, 309

Ibn al-Khatib, 201, 203
Ibn al-Wardi, 24
Ibn Khaldun, 31, 251
Ibn Khatimah, 201, 202, 203, 204, 205-206, 309
Igreja Católica Romana, 19, 234-235
　antissemitismo da, 274-275
　declínio pós-peste, 258-260
　desilusão com a, 330-332
　enfraquecimento pela Peste Negra, 258, 330-332
　movimentos heréticos e a, 332
　ver também papado.
Igreja do Santo Sepulcro, 302
Iluminismo, 315
impasse malthusiano, 35, 334
Império Mongol, 59-60, 73, 74, 164n
Império Romano, 34, 51, 271
　epidemias no, 65-66
　higiene no, 95-96
　técnicas sanitárias no, 93
imposto sobre a morte, 78, 240, 256, 325
imposto sobre o voto, 327
impostos, 261
imprensa, 328
Índia, 24, 25, 53, 88, 320
　peste do século XIX na, 34, 63, 138, 139
　peste moderna, 107n
　ratos-pretos na, 90
　subnutrição na, 33
indulgências, 150, 172
indústria têxtil, 159, 253, 326, 327

Inês, Santa, 96
infantaria, 97-99
Inferno, O (Dante), 142
inflação, 323
Inglaterra, 15, 67, 83, 104, 215-241, 314, 317, 319
　antissemitismo na, 276
　chegada da peste na, 46, 111
　condados setentrionais da, 260-263
　demanda pela lã da, 217
　economia industrial da, 217
　epidemia de gripe, 319
　estabilidade social da, 217, 241-241, 256
　falência da ordem pública na, 83-84
　mortandade entre os clérigos na, 224, 235, 251, 258
　mortes de animais na, 230
　mudanças climáticas na, 82-83
　nova metástase na, 232-233
　peste de 1361 na, 316
　população da, 68-69, 320
　preços e escassez de alimentos na, 82-83, 85
　registros da, 221
　rotas internacionais de comércio da, 221
　taxas de mortalidade, 31, 139, 218, 239, 254
　território de Champion na, 237, 252-253
　transtornos ambientais, 313, 316n
　valas comuns, 234
　vilas "perdidas" da, 235-236
　ver também cidades e regiões específicas
inovação tecnológica, 327-328
Inquisição, 281-282
Ioannes IV, imperador de Bizâncio, 105
Irã, 30, 64
Iraque, 30
Irlanda, 15, 83, 264-265

Irmandade dos Flagelantes. *Ver* Flagelantes.
Isabella da França, 216
Ishii, Shiro, 57, 345
Issyk Kul, Lago, 25-26, 61
Itália, 15, 114, 304, 315, 319
  aumento da pobreza na, 80
  central, 121-125
  chegada da peste na, 46
  cidades da, 37
  fome na, 114
  guerra na, 36
  Peste de Justiniano na, 65
  peste pneumônica na, 42
  população da, 68-69
  subnutrição na, 36
  taxas de mortalidade na, 31, 139
  transtornos ambientais na, 32, 114, 129, 130, 313
  vulnerabilidade da, 114-115
  ver também cidades específicas
Ivychurch, priorado de, 234, 313

Jacob, rabino, 168, 268, 293
Janelas Quebradas, teoria do comportamento humano, 241
Janibeg (Khan mongol), 23, 26-28
Jean de Fayt, 307
Jean de Jardun, 158
Jean de Lagrange, 333
Jean de Venette, 207, 208, 212-213, 320
Jean le Bel, 221
Jerônimo, São, 271
Jerusalém, 271
Jessop, Augustus, 254, 255-256
Jijaghatu Toq-Temur (Khan mongol), 24
Joana D'Arc, 209
Joana de Borgonha, 211
Joana, princesa da Inglaterra, 46, 104, 308
  morte de, 232, 247
  visita a Bordeaux de, 231-232
Joana, rainha de Nápoles e da Sicília, 16, 105, 151, 289n
  assassinato de Andreas e, 117-118, 185
  assassinato de, 189n
  julgamento de, 188-190
  visita a Gênova de, 187
João de Damasco, 195
João de Éfeso, 65
João de Pádua, 197
João de Penna, 205
João de St. Omar, 196-197
João XXII, papa, 173, 179
João, Evangelho de, 275
João, rei da Boêmia, 207
John de Reading, 251, 258, 316n
John le Parker, 264
John le Spencer, 224
Joinville, Jean de, 159
Jordan, William Chester, 86
Jorge, o Alemão, 123
judeus, 16, 46, 167-169, 181, 182, 184, 271, 287, 301, 311
  acordo secreto dos, 288
  acusação de libelo de sangue contra os, 279-280
  acusações de Chillon contra os, 168-169, 268-269
  asilo na Polônia para os, 307
  ataques em Estrasburgo contra os, 47, 207
  como substitutos da autoridade local, 286
  condenação de Clemente aos ataques contra os, 190
  conversão forçada dos, 278, 283
  educação e alfabetização dos, 271-272
  estereótipo do agiota, 283-286
  expulsão dos, 276, 283

extermínio em massa dos, 283
padrões de vida dos, 273
papel comercial dos, 271-272, 283
pogroms, 73, 167-168, 170, 268, 279, 286-289
população medieval de, 271, 272n
riqueza dos, 287, 291
violência na Semana Santa contra os, 167, 289
junco e adobe, 95
Justiniano, imperador de Bizâncio, 62

Kahn, Herman, 192, 251-252
Katzenelson, Jizchak, 296
Kenwric Ap Ririd, 264
Kipling, Rudyard, 283
Kitasato, Shibasaburo, 63
Knighton, Henry, 37, 225, 251, 258, 263, 323
Knutsson, Bengt, 203
Koch, Robert, 63, 64
koumiss, 52
kuriltai, 73
Kutluk, 25, 26, 61-62
Kydones, Demetrios, 105

La Baume, 167, 170
La Practica Della Mercatura (Pegolotti), 50
Lago de Genebra, 104, 267-268
Lancashire, 260, 262
  pequena aristocracia agrícola, 325, 326-327
lanceiros, 97
Lane, Frederic C., 121
Langland, William, 319, 331
Lawman's Annual, 312
Le Taillour, Roger, 228
leis suntuárias, 327
leprosário, 329
leprosos, 168n, 280n, 287, 288
Levi ben Gershom, 285

Levi, Primo, 269
libelo de sangue, 279-280
Liga Hanseática, 70
Lincoln, 258, 261
Little Red Book, 225
Livros de Testemunhos contra Judeus, 274
lolardos, 331
Londres, 15, 46, 78, 87-88, 221, 243-252, 254, 304, 311
  poluição do ar em, 245
  animais mortos em, 93
  estudo arqueológico de, 248
  distrito comercial de, 244-245
  indústria em, 245
  falta de cronistas em, 247
  decadência moral de, 251
  taxa de mortalidade em, 248, 250
  padrões da peste em, 250
  valas comuns em, 248
  chegada da peste em, 247
  população de, 68, 243, 250, 251
  sistema sanitário em, 92, 93, 94-95, 245
  Cemitério Smithfield em, 248-250
  como fonte de contágio da Ânglia Oriental, 254
  guildas comerciais em, 251
  comércio em, 69
Longchamp, Convento de, 322
Lort, Antoni, 166
Lucas, Evangelho de, 275
Luigi de Taratino, 117, 185, 187, 188
Luís I (o Piedoso), rei da França e da Alemanha, 275, 276
Luís IX, rei da França, 73, 282
Luís X, rei da França, 160
Luís, rei da Hungria, 186, 187
Lutero, Martinho, 332

Mabrice di Pace, 186
Madoc Ap Ririd, 264

Magna Carta, 283
Magno II, rei da Suécia, 47, 313
Magnu-Kelka, 25, 26, 61-62
Maimônides, 123, 281-282
Maimônides, David, 272
Mainz, 278, 299
manchas solares, 58
Manfredo da Sicília, 306
Manifestação contra os Judeus, 274
Manlake, 258
Mann, Jonathan, 12
Manny, Walter, 244, 249, 330
mão de obra, custo da mão de obra, 240, 241, 323, 325, 326-327
Maqrizi, al-, 25
Mar Cáspio, 26, 52, 81
Mar Mediterrâneo, 103-104
Mar Negro, 113
"marcas de Deus", 40
Marcos, Evangelho de, 275
Marignolli, João de, 52
Marselha, 44, 115, 160-170, 259, 307
  chegada da peste em, 160, 163
  disposição física de, 161
  importância comercial de, 160
  Peste de Justiniano em, 164
  peste do Renascimento em, 319
  resistência ao antissemitismo em, 170
  resposta pública à peste em, 166
  taxa de mortalidade em, 164-165, 164n
  tradição de tolerância em, 160
Martini, Simone, 176
matadouros, 36, 88, 244, 251
Matemática, a música como ramo da, 178
Mateus, Evangelho de, 233
McNeill, William, 60
Medicina, 193-194
  greco-árabe, 195
  hierarquia na, 197

inovações pós-Peste Negra na, 328
licenciamento, 196
mulheres na, 196-197
ordens e proibições, 198
profissionalismo científico da, 194-195, 197-198
médicos, 197, 198, 328
Melcombe, 45, 219-223, 224
Memórias de um Caçador na Sibéria (Tasherkasoff), 54
Mendelssohn, Moses, 277
mercados de escravos, 21
Messina, 112, 121, 129
  chegada da peste a, 107-110, 111
Mesue, John, 203
método científico, 328-329
miasmas, 37
mineração, 328
Minna (mulher judia), 286
Mishneh Torah (Maimônides), 281
misticismo, 330
mistral, 175
moinhos de água, 67-68, 253n
moinhos de vento, 67-68
Monastério de Santa Maria Novella, 130
monastérios, 193-194
mongóis, 14, 22-23, 72-74
  imagem ocidental dos, 50-51
  cerco de Caffa pelos, 26-29
  unificação da estepe pelos, 32, 51
Mônica, Santa, 276
Monte Corvino, João de, 52, 60
monte do Templo, 270
Montpelier, escolas de Medicina em, 196
Moore, S. E., 86-87
Morellet, Jean, 104, 211-212, 213, 269
Morelli, Giovanni, 86
morte, ideia moderna sobre a, 135
Mortimer, Roger, 216
Moscou, 314, 316

mosquetes, 328
mosquitos, 50
muçulmanos, 69, 288, 308
mulheres, 31
    na economia pós-Peste, 326
    na Medicina, 196-197
música, 178
Mussis, Gabriel de, 22, 23-24, 26-28
Mussolini, Benito, 147

Napoleão I, imperador da França, 49
Nápoles, 36, 68, 104-105, 187
navios da peste, 29, 43-44, 104, 105,
    107-110, 113-114, 115, 128, 163,
    307-309, 339
navios, construção, 328
nazistas, 280
Neibuhr, G. B., 256
Neogalenismo, 193-214
    ar corrompido no, 199, 202
    bases, 195
    defesas contra a peste aconselhadas
        pelo, 201-206
    teoria dos quatro humores como
        marca do, 199
nestorianos, 61
Neusner, Jacob, 277
New England Journal of Medicine, 12
Normandia, 317, 320
Noruega, 47, 311-312, 313
Norwich, 253, 254, 255-256
notários, 117, 139
Novgorod, 72, 150
nutrição, 204-205, 345
Nyos, Lago, 107n

"O Tesouro e a Lei" (Kipling), 283-284
observação científica, 196
Offord, John, 250
Ogedi, Grande Khan, 73-74
oimmeddam (doença errante), 29
Oito Orações contra os Judeus, 274

On Thermonuclear War (Kahn), 192,
    251-252
Orent, Wendy, 55, 317, 342-344, 346
Oriente Médio, 31, 51, 65
Ormrod, William, 247
Ormuz, porto de, 53
Orsini, família, 114, 149, 153
Ortho, Gerard, 112, 117
Orvieto, 36, 123, 124, 314
osteoartrite, 231
outgassing, 107n
Oxford, 229

padres, 330-332
    taxa de mortalidade entre os, 224,
        235, 251, 258, 259-260
Palácio de Marselha, 164
Palácio de Westminster, 104, 246
Pamir, montanhas, 51
pandêmica, doença, 11-12, 34, 62
Pantera, 275
pão, 204
papado, 36, 149
    burocracia do, 175-176
    Coroa Francesa e, 171-172
    Ver também papado de Avignon
papado de Avignon, 171-176
    ver também papas específicos.
paranoia, 268
Paris, 16, 36, 45, 104, 155-156, 193-
    213, 287
    a peste chega a, 207-213
    condições sanitárias em, 92-93
    escolas de Medicina em, 196
    faculdade de Medicina de, 37, 45,
        193-213, 287
    população, 68, 159
    taxas de mortalidade em, 212-213
Paris, Mateus, 73
Paris, Universidade de, 159, 210
Pasagio, Gerard de, 157
Pasteur, Louis, 63

Pastoureaux, 160
Pava, Conrad, 254-255
Pazzi, Mona dei, 129
Pedro, o Cerimonioso, rei de Aragão, 289, 308
Pedro, príncipe de Castela, 104, 219
Pegolotti, Francesco Balducci di, 23, 50, 50n
pellagra, 85
Pelúsio, 64, 65
penicos, 93-94
Pequena Era Glacial, 81, 314
Pequeno Optimum, 66-67, 80
Perigord, condessa de, 172
Perúgia, 46, 123, 124
Pest Jungfrau, 300
peste, 24, 26n, 28, 30, 54
    bactéria da, 42
    cadeia de transmissão da, 38
    cepas específicas de "hospedeiros", 344
    como específica de uma espécie, 318
    como uma doença de roedores, 31-32
    compreensão moderna da, 338
    e os transtornos ambientais, 32, 200
    fatores sociológicos e demográficos, 33-34
    focos, 25, 32
    formas, 40-43
    na Guerra do Vietnã, 101
    negadores da, 140, 337-346
    neogalenismo e as defesas contra a, 201-206
    ocorrência pós-Peste Negra, 316-320
    proteções contra, 201-206
    psicologia da, 208
    resistência dos animais à, 57
    século XIX, 34
    subnutrição e, 33, 85-86
    surtos regionais, 86
    taxas de contágio da, 139
    vetores, 28n, 33, 37-38, 90-91, 96
    ver também Peste Negra; peste bubônica; peste pneumônica.
Peste, A (Camus), 180, 184
Peste Antonina, 107n, 205
peste bovina, 84, 229
peste bubônica, 17, 42, 109, 312-313, 346
    a Peste Negra se torna, 191
    cepas resistentes a várias drogas, 12
    na Escandinávia, 312
    na peste posterior à Peste Negra, 317
    período de incubação, 40
    ponto crítico da, 205-206
    sintomas da, 40-41
    taxa de mortalidade da, 41
    ver também Peste Negra; peste; peste pneumônica.
Peste das Crianças, 316
peste das marmotas, 54, 141, 312, 318, 342-344, 346
Peste de Atenas, 107n, 168n, 338
Peste de Justiniano, 32, 63, 64-65, 92, 164, 257
peste expectorante. *Ver* peste pneumônica.
peste hemorrágica, 338
Peste Negra, 32, 63, 78, 80
    áreas que escaparam da, 309
    cadeia de contágio da, 38
    catástrofes ambientais como precursoras da, 32-33
    chegada à Europa da, 109
    devassidão pós-Peste, 314-316
    disseminação da, 14-16, 30-31, 44-48, 121-122, 139
    explicações medievais para a, 16, 37
    fim da, 314
    história inicial da, 24-26

impaciência da Igreja em relação à, 258-259
literatura da, 13-14, 107n
mortalidade excessiva na, 141
mortalidade secundária na, 140
morte de ratos na, 57n, 340-341, 345
mortes de animais na, 12-13, 138, 139, 229
mudança em Avignon a partir da peste pneumônica para a bubônica, 191
natureza da, 17
Negadores, 337-346
no inconsciente coletivo ocidental, 14
origem da expressão, 43
origens da, 14, 25-26, 60
padrões de reprodução depois da, 321
pogroms da. *Ver* pogroms da.
primeiras mortes registradas em decorrência da, 61-63
primeiros contágios da, 59
ratos-pretos como vetores da, 90-91, 344
reavaliações modernas sobre a, 337-346
respostas da sociedade à, 16-17, 110-111, 132, 135-138, 182, 213
sintomas da, 139, 339-340
subnutrição e a, 85-86
tarabagans como vetores da, 55
taxas de disseminação da, 338-339
taxas de mortalidade da, 12-13, 30-31, 48, 139-140, 141, 339
taxas de natalidade depois da, 320-321
teorias da conspiração de Chillon sobre a, 168-169
teorias modernas sobre a, 140

Terceira Pandemia comparada à, 138-139
peste pneumônica secundária, 41-42, 109, 312, 346
peste pneumônica, 17, 41-42, 181-182, 312-313, 340, 342
grau de contágio, 42, 109
incidência, 42, 341
peste das marmotas com o, 55, 312, 318
secundária, 41-42, 109
surto em 1910, 59
surto na Manchúria, 346
taxa de mortalidade, 42
peste septicêmica, 42-43, 308
pestilência, 26n, 37
pestis secunda, 316-317
pestis tertia, 317
petéquias, 40-41
Petrarca, Francesco, 31, 36, 71, 99-100, 148, 150-151, 152, 153, 173, 176, 177, 182-184, 185, 187, 315
Peyret, rabino, 293
Piers Plowman (Langland), 319, 331
Pima, índios, 29
Pio XII, papa, 190
piolhos, 42
pirataria, 84
Pisa, 68, 121-122, 129, 281
Pistoia, 46, 125
Place des Accoules, 162
Plague, Population and the English Economy (Hatcher), 218n
Plagues and Peoples (McNeill), 60
Platô da Mongólia, 25, 50
pobreza, aumento no século XIV, 78-80
Podio, Jacme de, 165, 166
Podio, Peire de, 165
Podio, Ugueta de, 165
pogroms, 73, 167-168, 170, 268, 278-279, 280, 286-289, 290, 292-296, 306, 307

Polo, Maffeo, 26
Polo, Marco, 25, 26, 52, 74
Polo, Niccolo, 26
Polônia, 15, 32, 67, 280, 307, 309, 313
Pontanus, Johannes Isaacus, 43
Ponte de Londres, 246
porcos, 181
Portugal, 15, 309
Practica della Mercatura, La (Pegolotti), 23
preços dos alimentos, 81, 82-83, 324, 326
Preste João, 52
Primeira Guerra Mundial, 252
Primeira Pandemia. *Ver* Peste de Justiniano.
indústria pesqueira, 328
Primeiro sobre a Epidemia, 204
privadas, 93, 94
Proceedings of the National Academy of Sciences, 342
Procópio, 257
prostíbulos, 176
prostituição, 122, 331
prostitutas, 122, 246
protestantismo, 332
Provença, 281, 289
Provenzal, 293
Prússia, 69
Pulex irritans, 32, 56-57, 97, 236, 344
pulgas, 205
quarentenas, 298, 329
quatro humores, teoria dos, 195, 199

Quinoni, Dayas, 167

Ragusa, 44-46, 121, 298, 329
raiva, 110n
Ralph de Shrewsbury, 217, 226-229, 258
Raoult, Didier, 342, 346
"Rato-do-faraó". *Ver* tarabagans.

ratos, 28, 33, 34, 88, 90, 91, 221, 245-246, 318, 340
  morte durante a Peste Negra, 340-341, 342
ratos domésticos marrons, 90, 318
ratos-pretos. *Ver Rattus rattus*.
Rattus rattus (rato-preto), 33, 318
  alcance e migrações, 91-92
  chegada à Europa, 91-92
  como vetor de doenças, 90-91
  condições sanitárias urbanas e, 92-93
  relações entre o Y. pestis e, 88-90
Reconquista, 69
  peste vermelha. *Ver* varíola.
reeve, 236, 237
Reforma Protestante, 332
refugiados, 101
Reinado de Eduardo II, O, 216
Revolta dos Camponeses, 327
Revolução Militar na Baixa Idade Média, 97-99
Richard, o Ancinheiro, 245
Richard, o Escocês, 213
Rienzo, Cola di, 16, 147-148, 149-153, 154, 174
Rienzo, Lorenzo di, 154
"Ring around the rosie" (cantiga infantil), 40
Ritmo contra os Judeus, 274
ritos fúnebres, 249
Robert de Artois, 97
Robert de Avesbury, 249
Robert de Hoven, 30
Robert de Sorbon, 210
Rochester, bispo de, 259
roedores, 33, 37-38, 55, 90
  população europeia de, 318-319
  imunidade à peste em, 57-58
  a peste como doença de, 31-32
  selvagens, 38, 58

ver também ratos; peste das marmotas.
Roger, Reginald, 83
Roma, 35, 92, 147-154
   classe dominante de, 149
   Cola como tribuno em, 152-153
   gangsterismo em, 149, 150
   peste em, 154
   população de, 66, 148
   turismo em, 150
Romênia, 106, 113
Ronewyks, John, 236-241
Rota da Seda, 51, 54, 92, 272
rotas comerciais,
   através da estepe da Eurásia, 54, 60
   de Caffa, 22
   internacionais da Inglaterra, 221
   navios da peste nas, 113-114
Rouen, 213-214, 278
Rússia, 14, 44, 72, 73, 309, 314
Ryazan, 71-73
Rykener, John, 244-245

Saaser Visp, Vale, 80
Sacro Império Romano-Germânico, 35
Sadar Bazaar, 95
Sade, Hugues de, 177
Sade, J. F. X. de, 177
Sade, Laura de, 151, 176-177
   morte de, 182-184
Sade, marquês de, 151
safras, 67, 237, 323
salários, 328
Samarkanda, 26, 71, 272
sangria, *ver* flebotomia.
sangue, 199
Santa Clara, Abraão, 300
Santa Croce del Corvo, 130
sarampo, 65, 205, 342
saúde pública, 37, 119, 329
saxões, 253
Sciascia, Leonardo, 107

Scott, Susan, 337, 338, 342
seca, 107n
Segunda Guerra Mundial, 29, 57, 190, 219, 307, 309
Sêneca, 43
Serpião, 123
servos, 323
Seveni, William, 138-139
sexo, 203
Shaftesbury, 224-225
Shemoneh Esrei, 275
Shi Tao-nan, 89
Shoubuggare, Walter, 228
Shoydon, Henry, 220
Shrewsbury, J. F. D., 218n
siameses, gêmeos, 261
Sibéria, 30, 64
Sicília, 15, 43, 44, 119
   chegada da peste à, 107-113
   reação de pânico na, 110-111
   taxa de mortalidade na, 113
Siena, 13, 46, 68, 104, 141-147, 315, 323, 341
   Palácio Público em, 145
   resposta à peste em, 123, 124, 145
   taxa de mortalidade em, 125, 147
sífilis, 320, 342
Sigge, William, 257
Simão de Corvino, 201
Simond, Paul-Louis, 63, 338
Simonia (mulher genovesa), 116
Síria, 30
siroco, 107
sistema de alas, 329
sistema imunológico, 33-34, 56, 206, 310
   efeito do estresse, 99, 101
   subnutrição e o, 86-87
sistema nervoso, 41
Slott, Phillip, 67n
Smail, Daniel Lord, 166
Smithfield, Cemitério, de, 249

Sobre a Natureza do Homem (Hipócrates), 199
Sobre o Sabá, contra os judeus, 274
sodomitas, 122
Solomon bar Simson, rabino, 278
Solomon ben Abraão, rabino, 281-282
Solomon, rabino, 271
Sorbonne, 210
Southampton, 218, 233, 235
Spector, Felicity, 17
Speyer, 47, 278, 293-295
St. German l'Auxerrois, 211-212
Stefani, Marchione di Coppo, 136, 140
Stow, John, 249
Stratford, Ralph, 249
sub-bedéis, 94
subnutrição, 33, 35, 85-87
Suécia, 47, 311, 313
Suíça, 292
suor da Picardia, 319
suor maligno, 319
Surrey, 233, 235, 239
Swaber, Peter, 295

Tácito, 107n, 270
Talas, 26
Talmude, 282
Tam, Jacó, 286
Tâmisa, Rio, 94, 245
Tana, 23-24, 74
tarabagans, 54, 59, 74
Tarrighi, Domenico, 117
tártaros. *Ver* mongóis,
Tasherkasoff, A. K., 54
taxa de mortalidade infantil, 320, 321
taxas de juros, 285
Tebets, 52
tecelãos, 326
Templários, 156-157, 158, 160, 171
tensão da guerra, 100-101
Teobaldo de Cambridge, 280

Terceira Pandemia, 63, 64, 90, 317-318, 338, 340, 344
comparação com a Peste Negra, 138-139, 141
mortes de ratos na, 340-341
taxa de contágio da, 139
taxa de disseminação da, 339
taxas de mortalidade da, 140, 339, 345
terremotos, 32, 33, 114, 115
testamentos, 311, 330
Thompson, James Westfall, 252
Tiepolo, Lorenzo, 118-119
tifo, 85, 319, 320
torneios, 37, 259
Torre de Londres, 243
tortura, 157, 169, 292
Toscana, 68-69, 122
Toulon, 167, 170, 287-288, 289
Tournai, 23, 84, 214, 306
trabalhadores migrantes, 326
transtornos ambientais, 24, 32, 200, 313-314
como precursores da Peste Negra, 32-33
e a cadeia de contágio, 38
e a Peste de Justiniano, 64-65
na China, 22
na Itália, 32, 114, 129
tratados sobre a peste, 193, 200, 201-202, 205
Trebizonda, 53
Três Vivos e os Três Mortos, Os, 333
Trevisa, John, 237
Trier, 278-279
Trokelowe, John de, 83
Truchess, Heinrich, 293, 296
tsunamis, 32, 201
Tucídides, 107n
Tueleu, Yvo, 197
túmulos transi, 332
viagem, 15, 32

Tura, Nicoluccia di, 144
Turim, antissemitismo em, 280-281
turismo, 150
Twigg, Graham, 337, 338

Ullford, Andrew, 231, 232
Uma Resposta aos Judeus, 274
Uma Utilíssima Investigação sobre a Terrível Doença, 201
União Soviética, 55, 100-101
universidades, 329-330
Urakov, Nicolai, 55
urinálise, 194, 198
usura, 283, 284
Uzbequistão, mortes de animais no, 229

valas comuns, 135, 137, 146, 234, 249
varíola, 12, 65, 205, 319, 321
Vasiliev, A. A., 23
"Velho da Montanha", 73
venenos, antirroedores, 88
Veneza, 15, 20, 35, 71, 74, 123, 293
   chegada da peste em, 118-121
   conselho municipal de saúde de, 329
   guerra contra Gênova, 114
   moral público em, 120
vestuário, 236
   fabricação de tecidos. *Ver* indústria têxtil.
vida urbana. *Ver* cidades.
Viena, chegada da peste em, 300
Villani, Giovanni, 68, 127-131, 139, 158, 269, 314
Villani, Matteo, 268, 314-315, 323
Vincent, Thomas, 247
vinhedos, 67
vinho, 204
viquingues, 253
Vitrola, Franses de, 166

Vitry-le-François, 288
Vivaldi, Ugolino e Vadino, 20, 103-104
Vizille, 290, 291, 297
Voltaire, 17

Wakebridge, família, 262
Wakebridge, William de, 46
Walmot, Agnyes, 83
Walsingham, Thomas, 216-217, 304
waterbedrep, 77
Weston, Richard, 228
Weymouth, 219, 220
Wheelis, Mark, 28n
William (aprendiz assassinado), 279-280
William (frade franciscano), 53, 74
William de Liverpool, 262
William de Rubruck, 50-51
William, o Inglês, 195
William, o padre de um dia, 256
Wiltshire, 232-233
Winchester, 233, 236, 239, 254
   enterros em, 234-235
Winchester, bispo de. *Ver* Edendon, William.
World on fire (Chua), 271-272
Worms, 47, 278

Xenopsylla cheopis, 38-39, 56, 64, 236, 340, 341, 345
xeroftalmia, 85
Xerxes I, rei da Pérsia, 106

Y. pestis, 28n, 30, 31-32, 33, 35, 38, 42, 44, 101, 342
   contágio e taxas de transmissão do, 139
   história genética do, 55-56
   idade do, 56, 344
   imunidade dos roedores ao, 57-58
   intensa virulência do, 141
   letalidade do, 56-57

limitações do, 57
na família das marmotas, 55, 141, 312
O Grande Optimum e a evolução do, 66n
primeira descrição precisa do, 64
relação entre o R. rattus e o, 89
requisitos para a sobrevivência do, 318-319
versão humana do, 342
Yam, 14, 26, 32, 60

Yarmouth, 73, 254
Yehiel ben Joseph, rabino, 282
Yeovil, 228, 236
Yersin, Alexandre, 62, 64, 338
York, 260, 261, 262
York, bispo de, 218
Yorkshire, 82, 84, 260

Ziegler, Philip, 114, 192, 221, 223, 260
Zouche, William, 261

Este livro foi composto na tipografia
Life, em corpo 10/15, e impresso em
papel off-white no Sistema Digital Instant Duplex
da Divisão Gráfica da Distribuidora Record.